TUMU
GONGCHENG

重大版·建筑

应用型本科院校
土木工程专业系列教材

YINGYONGXING BENKE YUANXIAO
TUMU GONGCHENG ZHUANYE XILIE JIAOCAI

第2版

建设工程项目管理

JIANSHE GONGCHENG XIANGMU GUANLI

主　编■韩国波　崔彩云
副主编■卫赵斌　杨莉琼　张立宁
参　编■赵红玲　黄洁丽　王　扬

重庆大学出版社

内容提要

本书是应用型本科院校土木工程专业系列教材之一。本书从建设工程项目管理概论开始，阐述了建设工程项目前期策划、建设工程项目组织、建设工程项目计划、建设工程项目进度控制、建设工程项目成本控制、建设工程项目质量控制、建设工程项目招投标与合同管理、建设工程项目信息管理、建设工程项目健康-安全-环境(HSE)管理、建设工程项目风险管理和建设工程项目后评价等内容。

本书注重实用性。全书以《建设工程项目管理规范》为主线，以建设项目的管理为着力点，详细介绍了建设工程项目管理的方法及要求等，并与我国现行建设项目管理的有关法律、法规及规范、标准相结合，更加贴近建设工程现场的项目管理的各项工作。在内容上，注意了深度与广度之间的关系，具有操作性强、深浅适度、通俗易懂等特点。

本书主要作为应用型本科院校土木工程、工程管理以及其他相关专业的教科书，也可作为从事建设工程项目管理工作的专业人员学习和工作的参考书。

图书在版编目(CIP)数据

建设工程项目管理/韩国波，崔彩云主编.—2版.
—重庆：重庆大学出版社，2017.6(2019.3 重印)
应用型本科院校土木工程专业系列教材
ISBN 978-7-5689-0244-1

Ⅰ.①建…　Ⅱ.①韩…②崔…　Ⅲ.①基本建设项目
—项目管理—高等学校—教材　Ⅳ.①F284

中国版本图书馆 CIP 数据核字(2016)第269139号

应用型本科院校土木工程专业系列教材
建设工程项目管理
(第2版)
主　编　韩国波　崔彩云
副主编　卫赵斌　杨莉琼　张立宁
责任编辑：范春青　　版式设计：范春青
责任校对：谢　芳　　责任印制：张　策
*
重庆大学出版社出版发行
出版人：易树平
社址：重庆市沙坪坝区大学城西路21号
邮编：401331
电话：(023) 88617190　88617185(中小学)
传真：(023) 88617186　88617166
网址：http://www.cqup.com.cn
邮箱：fxk@cqup.com.cn (营销中心)
全国新华书店经销
重庆升光电力印务有限公司印刷
*
开本：787mm×1092mm　1/16　印张：21.25　字数：491千
2017年6月第2版　2019年3月第6次印刷
印数：13 001—16 000
ISBN 978-7-5689-0244-1　定价：46.00元

第 2 版前言

本书自 2011 年第 1 版出版以来，得到读者的广泛认可。在过去的五年里，项目管理理论又有很多新的发展和研究成果，项目管理方法也有很大的改进，法规政策方面也有许多新的规范指导。为了更好地紧跟行业的发展，为读者呈现更具有实践指导作用的专业知识，故对此书进行修订。

本次修订继续第一版的编写模式，力求满足土木工程、工程管理、房地产开发与经营等专业的工作需要，内容主要集中在建设工程项目的质量控制、成本控制、进度控制及合同管理、信息管理、安全管理等方面。为了确保项目管理理念、方法和政策与时俱进，本次改版做了如下工作：

(1)项目管理效率可以通过集成项目决策阶段、实施阶段、运营阶段，加强阶段间联系来实现，所以本书增加了项目全寿命周期管理的内容。

(2)无数建设工程项目的成功经验证明，科学、严谨的前期策划将为项目建设的决策和实施提供有力的保障，所以本书增加了项目前期策划的内容。

(3)在相关部门政策更新的条件下，本书调整了第 6 章“建筑安装工程费用项目组成”、第 8 章“可以不进行招标的项目范围”等内容。

(4)为了适应项目管理方法的更新换代，本书更新了第 9 章信息管理的内容，完善了第 10 章项目管理“健康-安全-环境”管理方面的内容，第 13 章增加了“BIM 在项目管理中的应用”的内容。

本书由韩国波、崔彩云共同担任主编，卫赵斌、杨莉琼、张立宁担任副主编，韩国波负责提纲编写、组织协调、提出修改意见，崔彩云负责统稿。各章节编写分工如下：第 1 章、第 12 章由华北科技学院卫赵斌编写；第 2 章、第 3 章、第 13 章由华北科技学院崔彩云编写；第 4 章由徐州工程学院王扬编写;第 5 章、第 11 章由洛阳理工学院赵红玲编写;第 6 章、第 7 章由华北科技学院韩国波编写;第 8 章由洛阳理工学院黄洁丽编写;第 9 章由华北科技学院张立宁编写;第 10 章由西南科技大学杨莉琼编写。

本书在修订过程中得到了广大读者的宝贵建议,感谢他们对编者的鼓励。本书参考引用了相关规范、论著、文章、网页等文献资料,且尽可能将它们在书末集中列出,在此向原作者们致以衷心的感谢。同时,本书修订过程中得到了华北科技学院、重庆大学出版社、徐州工程学院、西南科技大学及洛阳理工学院的支持和帮助,在此表示由衷的感谢。

由于编者水平有限,加上建设工程项目管理领域知识体系庞大,书中恐有不当甚至谬误之处,敬请广大读者和学界专家不吝指正。各章节有关引用的资料和参考文献未能列出的,这里谨向原作者们致以崇高的敬意和衷心的感谢。

编　者
2016 年 7 月

第 1 版前言

建设工程项目管理是一个多学科交叉的领域，很多问题尚在研究探讨之中，而且我国无论是在理论构建方面，还是在工程实践方面，与国际先进水平相比存在一定的差距。本书在编写时遵循土木工程和工程管理专业指导委员会制定的教学大纲的要求，按照中华人民共和国国家标准《建设工程项目管理规范》(GB/T 50326—2006)的规定，但内容的编排则根据作者的理解和认识，主要集中在建设工程项目的质量控制、成本控制、进度控制及合同管理、信息管理、安全管理等方面，并适当组合，加入新的观点和理论，力求满足土木工程专业的工作需要，突出宽口径、厚基础、广适应的特点，尽量满足建设工程项目管理教育与国际接轨的需要。鉴于建设工程项目涉及面广、影响因素多、技术要求高、投资成本大，相关理论尚需要在工程实践中不断得到检验和提高。

本书由韩国波担任主编，负责提纲编写、组织协调、提出修改意见和统稿工作；卫赵斌、杨莉琼担任副主编。各章节编写分工如下：第 1 章、第 12 章由华北科技学院卫赵斌编写；第 2 章、第 10 章由西南科技大学杨莉琼编写；第 3 章由北京金隅科技学校郝桂荣编写；第 4 章由徐州工程学院王扬编写；第 5 章、第 11 章由洛阳理工学院赵红玲编写；第 6 章、第 7 章由华北科技学院韩国波编写；第 8 章由洛阳理工学院黄洁丽编写；第 9 章由华北科技学院张立宁编写。

全书由韩国波、卫赵斌统一修改定稿。在统稿过程中，对有关章节作了较大改动。

本书在编写过程中参考了相关规范、论著、文章、网页等文献资料，且尽可能将它们在书末集中列出，在此向原作者们致以衷心的感谢。同时，在编写过程中我们得到了华北科技学院、重庆大学出版社、徐州工程学院、西南科技大学、洛阳理工学院及北京金隅科技学校等单位的支持和帮助，在此表示衷心的感谢。

由于成稿比较仓促,加之编者学术水平有限,文稿中若有不当之处,敬请广大读者和学界专家不吝指正。各章节有关引用的资料和参考文献未能列出的,这里谨向原作者们致以崇高的敬意和衷心的感谢。

编　者

2011 年 2 月

目 录

1 建设工程项目管理概论 …… 1
1.1 建设工程项目的含义及特点 …… 1
1.2 建设工程的寿命期和建设工程项目全过程 …… 5
1.3 建设工程项目管理的含义及任务 …… 10
1.4 现代建设工程项目管理的特点与发展方向 …… 14
1.5 建设工程项目管理模式 …… 16
复习思考题 …… 25

2 建设工程项目前期策划 …… 26
2.1 工程项目的前期策划工作 …… 26
2.2 工程项目的目标设计 …… 29
2.3 工程项目的定义和总方案策划 …… 39
2.4 建设工程项目建设程序 …… 42
2.5 项目申请与可行性研究 …… 45
复习思考题 …… 54

3 建设工程项目组织 …… 55
3.1 建设工程项目组织概述 …… 55
3.2 建设工程项目的常见组织形式 …… 58

3.3　建设工程项目管理组织 …… 61
3.4　工程项目承发包模式 …… 70
复习思考题 …… 85

4　**建设工程项目计划** …… 86
4.1　建设工程项目计划系统 …… 86
4.2　建设工程项目的工期计划 …… 95
4.3　建设工程项目网络计划技术 …… 100
复习思考题 …… 111

5　**建设工程项目进度控制** …… 112
5.1　建设工程项目进度控制概述 …… 112
5.2　建设工程项目总进度目标的论证 …… 114
5.3　建设工程项目进度计划的编制和调整 …… 116
5.4　建设工程项目实际进度与计划进度的比较方法 …… 123
5.5　建设工程项目进度拖延的原因分析及控制措施 …… 132
复习思考题 …… 135

6　**建设工程项目成本控制** …… 136
6.1　建设工程项目成本的构成 …… 136
6.2　建设工程项目决策阶段的成本控制 …… 140
6.3　建设工程项目设计阶段的成本控制 …… 146
6.4　建设工程项目施工阶段的成本管理 …… 160
6.5　建设工程项目的竣工决算 …… 171
复习思考题 …… 172

7　**建设工程项目质量控制** …… 174
7.1　建设工程项目质量控制概述 …… 174
7.2　建设工程项目质量的基本特征、形成过程和影响因素 …… 177
7.3　建设工程项目设计质量控制 …… 180
7.4　建设工程项目施工质量控制 …… 183
7.5　建设工程项目施工质量检验评定 …… 186
7.6　建设工程项目质量的政府监督管理 …… 191
7.7　建设工程项目质量统计方法 …… 195
复习思考题 …… 206

8 建设工程项目招投标与合同管理 …… 208
8.1 建设工程项目招投标 …… 208
8.2 建设工程项目合同管理概述 …… 216
8.3 建设工程项目合同内容及计价方式 …… 221
8.4 建设工程施工合同管理 …… 225
8.5 建设工程索赔 …… 230
8.6 国际建设工程承包合同 …… 236
复习思考题 …… 238

9 建设工程项目信息管理 …… 240
9.1 建设工程项目信息管理概述 …… 240
9.2 建设工程项目信息编码 …… 243
9.3 建设工程项目管理信息系统 …… 248
9.4 建设工程项目信息化管理常用软件 …… 254
复习思考题 …… 261

10 建设工程项目健康-安全-环境(HSE)管理 …… 263
10.1 工程项目的 HSE 管理体系 …… 263
10.2 建设工程项目职业健康管理 …… 266
10.3 建设工程项目安全管理 …… 266
10.4 建设工程项目环境管理 …… 273
10.5 建设工程项目安全管理和环境保护案例 …… 280
复习思考题 …… 285

11 建设工程项目风险管理 …… 288
11.1 建设工程项目风险管理概述 …… 288
11.2 建设工程项目风险识别 …… 294
11.3 建设工程项目风险评价 …… 297
11.4 建设工程项目风险应对 …… 298
复习思考题 …… 301

12 建设工程项目后评价 …… 302
12.1 建设工程项目后评价概述 …… 302
12.2 建设工程项目综合效益评价 …… 306
复习思考题 …… 309

13 BIM 在工程项目管理中的应用 …… 310
13.1 BIM 技术简介 …… 310
13.2 建设工程项目 BIM 项目管理及应用 …… 315
复习思考题 …… 326

参考文献 …… 327

1 建设工程项目管理概论

1.1 建设工程项目的含义及特点

1.1.1 建设工程项目的含义

1)项目

“项目”一词的应用十分广泛,大到一个国际集团或一个国家、一个区域,小到一个企业、一个部门或个人,都不可避免地参与和接触到各类项目。“项目”作为一个含义非常广泛的概念,存在于社会生活、文化生活中,在空间上、时间上都与每个人息息相关。

项目的种类很多。我国每个五年、十年计划都有许多重点工程项目,如三峡工程、“南水北调”工程、西气东输工程、京沪高铁等;各个地区、各个城市都有区域性建设项目或城市建设项目,如经济开发区项目、城区改造项目、高速公路项目、城市地铁项目、住宅小区建设项目等;各种形式的新产品研制、开发项目,中外合作和合资项目,技术改造项目等;各种形式的社会项目,如扶贫工程、希望工程、申办和举办各类运动会工程等;各种军事和国防工程,如载人航天工程、“嫦娥探月”工程的研制项目等;国家和地区的各种科技和发展项目,如“星火计划”等。这些项目已成为社会生活中不可缺少的部分,同时它们的建立、开发和实施又在改变着社会。国民经济的发展、社会的进步、地区的繁荣、企业的兴旺已越来越依赖于这些项目的实施和成功。

"项目"的定义很多,目前还没有一个公认的统一定义。不同的管理学家和标准化组织,从不同的角度对项目进行了描述和概括。最典型的定义有以下5种:

①从投资角度来定义。如世界银行认为:"所谓项目,一般是指同一性质的投资,或同一部门内一系列有关或相同的投资,或不同部门内的一系列投资。"

②从综合角度出发定义。《现代项目管理学》一书认为:"项目是在一定时间内为了达到特定目标而调集到一起的资源组合,是为了取得特定的成果开展的一系列相关活动",并归纳为"项目是特定目标下的一组任务或活动"。

③从项目特征的角度对项目进行定义。项目是指在一定的约束条件下(多目标,如质量、进度、投资、安全等),具有专门组织和特定目标的一次性任务。可以具体描述为:项目是一项具有特定目标的有待完成的专门任务;是在一定组织构架内,在一定限定的资源条件下,在计划的时间里,按满足一定的质量、进度、投资、安全等的要求完成的一次性任务。重复进行的、大批量的、目标不明确的、局部的任务都不能称为项目。

④国际标准《质量管理-项目管理质量指南》定义项目为:"由一组有起止时间的、相互协调的受控活动所组成的特定过程,该过程要达到符合规定要求的目标,包括时间、成本和资源的约束条件。"

⑤德国国家标准DIN 69901将项目定义为:"项目是指在总体上符合如下条件的具有唯一性的任务(计划):具有预定的目标;具有时间、财务、人力和其他限制条件;具有专门的组织。"

由此可见,尽管不同组织、不同行业对项目概念的理解和表述不完全相同,但基本含义是一致的:项目是在时间、费用、质量、安全等约束条件限定下,具有完整的组织机构,为实现其特定的目的而进行的一次性活动。

2)建设项目

建设项目是指需要一定量的投资,按照一定的程序,在一定时间内完成,符合质量要求的以形成固定资产为明确目标的一次性任务。一个建设项目就是一个固定资产投资项目,是由一个或若干个具有内在联系的工程所组成的总体。一个建设项目只有一个总体设计,不是同一个总体设计的建设工程不能称为一个建设项目。一个总体设计也就是指项目概念中的一次性任务。

建设项目是最为常见、最典型的项目类型,它属于投资项目中最重要的一类,是一种既有投资行为又有建设行为的项目活动,是项目管理的重点。建设项目从有人类历史以来就存在于人类生活和生产中,它存在于社会的各个领域、各个地区,在社会生活和经济发展中起着重要的作用。

▶ 1.1.2 建设工程项目的特点

1)项目的特点

(1)项目是一项唯一性的任务

这个任务通常是完成一项可交付的成果,这个可交付的成果就是项目的对象。项目的对象决定了项目的最基本特性，是项目分类的依据，同时它又确定了项目的工作范围、规模及界限。

在"项目"一词前常常有一个限定词，人们用这些词对具体的项目进行专门的定义。例如，某城市地铁工程建设项目、某工程承包项目、某新产品开发项目和2008年北京奥运会项目等。它通常描述的是项目对象的名称、特性和范围。整个项目的实施和管理都是围绕着这个对象进行的。

但项目的对象与项目本身并不是一回事。项目的对象是一项可交付的成果，它可能是实体的也可能是抽象的，有一定的范围，可以用功能、范围和技术指标等描述；而项目是指完成这个对象的任务和工作的总和，是行为系统。

(2)一次性

一次性是指项目都是具有特定目标的一次性任务，即有明确的结束点，有特定的目标。在结束点，任务完成，此项目即告结束，所有项目没有重复。但项目的一次性属性是对项目整体而言的，并不排斥在项目中存在着重复性的工作。项目的一次性也体现在以下四个方面：

①项目：一次性的成本中心；

②项目经理：一次性的授权管理者；

③项目经理部：一次性的生产临时组织机构；

④作业层：一次性的项目劳务构成。

项目的一次性是项目管理区别于企业管理最显著的标志之一，它对项目的组织和组织行为的影响尤为显著。通常的企业管理工作，特别是企业职能管理工作，虽然有阶段性，但却是循环的，无终了的，具有继承性。而项目是一次性的、独特的，项目管理也是一次性的，即对任何项目都有一个独立的管理过程，它的计划、控制和组织都是一次性的。

(3)目标的明确性

每个项目的总任务和最终目标是特定的，项目目标有成果性目标和约束性目标。成果性目标是指对项目的功能性要求，如新建的发电厂项目，要有一定的发电能力；约束性目标是指对项目的约束条件或限制条件，一般约束条件为限定的时间、限定的质量、限定的投资和限定的空间要求等。项目实施过程中的各项工作都是为完成项目特定目标而进行的。

(4)系统性

当某项任务的各种要素之间存在着某种密切关系，只有有机地结合起来并互相协助才能确保其目标的有效实现时，就需要将其作为一个项目来处理，客观上也就形成了一个系统。

每一项目都是一个系统，只能有一个统一的目标，所有的项目要素都应为之服务，这些要素以什么方式、什么样的质和量结合都必须以项目总体目标的优化为原则，同样，项目的完成可能要经历若干阶段，这些阶段也必须统一在一个目标的指导之下。

项目的系统性表明，系统工程的理论和方法在许多方面都可应用于项目管理领域，在项目管理中，局部必须服从整体，阶段必须服从全过程，项目全过程的整体优化才是项目管理的最高准则。

(5)相对独立性

项目是相对于特定的过程和管理主体而存在的。对某一主体构成的项目，对另一主体未必能构成项目。如一栋大楼的施工是承担此项任务的某施工企业的一个项目，但对未承担此项任务的施工企业来说就不是一个项目。同样对于不同管理主体，项目的范围也不相同，如对该大楼的投资者而言，其任务不是负责具体的施工活动，而是负责全部的投资活动。这种相对于特定主体而存在的特性即是项目的相对独立性。

认识项目的相对独立性，对于科学地界定项目的范围、内容有着重要的意义，从而对完善和发展项目管理理论和发挥项目管理的实践效力有着重要的作用。

(6)寿命周期性

项目的一次性决定项目有明确的结束点，即任何项目都有其产生、发展和结束的时间，也就是项目具有寿命周期。在项目寿命周期内，在不同的阶段都有特定的任务、程序和内容。掌握和了解项目的寿命周期，就可以有效地对项目进行管理和控制。如建设项目的寿命周期，目前国内大家一致认为可分为：建设项目的决策评估阶段、设计阶段、招投标阶段、施工阶段、竣工验收阶段、投入使用阶段、项目后评价阶段等。因此，掌握项目寿命周期，才能实现各阶段约束条件下的目标，直至实现项目总任务和总目标。

(7)相互依赖性与冲突性

项目依赖于特定的主体、组织而存在，项目常与组织中的其他项目、其他职能部门的工作相互作用，既有联系又有冲突，项目主管应清楚这些冲突并与有关部门保持紧密联系。

2)建设工程项目的特点

(1)以形成固定资产为特定目标

这个特点需要有一定的约束条件。约束条件主要包括：

①功能性约束。一个建设工程项目都有预期的生产能力、技术和质量水平或使用效益目标。

②时间约束。人们对建设工程项目的需求有一定的时间限制，希望尽快地实现建设工程项目的目标，发挥工程的效用，没有时间限制的建设工程项目是不存在的。

③资源约束。这主要包括资金、人力、设备、材料等投入目标。

④环境条件约束。这主要包括自然条件、社会条件的限制和法律的约束。

(2)建设需要遵循必要的程序和经过特定的过程

一个建设工程项目从提出建设设想、方案拟订、评估决策、勘察设计、施工到竣工投产是一个有序的全过程。这个过程也就是项目的生命周期。

(3)建设周期长、投资大

一个建设工程项目的建设少则需要几百万元，多则需要数亿元的资金投入。例如：香港机场项目总投资为200亿港币，总工期3年；英吉利海峡隧道工程耗资150亿美元，历时8年。

(4)可以进行统一的、独立的项目管理

由于建设工程项目是一次性的特定任务，是在固定的建设地点、需要专门的单一设计并应根据实际条件建立一次性组织进行施工生产活动，因此，建设工程项目一般在行政上实行统一管理，在经济上实行统一核算，由一次性的组织机构实行独立的项目管理。

(5)特殊的组织和法律条件

与企业组织相比，项目组织有其特殊性。

①由于社会化大生产和专业化分工，现代工程项目常常会有几十个、几百个甚至几千个企业和部门参加，需要严密的特殊的组织形式。

②建设工程项目参加单位之间主要靠合同作为纽带，建立起项目组织，以合同作为分配工作及划分责、权、利关系的依据，作为最重要的组织运作规则。而企业组织按企业法和企业章程建立，企业的组织单元之间主要为行政隶属关系，它们之间的协调和行为规范按企业规章制度执行。

③建设工程项目适用与其建设和运行相关的法律条件，如建筑法、合同法、环境保护法、税法、招投标法、城市规划法等。

④企业组织结构是相对稳定的，而建设工程项目的组织是一次性的，在项目过程中是多变的和不稳定的。

由于建设工程项目组织和法律条件的特殊性，合同对项目的管理模式、实施过程、组织行为和组织沟通有很大的影响。合同管理在建设工程项目管理中有特殊的地位和作用。

1.2 建设工程的寿命期和建设工程项目全过程

▶ 1.2.1 建设工程的寿命期

任何一个建设工程都有它的寿命期，在这个期限中项目经历了从产生到消亡的全过程。建设工程寿命期是指从工程构思到工程报废的全过程。不同类型和规模的建设工程的寿命期是不一样的，但它们都可以分为以下五个阶段，如图1.1所示。

(1)前期策划阶段

这个阶段从建设工程项目构思到批准立项为止，其工作内容包括建设工程项目的构思、目标设计、可行性研究和工程评价。它是建设工程项目的孕育阶段。

(2)设计和计划阶段

这个阶段从批准立项到现场开工为止，其工作包括设计、计划、招标投标和各种施工前准备工作。

(3)施工阶段

这个阶段从现场开工开始，按照设计和计划完成各部分各专业工程，最终建成整个建设工程，并通过竣工验收为止。这是建设工程技术系统实体的形成阶段。通过施工，逐渐形成具有生产产品的功能或服务能力的工程系统。

(4)运行阶段

在这个阶段，建设工程通过运行实现它的使用价值。在这个过程中需要对建设工程进行经常性维护(维修)，可能会对建设工程进行更新改造、扩建等工作。最终建设工程完成它的历史使命，退出运行，报废。

(5)拆除阶段

建设工程被拆除，整个寿命期结束。通常在建设工程所在的土地上还会建设一个新的建设工程，进入下一个建设工程的寿命期循环。虽然对旧建设工程的拆除工作一般由下一个新建设工程的建设者负责，但从保证建设工程全寿命期的完整性和科学性的角度来看，拆除阶段仍应作为原建设工程寿命期的一部分。

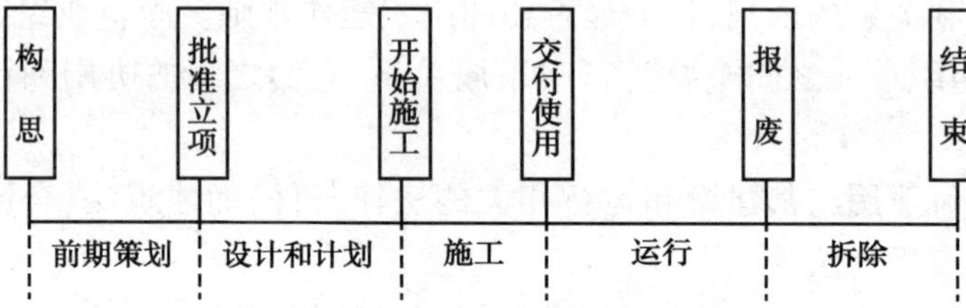

图 1.1　建设工程寿命期阶段划分图

1.2.2　建设工程项目全过程

建设工程项目是一个建设工程的建设过程，很显然，它是建设工程寿命期的一部分，其任务是建设一个建设工程系统，并交付使用。建设工程项目过程包括前期策划、设计和计划、施工、结束四个阶段，如图 1.2 所示。每个阶段又都有复杂的专业工作和管理工作。

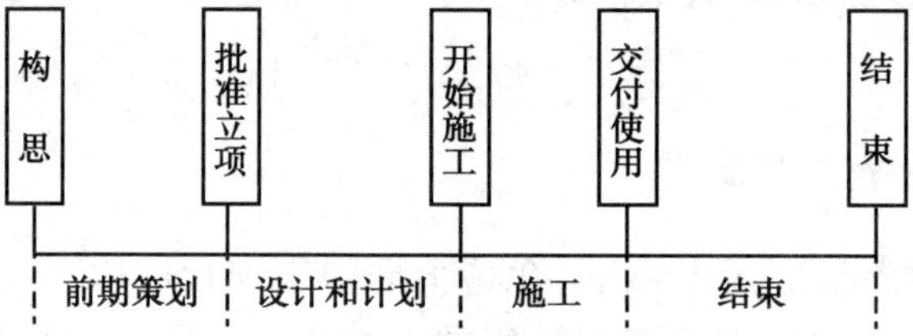

图 1.2　建设工程项目阶段划分图

1）前期策划阶段

①项目构思的产生和选择。它是对建设项目机会的寻求、分析和初步选择。

②确定项目要达到的预期总体目标。针对上层系统的情况和存在的问题、上层组织的战略以及环境条件，提出通过项目所要达到的主要指标。

③项目的定义和总体方案策划。项目的定义是指划定项目目标系统的构成、范围界限，并对项目的各个目标指标作出说明。根据项目总目标，对项目的总体实施方案进行策划，如工程总的功能定位和各部分的功能分解，总的产品方案，工程总体的建设方案，工程的总布局，项目阶段的划分，总的融资方案，设计、实施、运行方面的组织策略等。

④提出项目建议书。项目建议书是对项目总体目标、情况和问题、环境条件和总体方案的说明和细化，同时提出可行性研究的各个细节和指标，作为后继的可行性研究、技术设计和计划的依据。它已将目标转变成具体实在的项目任务。

⑤可行性研究，即对实施方案进行全面的技术经济论证，看能否实现目标。

⑥建设工程项目的评价和决策。在可行性研究的基础上，对建设工程项目进行财务评价、国民经济评价和环境影响评价等。根据可行性研究和评价的结果，由上层组织对建设工程项目的立项作出最后决策。

在我国，可行性研究经过批准后，项目即立项。经批准的可行性研究报告就作为建设工程项目的任务书,成为项目初步设计的依据。

2)**设计和计划阶段**

从工程项目的批准立项到现场开工是工程项目的设计和计划阶段。根据工程承包方式和管理模式的不同,这个阶段的工作过程会有所不同。通常这个阶段的主要工作有以下6个方面:

(1)项目管理组织筹建

按照我国的情况,在可行性研究报告批准后,项目即立项,就应正式组建工程建设单位,也就是通常意义上的业主,由它负责建设工程项目的建设管理。尽管有些大型工程项目在可行性研究阶段就有项目管理班子,但由于那时项目尚未立项,经过可行性研究还可能会发现该项目是不行的,所以那时的项目管理班子还不能算通常意义上的此项目的业主。

(2)设计

设计是对建设工程的技术系统的定义和说明。通过设计文件,如图纸、规范及模型,对拟建的工程技术系统进行详细的描述。

按照工程规模和复杂程度的不同,建设工程项目的设计阶段划分会有所不同。对一般的建设工程项目,设计分为初步设计和施工图设计两个阶段。对技术比较复杂的建设工程项目,设计分为初步设计、技术设计和施工图设计三个阶段。

(3)计划

计划是对工程建设和运行的实施方法、过程、费用(投资、资金)、时间(进度)、采购和供应、组织作详细的安排,以保证项目目标的实现。

在项目立项后应作项目计划。随着设计的不断深入,计划也在同步地细化,即每一步设计,都有相应的计划。如初步设计后应做工程项目总概算;技术设计后应做修正总概算;施工图设计后应做施工图预算。同样,实施方案、进度计划、组织结构也在不断细化。

(4)工程招标

工程招标即通过招标委托工程项目范围内的设计、施工、供应、项目管理(咨询、监理)等任务,选择这些项目任务的承担者。对这些项目任务的承担者来说,就是通过投标承接项目任务。

根据招标对象的不同有些招标工作会延伸到工程的施工过程中,如有些装饰工程、部分材料和设备的采购等。

(5)各种审批手续的完成

在建设工程项目设计和计划阶段有许多审批手续,它们是项目行政性的一部分。有些必须经过政府部门的审批,如用地许可的审批、工程建设规划的批准、施工许可的批准等;有些必须由投资者、工程项目的上层组织审批,如每一步设计成果的审批、实施计划的审批、设计和实施计划重大修改的审批等。

(6)现场准备

现场准备包括征地、拆迁、场地的平整以及现场施工用水、电、气和通信等条件的准备等。

3)**工程施工阶段**

这个阶段是从现场开工到工程的竣工、验收交付。在这个阶段,工程施工单位、供应商、项目管理(咨询、监理)公司及设计单位按照合同规定完成各自的任务,并通力合作,按照实施计划将工程设计经施工一步步形成符合要求的工程。这个阶段是项目管理最为活跃的阶段,资源的投入量最大,管理的难度也最大、最复杂。

当工程按照项目任务书,或设计文件,或合同完成规定的全部内容后,即可以组织竣工检验和移交。如果工程项目由多个承包商承包,则每个承包商所承包的工程都有竣工检验和移交的过程。整个工程都经过竣工检验,则标志着整个施工任务(阶段)结束。

在施工结束和试运行前应有建设工程项目的运行准备工作。有些属于工程施工阶段的工作任务或竣工工作会持续到项目的结束阶段。

4)建设工程项目的结束阶段

①工程移交运行单位,进入运行(生产或使用)阶段。移交过程有各种手续和仪式,对工业建设工程项目,在此前,业主、施工单位、设计单位和供应单位要共同进行试生产(试车)。

②工程项目竣工后的工作,包括工程竣工结算、竣工资料的总结、交付和存档等工作。

③工程的保修(缺陷通知期)和回访。在运行的初期,施工阶段任务承担者(如设计、施工、供应、项目管理单位)和业主按照项目任务书或合同还要继续承担因建设问题产生的缺陷责任,包括维护、维修、整改、进一步完善等。他们还要对工程作回访,了解工程的运行情况、质量和用户的意见等。

④建设工程项目的后评价。项目的后评价指对已投入运行的项目的目标、实施过程、运行效益、作用、影响进行系统客观的总结、分析和评价。

在项目全过程中,上述阶段可能会出现交叉和重叠。例如,设计和计划工作、招标投标工作有时会延伸到施工阶段中,施工阶段的有些工作会延伸到结束阶段。

项目阶段的划分和界定是项目管理的一项重要工作。它对项目目标的分解,项目结构的分解,责任体系的建立,进度、成本和质量的控制,风险分析等有重要作用。

► 1.2.3 建设工程全寿命期理念

过去,人们将建设工程按照寿命期阶段割裂开来构建相对独立的管理系统,将建设工程交付前作为建设工程项目管理,交付后作为物业管理(或设施管理)。建设工程项目管理就以建设过程为对象,以质量、工期、成本(投资)为三大目标,由此产生了项目管理的三大控制。这种建设工程项目管理是有局限性的,并阻碍项目管理理论的发展和学科体系的建立。近十几年来,建设工程全寿命期管理理念、理论和方法的研究和应用对建设工程项目有很大的影响。

1)建设工程全寿命期理念是基于建设工程自身的规律性和内在的逻辑性

建设工程全寿命期各阶段之间存在着十分紧密的联系。

①建设工程项目是为工程的运行服务的。建设工程项目的价值是通过建成后的工程运行提供产品和服务,满足社会需要,促进社会发展来实现的。

②工程运行阶段时间更长,消耗的社会资源和自然资源更多。但工程的基本禀赋又是在建设阶段形成的,建设工程项目实施过程中存在的任何设计、施工等问题都会在运行阶段体

现出来。

③如果不将工程的寿命期作为一个整体进行一体化的管理,则在建设工程项目过程中会忽视工程的运行问题,忽视工程对环境、社会和历史的影响,不关注工程的可持续发展能力,则不能实现工程的总目标。

2)现代社会对建设工程全寿命期管理的需求

近十几年来,由于以下原因使得建设工程全寿命管理受到广泛的重视:

①现代建设工程项目高科技含量大,是研究、开发、建设和运行的结合,而不仅仅是传统意义上的建筑工程。建设过程特别是施工过程的重要性、难度相对降低,而投资管理、运行管理、资产管理的任务和风险加重,难度加大。人们越来越要求对工程进行构思、目标设计、可行性研究、设计、施工,直到运行全寿命期的管理。

②在工程建设项目中,实行业主全过程投资责任制。作为投资主体的业主,负责建设工程项目的前期策划、设计、计划、融资、建设管理,还承担运行管理、归还贷款的重任。因此,业主关注的对象就是一个从构思开始直到运行结束的工程全寿命期。

由于市场竞争激烈和技术更新速度加快,许多制造企业不仅必须在短期内完成新产品开发和投产,而且更需要在工程建设和运行中持续运用和改进新技术、不断更新产品类型。建设工程全寿命期管理能够满足这种需要。

③在现代建设工程中,由于“设计-供应-施工”总承包方式、项目管理模式、代建制模式的推行,以及承包商参与项目融资(如BOT项目),总承包商、项目管理公司、代建单位都要承担建设工程全寿命期管理的责任。

④现代建设工程承担越来越大的社会责任和历史责任。现代社会对工程与环境的协调和可持续发展的要求越来越高,要求建设工程在建设和运行全过程都经得住社会和历史的推敲。这些都体现在建设工程的全寿命期中。

这就要求在建设工程项目管理过程中贯彻建设工程全寿命期理念。

3)建设工程全寿命期理念的内涵

在现代建设工程项目中,建设工程全寿命期理念是非常重要的,是建设工程项目的灵魂。它主要体现在以下三个方面:

①在建设工程项目的任何一个阶段的工作(包括技术工作、管理工作等)中,都要立足于建设工程的全寿命期,不仅注重建设期,更注重建设工程的运行阶段。

②以建设工程全寿命期的整体最优作为管理的总目标,注重建设工程全寿命期的可靠、安全和高效率运行,资源节约,费用优化,与环境协调、健康和可持续发展,反映建设工程全寿命期的整体效率和效益,使建设工程在全寿命期中都经得住社会和历史的推敲。

③将项目管理作为建设工程全寿命期管理的一个组成部分。从建设工程全寿命期集成化管理角度进行项目管理目标、组织责任、信息过程设计,进行项目的计划与控制,使建设工程项目过程与工程的运行过程形成一个统一的、连续的、集成化的管理系统。

4)建设工程全寿命期管理的作用

建设工程全寿命期理念不仅扩大了项目管理的时间跨度和内涵,还从更高层次上认识和要求建设工程项目管理。

①项目目标设置必须从建设工程的整体出发，反映建设工程全寿命期的要求，更加保证了项目目标的完备性和一致性。

②在建设工程全寿命期中能够形成具有连续性和系统性的管理组织责任体系，更加保证了建设项目管理的连续性和系统性，能够极大地提高建设项目管理的效率，改善工程的运行状况。

③促进项目管理的理论和方法改进，如建设工程全寿命期评价理论和方法、建设项目的可持续发展理论和方法、建设项目集成化管理方法等。

④能够改进建设项目的组织文化，促进建设项目组织沟通，提升建设项目管理者的伦理道德和建设项目管理者对历史和对社会的使命感。建设工程全寿命期的管理理念更能反映出建设项目的组织文化和品位，反映建设项目管理者良好的管理理念、思维方式、价值观、伦理道德和管理哲学。建设工程项目的所有参加者应就建设工程全寿命期的目标达成共识。虽然，他们在不同的阶段承担建设项目任务，有各自的目标，但他们都应有建设工程全寿命期的理念，有为建设工程全寿命期负责的精神。

1.3 建设工程项目管理的含义及任务

1.3.1 建设工程项目管理的含义

项目管理是一门新兴的管理科学。它的定义可以概括为：项目管理是指在一定约束条件下，为达到项目的目标，对项目所实施的决策、计划、组织、指挥、协调和控制的过程。作为一门学科，它是决策、管理、效益为一体的组织过程和方法的集合。

项目管理的目的就是保证项目目标的实现。项目管理作为管理学科的一个分支，管理的所有职能它都具备，如定义中的计划、组织、指挥、协调和控制等。

建设工程项目管理是项目管理的一个重要分支。它是指在建设工程项目的生命周期内，用系统工程的理论观点和方法对建设工程项目进行决策、计划、组织、指挥、协调和控制的管理活动，以实现建设工程项目全过程的动态管理和建设工程项目目标的综合协调和优化。

狭义的建设工程项目管理是在限定的工期、质量、费用目标内对建设工程项目进行综合管理，以实现项目预定目标，但这只是建设工程项目施工的管理，随着投资规模、领域的扩大，投资来源多样化，建设工程项目对环境、经济影响的增强，建设工程项目管理已不限于实施过程，而是扩展到从立项到交付使用维护全过程的管理，建设工程项目的实施也从施工承包发展到项目管理、工程总承包等多种形式。对于一个具体的建设工程项目，其目标已不仅仅是质量、工期、费用的控制，还要与资金筹措、风险分析、使用维护以及与所在地经济、环境等联系起来，建设工程项目的目标、管理都应按“广义”考虑。建设工程项目管理的方法，除了具体的技术性方法，还要向前后期的评价延伸，要考虑可持续、协调发展等问题。

▶ 1.3.2 建设工程项目管理的任务

1）业主方项目管理的任务

业主方是建设工程项目实施过程的总集成者——人力资源、物质资源和知识资源的集成，业主方也是建设工程项目生产过程的总组织者，因此对于一个建设工程项目而言，虽然有代表不同利益方的项目管理，但是，业主方的项目管理是管理的核心。

业主方的项目管理是项目实施阶段的全过程、全方位的管理活动。从管理职能、项目目标和约束等角度综合分析和归纳，业主方项目管理的任务包括：安全管理、成本控制、进度控制、质量控制、合同管理、信息管理、组织和协调。

业主方委托工程咨询服务机构承担部分项目管理工作，工程咨询服务机构的项目管理代表业主方的利益，属于业主方项目管理的范畴，是业主方项目管理的一部分。

随着现代建设工程项目投资规模、领域的扩大，投资来源多样化，项目对环境、经济影响增强，业主方建设工程项目管理应该包括项目从决策立项到交付使用维护全过程的管理，建设工程项目的采购也从单纯的施工承包发展到项目管理、工程总承包等多种形式。

2）设计方项目管理的任务

设计方作为项目建设的一个重要参与方，其项目管理主要服务于项目的整体利益和设计方本身的利益。由于建设工程项目的投资目标能否得以实现与设计工作密切相关，因此，设计方项目管理的目标包括设计的成本目标、设计的进度目标和设计的质量目标，以及项目的投资目标。建设项目的投资目标能否实现与设计工作密切相关。

设计方项目管理工作主要在设计阶段进行，但也涉及设计前的准备阶段、施工阶段、动工前准备阶段和保修期。设计方项目管理的任务包括：与设计工作有关的安全管理、设计成本控制和与设计工作有关的工程造价控制、设计进度控制、设计质量控制、设计合同管理、设计信息管理、与设计工作有关的组织和协调。

3）施工方项目管理的任务

施工方作为项目建设的一个重要参与方，其项目管理主要服务于项目的整体利益和施工方本身的利益。在工程实践中，一个建设工程项目的施工管理和该项目施工方的项目管理是两个相互有关联但内涵并不相同的概念。施工管理是传统的较广义的术语，它包括施工方履行施工合同应承担的全部工作和任务，既包含项目管理方面专业性的工作（专业人士的工作），也包含一般的行政管理工作。施工方项目管理的任务包括：施工安全管理、施工成本控制、施工进度控制、施工质量控制、施工合同管理、施工信息管理、与施工有关的组织与协调等。

施工方的项目管理工作主要在施工阶段进行，但由于设计阶段和施工阶段在时间上往往是交叉的，因此，施工方的项目管理工作也会涉及设计阶段。在动工前准备阶段和保修期施工合同尚未终止期间，还有可能出现涉及工程安全、费用、质量、合同和信息等方面的问题，因此，施工方的项目管理也涉及动工前准备阶段和保修期。

4)供货方项目管理的任务

供货方作为项目建设的一个参与方,其项目管理主要服务于项目的整体利益和供货方本身的利益,材料和设备供应方的项目管理都属于供货方项目管理。供货方项目管理工作主要在施工阶段进行,但它也涉及设计前准备阶段、设计阶段、动工前准备阶段和保修期。

供货方项目管理的任务包括:供货的安全管理、供货方的成本控制、供货的进度控制、供货的质量控制、供货合同管理、供货信息管理、与供货有关的组织与协调等。

5)建设工程项目总承包方项目任务

建设工程项目总承包有多种形式,如设计和施工任务综合的承包,设计、采购和施工任务综合的承包(简称 EPC 承包)等,它们的项目管理都属于建设工程项目总承包方的项目管理。当采用建设工程项目总承包模式时,建设工程项目总承包方作为项目建设的参与方,其项目管理主要服务于项目的整体利益和建设工程项目总承包方本身的利益。

建设工程项目总承包方项目管理工作涉及项目实施阶段的全过程,即设计前准备阶段、设计阶段、施工阶段、动工前准备阶段和保修期。

建设工程项目总承包方项目管理的任务包括:安全管理、投资控制和总承包方的成本控制、进度控制、质量控制、合同管理、信息管理、与建设工程项目总承包方工作有关的组织与协调。

▶ 1.3.3 建设工程项目管理主体间的相互关系

我国建设工程项目管理体制的基本框架是以建设工程项目为中心,以经济为纽带,以合同为依据,以项目法人为工程招标发包主体,以设计施工承包商为工程投标承包主体,以建设监理单位为咨询管理主体,相互协作、相互制约的三元主体结构。建设工程项目管理主体间的相互关系如图 1.3 所示。

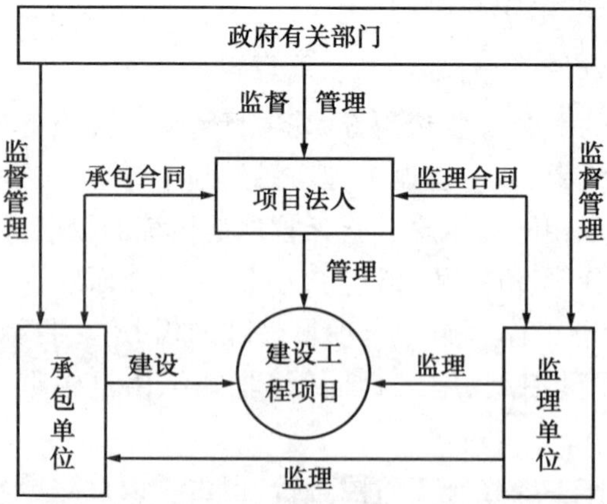

图 1.3 建设工程项目管理主体间的相互关系

1)项目法人与政府部门的关系

项目法人是独立的经济实体,要承担投资风险,要对项目的立项、筹资、建设和生产运营、还本付息以及资产的保值增值进行全过程负责。为此,项目法人必须拥有相应的自主权,政府不再直接干预项目法人的投资与建设活动。政府对建设活动的管理,由原来的直接管理为主转变为间接管理为主,由原来的微观管理为主转变为宏观管理为主。

2)项目法人与金融机构的关系

金融机构是指向工程项目提供贷款的各类银行、非银行金融机构和信用合作社,以及国际金融组织和外国商业银行等。项目法人和金融机构是平等的民事主体,双方通过借款合同,明确其权利和义务。

3)项目法人与投资方的关系

投资方是项目法人的股东。各投资方必须按照组建项目法人时签订的投资协议规定的方式、数量和时间足额出资,且出资后不得抽回投资。投资方作为股东,以其出资额为限对项目法人承担责任,同时按其投入项目法人的资本额享有所有者的权利,包括资产受益、重大决策和选择管理者等权利。

项目法人享有各投资方出资形成的全部法人财产权,对法人财产拥有独立支配的权利。项目法人以其全部法人财产,依法自主经营、自负盈亏、照章纳税,对出资者承担资产保值、增值的责任。项目法人生产经营活动所产生的盈利由项目法人依法获得应有的收益,项目法人因经营管理不善所造成的亏损由项目法人承担全部责任。如果项目法人的生产经营亏损严重,不能清偿到期债务时,应依法破产。

4)项目法人与承包方的关系

承包方是指参与工程建设的设计、施工和物资供应等单位。项目法人与承包方是地位平等的民事主体,他们之间的关系是一种经济法律关系,相当于买卖双方的关系。项目法人和承包商应负有的责任、权利和义务由承包合同规定。生效的承包合同具有法律效力,对双方均有约束力,不得擅自变更或解除,任何一方违约,都要承担相应的违约责任。

承包商按其组织性质可以是独立的法人组织,也可以是联合集团。联合集团则是由几家公司联合起来投标承包一项或多项工程,并不一定要求它们以联合集团名义注册成为独立的法人,只要求各公司具有法人资格,各公司分别对所承担的工程任务负责,这种方式在国际上更为多见。

5)项目法人与监理单位的关系

项目法人与监理单位之间也是一种经济法律关系,即委托与被委托的关系。这种关系是通过签订建设监理委托合同确定下来,并各自负有一定权利和义务的。监理单位接受项目法人的委托之后,项目法人就把工程建设管理权力的一部分授予监理单位。诸如工程建设组织协调工作的主持权,设计质量和施工质量以及建筑材料与设备质量的确认权和否决权,工程计量与工程价款支付的确认权和否决权,工程建设进度的确认权和否决权,以及围绕工程建设的各种建议权等。监理单位在项目法人的授权范围内开展工作,要向项目法人负责,但并不受项目法人的领导,监理方与项目法人之间不是某种从属关系,而是一种委托协作关系。在工程的实施中,监理单位不是项目法人的代理人,不是以项目法人的名义开展监理活动的,而是作为独立于项目法人与承包商之外的第三方执行其职责和义务的。项目法人不得违约侵权超越合同,不得随意干涉监理方的工作,而监理方也应保持自己的公正立场,不仅要为项目法人提供高质量的服务，维护项目法人的合法权益，同时也要维护承包方的合法权益。

6）监理单位与承包方的关系

监理单位与承包方之间没有也不应当有任何经济合同关系。他们在工程建设中是一种监理与被监理的关系，这种关系是通过项目法人与承包方签订的工程承包合同确定的。也就是说，承包方应接受监理方的监理和管理，并按照承包合同的要求和监理方的监督指导进行设计或组织施工。监理单位根据项目法人的授权，监督管理承包方履行工程承包合同或设备材料供应合同。项目法人委托监理单位后，关于工程建设活动的具体工作承包方不再与项目法人直接交往，而转向与监理单位直接交往，并接受监理工程师对其所从事的工程建设活动的监督管理。监理工程师既要监督检查承包商是否履行合同的职责，也要注意按照合同规定公正地处理有关索赔和工程款支付等问题，维护承包人的合法权益。

1.4 现代建设工程项目管理的特点与发展方向

1.4.1 现代建设工程项目管理的特点

现代建设工程项目管理于1982年被引入我国，1988年在全国进行应用试点，1993年正式推广，至今30余年了。在各级政府、建设行政主管部门的大力推动和全国工程界的努力实践下，形成了我国建设工程项目管理的四大特点：

1）建设工程项目管理与工程建设管理方式改革相结合

工程项目管理是一种新的工程建设管理方式，这种管理方式与工程建设的目的相一致，是以工程项目为出发点、为中心、为归宿的管理方式，它改变了传统的以政府集中管理为中心的计划管理方式。这一改革极大地解放和提高了我国工程建设的生产力。

2）建设工程项目管理与我国建筑市场的建设与发展相结合

我国建筑市场的建设与发展首先是围绕建立合格的市场主体展开的，即形成合格的项目法人（买方）、承包单位（卖方）和监理单位（中介方）。这三者是围绕建设工程项目管理这个中心联系在一起的，并由此形成了我国工程建设管理体制的四大主要内容：项目法人责任制、招标投标制、工程监理制、合同管理制。这四项制度是围绕建设工程项目管理实施的。

3）已经初步形成了我国建设工程项目管理“三个一”

我国建设工程项目管理“三个一”，即一门建设工程项目管理学科理论体系、一个建设工程项目管理方法体系、一大批典型的建设工程项目管理成功案例。这“三个一”是我国继续发展建设工程项目管理的坚实基础。

4）我国建设工程项目管理学术活动活跃

在大学教育里已经将“建筑管理工程专业”更名为“工程管理专业”，说明这个专业的培养目标就是造就项目管理人才。在继续教育方面，建设工程项目管理的教材有：全国施工企业项目经理培训教材、全国工程建设监理工程师培训教材、全国工商管理建筑业培训《工程项目管理》教材等。已进行建设工程项目管理知识学习的达 100 多万人(含学习工程建设监理知识者)。全国从事项目管理研究的学术团体有“中国优选法、统筹法与经济数学研究会项目管理会”“中国建筑业协会工程项目管理委员会”“中国建筑学会建筑统筹管理分会”等。从事建设工程项目管理学术研究的专家、教授是一支很庞大的队伍,每年发表的建设工程项目管理研究学术论文、科研成果都很多。另外,国内外工程界关于建设工程项目管理的学术交流活动也愈加频繁。我国与国际惯例接轨的、以建设工程项目管理为主要业务内容的“注册建造师”制度已经建立。

▶ 1.4.2 现代建设工程项目管理的发展趋势

1)项目管理的国际化趋势

随着我国改革开放的进一步加快,中国经济日益深刻地融入全球市场,在我国的跨国公司和跨国项目越来越多。我国企业走出国门在海外投资和经营的项目也在增加。与此同时,项目管理的国际化正形成趋势和潮流。我国加入 WTO 后,行业壁垒下降,国内市场国际化,国内外市场全面融合,外国企业必定利用其在资本、技术、管理、人才、服务等方面的优势,挤占我国国内市场,尤其是工程总承包市场。面对日益激烈的市场竞争,我国的企业必须以市场为导向,转换经营模式,增强应变能力,自强不息,勇于进取,在竞争中学会生存,在拼搏中寻求发展。

2)项目管理的信息化趋势

伴随着 Internet 走进千家万户,以及知识经济时代的到来,项目管理的信息化已成必然趋势。一方面,作为当今更新最快的计算机技术和网络技术在企业经营管理中普及应用的速度令人吃惊,而且呈现加速发展的态势。这给项目管理带来很多新的特点,在信息高速膨胀的今天,项目管理越来越依赖于计算机手段,其竞争从某种意义上讲已成为信息战。另一方面,与知识经济相适应的项目管理也将成为一个热门前沿领域。美国著名杂志《财富》预测,项目经理将成为 21 世纪年轻人首选的职业。这一动向提醒我们,项目管理正成为社会管理和企业管理现代化的重要内容。

3)项目管理的科学化趋势

为了发展我国的建设工程项目管理,迎接 21 世纪我国工程建设新的高潮,适应国际国内建筑市场激烈的竞争环境,把我国的建筑市场培育发展得更加完善,使市场机制能够有效发挥它应有的作用,我国的建设工程项目管理必须科学化。我国建设工程项目管理科学化的方向包括工程项目管理规范化、创新观念、科学的工程项目管理方法、工程项目管理手段先进化、建筑市场运行的正常化等方面。

1.5 建设工程项目管理模式

1.5.1 我国传统的建设工程项目管理模式

我国传统的建设工程项目管理模式有工程建设指挥部管理模式、建设单位自管模式等。

1)工程建设指挥部管理模式

工程建设指挥部管理模式是我国计划经济体制下大中型基本建设工程项目管理所采用的一种基本组织形式。指挥部通常由政府主管部门指令各有关方面派代表组成,对建设工程项目的实施进行管理和监督。采用这种模式,可以依靠指挥部领导的权威和行政手段,集中大量人力、物力和财力打“歼灭战”,确保建设工程项目在较短的时间内完成。在进入社会主义市场经济的条件下,这种方式已不多见。

工程建设指挥部一般是在前期工作阶段先成立项目筹建处,在工程开工前正式组建。指挥部人员由项目主管部门从本行业、本地区所管辖单位中抽调专门人员组成。对一些投资规模大、协作关系复杂的大型项目,在指挥部之上还要成立由中央部门和地方主要领导参加的项目建设领导小组。少数特大型项目,由国务院派出代表,与各有关部门、各有关地方的主要领导共同组成高层次的项目建设领导小组。在指挥部内部,一般又设立若干职能处(室),有的还设立二级指挥部。工程建设指挥部管理模式如图 1.4 所示。

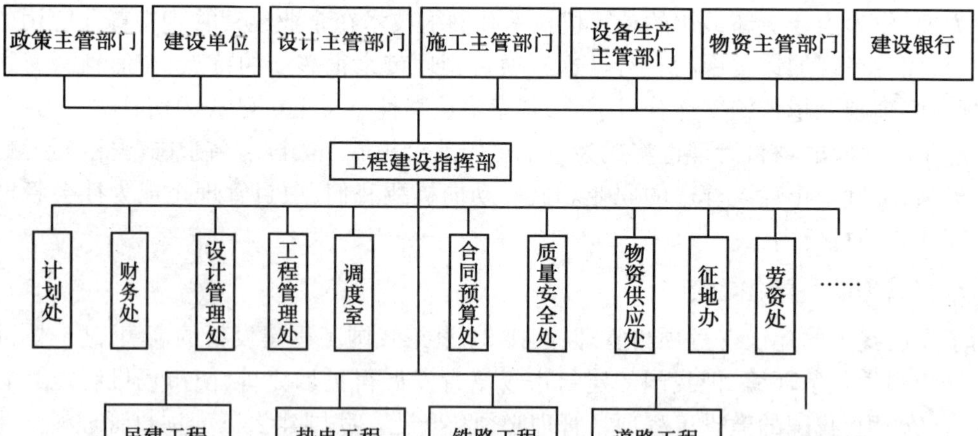

图 1.4 工程建设指挥部管理模式

2)建设单位自管模式

建设单位自管模式是我国多年来常用的建设方式,它是由企业内部自己设置固定或临时基本建设管理机构,负责支配建设资金、办理规划手续及准备场地、委托设计、采购器材、招标施工、验收工程等全部工作,有的还自己组织设计、施工队伍,直接进行设计施工。建设单位自管模式如图 1.5 所示。

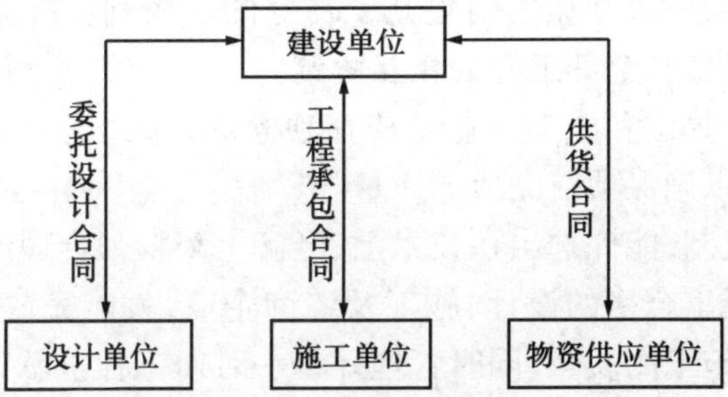

图 1.5　建设单位自管模式

建设单位基建部门自管模式的组织形式和机构设置大体有以下两种形式:

①在企业内部设立常设的基建管理职能处,专门从事本企业小型基本建设项目和更新改造项目的组织管理工作。在基建处下可设立有关业务科室。

②在企业内部设立与生产相对独立的常设基建管理部门。采用这一形式的大多是一些技术改造任务重、大中型建设工程项目多的大型企业和企业集团。有的企业不仅拥有较强的项目管理班子,而且还有自己的设计、施工队伍;有的企业只拥有较完整的项目管理机构,设计、施工队伍则需要通过招标形式进行选择。

企业常设或临时基建机构一般不独立对外,有关建设问题都以企业的名义进行联系。即真正的建设单位还是企业,但从企业常设或临时设立的基建管理机构的工作内容上看,它实际上行使着建设单位的职能,因而其职责、任务与指挥部大体相同。

▶ 1.5.2　当前常见的建设工程项目管理模式

目前国内外比较常见的有 DBB 模式、建设工程项目总承包模式、PM 模式、BOT 模式等。

1) DBB 模式

建设工程项目管理 DBB 模式是全世界流行和通用的传统项目管理模式。“D”代表“Design”,即设计;第一个“B”代表着“Bid”,即招标;第二个“B”代表着“Build”,即建造。因此 DBB 模式即设计-招标-建造模式。

DBB 模式最明显的特征是建设工程项目的建设步骤必须按照设计→招标→建造的顺序进行。采用该方法时,首先由业主将前期相关工作委托给咨询工程师及建筑师,待立项后,再开展设计工作,与此同时,还要准备施工招标文件,随后在设计机构的协助下,通过竞争性招标,选择出质量及合同价都满足要求或最具资质的投标人,委托项目的建设。在某些时候运用施工总承包方式时,双方签订施工合同,一般来说,还需要承包商与分包商及供应商单独签订合同,来组织实施工程项目有关部位的分包及设备、材料的采购。投资方会委任甲方代表来承担项目管理工作。但国内和国外在这一点上有一定的区别,国外运用 DBB 模式时,在实施阶段的大多管理任务,甲方均交托给咨询工程师或建筑师。

DBB 管理模式具体包含两种比较典型的发包方式,施工平行发包方式和施工总承包方式。

DBB 模式作为传统的经典项目管理模式,其主要优点如下:

①由于全世界各地长期广泛稳定地采用DBB管理模式，故应用这种模式时，项目参与各方都已对实施程序十分熟悉了，互相之间建立了良好的责权利分配原则和风险分担方式，这一点非常有利于项目的实施和全部工程的相互协调。

②业主所选择的设计单位和施工企业是相互独立的，那么这两方在项目的实施过程中，就能够相互监督和制约，以确保项目完成的质量。

③通过招标的竞争机制，能评选出在技术上、经济上都较为合理的施工单位。

④业主方只需要选择出合格的设计、施工及咨询企业，就能完成整个项目的建设。在整个过程中，只需着重监督施工的质量，同时管理好每一时期工程价款的支付，不用过多地参与到施工技术上去，这就省去了一部分的甲方"班子"。

但是，这种管理模式随着时代的发展及建设工程项目种类多样性的发展，在多年实践应用中，在某些方面都体现出了一些不适应性，其主要有以下几个缺点：

①项目建设的程序过于呆板，只能按照固定的流程实施，必须先设计，再招标，最后才能施工，这无疑导致施工周期大为加长，要做到缩短项目建设期就很难了。与此同时，因通货膨胀所导致施工费用上涨的风险也较大。

②承包商无法提前介入设计工作。由于设计师的具体施工知识和施工经验逊于承包商，当设计师权力过大，独立决定所有的设计方案等，无疑会导致项目的可施工性较差，同时导致工程变更的数量增加。

③由于业主方要选择专业咨询管理机构来参与项目的策划和管理，多了一笔不小的支出，加大了工程管理的费用，致使项目的前期费用增多。

2）建设工程项目总承包模式

建设工程项目总承包模式，是业主将建设工程项目的全部设计和施工任务发包给一家具有总承包资质的承包商，也称为工程总承包模式。

我国《建筑法》规定："建筑工程的发包单位可以将建筑工程的勘察、设计、施工、设备采购一并发包给一个工程总承包单位，也可以将建筑工程勘察、设计、施工、设备采购的一项或者多项发包给一个工程总承包单位；但是，不得将应当由一个承包单位完成的建筑工程肢解成若干部分发包给几个承包单位。"项目总承包单位按照合同约定对建设工程项目的质量、工期、造价等向业主负责。工程总承包单位可依法将所承包工程中的部分工作发包给其他有相应资质的分包单位；分包单位按照分包合同的约定对总承包单位负责。

建设工程项目总承包的主要意义并不在于总价包干和"交钥匙"，其核心是通过设计与施工过程的组织集成，促进设计与施工的紧密结合，以达到为项目建设增值的目的。应该指出的是，即使采用总价包干的方式，稍大一些的项目也难以用固定总价包干，而多数采用变动总价合同。

建设工程项目总承包主要有以下两种方式：

（1）设计-施工总承包

设计-施工（Design Build）总承包模式，即DB模式。其应用最早起始于20世纪60年代美国的公共工程项目，由陆军工程师兵团首先采用。采用DB模式时，投资方首先会签订一家专业的咨询公司，来研究拟建项目的特性，然后授权给一位高度专业化的经理为业主代表，与各个设计-建造的总承包商沟通，提出要求或者提供设计大纲，根据项目的不同性质，可以通过公开招标或邀请招标方式选定总承包商。招标过程中，各总包商可提出初步设计与成本概算，最后由中标的设计-建造的总承包商对项目的成本负责，并自行完成绝大部分设计及施工任务，仅将个别专业性很强的设计施工部分分包出去。在建设工程项目的整个建设过程中，业主、总承包商始终对项目的整个规划、设计和实施都保持密切沟通、合作、交流。在美国，目前有大约40%的项目都采用DB模式进行项目管理，DB模式如图1.6所示。

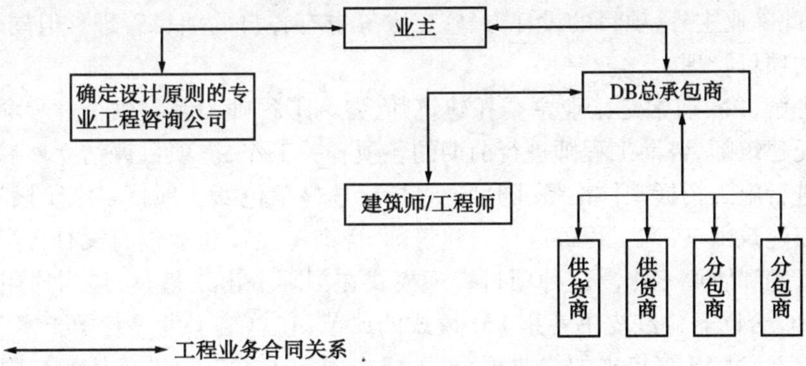

图1.6 设计-施工总承包模式

(2)EPC模式

设计-采购-建造(Engineering-Procurement-Construction)模式，即EPC模式。在EPC模式中，Engineering不仅包括具体的设计工作，而且可能包括整个建设工程内容的总体策划以及整个建设工程实施组织管理的策划和具体工作。在EPC模式下，业主只要大致说明一下投资意图和要求，其余工作均由EPC承包单位来完成；业主不聘请监理工程师来管理工程，而是自己或委派业主代表来管理工程；承包商承担设计风险、自然力风险、不可预见的困难等大部分风险。EPC模式适用一般规模均较大、工期较长，且具有相当的技术复杂性的工程，如工厂、发电厂、石油开发等基础设施。

EPC模式的合同结构因不再有咨询工程师这个独立第三方的参与，投资方可自行建立管理机构，也可委托专门的管理公司对项目进行整体性的管控。该模式中投资方对项目实施的介入很少，故充分发挥了总承包商的主观能动性，使得其管理经验得到大力应用，为投资方创造更大的盈余。EPC模式如图1.7所示。

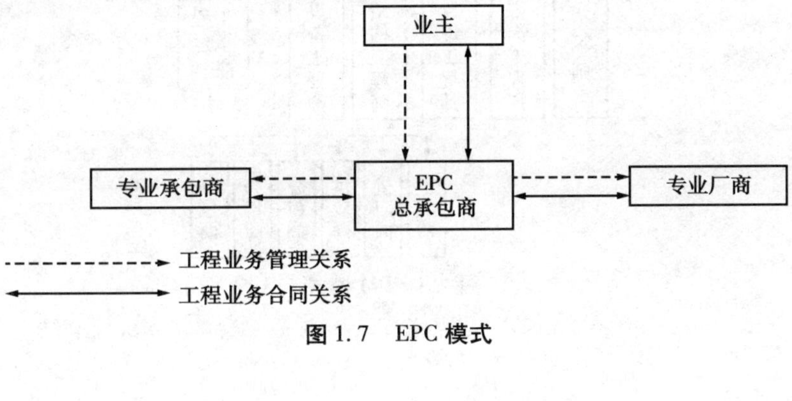

图1.7 EPC模式

3)PM 模式

PM(Project Management),在我国译为项目管理,具有广义和狭义两方面的理解。就广义的 PM 来讲,内涵非常丰富,泛指为实现项目的工期、质量和成本目标,按照工程建设的内在规律和程序对项目建设全过程实施计划、组织、控制和协调。其主要内容包括项目前期的策划与组织,项目实施阶段成本、质量和工期目标的控制及项目建设全过程的协调。因此,它是以项目目标为导向,执行管理各项基本职能的综合活动过程。另外,由于项目各方都要进行项目管理,因此除业主外,项目的设计方、施工方等也有各自的项目管理。但国外的 PM 通常是指业主方的项目管理。

狭义上理解,PM 通常是指业主委托建筑师、咨询工程师为其提供全过程项目管理服务,即由业主委托建筑师、咨询工程师进行前期的各项有关工作,待项目评估立项后再进行设计,在设计阶段进行施工招标文件准备,随后通过招标选择承包商。项目实施阶段有关管理工作也由业主授权建筑师、咨询工程师进行。建筑师、咨询工程师和承包商没有合同关系,但承担业主委托的管理和协调工作。这种项目管理模式在国际上出现最早,最为通用,也被称为传统模式。FIDIC 合同条件红皮书就是 PM 模式的典范,它总结了世界各国土木工程建设管理百余年的经验,经过 40 多年来的修改再版,已成为国际土木工程界公认的合同标准格式,得到世界银行及各地区金融机构的推荐。虽然 PM 最早开始于传统模式,但随着其他项目管理模式的快速发展,PM 的内涵也不断扩大,有时 PM 也泛指为业主提供的项目管理服务或者是 PM 单位,而且 PM 可能与其他项目管理模式共存于一个工程项目之中。我国的工程建设监理实际上也是一种 PM 模式,监理企业接受业主的委托为业主提供项目管理服务。只是同国际通用的传统模式相比,我国的监理不像建筑师、咨询工程师一样承担前期策划和设计工作,而是只提供施工阶段的监理服务。

PM 模式的基本特征是业主不再自行管理项目,而是委托 PM(建筑师、咨询工程师、监理工程师)帮助其对项目进行管理,PM 按照委托合同的要求代表业主行使项目管理职能,为业主提供项目管理咨询服务。PM 不承包工程,除自己利益外主要考虑业主的各种利益,在施工中监督承包商对承包合同的履行。PM 模式如图 1.8 所示。

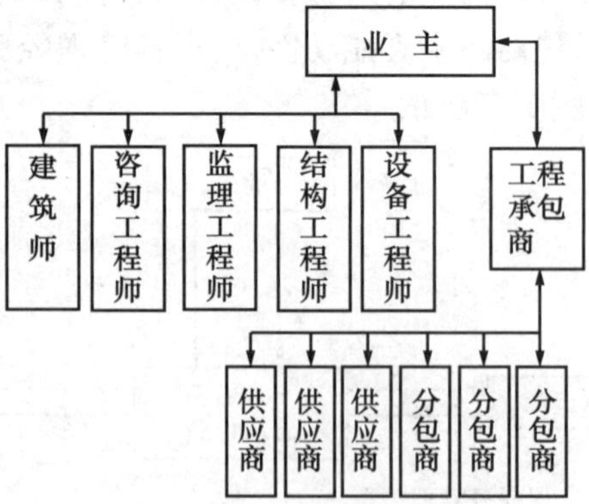

图 1.8　PM 模式

4) BOT 模式

BOT(Build-Operate-Transfer)即建造-运营-移交模式,如图 1.9 所示。在这种模式下,东道国政府开放本国基础设施建设和运营市场,吸收国外资金,授给工程项目公司以特许权,由该公司负责融资和组织建设,建成后负责运营及偿还贷款,在特许期满时将工程移交给东道国政府。

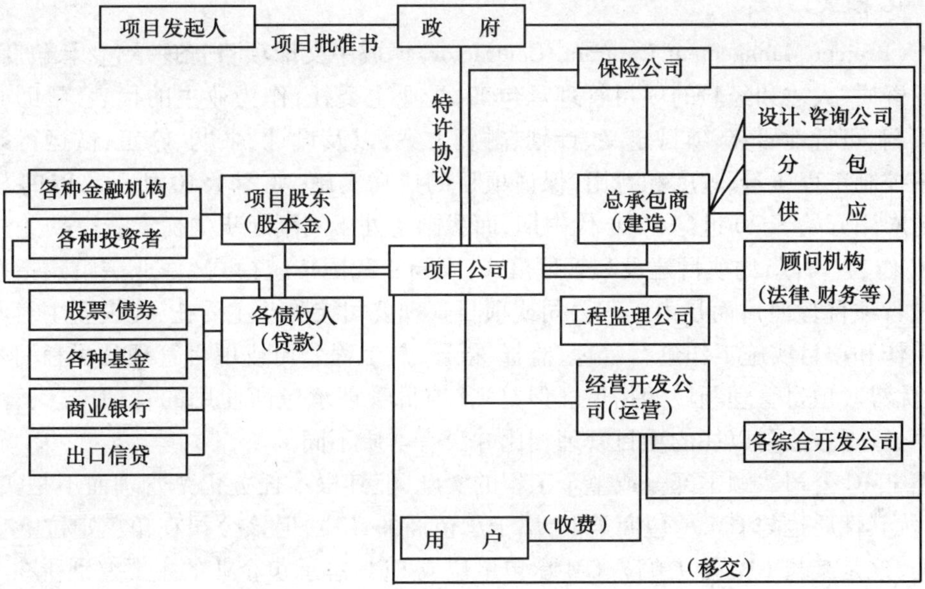

图 1.9　BOT 模式

通常所说的 BOT 至少包括以下三种方式:

(1)标准 BOT

标准 BOT 即建设-经营-转让。私人财团或国外财团愿意自己融资,建设某项基础设施,并在东道国政府授予的特许经营期内经营该公共设施,以经营收入抵偿建设投资,并取得一定收益,经营期满后将该设施转让给东道国政府。

(2)BOOT

BOOT 即建设-拥有-经营-转让。BOT 与 BOOT 的区别在于:BOOT 在特许期内既拥有经营权也拥有所有权,此外,BOOT 的特许期比 BOT 长一些。

(3)BOO

BOO 即建设-拥有-经营。该方式特许承建商根据政府的特许权,建设并拥有某项公共基础设施,但不将该设施移交给东道国政府。

以上三种方式可统称为 BOT 方式,也可称为广义的 BOT 方式。BOT 方式对政府、承包商、财团均有好处,近年来在发展中国家得到广泛应用。我国已在 1993 年决定采用,以引进外资用于能源、交通运输基础设施建设。BOT 方式说明,投资方式的改变带动了项目管理方式的改变。BOT 方式是一种从开发管理到物业管理的全过程的项目管理。

1.5.3 建设工程项目管理的新模式

随着社会技术经济水平的发展,建设工程业主的需求也在不断变化和发展,总的趋势是希望简化自身的管理工作,得到更全面、更高效率的服务,更好地实现建设工程预定的目标。与此相适应,建设项目管理模式也在不断发展,出现了许多新的项目管理模式。

1)PMC 模式

PMC(Project Management Contract/Contractor)译成中文即项目管理承包/承包商,是指具有相应的资质、人才和经验的项目管理承包商,受业主委托,作为业主的代表,帮助业主在项目前期策划、可行性研究、项目定义、计划、融资方案,以及设计、采购、施工、试运行等整个实施过程中控制工程质量、进度和费用,保证项目的成功实施,如图 1.10 所示。PMC 模式在国外的广泛应用开始于 20 世纪 90 年代中期,而我国还处于刚刚起步的探索阶段。

PMC 作为一种新的项目建设和管理模式,不同于我国传统模式(由业主组建指挥部或类似机构进行项目管理),而是由工程公司或项目管理公司接受业主委托,代表业主对原有的项目前期工作和项目实施工作进行管理、监督、指导,是工程公司或项目管理公司利用其管理经验、人才优势对项目管理领域的拓展。但是,就项目管理承包商使用的管理理念、管理原则、管理程序、管理方法与以往的项目管理相比并没有本质不同。

虽然 PMC 公司兼顾了部分或整个工程的实施,但其根本任务仍是管理而不是实施工程。因此,虽然其性质也与 CM 承包商类似,属于承包商的性质,但该公司在角色定位上仍属于咨询类公司,这是其与 DB 承包单位、CM 承包单位或 EPC 总承包企业的主要差别所在。

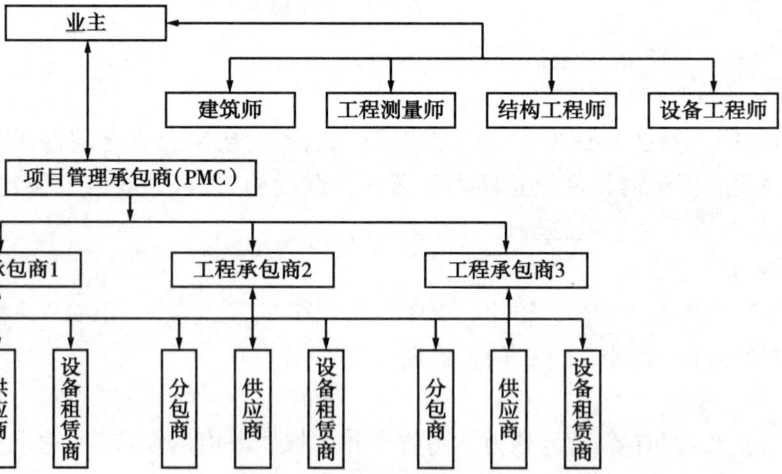

图 1.10 PMC 模式

2)CM 模式

CM(Construction Management)模式的创始人是美国的 Charles B. Thomsen,美国纽约的世界贸易中心是首次采用 CM 模式的项目。随着理论的日趋完善和经验的逐步积累,CM 模式在美国是非常流行的项目管理方式,尤其流行于北美建筑市场。CM 模式又称为阶段发包(Phased Construction)方式或快速轨道(Fast-Track Construction)方式。

应用该模式时,业主、业主委托的 CM 经理、建筑师成立联合工作组,一起组织项目的设计及施工,建筑师进行设计,CM 经理起协调作用,在项目整体规划和设计之初,考虑控制总投资,在初步方案确定后,随着设计一步步完善,当一部分设计完成时,就对该部分的工程任务进行招标,委托给一家承包单位,由不同的承包企业分别来完成项目的施工,CM 经理定期与承包商会面,监控项目成本、质量和进度。

根据合同规定,一般可以将其分为代理型建设管理(Agency CM)和非代理型建设管理(Non-Agency CM)两种方式。所谓代理型 CM 方式,即 CM 单位仅以"业主代理"身份参与项目,不与承包单位订立合同,是业主的咨询单位。业主与 CM 单位签订咨询服务合同,与各承包商签订施工合同,CM 单位根据业主与各个承包商所签订的施工合同的约定进行工程管理。其组织结构如图 1.11 所示。

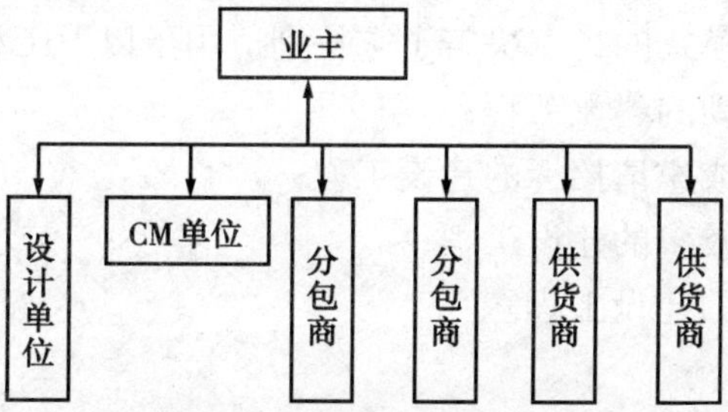

图 1.11 代理型 CM 模式

在非代理型 CM 模式中,CM 单位不仅仅是简单的业主代理人,更以施工总承包商的身份来进行工作。在这种模式下,业主一般不与施工承包商签订工程施工合同,而是与 CM 单位签订既包含咨询业务,又包括施工承包业务的 CM 合同,然后 CM 单位与施工承包商和材料设备供应商签订合同,对其实施管理及安排。在这种情况下,业主对工程投资不能直接控制,存在很大风险,为促使 CM 单位加强投资控制,业主往往要求 CM 合同中预先确定一个具体数额的保证最大工程价格 GMP(Guaranteed Maximum Price),如果实际工程费用超过了 GMP,超过部分将由 CM 单位承担,反之节余部分归业主与 CM 单位分成。非代理型 CM 模式与施工总承包模式最明显的区别在于 CM 合同的形式上,在和分包商订立合同的过程中,每确立一份合同,才分别确定合同价,而不会一次性把总价包干。非代理型 CM 模式如图 1.12 所示。

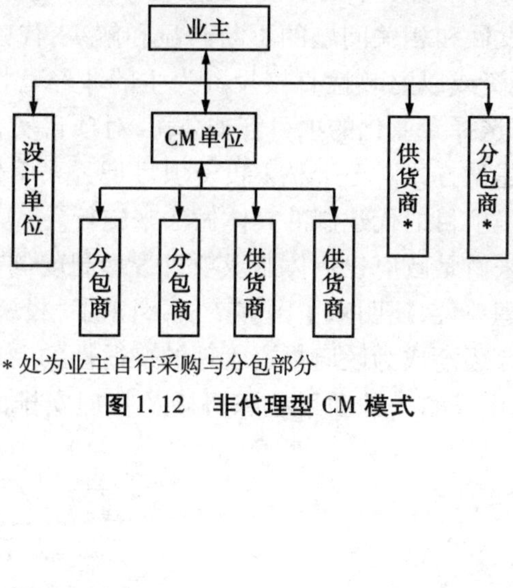

*处为业主自行采购与分包部分

图 1.12 非代理型 CM 模式

3)**伙伴合作模式**

伙伴合作模式(Partnering)是在充分考虑建设各方利益的基础上确定建设工程共同目标的一种管理模式,于20世纪80年代中期首先出现在美国。它一般要求业主与参建各方在相互信任、资源共享的基础上达成一种短期或长期的协议,突破了传统的界限,各方通过建立工作小组相互合作,及时沟通以避免争议和诉讼的产生,共同解决建设工程实施过程中出现的问题,共同分担工程风险和有关费用,以保证参与各方目标和利益的实现。Partnering协议,不是严格法律意义上的合同,一般都是围绕建设工程的三大目标以及工程变更管理、争议和索赔管理、安全管理、信息沟通和管理、公共关系等问题作出的相应规定,而这些规定都是有关合同中没有或无法详细规定的内容。

Partnering模式具有双方的自愿性、高层管理的参与、信息的开放性等特征,它总是与其他管理模式结合使用。该模式的特点决定了它特别适用于以下工程:

①业主长期有投资活动的建设工程;

②不宜采用分开招标或邀请招标的建设工程;

③复杂的不确定因素较多的建设工程;

④国际金融组织贷款的建设工程。

4)**项目总控模式**

项目总控模式(Project Controlling,简称PC模式)是20世纪90年代中期在德国首次出现并形成相应的理论。PeterGreiner博士首次提出了PC模式,并将其成功应用于德国统一后的铁路改造和慕尼黑新国际机场等大型建设工程。

PC模式是适应大型和特大型建设工程业主高层管理人员决策需要而产生的,是工程咨询和信息技术相结合的产物,是在项目管理基础上结合企业控制论的一种新模式。PC单位使用现代信息技术,给予投资方的最高决策人战略性的咨询,相当于投资方的决策支持机构。它的核心就是以工程信息流处理的结果指导和控制工程的物质流。PC模式,不能作为一种独立的模式,取代常规的建设项目管理,往往与其他管理模式同时并存。

5)**代建制模式**

2004年《国务院关于投资体制改革的决定》出台之后,代建制开始在全国范围内推行和试点。随着代建制的不断发展和相关问题的不断凸显和解决,代建制的定义可以加以明确。代建制,是以财政性直接投资或以财政性直接投资为主的非经营性项目,由政府投资主管部门或其授权机构通过招标,选择专业化的项目管理公司,对项目实行全过程或分阶段管理,竣工验收后移交使用单位的建设方式。至于私人投资项目是否采用代建制,应由投资者自行决定,若采用,可参照政府投资项目的代建制的具体做法来施行。

代建制从宏观层面上来看是政府投资体制及项目管理制度创新的产物。通过竞争机制,明确选择了专业化项目管理单位,还明晰了国有产权,纠正了“投资、建设、使用、管理”多位一体的弊端,因此,代建制将会逐渐成为政府投资管理的普适性的制度。从微观的层面看,代建制也可看作是类似于DBB模式的一种项目组织协调及管理安排的方式,因此代建制也是一种典型的项目管理模式。

目前,代建制管理模式可分为比较典型的两种,即全过程代建和建设期代建。

①全过程代建方式,是指在项目建议书批复之后,投资主管部门即选择代建单位,该单位从可行性研究报告编制的工作开始,直到选择设计单位、对初步设计及施工图设计进行组织,选择施工和监理企业、进行施工及竣工验收等一系列任务,直到竣工后移交接给使用单位。

②建设期代建方式,是由使用单位自行完成项目建议书及初步设计阶段的所有工作,在初步设计概算批复后,由投资主管部门来委托代建单位,再由代建单位来负责完成组织施工图设计、选择施工单位、组织施工及竣工验收等所有工作,完工后移交给使用单位。

复习思考题

1.1　什么是建设工程项目？它有什么特征？

1.2　项目参与各方工程项目管理的任务有何不同？

1.3　为什么我国要推行工程项目管理？

1.4　当前常见的建设工程项目管理模式都有哪些？我国对某些建设项目实行 BOT 方式有何意义？简述三种 BOT 方式的特点。

1.5　简述建设项目管理与施工项目管理的不同点。

1.6　举例说明 PMC 模式和 EPC 模式的工程应用。

2 建设工程项目前期策划

2.1 工程项目的前期策划工作

工程项目前期策划是工程项目管理的一个重要组成部分，是项目建设成功的前提。无数建设工程项目成功的经验证明，科学、严谨的前期策划将为项目建设的决策和实施提供有力的保障，从而实现项目价值。

▶ 2.1.1 概 述

工程项目的立项是一个极其复杂同时又是十分重要的过程。这个阶段主要是从上层系统，即从全局和战略的角度出发研究和分析问题的，主要是上层管理者的工作，其中也有许多项目管理工作的内容。要取得项目的成功，必须从这个阶段开始就进行严格的项目管理。

当然，谈及项目的前期策划工作，许多人一定会想到项目的可行性研究，这是有道理的，但不完全。因为，还有如下问题存在：

①可行性研究的意图是怎么产生的？为什么要作此研究？对什么作可行性研究？

②可行性研究需要很大的资金投入。在国际工程项目中，可行性研究的费用常常要花几十万、几百万甚至上千万美元，它本身就是一个很大的项目。所以，在它之前就应该有严格的研究和决策，不能有一个项目构思就作一个可行性研究。

③可行性研究的尺度是怎么确定的？可行性研究是对方案完成目标程度的论证，因此在可行性研究之前就必须确定项目的目标，并以它作为衡量的尺度，同时确定一些总体方案作

为研究对象。

项目前期策划工作的主要任务是寻找项目机会、确立项目目标和定义项目,并对项目进行详细的技术经济论证,使整个项目建立在可靠的、坚实的和优化的基础之上。

▶ 2.1.2 工程项目前期策划的过程和主要工作

工程项目的立项必须按照系统方法有步骤地进行。项目前期策划的过程如图2.1所示。

(1)工程项目构思的产生和选择

任何工程项目都起源于项目的构思。项目的构思是对项目机会的寻求,它产生于为了解决上层系统(如国家、地区、企业和部门)的问题,或为了满足上层系统的需要,或为了实现上层系统的战略目标和计划等。在一个具体的社会环境中,上层系统的问题和需要很多,这种项目构思可能是丰富多彩的,人们可以通过许多途径和方法(即项目或非项目手段)达到目的,所以对于那些明显不现实或没有实用价值的构思必须淘汰,在它们中间选择少数几个有价值和可能性的构思,并经上层组织批准,进行更深入的研究。

(2)项目的目标设计和项目定义

这一阶段主要是通过对上层系统的情况和存在的问题进行进一步研究,提出项目的目标因素,进而构成项目目标系统,通过对目标的书面说明形成项目定义。这个阶段包括以下工作:

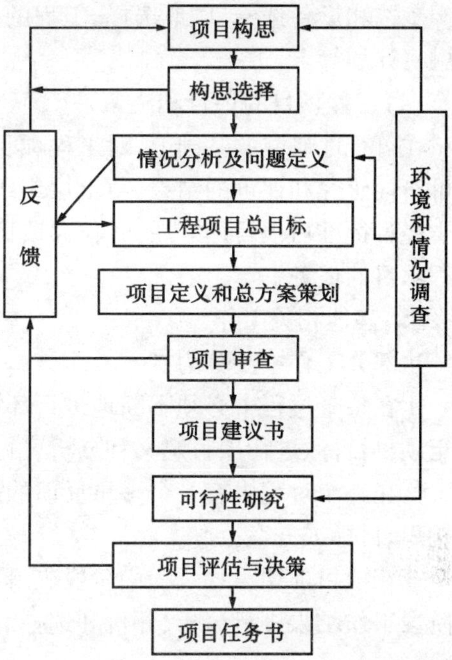

图2.1 项目前期策划过程图

①情况的分析和问题的研究。即对上层系统状况、环境状况、市场状况和组织状况进行调查,对其中的问题进行全面罗列、分析和研究,确定问题的原因,为正确的项目目标设计和决策提供依据。情况的分析不仅要分析过去的统计资料、现实状况,而且要按照历史资料和现实状况预测未来的发展趋势,这对工程项目更为重要。

②项目的目标设计。针对情况和问题提出目标因素,对目标因素进行优化,建立目标系统,确定工程项目要达到的预期总目标。针对上层系统的情况和存在的问题、上层组织的战略,以及环境条件,提出通过工程建设所要达到的主要指标。

工程项目采用目标管理方法,在项目的早期就必须确定总目标,并将它贯彻在工程项目的整个实施过程中,以指导总体方案的策划、可行性研究、设计和计划以及施工过程,并作为工程项目后评价的依据。

③项目的定义和总体方案策划。项目的定义是指确定项目的目标系统的构成和范围界限,对项目的各个目标指标作出说明,并根据项目总目标,对项目的总体实施方案进行策划。

④项目的审查。这里的审查主要是对项目构思、情况和问题的调查和分析、目标设计的过程和结果的审查。

⑤提出项目建议书。项目建议书是对项目总体目标、情况和问题、环境条件、项目定义和总体方案的说明和细化,同时提出在可行性研究中所研究的各个细节和指标,作为后继的可行性研究、技术设计和计划的依据。它已将项目目标转变成具体实在的项目任务。

(3)可行性研究

可行性研究即对实施方案进行全面的技术经济论证,看能否实现目标,它的结果作为项目决策的依据。可行性研究的范围包括产品的市场研究和销售预测、项目产品的生产计划、生产工艺和设备选择、厂址选择、工程的建设计划、工程的运行计划、项目全过程的资金计划和融资计划等。

(4)工程项目的评价和决策

在可行性研究的基础上,对工程项目进行财务评价、国民经济评价和环境影响评价。根据可行性研究和评价的结果,由上层组织对项目的立项作出最后决策。在我国,可行性研究报告经过批准后项目即立项,并作为项目初步设计的依据。经批准的可行性研究报告就作为工程项目的任务书。

(5)其他相关工作

这部分工作主要分为:

①在整个过程中必须不断地进行环境调查,并对环境发展趋势进行合理的预测。环境是确定项目目标、进行项目定义和分析可行性的最重要的影响因素,是进行正确决策的基础。

②在整个过程中有一个多重反馈的过程,要不断地进行调整、修改和优化,甚至放弃原定的构思、目标或方案。

③在项目前期策划过程中阶段决策是非常重要的。在整个过程中必须设置几个决策点,对阶段工作结果进行分析、评价和选择。

2.1.3 工程项目前期策划工作的重要作用

项目的前期策划工作主要是产生项目的构思,确立目标,并对目标进行论证,为项目的批准提供依据。这是确定项目方向的过程,是项目的孕育过程。它不仅对项目全过程,对项目的实施和管理起着决定性作用,而且对工程全寿命期和项目的整个上层系统都有极其重要的影响。

(1)项目前期策划是为了确立项目方向

方向错误必然会导致整个项目的失败,而且这种失败常常是无法弥补的。图2.2能清楚地说明这个问题。项目的前期费用投入较少,项目的主要投入在施工阶段;但项目前期策划对项目全过程的影响最大,稍有失误就会导致项目的失败,产生不可挽回的损失,而施工阶段的工作对项目全过程的影响很小。

过去人们常常从投资影响的角度来解释图2.2,即前期工作对投资的影响最大。而实质上,对项目整体效益的影响都可以用图2.2来表示。

工程项目是由目标决定任务,由任务决定工程的技术方案和实施方案或措施,再由工程技术方案产生工程活动,进而形成一个完整的项目系统和项目管理系统。所以,项目目标规定着项目和项目管理的各个阶段和各个方面,形成一条贯穿始终的主线。如果目标设计出

错,常常会产生以下后果:

①工程建成后无法进行正常运行,达不到使用效果;

②虽然可以正常运行,但其产品或服务没有市场,不能为社会所接受;

③工程运行费用高,没有效益,没有竞争力;

④工程项目目标在工程建设过程中不断变动,造成超投资、超工期等问题。

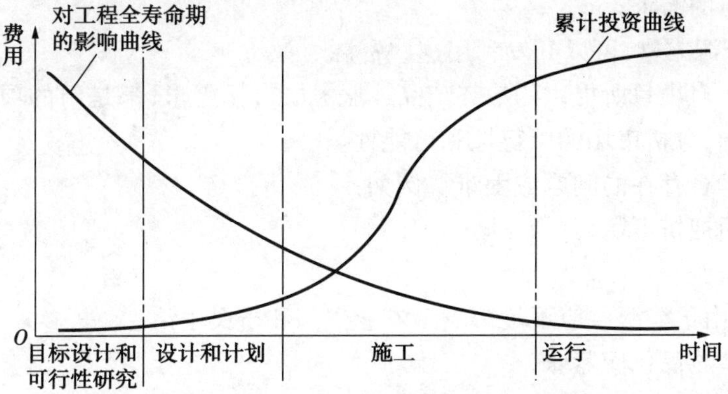

图 2.2　项目累计投资和对工程全寿命期的影响对比

(2)影响全局

工程项目必须符合上层系统的需要,解决上层系统存在的问题。如果启动一个项目,其结果不能解决上层系统的问题,或不能为上层系统所接受,便会成为上层系统的包袱,给上层系统带来历史性的影响。一个工程项目的失败常常会导致经济损失、社会问题和环境的破坏。

例如,一个企业决定开发一个新产品,投入一笔资金,其来源是企业许多年以前的利润积余和借贷。倘若这个项目是失败的,如产品开发不成功,或市场上已有其他同类新产品,开发的产品没有市场,没有产生效益,则不仅企业多年的辛劳(包括前期积蓄以及项目期间人力、物力、精力和资金投入)白费,而且企业背上了一个沉重的包袱,必须在以后许多年中偿还贷款,厂房、生产设备和土地虽都有账面价值,但不产生任何效用,则企业的竞争力下降,发展受阻。

2.2　工程项目的目标设计

▶ 2.2.1　工程项目构思的产生与选择

1)项目构思的产生

任何工程项目都从构思开始,项目构思常常来自于项目的上层系统现存的需求、问题、战略和可能性上。根据不同的项目和不同的项目参加者,项目构思的起因也不同。

①通过市场研究发现新的投资机会、有利的投资地点和投资领域。例如:

a. 通过市场调查发现某种产品有庞大的市场容量或潜在市场，应该开辟这个市场；

b. 企业要发展，要扩大销售，扩大市场占有份额，必须扩大生产能力；

c. 企业要扩大经营范围，增强抗风险能力，搞多种经营，灵活经营，向其他领域、地域投资；

d. 出现了新技术、新工艺、新专利产品；

e. 市场出现新的需求；

f. 当地某种资源丰富，可以开发利用这些资源。

以上情况产生对项目所提供的最终产品或服务的市场需求，都是新的项目机会。工程项目应以市场为导向，分析市场的可行性和可能性。

②上层系统运行存在的问题或困难。例如：

a. 某地方交通拥挤不堪；

b. 住房特别紧张；

c. 能源紧张，由于能源供应不足影响工农业生产和居民生活；

d. 市场上某些物品供应紧张；

e. 环境污染严重等。

以上问题和困难如果必须用工程项目解决，就会产生对工程项目的需求。

③为了实现上层系统的发展战略。例如，为了解决国家、地区的社会发展问题，使经济腾飞，则必然有许多工程项目。战略目标和计划常常都是通过工程项目实施的，所以一个国家或地区的发展战略，或发展计划常常包容许多新的工程项目。对国民经济计划、产业结构和布局、产业政策、社会经济增长状况的分析可以预测项目的机会。在作项目目标设计和项目评价时必须考虑对总体战略的贡献。

一个国家、一个地区、一个产业如果正处于发展时期、上升时期，有很好的发展前景，则它必然包容或将有许多工程项目机会。

④项目业务机会。许多企业以工程项目作为基本业务对象，如工程承包公司、成套设备的供应公司、咨询公司、造船企业、国际合作公司和一些跨国公司，在它们业务范围内的任何工程信息（如招标公告），都是它们承接业务的机会，都可能产生项目。

⑤通过生产要素的合理组合，产生项目机会。现在许多投资者、项目策划者常常通过国际间的生产要素的优化组合，策划新的项目。最常见的是通过引进外资，引进先进的设备、生产工艺与当地的廉价劳动力、原材料和已有的厂房组合，生产符合国际市场需求的产品，产生高效益的工程项目。在国际经济合作领域，这种“组合”的艺术已越来越为人们所重视，能演绎出各式各样的项目，能取得非常高的经济效益。

在国际工程中，许多承包商通过调查研究，在业主尚没有项目意识时就提出项目构思，并帮助业主进行目标设计、可行性研究和技术设计，以获得这个项目的总承包权。这样业主和承包商都能获得非常高的经济效益。

⑥其他因素。例如，现代企业的资产重组、资本运作、变更管理和创新都会产生项目机会。

项目构思的产生是十分重要的。它在初期可能仅仅是一个“点子”，但却是一个项目的萌芽,投资者、企业家及项目策划者要有敏锐的感觉,要有艺术性、远见和洞察力。

2)项目构思的选择

如前所述,项目的机会很多,项目的构思丰富多彩,有时甚至是“异想天开”的,所以不可能将每一个构思都付诸更深入的研究,对于那些明显不现实或没有实用价值的构思必须淘汰,同时由于资源的限制,即使是有一定的可实现性和实用价值的构思,也不可能都转化成项目。一般只能选择少数几个进行更深入的研究、优化。由于构思产生于对上层系统直观的了解,而且仅仅是比较朦胧的概念,以至于采用什么方法(或项目)能够满足需求还不知道,所以也很难进行系统的、定量的评价和筛选,一般只能从以下几个方面来把握:

①上层系统问题和需求的现实性。即上层系统的问题和需要是实质性的,而不是表象性的,同时预计通过采用项目手段可以顺利地解决这些问题。

②考虑环境的制约,充分利用资源和外部条件。

③充分发挥自己已有的长处,运用自己的竞争优势,或在项目中达到合作各方竞争优势的最优组合。这样综合考虑“构思-环境-能力”之间的平衡,以求达到主观和客观的最佳组合。经过认真研究后,觉得这个工程项目的建设是可行的、有利的,经过上层组织的认可,则项目的构思转化为目标建议,可提出作进一步的研究,进行项目的目标设计。

▶ 2.2.2 目标管理方法

1)目标管理的必要性和重要性

目标是对预期结果的描述。要取得工程项目的成功,必须有明确的目标。

工程项目不同于一般的研究和革新项目。研究(如科研)和革新项目的目标在项目初期常常是不太明确的。它通过在项目过程中分析遇到的新问题和新情况,对项目的中间成果进行分析、判断和审查,探索新的解决办法,作出决策,逐渐明确并不断修改目标,最终达到一个结果,可能是成功的、一般的或不成功的,甚至可能是新的成果或意外的收获,所以对这类项目必须加强变更管理、阶段决策和阶段计划工作。而工程项目采用严格的目标管理方法,这主要体现在以下几个方面:

①在项目实施前就必须确定明确的目标,精心优化和论证,经过批准,作为设计、计划和控制的依据。不允许在项目实施中仍存在目标的不确定性和对目标过多的修改。当然,在实际工程中,调整、修改甚至放弃项目目标也是有的,但那常常预示着项目的失败。

②项目目标设计必须按系统工作方法有步骤地进行。通常在项目前期进行项目总体目标设计,建立项目目标系统的总体框架,再采用系统方法将总目标分解成子目标和可执行目标。更具体、详细、完整的目标设计在可行性研究阶段以及在设计和计划阶段中进行。所以,广义地说,项目的目标设计是一个连续反复循环的过程。

③目标系统必须包括项目实施和运行的所有主要方面,并能够分解落实到各阶段和项目组织的各个层次,将目标管理同职能管理高度地结合起来,使目标与组织任务、组织结构相联系,建立由上而下、由整体到分部的目标控制体系,并加强对项目组织的各层次目标的完成情况进行考核和业绩评价,鼓励人们竭尽全力圆满地实现他们的目标。所以,采用目标管理方

法能调动各方面的积极性,使项目目标顺利实现。

④将项目目标落实到项目的各阶段。项目目标是可行性研究的尺度,经过论证和批准后作为项目技术设计和计划、实施控制的依据,最后又作为项目后评价的标准,使计划和控制工作十分有效。

⑤在现代项目中人们强调工程全寿命期集成管理,它的重点在于以工程全寿命期为对象建立项目的目标系统,再分解到各个阶段,进而保证在工程全寿命期中目标、组织、过程、责任体系的连续性和整体性。

2)在项目管理中推行目标管理存在的问题

①项目早期目标系统的合理性和科学性受到限制。在项目前期就要求设计完整的、科学的目标系统是十分困难的。

a.项目是一次性的,项目目标设计没有直接可用的参照系。

b.项目初期人们所掌握的信息还不多,项目决策是根据不全面的信息作出的。

c.项目前期,设计目标系统的指导原则、政策不够明确,很难作出正确的综合评价和预测。

d.人们对问题的认识还不深入、不全面。

e.项目系统环境复杂、边界不清楚、不可预见的干扰多。

f.项目目标因素多,相互之间的关系复杂,容易引起混乱。

②项目批准后,由于种种原因使得目标的刚性非常大,不能随便改动,也很难改动,这种目标的刚性对工程项目常常是十分危险的。目标刚性的原因如下:

a.由于目标变更的影响很大,管理者对变更目标往往犹豫不决。

b.由于行政机制的惯性,目标变更必须经过复杂的程序。

c.项目决策者常常不愿意否定过去,不愿意否定自己等。

③在目标管理过程中,人们常常注重近期的、局部的目标,因为这是其首要责任,是对其考核、评价的依据。例如,在建设期人们常常过于注重建设期的成本目标、工期目标,而较少注重运行问题;承包商比较注重自己的经济效益,降低成本,加快施工速度。这样有时会损害项目的总目标。

④其他问题。例如,人们可能过分使用和注重定量目标,因为定量目标易于评价和考核,项目的成果显著。但有些重要的和有重大影响的目标很难用数字来表示。

▶ 2.2.3 提出目标因素

1)问题的定义

项目构思所提出的主要问题和需求表现为上层系统的症状,而进一步的研究可以得到问题的原因、背景和界限。问题定义是目标设计的诊断阶段,从问题的定义中确定项目的目标和任务。

对问题的定义必须从上层系统的角度出发,并抓住问题的核心。问题定义的步骤如下:

①对上层系统问题进行罗列、结构化,即上层系统有几个大问题,一个大问题又可分为几

个小问题。例如，企业存在利润下降、生产成本提高、废品增加和产品销路不好等问题。

②对原因进行分析，将症状与背景、起因联系在一起，可用因果关系分析法。如产品销路不好的原因可能是：该产品陈旧老化，市场上已有更好的新产品出现；产品的售后服务不好，用户不满意；产品的销售渠道不畅，用户不了解该产品等。

③分析这些问题将来的发展趋势和对上层系统的影响。有些问题会随着时间的推移逐渐减轻或消除，但有的问题却会逐渐严重。例如，产品处于发展期，则销路会逐渐扩大；而如果处于衰退期，则销路会越来越窄。由于工程在建成后才有效用，所以必须分析和预测工程投入运行后的状况。

2）目标因素的来源

目标因素通常由以下几个方面决定：

①问题的定义。按问题的结构，解决其中各个问题的程度，即为目标因素。

②有些边界条件的限制也形成项目的目标因素，如资源限制、法律的制约和工程项目的相关者（如投资者、项目周边组织）的要求等。

③对于为完成上层系统战略目标和计划的项目，许多目标因素是由上层组织设置的，上层战略目标和计划的分解可直接形成项目的目标因素。

由于问题的多样性和复杂性，同时也由于边界条件的多方面约束，造成了目标因素的多样性和复杂性。如果目标因素的数目太多，则系统分析、优化和评价工作将十分困难，同时会降低计划和控制工作的效率。

3）常见的目标因素

一个工程项目的目标因素可能有以下三类：

（1）问题解决的程度

这是工程建成后所实现的功能，或者所达到的运行状态。例如：

①项目产品的市场占有份额；

②项目产品的年产量或年增加量；

③新产品开发达到的销售量、生产量、市场占有份额和产品竞争力；

④拟解决多少人口的居住问题，或提高当地人均居住面积等；

⑤增加道路的交通流量，或预期达到的行车速度；

⑥拟达到的服务标准或质量标准。

（2）项目自身的（与建设相关）目标

①工程规模，项目所能达到的生产能力规模。如建成一定产量的工厂、生产流水线；一定规模、等级和长度的公路，一定吞吐能力的港口，一定建筑面积或居民容量的小区。

②经济性目标，主要包括项目的投资规模、投资结构、运行成本，项目投产后的产值目标、利润目标、税收和该项目的投资收益率等。

③项目时间目标，包括短期（建设期）、中期（产品寿命期、投资回收期）和长期（厂房或设施的寿命期）的目标。

(3)其他目标因素

①工程的技术标准、技术水平。

②提高劳动生产率,如达到新的人均产量、产值水平。

③人均产值利润额。

④吸引外资数额。

⑤降低生产成本或达到新的成本水平。

⑥提高自动化、机械化水平。

⑦增加就业人数。

⑧对自然和生态环境的影响,环境保护,对烟尘、废气、热量、噪声和污水排放的要求。

⑨对企业或当地其他产业部门的连带影响,对全企业或对国民经济和地方发展的贡献。

⑩节约能源程度。

⑪对企业形象的影响。

⑫事故的防止和工程安全性要求。

⑬其他间接目标,如对企业发展能力的影响、用户满意程度等。

4)各目标因素指标的初步确定

目标因素应尽可能定量化,能够用时间、成本(费用、利润)、产品数量和特性指标表示,且尽可能明确,以便能进一步地定量化分析、对比和评价。在这里仅初步确定各目标因素指标,对项目规模和标准进行初步定位,然后才能进行各目标因素之间的相容性分析,构成一个协调的目标系统。确定目标因素指标应注意以下几点:

①真实反映上层系统的问题和需要,应以情况分析和问题定义为基础。

②切合实际,实事求是,既不好大喜功,又不保守,目标应经过努力能够实现。如果指标定得太高,则难以实现,会将许多较好的、可行的项目淘汰;定得太低,则失去优化的可能,失去更好的投资机会。要顾及项目产品或服务的市场状况、自己的能力,顾及边界条件的制约,避免出现完全出自主观期望的指标。

③目标因素指标的提出、评价和结构化并不是在项目初期就可以办到的。按正常的系统过程,在目标系统优化、可行性研究、设计和计划中,还需要对它们作进一步的分析、讨论和对比,并逐渐修改、联系、变异和优化。

④目标因素的指标要有一定的可变性和弹性,应考虑环境的不确定性和风险因素、有利的和不利的条件;应设定一定的变动范围,如划定最高值、最低值区域。这样,在进一步的研究论证(如目标系统分析、可行性研究和设计)中可以按具体情况进行适当的调整。

⑤项目的目标因素必须重视时间限定。一般目标因素都有一定的时效,即目标实现的时间要求。这个问题通常需要分三个层次来考虑。

a. 通常工程的设计水准是针对项目对象的使用期,如工业厂房一般为 30 ~ 50 年。

b. 基于市场研究基础上提出的产品方案有它的寿命期。一般在工程建成并投产后一段时间,由于产品的过时,或有新产品取代,必须进行更新改造或以新的产品方案取代。所以,现有的产品方案一般为 5 ~ 10 年。由于竞争激烈,科学技术进步,现在产品方案的周期越来越短。

c.项目的建设期,即项目启动到工程建成投产的时间,这是项目的近期。与时间相关的目标因素的指标应有足够的可变性和广泛的适用性,既要防止短期优化行为(如建设投资最省,但投产后运行费极高,项目的优势很快消失),同时又要防止在长时间内仍未达到最优的利用(如一次性投资太大,投资回收期过长)。一般工程项目的目标因素的确立以新产品的寿命期作为重点。

⑥项目的目标是通过对问题的解决而最大限度地满足项目相关者对项目的需要,所以许多目标因素是由项目相关者各方提出来的。只有在目标设计时考虑各方面利益,项目的实施才有可能使各方面满意,才能顺利。在这一阶段必须向项目相关方作调查询问,征求他们的意见。在项目初期有些相关者尚未具体确定,则必须向有代表性的或潜在的相关者调查。例如,可能购买项目最终产品或服务的用户、潜在的承包商和供应商等。

⑦目标因素指标可以采用相似情况(项目)比较法、指标(参数)计算法、费用/效益分析法、头脑风暴法和价值工程等方法确定。

5)投资收益率的确定

在工程项目的经济性目标因素中,投资收益率常常占据主要地位,该指标对工程项目立项有重大的意义。它的确定通常要考虑如下因素:

①资金成本。即投入这个项目的资金筹集费用和应支付的利息。

②项目所处的领域和部门。在社会经济系统中不同的部门有不同的投资收益率水平,如电子、化工部门与建筑部门相比投资收益率差别很大。人们可以在该部门投资利润率基础上进行调整,但不能摆脱它。当然,一个部门中不同的专业方向,投资收益率水平又不一样,如建筑业中装饰工程项目比土建工程项目利润率高。

③项目风险的大小。即在项目实施及其产品的生产、销售中,风险损失期望的大小。一般风险大的项目期望投资收益率应高,风险小的项目可以低一些。一般以银行存款(或国债)利率作为无风险的收益率,并以此作为参照。

④通货膨胀的影响。通货膨胀造成货币实际购买力的降低。由于在项目过程中资金的投入和回收时间不一致,所以要考虑通货膨胀的影响。一般为了达到项目实际的收益,确定的投资收益率一般不低于通货膨胀率与期望的(即假如无通货膨胀情况下)投资收益率之和。

⑤对于合资项目,投资收益率的确定必须考虑各投资者期望的投资收益率。

⑥其他因素。例如,投资额的大小、建设期和回收期的长短、项目对全局(如企业经营战略、企业形象)的影响等。

▶ 2.2.4 目标系统的建立

对目标因素按照它们的性质进行分类、归纳、排序和结构化,形成目标系统,并对目标因素进行分析、对比和评价,使项目的目标协调一致。

1)目标系统结构

工程项目目标系统至少有以下三个层次(见图2.3)。

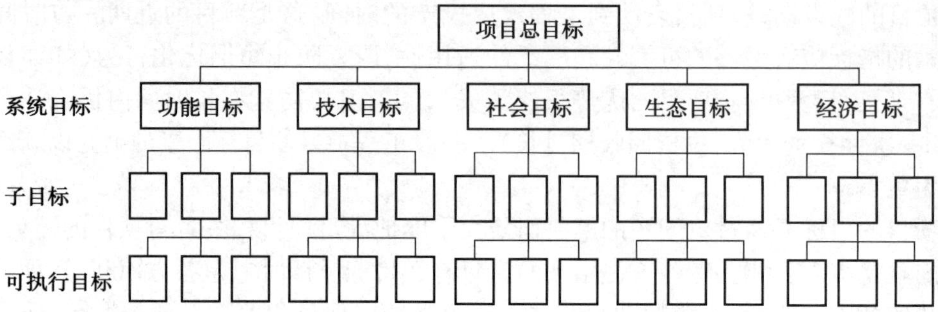

图 2.3　工程项目目标系统图

(1)系统目标

系统目标由项目的上层系统决定,对整个工程项目具有普遍的适用性和影响。系统目标通常可以分为:

①功能目标:即项目建成后所达到的总体功能。功能目标可能是多样性的。例如,通过一个高速公路建设项目使某地段的交通达到日通行量 4 万辆,通行速度为 120 km/h。

②技术目标:即对工程总体的技术标准的要求或限定。例如,该高速公路符合中国公路建设标准。

③经济目标:如总投资、投资回报率等。

④社会目标。如对国家或地区发展的影响、对其他产业的影响等。

⑤生态目标:如对环境的影响、对污染的治理程度等。

(2)子目标

系统目标需要由子目标来支持或补充。子目标通常由系统目标导出或分解得到,或是自我成立的目标因素,或是边界条件对系统目标的约束,它仅适用于项目的某一方面。例如,生态目标可以分解为废水、废气、废渣的排放标准,环境绿化标准,生态保护标准。如三峡工程的功能目标可能分解为防洪、发电、水运和调水等子目标。

有些子目标可用于确定子项目的范围。例如,生态目标(标准)常常决定了“三废”处理装置和配套的环境绿化工程(子项目)的要求。

(3)可执行目标

子目标可再分解为可执行目标。它们决定了项目的详细构成。可执行目标以及更细的目标因素的分解,一般在可行性研究以及技术设计和计划中形成、扩展、解释和定量化,逐渐转变为与设计、施工相关的任务。例如,为达到废水排放标准所应具备的废水处理装置规模、标准、处理过程和技术等,可执行目标经常与解决方案(技术设计或施工方案)相联系。

2)目标因素的分类

(1)按性质分类

①强制性目标:即必须满足的目标因素,通常包括法律和法规的限制、官方的规定、技术规范的要求等。例如,环境保护法规定的排放标准,事故的预防措施,技术规范所规定系统的完备性、安全性和设计标准等。这些目标必须纳入项目的目标系统中,否则项目不能

成立。

②期望的目标：即尽可能满足的，有一定范围弹性的目标因素。例如，总投资、投资收益率和就业人数等。

(2)按照目标因素的表达分类

①定量目标：即能用数字表达的目标因素，它们常常是可考核的目标。如工程规模、投资回报率和总投资等。

②定性目标：即不能用数字表达的目标因素，它们常常是不可考核的目标。如改善企业或地区形象，改善投资环境、使用户满意。

3)目标因素之间的争执

诸多目标因素之间存在复杂的关系，可能有相容关系、相克关系和其他关系(如模糊关系、混合关系)。所谓相克关系，即目标因素之间存在矛盾，存在争执。例如，环境保护标准和投资收益率、自动化水平和就业人数、技术标准与总投资等。

通常在确定目标因素时还不能排除目标之间的争执，但在目标系统设计、可行性研究、技术设计和计划中必须解决目标因素之间的相容性问题，必须对各目标因素进行分析、对比、逐步修改、联系、增删和优化，这是一个反复的过程。

(1)强制性目标与期望目标发生争执

例如，最常见的是环境保护要求和经济性(投资收益率、投资回收期和总投资等)，则首先必须满足强制性目标的要求。

(2)强制性目标因素之间发生争执

如果强制性目标因素之间存在争执，则说明本项目存在自身的矛盾性，可能有两种处理方法。

①判定这个项目构思是不可行的，可以重新构思或重新进行情况调查。

②消除某一个强制性目标，或将它降为期望目标。在实际工作中，不同的强制性目标的强制程度常常是不一样的。例如，国家法律是必须要满足的，但有些地方政府的规定、地方的税费，尽管也对项目有强制性，但有时有一定的通融余地，或有一定的变化幅度，则可以通过一些措施将它降为期望的目标，或降低该目标因素的水准。

(3)期望目标因素的争执

①如果定量目标因素之间存在争执，可采用优化的办法，追求技术经济指标最有利(如收益最大、成本最低和投资回收期最短)的解决方案。具体优化工作是可行性研究的任务。

②定性目标因素的争执可通过确定优先级(或定义权重)，寻求它们之间的妥协和平衡。有时可以通过定义权重将定性的目标转化为定量的目标进行优化。

(4)目标的优先级

在目标系统中，系统目标优先于子目标，子目标优先于可执行目标。

4)目标系统设计的几个问题

①工程项目的目标系统应体现工程的社会价值、历史价值，应有综合性和系统性。

②项目目标最重要的是满足用户和其他相关者明确的和隐含的需要。由于许多目标因

素是项目相关各方提出的，所以许多目标争执实质上又是不同群体的利益争执。

许多用户、投资者、业主和其他相关者的目标或利益在项目初期常常是不明确的，或是隐含的，或是随意定义、估计的。甚至在项目初期，业主或决策者对顾客和相关者的对象和范围都不清楚，这样的项目目标设计是很盲目的。因此，应进行认真的调查研究，以界定、评价用户和其他相关者的要求，以确保目标体系能够满足他们的需要。在整个项目过程中，应一直关注他们的需求。

a. 项目相关者之间的利益可能会有矛盾。在项目目标系统设计中必须承认和照顾到与项目相关的不同群体和集团的利益，必须体现利益的平衡。没有这种平衡，项目是不可能顺利进行的。

b. 项目的顾客和投资者的利益（或要求）应优先考虑到，它们的权重较大。当项目产品或服务的顾客和其他相关者的需求发生矛盾时，应首先考虑满足用户的需求，考虑用户的利益和心理。

c. 在实际工作中，有许多项目所属企业的部门人员参与项目的前期策划，他们极可能将自己部门的利益和期望带入项目目标设计中，进而造成项目目标设计中部门之间的讨价还价，容易使子目标与总目标相背离。应防止部门利益的冲突而导致项目目标因素的冲突。

③在目标系统设计阶段尽管没有项目管理小组和项目经理，但它确实是一项复杂的项目管理工作，需要大量的信息、项目管理知识和各学科专业知识，应防止盲目性，防止思维僵化和思维的近亲繁殖。

所以，大型项目应在有广泛代表性的基础上构成一个工作小组负责这方面工作，同时吸引许多上层系统的部门工作人员在其周围，形成一个外围组织，广泛倾听外部各方面的咨询、意见，接收信息。

工作小组应包括目标系统设计的组织和管理（如文件起草、会议组织和协调等）人员、市场分析人员、与项目相关的技术人员、产品开发人员等。外部圈子应包括法律（专利、合同）人员，销售组织，企业经营、财务、现场、后勤人员和人力资源管理人员等。

④在确定工程项目的功能目标时，经常还会出现预测的市场需求与经济生产规模的矛盾。对一般的工业生产项目，工程只有达到一定的生产规模才会有较高的经济效益。但按照市场预测，可能在一定的时间内，产品的市场容量较小。

这对矛盾在许多工程项目中都存在，而且常常不易圆满地解决。例如，按照经济分析，一般光导纤维电缆厂的经济生产规模为年产 20 万 km 以上。在 20 世纪 90 年代初，我国每年光导纤维电缆的铺设量约为 2 万 km，而我国当时共上马了 25 个光导纤维电缆制造厂。这种现象在我国许多工业领域都存在。

对于一个有前景同时又是风险型的工程项目，特别对投资回收期很长的项目，最好分阶段实施。例如，一期先建设一个较小规模的工程，然后通过二期、三期追加投资扩大规模。对近期目标进行详细设计、研究，远景目标通过战略计划（长期计划）来安排。它的好处有：

a. 减少一次性的资金投入，前期工程投产后可以为后期工程筹集资金，降低项目的财务风险。

b. 逐渐积累建设经验，培养工程管理和运行管理人员。

c. 使工程建设进度与市场逐渐成熟的过程相协调,降低项目产品的市场风险。

当然,分阶段实施工程项目会带来管理上的困难和工程建设成本的增加。分阶段建设的工程在项目前期就应有一个总体的目标系统的设计,考虑到扩建、改建,以及自动化的可能性等,使长期目标与近期目标协调一致。

2.3 工程项目的定义和总方案策划

2.3.1 项目构成界定

上层系统有许多问题,相关各方对项目都有许多需求,边界条件又有很多约束,所以目标因素名目繁多,形成非常复杂的目标系统。但并非所有的目标因素都可以纳入项目范围内,因为一个项目不可能解决所有问题,必须对项目范围作出决策。

(1)目标因素的解决办法

通常所分析出来的目标因素可以通过以下手段解决:

①由本项目解决。

②用其他手段解决,如协调上层系统、加强管理、调整价格、加强促销手段。

③采用其他项目解决,或分阶段通过远期项目解决。

④目前不予考虑,即尚不能顾及。

(2)目标因素的范围划分

对目标因素按照性质可以划分为三个范围:

①最大需求范围。它包括前面提出的所有目标因素的集合 U1。

②最小需求范围。这由必需的、强制性的目标因素构成,是项目必须解决的问题和必须满足的目标因素的集合 U2。

③优化的范围。它是基于目标优化基础上确定的目标因素的集合 U3,可行性研究和设计都在做这个优化工作,通常以 U3 作为项目的范围。当然,优化的范围必须包括强制性的目标因素,所以由 U3 所确定的项目目标决定了项目的系统范围,具体如图 2.4 所示。

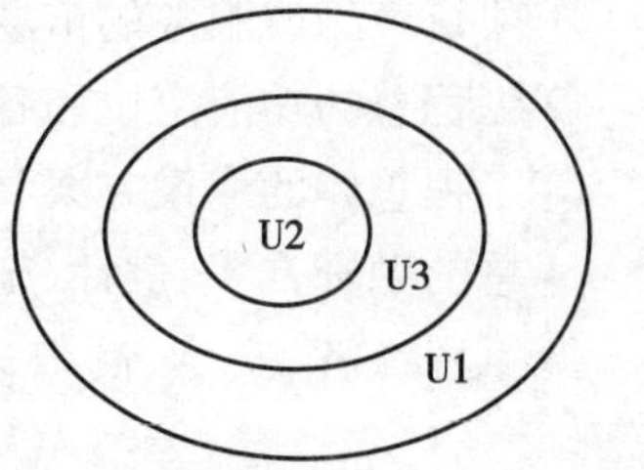

图 2.4 目标因素的三个范围关系

项目的目标系统必须具有完备性和协调性,有最佳的结构。目标的遗漏常常会造成项目系统的缺陷,例如缺少一些子项目等。

在确定项目构成中,目标因素应有重点,数目又不能太多,否则造成协调和优化的困难。应避免将不经济的又非必需的附加约束条件作为目标因素引入项目,而造成项目膨胀和不切实际,或不能有效地利用资源的结果。例如,企图通过一个项目建设过多地安排企业富余人员,这样的目标因素会导致项目不经济。

2.3.2 项目定义

在确定项目构成及系统界定以后即可进行项目定义。项目定义是指以书面的形式描述项目目标系统,并初步提出完成方式。它是将原直觉的项目构思和期望引导到经过分析、选择的有根据的项目建议中,是项目目标设计的里程碑。

项目定义以报告的形式提出,它是对项目目标研究成果的总结,是作为项目目标设计结果的检查和阶段决策的基础。它应足够详细,应包括以下内容:

①提出问题,说明问题的范围和问题的定义。

②说明解决这些问题对上层系统的影响和意义。

③项目构成和界定,说明项目与上层系统其他方面的界面,确定对项目有重大影响的环境因素。

④系统目标和最重要的子目标及近期、中期、远期目标,对近期目标应定量说明。

⑤边界条件,如市场分析、所需资源和必要的辅助措施、风险因素。

⑥提出项目可能的解决方案和实施过程的总体建议,包括方针或总体策略、原则、组织安排和实施时间总安排、项目融资的设想等。

⑦经济性说明,如投资总额、财务安排、预期收益、价格水准和运行费用等。

2.3.3 提出项目的总体方案

目标设计的重点是针对工程建成以后运行阶段的效果,如产品市场占有份额、利润率等。而项目的任务是提供达到这种状态所必需的条件和措施。例如,要增加产品的市场份额,必须增加产品销售数量,项目的任务是提高生产能力,进行生产能力(工厂或生产设施)的建设,则必须对生产能力建设的过程、措施和结果作描述。在可行性研究之前必须提出实现项目总目标的总体方案或总的开发计划,以作为可行性研究的依据。

总体方案包括:

①项目产品或服务的市场定位。

②工程总的功能定位和各部分的功能分解、总的产品方案。

③工程总体的建设方案、建筑总面积、工程总布局和项目实施阶段的划分。

④总的融资方案、设计、施工和运行方面的组织策划。

⑤工程经济、安全、高效率运行的条件和过程,建设和运行中环境保护和工作保护措施等。

2.3.4 项目的审查和选择

1)项目审查

项目定义后必须对项目进行评价和审查。这里的审查主要是风险评价、目标决策、目标设计价值评价以及对目标设计过程的审查。而财务评价和详细的方案论证在可行性研究和设计(计划)过程中进行。

在审查中应防止自我控制、自我审查。一般由未直接参加目标设计,与项目没有直接利害关系，但又对上层系统（大环境）有深入了解的人进行审查。审查必须有书面审查报告，并补充审查部门的意见和建议。审查后由上层组织批准是否进行可行性研究。

审查的关键问题是指标体系的建立，这与具体的项目类型有关。对一般常见的投资项目审查指标可能有：

①问题的定义：

a. 项目的名称、总目标的介绍。

b. 和其他项目的界限和联系。

c. 目标优先级及边界约束条件。

d. 时间和财务条件介绍。

②目标系统和目标因素的价值评价：

a. 项目的起因和可信度，前提条件、基础和边界条件；项目问题的现实性和项目产品市场的可行性。

b. 项目预计总投入与效用关系研究。

c. 审查量化目标因素的可实现性和变更的可能性（如由于边界因素变化对目标的影响），主要分析因时间推移、市场竞争、技术进步和经济发展对各个目标的影响。

d. 目标因素的必要性、可实现性，如果放弃某个目标因素会带来什么问题和缺陷，目标因素是否可以合并。

e. 确定在可行性研究中的各个细节和变量。

f. 市场和企业经营期望（长、中、短期的）。

g. 风险界定。如可能的市场、实施风险和环境风险，避免风险的策略。如果估计系统中有高度危险性及不确定性，应提出要求作进一步探讨，或在可行性研究中作重点研究。

h. 项目目标与企业战略目标的关系，项目系统目标与子目标、短期目标与长期目标之间的协调性。

③对项目构思、情况和问题的调查及分析、目标设计的过程和结果的审查。

④项目的初步评价：

a. 项目问题的现实性和项目产品市场的可行性。

b. 财务的可能性、融资的可能性。

c. 设计、施工、运行方面的组织和承担能力。

d. 可能的最终费用、最终投资。

e. 项目实施的限制条件，如法律、法规、相关者目标和利益的争执。

f. 环境保护和工作保护措施。

g. 其他影响。如实施中出现问题或时间推迟的后果，对其他项目的影响。

2）项目选择

从上层系统（如国家、企业）的角度，对一个项目的决策不仅限于一个有价值的项目构思的选择，以及目标系统的建立，项目构成的确定，而且常常面临许多项目机会的选择。由于一个企业面临的项目机会可能很多（如许多招标工程信息和投资方向），但企业资源是有限的，不能四面出击，抓住所有的项目机会，一般只能在其中选择自己的主攻方向。应该确定一些

指标,以作为项目的选择依据。选择的总体指标通常有:

①通过项目能够最有效地解决上层系统的问题,满足上层系统的需要。对于提供产品或服务的项目,应着眼于有良好的市场前景,如市场占有份额、投资回报等。

②使项目符合上层系统的战略,以项目对战略的贡献作为选择尺度,例如对竞争优势、长期目标、市场份额和利润规模等的影响。有时可由项目达到一个新的战略。由于企业战略是多方面的,如市场战略、经营战略和工艺战略等,则可以详细并全面地评价项目对这些战略的贡献。

③企业的现有资源和优势能得到最充分的利用。必须考虑自己实施项目的能力,特别是财务能力。现在人们常常通过合作(如合资、合伙和国际融资等)进行大型的、特大型的、自己无法独立进行的项目,这是有重大战略意义的。要考虑各方面优势在项目上的优化组合,达到各方面都有利的结果。

④项目本身成就的可能性最大和风险最小,选择成就(如收益)期望值大的项目。在这个阶段就必须进行项目的风险分析。

2.4 建设工程项目建设程序

一个工程项目的建成往往需要经过多个不同阶段。在工程建设领域,通常把工程项目的各个阶段和各项工作的先后顺序称为工程项目的建设程序,或称为基本建设程序。自国务院颁发实施《国务院投资体制改革的决定》后,政府投资项目的建设程序虽仍按传统的基本建设程序进行,但企业投资项目的建设程序,特别是在项目前期阶段的建设程序有重大变化。

2.4.1 政府投资项目的建设程序

我国政府投资项目的基本建设程序,即项目建议书、可行性研究报告、设计工作、建设准备、建设实施、生产准备、竣工验收和交付使用八个阶段,如图 2.5 所示。其中,项目建议书阶段、可行性研究报告阶段属于项目前期阶段。

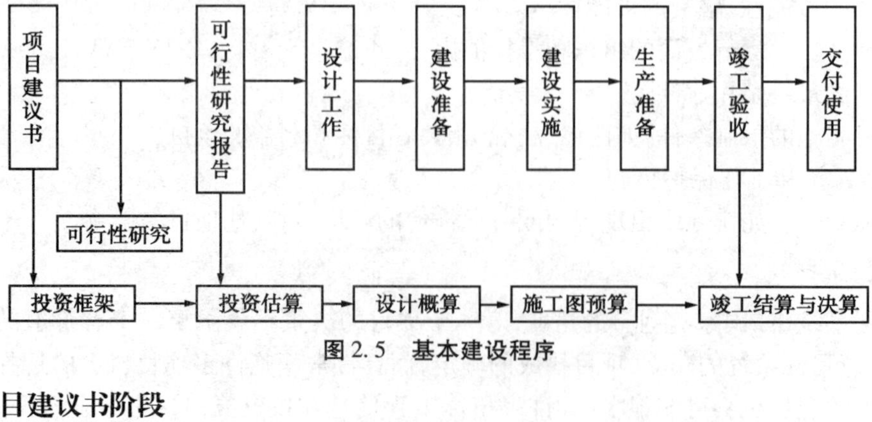

图 2.5 基本建设程序

1)项目建议书阶段

项目建议书是业主(或建设单位)向政府提出的要求建设某一工程项目的建议文件,是对拟建工程项目的总体设想，是从拟建工程项目的必要性、可能性进行考虑的。在客观上，拟建工程要符合国家和地区国民经济社会发展规划的要求。在项目建议书阶段应编制工程项目的投资匡算。

2）项目可行性研究阶段

项目建议书经批准后，业主紧接着应进行项目可行性研究。可行性研究是对工程项目在技术上和经济上（包括微观效益和宏观效益）是否可行进行的科学分析和论证工作，是技术经济的深入论证阶段，为项目决策提供依据。可行性研究的主要任务是通过对多方案的比较，选择出最合理的方案。项目可行性研究阶段应编制工程项目投资估算。

3）设计工作阶段

一般的房屋建筑工程的设计工作阶段分为方案设计阶段、初步设计阶段和施工图设计阶段。对技术上比较复杂而又缺乏设计经验的项目，在初步设计阶段后还应进行技术设计。对于工业性工程项目，其设计工作阶段一般是按总体设计、初步设计、技术设计和施工图设计进行。

4）建设准备阶段

建设准备的工作内容主要包括：征地、拆迁安置和场地平整；完成施工用水、电、路等协助条件；组织设备、材料订货；施工图纸的准备；组织项目招标投标，择优选定专业性服务单位（如工程监理单位、工程咨询单位等）、承包单位和设备及材料供应单位等。

在建设准备阶段，按现行国家建设法规的规定，业主应办理各类工程建设手续，如办理建设工程用地许可证、建设工程用地规划许可证、建设工程规划许可证、工程施工许可证。对于大型项目或跨地区项目，在具备开工条件以后，业主须向中央或省级政府主管部门（如发展与改革委员会，建设、铁路、水利、公路等部门）申请办理开工报告。

5）建设实施阶段

工程项目办理施工许可证（或开工报告）后，项目进入建设实施阶段。施工活动应严格按设计文件、施工合同、施工组织设计要求，在保证质量、工期、投资等目标的前提下进行，达到竣工标准，经竣工验收合格后，移交给业主。若工程项目为生产性项目，则在实施阶段还要做好生产准备（或运营准备）。生产准备（或运营准备）是项目投产前由业主进行的一项重要工作，它是连接建设和生产的桥梁，是建设阶段转入生产经营的必要条件。

6）生产准备阶段

生产准备阶段是项目投产前由建设单位进行的一项重要工作，它是建设阶段和生产阶段的过渡，是建设阶段转入生产经营的必要条件。在本阶段，建设单位应适时组成专门班子或机构，做好生产准备工作，具体包括以下内容：

①组建管理机构，制订管理制度和有关规定；

②招收并培训生产人员，组织生产人员参加设备的安装、调试和工程验收；

③签订原料、材料、协作产品、燃料、水、电等供应及运输的协议；

④进行工具、器具、备品、备件等的制造或订货；

⑤做好其他必需的生产准备工作等。

7)竣工验收阶段

当工程项目按设计文件的规定内容和承包合同约定的内容全部完成以后,业主便可组织竣工验收。竣工验收是建设过程的最后一道程序,是投资成果转入生产或使用的标志,也是检验工程项目的生产能力或效益、质量、投资、收益等情况以及交付新增固定资产的过程。竣工验收对促进工程项目及时投产,发挥投资效益及总结建设经验有重要作用。

8)交付使用阶段

项目使用阶段要进行设施管理,以确保项目的运行或运营,使项目能保值和增值。需要说明的是,保修期的项目管理与运营期的设施管理在时间上是交叉的。从项目管理的角度,应把保修阶段的管理工作仍纳入项目实施阶段管理的范畴。

一般建设项目竣工投产经过1~2年生产运营后,要进行一次系统的项目后评价,主要内容包括效益评价和过程评价。项目后评价一般按三个层次组织实施,即项目法人的自我评价、项目行业的评价、计划部门(或主要投资方)的评价。项目后评价应分析合理、评价公正,以达到肯定成绩、总结经验、吸取教训、提出建议、改进工作、不断提高项目决策水平和项目管理水平的目的。

▶ 2.4.2 企业投资项目的建设程序

企业投资项目又可分为核准制的项目、备案制的项目。核准制的项目,是指企业投资建设《政府核准的投资项目目录》中的项目时,仅需要向政府投资管理部门提交项目申请报告,不再经过政府审批项目建议书、项目可行性研究报告的程序。备案制的项目,是指对于《政府核准的投资项目目录》以外的企业投资项目,企业按政府投资管理部门的规定提交项目备案资料,也不再经过政府审批项目建议书、项目可行性研究报告的程序。

实施核准制的项目的建设程序,如图2.6所示。实施备案制的项目的建设程序,如图2.7所示。按照投资体制改革的要求,政府不再审批企业投资项目的可行性研究报告,项目的市场前景、经济效益、资金来源、产品技术方案等都由企业自主决策。尽管不需再报政府审批,但为了防止和减少投资失误、保证投资效益,企业在进行自主决策时,仍应编制可行性研究报告,对上述内容进行分析论证,作为投资决策的重要依据。因此,投资体制改革之后,可行性研究报告的主要功能是满足企业自主投资决策的需要,其内容和深度可由企业根据决策需要和项目情况相应确定。

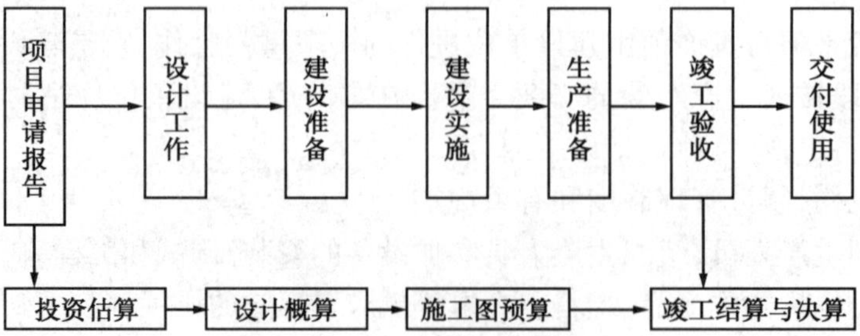

图2.6 核准项目的建设程序

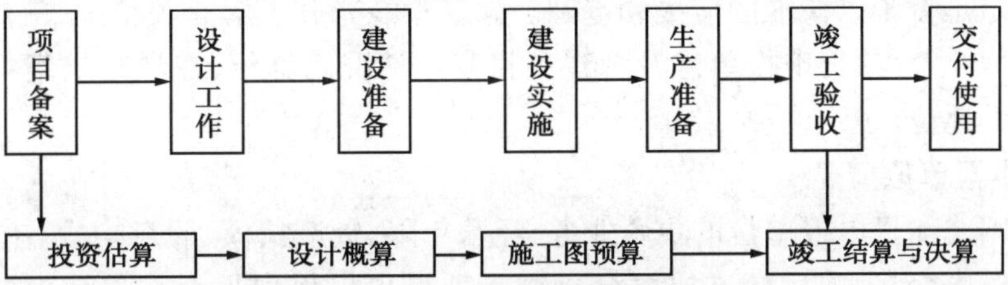

图 2.7　备案制项目的建设程序

2.5　项目申请与可行性研究

项目申请报告,是企业投资建设应报政府核准的项目时,为获得项目核准机关对拟建项目的行政许可,按核准要求报送的项目论证报告。项目申请报告重点阐述项目的外部性、公共性等事项,包括维护经济安全、合理开发利用资源、保护生态环境、优化重大布局、保障公众利益、防止出现垄断等内容。编写项目申请报告时,应根据政府公共管理的要求,对拟建项目从规划布局、资源利用、征地移民、生态环境、经济和社会影响等方面进行综合论证,为有关部门对企业投资项目进行核准提供依据。至于项目的市场前景、经济效益、资金来源、产品技术方案等内容,不必在项目申请报告中进行详细分析和论证。

▶ 2.5.1　项目申请报告与可行性研究报告的区别

项目核准申请报告与可行性研究报告在分析论证的角度、包含的内容和发挥的作用等方面,都有着很多区别。

可行性研究报告主要是从微观角度对项目本身的可行性进行分析论证,侧重于项目的内部条件和技术分析,包括市场前景是否看好、投资回报是否理想、技术方案是否合理和先进、资金来源是否落实、项目建设和运行的外部配套条件是否有保障等主要内容,主要作用是帮助投资者进行正确的投资决策、选择科学合理的建设实施方案。

项目核准申请报告主要是从宏观角度对项目的外部影响进行论述,侧重于经济和社会分析,主要包括拟建项目的基本情况和该项目的外部影响,如该项目对国家经济安全、地区重大布局、资源开发利用、生态环境保护、防止行业垄断和保护公共利益等方面会造成哪些有利或不利的影响。项目申请报告是政府对项目进行审查以决定是否允许其投资建设的重要依据。

▶ 2.5.2　建设工程项目申请报告通用文本

项目申请报告通用文本是对项目申请报告编写内容及深度的一般要求。企业在编写具体项目的申请报告时,可结合项目自身的实际情况,对通用文本中所要求的内容进行适当调整。如果拟建项目不涉及其中有关内容,可以在说明情况后不再进行详细论证。

1)申报单位及项目概况

全面了解和掌握项目申报单位及拟建项目的基本情况,是项目核准机关对拟建项目进行分析评价以决定是否予以核准的前提和基础。如果不能充分了解有关情况，就难以作出正确的核准决定。因此，对项目申报单位及拟建项目基本情况的介绍，在项目申请报告的编写中占有非常重要的地位。

(1)项目申报单位概况

该项主要阐述项目申报单位的主营业务、经营年限、资产负债、股东构成、主要投资项目、现有生产能力等内容，为项目核准机关分析判断项目申报单位是否具备承担拟建项目的资格、是否符合有关的市场准入条件等提供依据。

(2)项目概况

该项主要阐述项目的建设背景、建设地点、主要建设内容和规模、产品和工程技术方案、主要设备选型和配套工程、投资规模和资金筹措方案等内容，为项目核准机关对拟建项目的相关核准事项进行分析、评价奠定基础和前提。

2)发展规划、产业政策和行业准入分析

发展规划、产业政策和行业准入标准等，是加强和改善宏观调控的重要手段，是核准企业投资项目的重要依据。从发展规划、产业政策及行业准入的角度，论证项目建设的目标及功能定位是否合理，是否符合与项目相关的各类规划要求，是否符合相关法律法规、宏观调控政策、产业政策等规定，是否满足行业准入标准、优化重大布局等要求。

(1)发展规划分析

该项主要阐述国民经济和社会发展总体规划、区域规划、城市总体规划、城镇体系规划、行业发展规划等各类规划中与拟建项目密切相关的内容，对拟建项目是否符合相关规划的要求、项目建设目标与规划内容是否衔接和协调等进行分析论证。

(2)产业政策分析

该项主要阐述与拟建项目相关的产业结构调整、产业发展方向、产业空间布局、产业技术政策等内容，分析拟建项目的工程技术方案、产品方案等是否符合有关产业政策、法律法规的要求。

(3)行业准入分析

该项主要阐述与拟建项目相关的行业准入政策、准入标准等内容，分析评价项目建设单位和拟建项目是否符合相关规定。

3)资源开发及综合利用分析

对于开发和利用重要资源的企业投资项目，要从建设节约型社会、发展循环经济等角度，对资源开发、利用的合理性和有效性进行分析论证。

(1)资源开发方案

对于资源开发类项目，包括对金属矿、煤矿、石油天然气矿、建材矿以及水(力)、森林等资源的开发，要阐述资源储量和品质勘探情况，论述拟开发资源的可开发量、自然品质、赋存条件、开发价值等，分析评价项目建设方案是否符合有关资源开发利用的可持续发展战略要求，是否符合保护资源环境的政策规定，是否符合资源开发总体规划及综合利用的相关要求。

在资源开发方案的分析评价中，应重视对资源开发的规模效益和使用效率分析，限制盲目开发，避免资源开采中的浪费现象；分析拟采用的开采设备和技术方案是否符合提高资源开发利用效率的要求；评价资源开发方案是否符合改善资源环境及促进相关产业发展的政策要求。

(2)资源利用方案

对于需要占用重要资源的建设项目，应阐述项目需要占用的资源品种和数量，提出资源供应方案；涉及多金属、多用途化学元素共生矿、伴生矿以及油气混合矿等情况的，应根据资源特征提出合理的综合利用方案，做到物尽其用；通过单位生产能力主要资源消耗量、资源循环再生利用率等指标的国内外先进水平对比分析，评价拟建项目资源利用效率的先进性和合理性；分析评价资源综合利用方案是否符合发展循环经济、建设节约型社会的要求；分析资源利用是否会对地表(下)水等其他资源造成不利影响，以提高资源利用的综合效率。

(3)资源节约措施

该项主要阐述项目方案中作为原材料的各类金属矿、非金属矿及水资源节约的主要措施方案，分析拟建项目的资源消耗指标；阐述提高资源利用效率、降低资源消耗等方面的主要措施，论证是否符合资源节约和有效利用的相关要求。

4)**节能方案分析**

企业投资涉及能源消耗的重大项目，尤其是钢铁、有色、煤炭、电力、石油石化、化工、建材等重点耗能行业及高耗能企业投资建设的项目，政府对节能方案的审核是核准项目的重点之一。

(1)用能标准和节能规范

该项主要阐述项目所属行业及地区对节能降耗的相关规定，项目方案应遵循的国家和地方有关合理用能标准，以及节能设计规范。评价所采用的标准及规范是否充分考虑到行业及项目所在地区的特殊要求，是否全面和适宜。

(2)能耗状况和能耗指标分析

该项主要阐述项目所在地的能源供应状况，项目方案所采用的工艺技术、设备方案和工程方案对各类能源的消耗种类和数量，是否按照规范标准进行设计。根据项目特点，选择计算单位产品产量能耗、万元产值能耗、单位建筑面积能耗、主要工序能耗等指标，并与国际国内先进水平进行对比分析，就是否符合国家规定的能耗准入标准进行阐述。

(3)节能措施和节能效果分析

根据国家有关节能工程实施方案及其他相关政策法规要求，分析项目方案在节能降耗方面存在的主要障碍，在优化用能结构、满足相关技术政策、设计标准及产业政策等方面所采取的节能降耗具体措施，并对节能效果进行分析论证。

5)**建设用地、征地拆迁及移民安置分析**

项目选址和土地利用应严格贯彻国家有关土地管理的法律法规，切实做到依法、科学、合理、节约用地。因项目建设而导致的征地拆迁和移民安置人口，是项目建设中易受损害的社会群体。为有效使用土地资源，保障受征地拆迁影响的公众利益，应制订项目建设用地、征地拆迁及移民安置规划方案，并进行分析评价。

(1)项目选址及用地方案

该项主要阐述项目建设地点、场址土地权属类别、占地面积、土地利用状况、占用耕地情况、取得土地方式等内容,为项目用地的合理性分析和制订征地拆迁及移民安置规划方案提供背景依据。在选择项目场址时,还应考虑项目建设是否会对相关方面造成不利影响,对拟建项目是否压覆矿床和文物、是否影响防洪和排涝、是否影响通航、是否影响军事设施安全等进行分析论证,并提出解决方案。

(2)土地利用合理性分析

该项主要分析评价项目建设用地是否符合土地利用规划要求,占地规模是否合理,是否符合保护耕地的要求,耕地占用补充方案是否可行,是否符合因地制宜、集约用地、少占耕地、减少拆迁移民的原则,是否符合有关土地管理的政策法规的要求。

(3)征地拆迁和移民安置规划方案

如果因项目建设用地需要进行征地拆迁,则应根据项目建设方案和土地利用方案,进行征地拆迁影响的相关调查分析,依法制订征地拆迁和移民安置规划方案。

该项主要简述征地拆迁和移民安置规划方案提出的主要依据,说明征地拆迁的范围及其确定的依据、原则和标准;提出项目影响人口和实物指标的调查结果,分析实物指标的合理性;说明移民生产安置、搬迁安置、收入恢复和就业重建规划方案的主要内容,并对方案的可行性进行分析评价;说明征地拆迁和移民安置补偿费用编制的依据和相关补偿政策以及地方政府对移民安置规划、补偿标准的意见。

6)环境和生态影响分析

为保护生态环境和自然文化遗产,维护公共利益,对于可能对环境产生重要影响的企业投资项目,应从防治污染、保护生态环境等角度进行环境和生态影响的分析评价,确保生态环境和自然文化遗产在项目建设和运营过程中得到有效保护,并避免出现由于项目建设实施而引发的地质灾害等问题。

(1)环境和生态现状

该项主要阐述项目场址的自然环境条件、现有污染物情况、生态环境条件、特殊环境条件及环境容量状况等基本情况,为拟建项目的环境和生态影响分析提供依据。

(2)生态环境影响分析

该项主要分析拟建项目在工程建设和投入运营过程中对环境可能产生的破坏因素以及对环境的影响程度,包括废气、废水、固体废弃物、噪声、粉尘和其他废弃物的排放数量,水土流失情况,对地形、地貌、植被及整个流域和区域环境及生态系统的综合影响等。

(3)生态环境保护措施

该项主要从减少污染排放、防止水土流失、强化污染治理、促进清洁生产、保护生态环境可持续能力的角度,按照国家有关环境保护、水土保持的政策法规要求,对项目实施可能造成的生态环境损害提出保护措施,对环境影响治理和水土保持方案的工程可行性和治理效果进行分析评价。

治理措施方案,应反映不同污染源和污染排放物及其他环境影响因素的性质特点,所采用的技术和设备应满足先进性、适用性、可靠性等要求;环境治理方案应符合发展循环经济的要求，对项目产生的废气、废水、固体废弃物等提出回收处理和再利用方案；污染治理效果应能满足达标排放的有关要求。涉及水土保持的建设项目，还应包括水土保持方案的内容。

(4)地质灾害影响分析

对于建设在地质灾害易发区内或可能诱发地质灾害的项目，结合工程技术方案及场址布局情况，分析项目建设诱发地质灾害的可能性及规避对策。通过工程实施可能诱发的地质灾害分析，评价项目实施可能导致的公共安全问题，是否会对项目建设地的公众利益产生重大不利影响。对依照国家有关规定需要编制的建设项目地质灾害及地震安全评价文件的主要内容，进行简要描述。

(5)特殊环境影响

对于历史文化遗产、自然遗产、风景名胜和自然景观等特殊环境，分析项目建设可能产生的影响，研究论证影响因素、影响程度，提出保护措施，并论证保护措施的可行性。

7)经济影响分析

企业投资项目经济影响分析，是对投资项目所耗费的社会资源及其产生的经济效果进行论证，分析项目对行业发展、区域和宏观经济的影响，从而判断拟建项目的经济合理性。

(1)经济费用效益或费用效果分析

对于产出物不具备实物形态且明显涉及公众利益的无形产品项目，如水利水电、交通运输、市政建设、医疗卫生等公共基础设施项目，以及具有明显外部影响的有形产品项目，如污染严重的工业产品项目，应进行经济费用效益或费用效果分析，对社会为项目的建设实施和运营所付出的各类费用以及项目所产生的各种效益进行全面识别和评价。如果项目的经济费用和效益能够进行货币量化，应编制经济费用效益流量表，计算经济净现值、经济内部效益率等经济评价指标，评价项目投资的经济合理性。对于产出效果难以进行货币量化的项目，应尽可能地采用非货币的量纲进行量化，采用费用效果分析的方法分析评价项目建设的经济合理性。难以进行量化分析的，进行定性分析描述。

(2)行业影响分析

对于在行业内具有重要地位、影响行业未来发展的重大投资项目，进行行业影响分析，评价拟建项目对所在行业及关联产业发展的影响，包括产业结构调整、行业技术进步、行业竞争格局等主要内容，特别要对是否可能形成行业垄断进行分析评价。

(3)区域经济影响分析

对区域经济可能产生重大影响的项目，进行区域经济影响分析，重点分析项目对区域经济发展、产业空间布局、当地财政收支、社会收入分配、市场竞争结构等方面的影响，为分析投资项目与区域经济发展的关联性及融合程度提供依据。

(4)宏观经济影响分析

对于投资规模巨大、可能对国民经济产生重大影响的基础设施、科技创新、战略性资源开发等项目，从国民经济整体发展角度，进行宏观经济影响分析，如对国家产业结构调整和升级、重大产业布局、重要产业的国际竞争力以及区域之间协调发展的影响分析等。

对于涉及国家经济安全的重大项目，从维护国家利益、保证国家产业发展及经济运行免受侵害的角度，结合资源、技术、资金、市场等方面的分析，进行投资项目的经济安全分析。

8）社会影响分析

对于因征地拆迁等可能产生重要社会影响的项目，以及扶贫、区域综合开发、文化教育、公共卫生等具有明显社会发展目标的项目，从维护公共利益、构建和谐社会、落实以人为本的科学发展观等角度，进行社会影响分析评价。

（1）社会影响效果分析

该项主要阐述与项目建设实施相关的社会经济调查内容及主要结论，分析项目所产生的社会影响效果的种类、范围、涉及的主要社会组织和群体等。

①社会影响区域范围的界定。社会评价的区域范围应能涵盖所有潜在影响的社会因素，不应受行政区划等因素的限制。

②影响区域内受项目影响的机构和人群的识别，包括各类直接或间接受益群体，也包括可能受到潜在负面影响的群体。

③分析项目可能导致的各种社会影响效果，包括直接影响效果和间接影响效果，如增加就业、社会保障、劳动力培训、卫生保健、社区服务等，并分析哪些是主要影响效果，哪些是次要影响效果。

（2）社会适应性分析

在确定项目的主要利益相关者，分析利益相关者的需求，研究目标人群对项目建设内容的认可和接受程度，评价各利益相关者的重要性和影响力的基础上，阐述各利益相关者参与项目方案确定、实施管理和监测评价的措施方案，以提高当地居民等利益相关者对项目的支持程度，确保拟建项目能够为当地社会环境、人文条件所接纳，提高拟建项目与当地社会环境的相互适应性。

（3）社会风险及对策分析

在确认项目有负面社会影响的情况下，提出协调项目与当地的社会关系，避免项目投资建设或运营管理过程中可能存在的冲突和各种潜在社会风险，解决相关社会问题，减轻负面社会影响的措施方案。

▶ 2.5.3 可行性研究的内容

不同项目的可行性研究的内容有所不同。对工业建设项目，其可行性研究报告通常包括以下内容：

1）实施要点

对可行性研究报告各章的所有主要研究成果、关键性问题和结论作扼要叙述。

2）项目背景和历史

①项目背景（项目构思，项目宗旨，工程建设的必要性、理由和预期目标等）。

②项目的发起人介绍。

③项目历史、启动过程和已完成的调查和研究工作。

3)市场和工厂生产能力

(1)市场需求分析和调研

分析过去和目前项目产品的市场需求情况、市场容量、生产能力、进出口状况和存在的主要问题,预测将来需求的增长情况和规模。

(2)销售预测和营销策略

按照市场预测,确定本项目产品的销售计划,主要包括:

①预测对该项目产品的现有的及潜在的,当地和国外生产者及供应者的竞争状况。

②确定本项目的产品方案(质量、规格和产量)、产品的销售计划与销售策略。

③项目产品和副产品年销售收入和费用估计(本国货币/外币)。

(3)生产计划

根据产品销售计划,确定项目产品和副产品的生产计划。

(4)确定工厂生产能力

按照销售和生产计划,确定工厂正常的生产能力。

4)厂址选择

①项目对选址的要求,列出可选地点并加以说明。

②说明最合适的地点(所在的国家、地理位置、地区及城镇)及选择建议。

③说明所选择的厂址的基本情况和环境条件(位置、占地面积、地形地貌、气候、地震情况、工程地质与水文地质条件、征地拆迁及移民安置条件、交通运输条件、水电供应条件、生态环境条件、法律条件、生活设施和施工条件等)以及选择理由。

④与选址有关的费用估算。

5)工程方案

①按照产品方案、生产计划和选址确定工程建设规模、工程范围,以及生产系统、公用工程、辅助工程及运输设施的总体布局。

②工程技术方案、设备方案:

a.所采用的工艺技术的类型、来源、规格和流程。

b.拟用主要设备(生产设备、辅助设备和服务设施等)的数量、型号、规格、生产能力、来源以及供应方式。

c.技术和设备费用及年均运行费用估计。

③土建工程:

a.土建工程(建筑物、构筑物)的数量、规格、类型以及总体布置。

b.土建工程费用和年均运行费用估算。

④总体运输与公用辅助工程:

a.场内外运输方案。根据工艺流程、工程布局,确定产品市场所需要的内外部运输方案,选择运输方式,合理布置运输路线,选择运输设备和建设运输设施等。

b.公用工程与辅助工程方案。公用工程主要包括给水、排水、供电、通信、供热和通风等工程;辅助工程包括维修、化验、检测和仓储等工程。

6)原材料和供应

①按照预定的生产能力、工艺和设备方案,确定工程正常生产所需要的原材料,如原材料、半成品、部件、辅助材料和用品及公用设施等的供应状况,年均需要量。

②各种可选的供应方案,说明所选原材料和投入的类型、规格、质量、数量、来源、可获得性、价格、供应方式和运输方式等。

③供应计划。上述投入物资的数量、来源渠道、交付时间和储存情况等。

④成本估算。估算各种原材料、投入物的年成本。

7)工厂组织机构和人员配置

①按照生产能力和企业运营要求,确定工厂组织机构设置,包括生产、销售、行政和管理部门等的设置。

②工厂、技术人员和管理人员的需要量和配置方案,包括相关人员的培训要求。

③企业管理费用估算和人员相关的费用估算。

8)工程建设计划

①按照产品生产计划和工程计划,确定工程建设计划,确定项目实施的主要阶段、时间目标和主要工作。如项目前期工作(建立项目管理机构、资金筹集、技术获得与转让)、勘察设计、设备订货、施工准备、土建施工、设备安装和生产准备、试车及投产等。

②各工作的实施计划和实施时间表,说明项目实施的先后次序。

③工程建设的费用估算,包括建设单位管理费、生产筹备费、建立管理机构和生产职工培训费、办公和生活家具购置、勘察设计费、物资供应、土建施工等费用。

④根据工程建设计划确定"时间-费用"计划。

9)财务和经济评价

(1)总投资测算

按照上述建设规模、产品方案和工程方案,估算项目所需总投资,包括地皮购价、场地清理、土木工程、技术设备、投产前资本费用和周转资金等。

(2)生产成本和销售收入估算

该项包括达到正常生产能力时的生产总成本、单位成本和销售收入估算。

(3)项目资金筹措

该项包括:

①项目的资金流及需筹措的资金量(本国货币/外币)。

②资金来源渠道、筹措方式、融资结构、融资成本和融资风险,通过财务分析比选推荐项目的融资方案。

③投资使用计划、偿还计划和融资成本分析。

(4)财务评价

预测项目的财务效益与费用,通过计算财务评价指标,考查拟建项目的盈利能力、偿债能力,以判断项目在财务上的可行性。主要财务评价指标包括清偿期限、简单收益率、收支平衡点和内部收益率等。

(5)国民经济评价

从资源合理配置的原则出发,计算项目对国民经济和社会福利的贡献,主要运用影子价格、影子汇率、影子工资和社会折现率等参数,采用国民经济盈利能力分析、外汇效果分析、就业机会、社会保障和教育等主要评价指标。对于公共工程项目、资源开发项目和涉及国家经济安全的项目,这个评价十分重要。

10)**社会影响评价**

分析拟建项目对当地社会的影响和当地社会条件对项目的适应性和可接受程度,评价项目的社会可行性。评价内容包括社会影响分析、项目与所在地区的互适性分析和社会风险分析等。

11)**环境影响评价及劳动安全和健康保护**

①根据选址方案、技术方案和环境条件,识别和评价工程的建设和运行对生态、自然景观、社会环境和基础设施等方面的影响,提出治理和保护环境的措施。

②分析和评价在建设和运行过程中存在的对劳动者和财产可能产生的不安全和有损健康的因素,如工伤和职业病、火灾隐患等,并提出相应的防范措施。

12)**不确定性与风险分析**

针对上述预测和估算,分析其中不确定性与风险因素对项目的影响,以评价项目的风险承受能力,识别项目的关键风险因素。不确定性分析包括盈亏平衡分析和敏感性分析,风险分析过程包括风险识别、风险评价和风险应对等。

13)**总结论**

在前述各项研究论证的基础上,归纳总结,提出推荐项目方案,并对推荐方案进行总体论证,提出结论性意见和建议,指出可能存在的问题和可能遇到的主要风险,并作出项目是否可行的明确结论。

▶ 2.5.4 可行性研究的基本要求

可行性研究作为项目的一个重要阶段,它不仅起细化项目目标的承上启下作用,而且其研究报告是项目决策的重要依据。只有正确的、符合实际的可行性研究,才可能有正确的决策。

①关键问题是项目产品或服务的市场定位。重点研究市场,按照市场确定生产规模、工程范围、技术方案和融资方案等,必须从工程全寿命期的角度研究问题。

②大量的调查研究,以第一手资料为依据,客观地反映和分析问题,不应带任何主观观点和其他意图。可行性研究的科学性常常就是由调查的深度和广度所决定的。

项目的可行性研究应从市场、法律和技术经济的角度来论证项目可行或不可行,而不只是论证其可行,或已决定上马该项目了,再找一些依据证明决定的正确性。

③可行性研究应详细、全面,定性和定量分析相结合,用数据说话,多用图表表示分析依据和结果,可行性研究报告应十分透彻和明了。研究和分析方法应是科学和可靠的,人们常用的方法有数学方法、运筹学方法、经济统计和技术经济分析方法,如边际分析法、成本效益分析法等。

④多方案比较。无论是项目的构思,还是市场战略、产品方案、工程规模、技术措施、厂址的选择、时间安排和筹资方案等,都要进行多方案比较。应大胆地设想各种方案,进行精心的

研究论证,按照既定目标对备选方案进行评价,以便选择经济合理的方案。

工程项目所采用的技术方案应是先进的,同时又是成熟可行的;而研究开发项目则追求技术的新颖性,技术方案的创新性。

⑤在可行性研究中,许多分析和研究是基于对将来情况的预测基础上的,而预测结果中包含着很大的不确定性。例如,项目的产品市场、项目的环境条件,参加者在技术、经济和财务等各方面都可能有风险,所以要加强风险分析(敏感性分析)。

⑥可行性研究的结果作为项目的一个中间研究和决策文件,在项目立项后应作为设计和计划的依据,在项目后评价中又作为项目实施成果评价的依据。可行性研究报告经上层组织审查、评价、批准和立项,这是工程全寿命期中最关键的一步。

复习思考题

2.1　简述工程项目可行性研究的主要内容。

2.2　工程项目的目标分哪几个层次?

2.3　工程项目的目标因素是由什么决定的?

2.4　工程项目前期策划的主要作用有哪些?

2.5　简述工程项目前期策划的过程。

3

建设工程项目组织

3.1 建设工程项目组织概述

3.1.1 概 述

现代社会“组织”一词，其含义比较宽泛，人们通常所用的“组织”一词一般有两个意义，其一为结构性组织，是人们(单位、部门)为某种目的，按照某些规则形成的职务结构或职位结构，如项目组织、企业组织；其二为“组织工作”，表示对一个过程的组织，对行为的策划、安排、协调、控制和检查，如组织一次会议，组织一次活动。

“组织”一词的两个方面含义派生出组织管理理论的两个分支，即组织结构学和组织行为学。组织结构学侧重于组织的静态研究，以建立高效的组织机构为目的；组织行为学侧重于组织的动态研究，以建立良好的组织关系和实现组织职能为目的。

建设工程项目组织是指为完成工程任务而建立起来的，从事建设工程项目工作的组织系统。它包括两个层面：一是项目业主、承包商等管理主体之间的相互关系，即通常意义上的项目管理模式；二是某一管理主体内部针对具体工程项目所建立的组织关系。

3.1.2 建设工程项目组织的特点及基本原则

1)建设工程项目组织的特点

建设工程项目组织不同于一般的企业组织、社团组织和军队组织，它具有自身的组织特殊性。这个特殊性是由建设工程项目的特点决定的,同时它又决定了建设工程项目组织设置和运行的原则,在很大程度上决定了人们在项目中的组织行为,决定了项目的管理过程。建设工程项目的特点决定了项目组织的特点。

①建设工程项目组织具有临时组合性特点,是一次性的、暂时性的。建设工程项目组织的寿命与它所承担的工程任务时间长短有关,即使项目管理班子人员未变,但项目的改变也应该认为这个组织是一次性的,这是有别于企业组织的一大特点。

②建设工程项目的目标和任务是决定项目组织结构和运行的最重要因素。由于建设工程项目管理主体来自不同单位或部门,各自有独立的经济利益和责任,必须在保证项目总目标的前提下,按项目合同和项目计划进行工作,完成各自的任务。

③项目的组织管理既要研究项目各参与单位之间的相互关系,又要研究某一单位内部的项目组织形式。这是项目组织有别于企业组织的又一大特点。

④项目各参与单位之间的组织关系主要是合同关系。某一企业内部的项目组织关系,即通常意义上的项目经理部对内是一种分工与协作的关系,对外代表企业行使权利,与企业组织一般采用内部承包责任制,依附于企业组织而存在。

⑤项目组织较企业组织更具有弹性和可变性。这不仅表现为项目组织成员随项目的进展而不断地调整其工作内容和职责,甚至变换角色,而且当采用不同的项目管理模式或承发包模式时,则表现为不同的项目组织形式。

⑥项目组织管理较一般企业组织管理困难和复杂。由于项目组织的一次性和可变性,以及参与单位的多样化,很难构成较为统一的行为方式、价值观和项目组织文化。

2)建设工程项目组织的基本原则

要实现建设工程项目目标,其组织结构必须合理、简单易行,能高效率和低成本运行。建设工程项目组织的设置和运行(包括组织结构形式的选择、组织运作规则的制定、组织运作、控制和考核)必须符合组织学的基本原则和规律,如具有共同的目标、需要不同层次的分工合作、具有系统性和开放性等。但这些基本原则在建设工程项目中具有特殊性。

(1)目标统一原则

一个组织要有效地运行,各参加者必须有明确统一的目标。但是,建设工程项目是分阶段实施的,项目组织成员隶属于不同的单位(企业),具有不同的利益,因此会有不同的目标。所以,在建设工程项目中存在着项目总目标与阶段性目标、与不同利益群体目标之间的冲突,使项目运行的组织障碍较大。建设工程项目组织成员各自的目标不同,却又有高度的相互依存性,这是建设工程项目组织的基本矛盾。

为了使建设工程项目顺利实施,达到项目的总目标,必须做到:

①建设工程项目参加者应就总目标达成一致。

②在建设工程项目的设计、合同、计划、组织规则等文件中必须贯彻总目标。

③在建设工程项目的全过程中必须承认并顾及各方面的利益,使项目相关者各方满意。

④为了实现统一的目标,建设工程项目的实施过程必须有统一的指挥、统一的方针和政策、统一的管理规则。

⑤建设工程项目组织的建立应能考虑项目的特殊性,能反映项目实施过程中各参加者之

间的合作、项目任务和职责的层次、工作流、决策过程和信息流。

(2)责权利平衡原则

在项目的组织设置过程中应明确建设工程项目投资者、业主、项目管理公司、承包商,以及其他相关者之间的经济关系、职责和权限,并通过合同、计划、组织规则等文件定义。这些关系错综复杂,形成一个严密的体系,它们应符合责权利平衡的原则。

(3)适用性和灵活性原则

建设工程项目组织结构要有充分的适用性和灵活性。

①应确保建设工程项目的组织结构适合于项目的范围、项目组织的大小、环境条件及业主的项目战略。通常建设工程项目的组织形式是灵活的、多样的,即使一个企业内部,不同的项目有不同的组织形式,甚至一个项目的不同阶段就有不同的授权和不同的组织形式。

②建设工程项目组织结构应考虑原组织(业主的和/或承包商的企业组织)的特点,并与它们相适应。

③要顾及建设工程项目管理者过去的项目管理经验,应充分利用这些经验,选择最合适的组织结构。

④组织结构简单,工作人员精简,项目组织要保持最小规模,并最大可能地使用现有部门中的职能人员。

⑤在项目过程中,项目组织是动态的,不断变化的。灵活的项目组织有利于获得和充分使用人力资源。永久性的组织会造成僵化和管理的困难。

(4)组织制衡原则

由于建设工程项目和项目组织的特殊性,要求组织设置和运作中必须有严密的制衡措施,但是过于强调组织制衡和过多的制衡措施会使建设工程项目组织结构复杂、程序烦琐,会产生沟通的障碍,破坏合作气氛,容易产生"高效的低效率"。

(5)保证组织人员和责任的连续性和统一性

由于建设工程项目存在阶段性,项目组织任务和组织人员的投入是分阶段的,而且是不连续的,容易造成责任体系的中断、责任盲区和不负责任及短期行为,所以应尽可能保持建设工程项目管理(人员、组织、过程、责任、信息系统)的连续性、一致性和同一性。

(6)管理跨度和管理层次

按照组织效率原则,应建立一个规模适度、组织结构层次较少、结构简单、能高效率运作的项目组织。由于现代建设工程项目规模大,参加单位多,造成组织结构非常复杂。组织结构设置常常要在管理跨度与管理层次之间进行权衡。

管理跨度是指某一组织单元直接管理下一层次的组织单元的数量;管理层次是指一个组织总的结构层次。通常,管理跨度小,会造成组织层次多;反之,管理跨度宽,会造成组织层次少。

通常,在建设工程项目中,多级分包或转包会增加工程项目组织的层次。矩阵式的项目组织和现代信息技术的应用可以大大地增加管理跨度,一个组织可以同时同步管理几十个项目或子项目,组织变得扁平化。现代大型或特大型的项目,以及项目型企业的组织一般是扁平化的。这种组织灵活、结构层次少。

(7)合理授权和分权

在施工企业和建设工程项目之间,企业经理、业主对项目经理是授权管理。例如,业主授权项目管理公司管理承包商和供应商;施工企业授权施工项目经理负责施工项目的管理。在矩阵式的组织中,企业的职能部门经理和项目经理之间分权管理。

建设工程项目的任何组织单元在项目中为实现总目标承担一定的角色,有一定的工作任务和责任,则他必须拥有相应的权力、手段和资源去完成任务。项目鼓励多样性和创新,则必须分权,才能调动下层的积极性和创造力。

建设工程项目组织设置必须形成合理的组织职权结构和职权关系,没有授权和分权,或授权和分权不当会导致没有活力或失控,使决策渠道阻塞,建设项目上会将许多日常琐碎的非重要的问题提交上层组织处理,上层组织陷于日常的细节问题中而无力进行重要的决策和控制。

3.2 建设工程项目的常见组织形式

项目法人、建设监理单位、承包商等的相互协作是实现建设工程项目投资目标的根本保障,而项目建设各相关单位针对其合同范围内的工作任务采取何种组织形式至关重要。就建设工程项目当事者一方而言,无论是监理单位,还是承包商,一般采用的项目组织形式有直线式、矩阵式等。

3.2.1 直线式项目组织

通常独立的单个中小型工程项目都采用直线式组织形式,这种组织结构形式与项目的结构分解图有较好的对应性,如一般中小型的建设工程项目组织采用如图3.1所示的直线型项目组织形式,它主要描述"业主—项目管理公司—承包商(包括设计单位、供应商)"的组织关系。

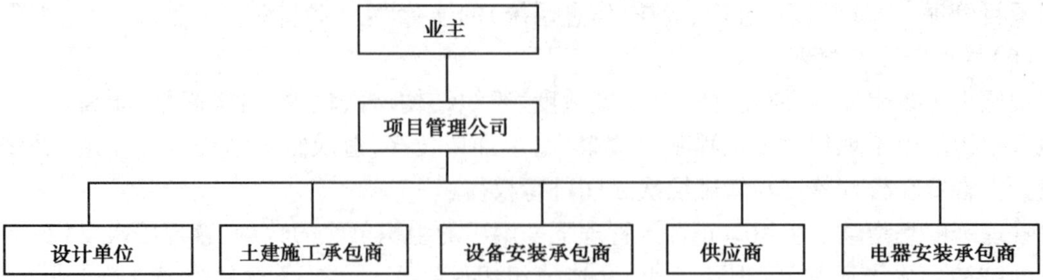

图3.1 直线式项目组织形式

1)直线式项目组织的优点

①单头领导,每个组织单元仅向一个上级负责,一个上级对下级直接行使管理和监督的权力,即直线职权,一般不能越级下达指令。项目工作任务、责任、权力明确,指令统一,这样

可以减少纠纷,协调方便。

②项目经理有指令权,能直接控制资源,向业主负责。

③信息流通快,决策迅速,项目容易控制。

④组织结构形式与项目结构分解图式基本一致,这使得目标分解和责任落实比较容易,不会遗漏项目工作,组织障碍较小,协调费用低。

⑤项目任务分配明确,责权利关系清楚。

2)直线式项目组织的缺点

①当项目比较多、比较大时,每个项目对应一个完整独立的组织机构,使资源不能达到合理使用。

②项目经理责任较大,一切决策信息都集中于项目经理处,这就要求其能力强、知识全面、经验丰富,否则决策较难、较慢,容易出错。

③不能保证项目组织成员之间信息流通速度和质量,权力争执会使他们之间合作困难。例如,工程施工单位发现设计问题不能直接找设计单位,必须先找项目经理再转达设计单位;设计变更后,先交项目经理,再到达施工单位。

④在直线式组织中,如果专业化分工太细,会造成多级分包,进而造成组织层次的增加。

▶ 3.2.2 矩阵式项目组织

当进行一个特大型项目的实施,而这个项目可分为许多自成体系、能独立实施的子项目时,可以将各子项目看作独立的项目,相当于进行多项目的实施。例如,我国的某工程指挥部的管理组织结构如图3.2所示。

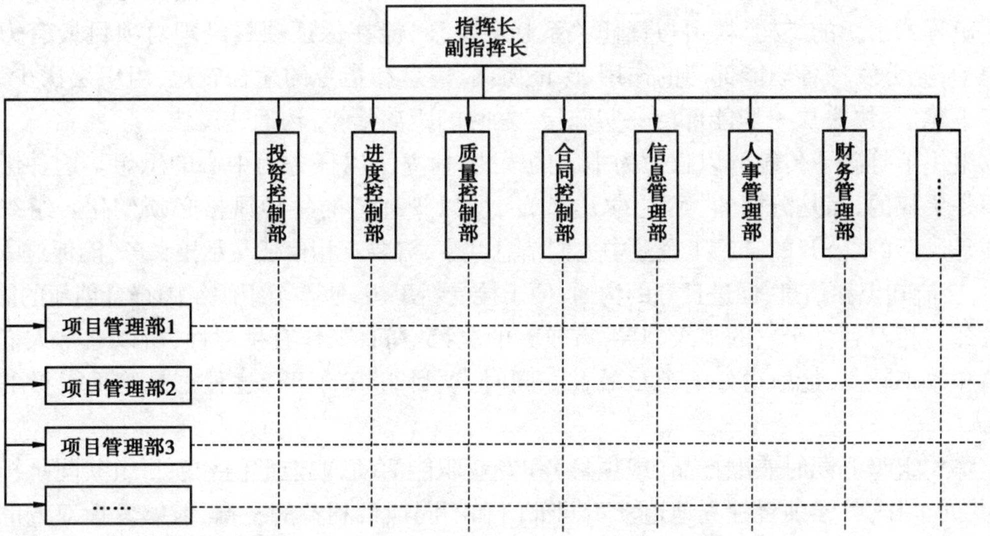

图3.2 我国某工程指挥部管理组织结构图

这种项目组织一般由两类部门组合:

①按专业任务分类的部门,主要负责专业工作、职能管理或资源的分配和利用,主要解决怎么干和由谁负责的问题,具有与专业任务相关的决策权和指令权。

②按子项目分类的组织，主要围绕项目对象，对它的目标负责，负责计划和控制，协调项目各工作环节及项目过程中各部门间的关系，具有与项目相关的指令权。

矩阵式组织是由原则上价值相同的两个管理系统的叠合，由双方共同工作完成项目任务，使部门利益和项目目标一致。它是在纵向职能管理项目上强调项目导向的横向协调作用，信息双向流动和双向反馈机制。在两个系统的集合处存在界面，需要具体划分双方的责任、任务，以处理好二者之间的关系。

1）矩阵式组织的优点

①能够形成以项目任务为中心的管理，集中施工企业全部的资源（特别是技术力量）于各项目上，项目目标能够得到保证，能够迅速反映和满足顾客要求，对环境变化有比较好的适应能力。施工企业能够保证项目全过程和各项目之间管理的连续性和稳定性。

②由于各种资源由施工企业统一管理，能达到最有效、均衡、节约、灵活地使用施工企业资源，特别是能最有效地利用施工企业的职能人员和专门人才；能够形成全企业统一指挥，协调管理，进而能保证项目和部门工作的稳定和效率。一个公司项目越多，虽然增加了计划和平衡的难度，但上述这种效果越显著。

③在矩阵式组织中，施工项目组成员仍归属于一个职能部门，不仅能保证企业组织和项目工作的稳定性，而且使人们有机会在职能部门中通过参加各种项目，获得专业上的发展，积累丰富的经验和阅历。

④矩阵式组织结构富有弹性，具有自我调节的功能，能更好地适应于动态管理和优化组合，适应于时间和费用压力大的多项目和大型项目的管理。例如，增加一个项目，对于职能部门仅增加了一项业务，仅影响计划和资源分配，而某项目结束，并不影响企业组织结构。

⑤矩阵式组织的结构、权力与责任关系趋向灵活，能在保证项目经理对项目最有力控制的前提下，充分发挥各职能部门的作用，保证协调、信息和指令的途径较短，组织层次少，企业组织扁平化。“决策层—职能部门—实施层”之间的距离最小，沟通速度快。

⑥组织上打破了传统的以权力为中心的模式，树立了以任务为中心的思想。这种组织的领导不是集权的，而是分权的、民主的、合作的，所以管理者的领导风格必须变化。组织的运作必须是灵活的、公开的。施工企业中人们信息共享，需要互相信任与承担义务，能促进人们互相学习，交流知识和信息，促进良好的沟通，便于接受新思想，使整个组织氛围符合创新的需要。

各部门相对独立于它的上级领导，有较大的决策空间，工作有挑战性，所以通常人们的工作热情和效率较高，能取得好的项目效益。同时，项目组织的运行过程也是管理人员的培训过程。

矩阵式组织能同时兼顾产品（或项目）和专业职能活动，职能部门和项目组共同承担项目任务，共同工作，各参加者独立地追求不同部门和不同项目利益的平衡，能够发挥双方的积极性，因此它综合了项目组织和职能组织的优点。

2）矩阵式组织的缺点

①存在组织上的双重领导、双重职能、双重汇报关系，双重的信息流、工作流和指令界面。项目经理和部门经理双方容易产生争权、扯皮和推卸责任等现象，所以，必须严格区分两大类

工作(项目和部门)的任务、责任和权力,划定界限。这使得界面管理的难度和复杂性增加。因此,对企业管理规范化和程序化要求高,要求有完备的、严密的组织规则、程序,明确的职权划分,有效的企业项目管理系统。否则,极易造成项目经理或部门领导的越权,双方的矛盾,容易产生混乱和争执,甚至出现对抗状态。

②由于存在双重领导,所以信息处理量大、会议多、报告多。

③必须具有足够数量的、经过培训的、强有力的项目经理。

④由于许多项目同时进行,导致项目之间竞争专业部门的资源,而一个职能部门同时管理许多项目的相关专业工作,资源分配问题是关键。由于建筑施工企业内各项目间的优先次序不易确定,所以带来协调上的困难。由于要争夺有限的资源(如资金、人力、设备),职能经理与项目经理之间容易发生矛盾,项目经理要花许多精力和时间周旋于各专业部门之间,以求搞好人事关系。

⑤采用矩阵式的组织结构会对已建立的企业组织规则产生冲击,如果要修改和打破企业过去的职权和责任模式、生产过程、后勤系统、资源的分配模式、管理工作程序、人员的评价等,还会对企业的管理习惯、组织文化产生冲击。

⑥需要很强的计划与控制系统。由于项目对资源数量和质量的需要高度频繁地变化,难以准确估计,容易造成混乱、低效率,容易使项目的目标受到损害。

3.3 建设工程项目管理组织

▶ 3.3.1 概　述

1)建设工程项目管理组织的概念

建设工程项目管理组织,是指为进行建设工程项目管理、实现组织职能而进行的组织系统的设计与建立、组织运行和组织调整三个方面。组织系统的设计与建立是指经过策划、设计,建成一个可以完成建设工程项目管理任务的组织机构,建立必要的规章制度,划分并明确岗位、层次、部门的责任和权力,建立和形成管理信息系统及责任分担系统,并通过一定岗位和部门内人员规范化的活动和信息流通实现组织目标。高效率的组织体系的建立是建设工程项目取得成功的组织保证。组织运行是指在组织系统形成后,按照组织要求,由各岗位和部门实施组织行为的过程。组织调整是指在组织运行过程中,对照组织目标,检验组织系统的各个环节,并对不适应组织和发展的方面进行改进和完善。

2)建设工程项目管理组织机构的作用

(1)组织机构是建设工程项目管理的组织保证

项目经理在启动项目实施之前,首先要做组织准备,建立一个能完成管理任务、令项目经理指挥灵便、运转自如、效率很高的项目组织机构——项目经理部。其目的就是为了提供进行建设工程项目管理的组织保证。一个好的组织机构,可以有效地完成建设工程项目管理目标，有效地应对环境的变化，有效地供给组织成员生理和社会需要，形成组织力，使组织系统正常运转，产生集体思想和集体意识，完成项目管理任务。

(2)形成一定的权力系统以便进行集中统一指挥

权力由法定和拥戴产生。"法定"来自于授权；"拥戴"来自于信赖。法定和拥戴都会产生权力和组织力。组织机构的建立，首先是以法定的形式产生权力。权力是工作的需要，是管理地位形成的前提，是组织活动的反映。没有组织机构，便没有权力，也没有权力的运用。权力取决于组织机构内部是否团结一致，越团结，组织就越有权力、越有组织力。所以建设工程项目组织机构的建立要伴随着授权，以便使权力的使用能够实现建设工程项目管理的目标；要合理分层，层次多则权力分散，层次少则权力集中。所以要在规章制度中把建设工程项目管理组织的权力阐述明白，固定下来。

(3)形成责任制和信息沟通体系

责任制是建设工程项目组织中的核心问题。没有责任也就不称其为项目管理机构，也就不存在项目管理。一个项目组织能否有效地运转，取决于是否有健全的岗位责任制。建设工程项目组织的每个成员都应肩负一定责任，责任是项目组织对每个成员规定的一部分管理活动和生产活动的具体内容。信息沟通是组织力形成的重要因素。信息产生的根源在组织活动之中，下级(下层)以报告的形式或其他形式向上级(上层)传递信息；同级不同部门之间为了相互协作而横向传递信息。越是高层领导，越需要信息，越要深入下层获得信息。原因就是领导离不开信息，有了充分的信息才能进行有效决策。

综上所述，组织机构非常重要，在建设工程项目管理中是一个焦点。一个项目经理建立了理想有效的组织系统，他的项目管理就成功了一半。项目组织一直是各国项目管理专家普遍重视的问题。据国际项目管理协会统计，各国项目管理专家的论文，有三分之一是有关项目组织的。我国建筑业体制的改革及推行，建设工程项目管理的研究等，说到底是个组织问题。

3)建立适应建设工程项目管理需要的组织机构必须考虑的问题

①能适应建筑产品单件性和建设工程项目特殊性的特点，使生产要素的配置按项目需要处于动态组织状态，有利于项目目标合理实现。

②有利于国家对建筑业企业体制改革战略决策和总体思路的实施。面对复杂的市场环境，组织机构应有利于企业在市场中有竞争以及提高项目估计和投标决策的能力。

③有利于企业内部多项目之间的协调和企业对各项目的有效控制。

④有利于合同管理，强化履约责任，有效地处理和避免经济纠纷。

⑤有利于减少管理层次，精干人员，提高办事效率，强化业务系统化管理。

3.3.2 项目经理部

1)项目经理部的概念及性质

(1)项目经理部的概念

项目经理部是项目管理组织必备的项目管理层，由项目经理领导，接受组织职能部门的指导、监督、检查、服务和考核,并加强对现场资源的合理使用和动态管理。项目经理部自项目启动前建立,在项目竣工验收、审计完成后解体。

项目经理部居于整个项目组织的中心位置,以项目经理为核心,在项目实施过程中起决定作用。建设工程项目能否顺利进行,取决于项目经理部及项目经理的管理水平。项目经理部应按项目管理职能设置部门,按项目管理流程进行工作,一般由项目经理、项目副经理以及其他技术和管理人员组成。项目经理部各类人员的选聘,先由项目经理或组织人事部门推荐,或由本人自荐,经项目经理与组织法定代表人或组织管理组织协商同意后按组织程序聘任。中型以上项目应配备专职技术、财务、合同、预算、材料等业务人员。

(2)项目经理部的性质

项目经理部是由项目经理在组织职能部门的支持下组建的,直属于项目经理领导,在项目实施过程中其管理行为应接受组织职能部门的管理,要承担现场项目管理的日常工作。其性质可归纳如下:

①项目经理部的相对独立性。项目经理部的相对独立性是指项目经理部与企业有着双层关系。一方面,项目经理部要接受组织职能部门的领导、监督和检查,要服从组织管理层对项目进行的宏观管理和综合管理;另一方面,它又是一个建设工程项目机构独立利益的代表,同企业形成一种经济责任关系。

②项目经理部的综合性。项目经理部是一个经济组织,主要职责是管理项目实施过程中的各种经济活动,其综合性主要表现在:其管理业务是综合性的,从纵向看包括项目实施全过程的管理;其管理职能是综合的,包括计划、组织、控制、协调、指挥等多方面。

③项目经理部的临时性。项目经理部是一次性组织机构,在项目启动前组建,在项目竣工验收、审计完成后解体。

2)项目经理部的地位和作用

(1)项目经理部的地位

项目经理部是项目管理的中枢,是项目责权利的落脚点。确立项目经理部的地位,关键在于正确处理项目经理和项目经理部之间的关系。项目经理是项目经理部的一个成员,更是项目经理部的核心。项目经理与项目经理部的关系是:项目经理部是在项目经理领导下的机构,要服从项目经理的统一指挥;项目经理是项目利益的代表和全权负责人,其行为必须符合项目经理部的整体利益。

(2)项目经理部的作用

为了充分发挥项目经理部在项目管理中的主体作用,必须特别重视对项目经理部的机构设置,设计好、组建好、运转好,从而发挥好其应有的作用。具体来说,有以下几个方面的作用:

①负责自项目形成到竣工的全过程项目管理。

②为项目经理决策提供信息依据,当好参谋,同时又要执行项目经理的决策意图,向项目经理全面负责。

③完成组织管理层赋予的基本任务。项目经理部作为项目组织的必备部分,应完成组织所赋予的项目管理任务。项目经理部作为一个项目团队,要凝聚管理人员的力量,调动其积极性,促进管理人员的合作,协调部门之间、管理人之间的关系,发挥每个人的岗位作用,为共

同目标进行工作。

3)项目经理部的建立

(1)项目经理部建立的原则

①要根据所设计的项目组织设置项目经理部。不同的组织形式对项目经理部的设置要求不同。同时,项目经理部的设立还受到建设工程项目管理模式的影响。

②要根据建设工程项目的规模、复杂程序和专业特点设置项目经理部。例如,大型建设工程项目经理部可设置技术部、计划部、财务部、供应部、合同部、办公室等部门。

③项目经理部是一个具有弹性的一次性管理组织,在项目启动前建立,在项目竣工时验收、审计完成后解体,不能搞成一级固定组织。

④项目经理的组织结构可繁可简,规模可大可小,其复杂程度和职能范围完全取决于企业管理体制、项目本身和人员素质。

(2)项目经理部建立的步骤

建立项目经理部应遵循以下步骤:

①根据项目管理规划大纲确定项目经理部的管理任务和组织结构。

②细化项目过程识别,根据项目管理目标责任书进行目标分解和责任划分。

③确定项目经理的组织设置。

④确定人员的责任、分工和权限(特别是针对分包的管理职责)。

⑤制订工作制度、考核制度与奖励措施。

(3)项目经理部的结构

对于小型项目来说,项目经理部一般要设置项目经理、专业工程师(土建、安装、各专业设置等方面的技术人员)、合同管理人员、成本管理人员、信息管理人员、库存管理人员、计划人员等。

对于大型的或特大型的项目,通常在项目经理下设置计划部、技术部、合同部、财务部、供应部、办公室等。例如,某大型项目经理部结构,如图 3.3 所示。

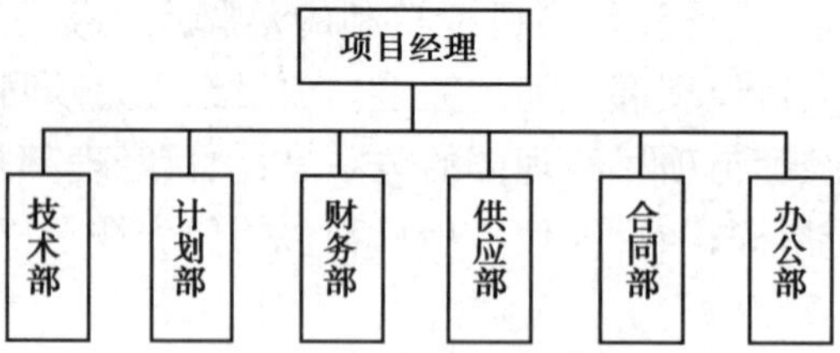

图 3.3 项目经理部结构

4)项目经理部的设置规模

目前,国家没有具体规定项目经理部的设置规模等级。结合有关企业推行施工项目管理的实际,按一般项目的性质和规模划分。通常只有当施工项目的规模达到以下要求时才实行施工项目管理:5 000 m^2 以上的公共建筑、工业建筑、住宅建设小区及其他工程项目投资在500 万元以上的,均实行项目管理。有些试点将项目经理部分为 3 个等级:

①一级项目经理部:建筑面积在 15 万 m^2 以上(含 15 万 m^2)的群体工程;建筑面积在 10 万 m^2 以上(含 10 万 m^2)的单体工程;投资在 8 000 万元以上(含 8 000 万元)的各类工

程项目。

②二级项目经理部：建筑面积在10万～15万 m^2（含10万 m^2）的群体工程；建筑面积在5万～10万 m^2（含5万 m^2）的单体工程；投资在3 000万～8 000万元（含3 000万元）的各类工程项目。

③三级项目经理部：建筑面积在2万～10万 m^2（含2万 m^2）的群体工程；建筑面积在1万～5万 m^2（含1万 m^2）的单体工程；投资在500万～3 000万元（含500万元）的各类工程项目。

项目建筑总面积在1万 m^2 以下的群体工程，建筑面积在5 000 m^2 以下的单体工程，可实行栋号承包，以栋号为承包人，直接与公司（或工程部）经理签订承包合同，也可委托某项目经理部兼任。

5）项目经理部的部门设置和人员配备

施工项目是市场竞争的核心、企业管理的重心、成本管理的中心。因此，施工项目经理部的部门设置和人员配备必须根据项目任务的具体情况而定，做到部门及人员职责分工明确，组织运转灵活，精干高效，机构之内可以实行一职多岗，全部岗位职责覆盖项目管理的全过程、全方位，不留死角但又要避免职责交叉。

人员规模可按下述岗位及比例配备：由项目经理，总工程师，总经济师，总会计师，政工师和技术、预算、劳资、定额、计划、质量、保卫、测试、计量及辅助生产人员15～45人组成。一级项目经理部30～45人，二级项目经理部20～30人，三级项目经理部15～20人，其中专业职称设岗为：高级3%～8%，中级30%～40%，初级37%～42%，其他10%，实行一职多岗，全部岗位职责覆盖项目施工全过程的全面管理，不留死角，也避免职责重叠交叉。

一般项目经理部领导成员有：项目经理、项目副经理、总工程师、总会计师、总经济师等。常设置以下几个部门：

①经营核算部门：主要负责工程项目的财务经济工作，工程项目的成本计划、成本支出和工程款的收入预算、决算、合同与索赔等工作。

②技术管理部门：主要负责生产调度、施工组织设计（施工方案）、进度控制、技术管理、劳动力配置计划、统计等工作。

③物资设置供应部门：主要负责材料的询价、采购、计划供应、管理、运输、工具管理、机械设备的租赁配套使用等工作。

④监控管理部门：主要负责工程质量、安全管理、文明施工、环境保护、消防等工作。

⑤测试计量部门：主要负责工程计量、测量、试验等工作。

⑥生活服务部门：主要负责施工项目的治安保卫、生活保障、后勤管理等工作。

▶ 3.3.3 项目经理

1）项目经理概述

（1）项目经理的定义

项目经理应由法定代表人任命，并根据法定代表人授权的范围、期限和内容，履行管理职责，并对项目实施全过程、全面的管理，是建设工程项目管理的责任主体。

项目经理是组织的法定代表人在项目上的一次性授权管理者和责任主体。项目经理通过实行项目经理责任制履行岗位职责，在授权范围内行使权力，并接受组织的监督考核。项目经理的聘用决定，是一种行业规范化管理的组织行为。

(2)项目经理的分类

①业主的项目经理：受项目法人的委托和授权，领导和组织一个完整工程项目建设的总负责人。对于一些规模大、工期长且技术复杂的工程项目，是由工程总负责人、工程投资控制者、进度控制者及合同管理者等人组成项目经理部，对项目建设进行全过程的管理。对于一些规模小、技术简单的小型项目，经理可由一个人承担，负责全过程的项目管理。

②施工单位的项目经理：受建筑业企业法定代表人委托和授权，在建设工程项目施工中担任项目经理岗位职务，直接负责工程项目施工的组织实施者，对建设工程项目施工全过程全面负责的项目管理者。

③设计单位的项目经理：受设计的单位法定代表人委托和授权，领导和组织一个完整工程项目设计的总负责人。设计单位的项目经理对业主的项目经理负责，从设计角度控制工程项目的总目标。

④咨询单位的项目经理：受咨询单位法定代表人委托和授权，根据业主需要进行全过程或其中某一阶段的咨询管理服务的总负责人。这种情况一般发生在项目比较复杂，而业主又没有足够能胜任的人员组建管理班子，因此委托咨询机构来进行项目管理，向业主提供咨询服务。

⑤其他部门的项目经理：受企业委托和授权，对项目实行指导、监督等职能的总负责人。如政府派出的项目经理、银行派出的项目经理等。

2)项目经理的地位

项目经理是根据组织法定代表人授权的范围、时间和内容，对项目实施全过程、全面的管理，是组织法定代表人在该项目上的全权委托代理人。项目经理是项目管理的直接组织实施者，是工程项目管理的核心和灵魂，在项目管理中起到决定性的作用。实践证明，项目管理的成败，与项目经理关系极大。一个好的工程项目背后，必定有一个好的项目经理，只有好的项目经理才能完成好的项目。

(1)合同履约的负责人

项目合同是规定承、发包双方责、权、利，具有法律约束力的契约文件，是处理双方关系的主要依据，也是市场经济条件下规范双方行为的准则。项目经理是公司在合同项目上的全权委托代理人，代表公司处理执行合同中的一切重大事宜，包括执行合同条款、变更合同内容、处理合同纠纷且对合同负主要责任。

(2)项目计划的制订和执行的监督人

为了做好项目工作、达到预定的目标，项目经理需要事前制订周全而且符合实际情况的计划，包括工作的目标、原则、程序和方法，使项目组全体成员围绕共同的目标、执行统一的原则、遵循规范的程序、按照科学的方法协调一致地工作，取得最好的效果。项目经理还应在计划实施中进行监督。

(3)项目组织的指挥员

项目管理涉及众多的项目相关方,是一项庞大的系统工程。为了提高项目管理的工作效率并节省项目的管理费用,要进行良好的组织和分工。项目经理要确定项目的组织原则和形式,为项目组人员提出明确的目标和要求,充分发挥每个成员的作用。

(4)项目协调工作的纽带

项目建设的成功不仅依靠项目相关方的协作配合,甚至还具有政府及社会各方面的指导与支持。项目经理处在上下各方的核心地位,是负责沟通、协调、解决各种矛盾、冲突、纠纷的关键人物,应该充分考虑各方面的合理的潜在的利益,建立良好的关系。因此项目经理是协调各方面关系,使之相互紧密协作配合的桥梁与纽带。

(5)项目信息的集散中心

自上、自下、自外而来的信息,通过各种渠道汇集到项目经理处,项目经理又通过报告、指令、计划和协议等形式,对上反馈信息,对下、对外发布信息,通过信息的集散达到控制的目的,使项目管理取得成功。

3)项目经理的选聘

(1)项目经理的考评与聘任

组织按照项目经理岗位职业等级标准和工程项目的规模及实际情况,从取得建设工程类执行资格或建设工程项目经理岗位职业资质证书的人员中,选择聘任具有相应资质的项目经理。工程项目完成后,要将项目经理工程项目管理的业绩和最终考评结果计入建设工程项目经理岗位职业资质管理档案。

(2)项目经理的选聘与任用

①自荐上岗。由本人提出申请,经企业项目经理管理部门考核,领导办公会议研究同意,由法定代表人签发项目经理聘任书聘任上岗。

②委任上岗。企业项目经理管理部门推荐,本人同意,由法定代表人签发项目经理聘任书上岗。

③竞聘上岗。企业根据工程项目合同条件和内部招标管理与有关规定程序进行公开竞聘,中选后由法定代表人签发项目经理聘任书后上岗。有必要说明的是,虽然项目经理走职业化、专业化和社会化管理将是今后的发展趋势,但目前行业协会推行的这种项目经理岗位职业资质管理还有待进一步通过试行和实践后逐步加以完善。

4)建造师与项目经理的关系

(1)项目经理与建造师的不同定位

项目经理是建筑业企业实施工程项目管理设置的一个岗位职务,项目经理根据企业法定代表人的授权,对工程项目自开工准备至竣工验收实施全面组织管理。项目经理的资质由行政审批获得,在国家规定的过渡期满后,其资质证书将停止使用,但项目经理作为一个企业设定的岗位职务将继续存在。建造师是从事建设工程管理包括工程项目管理的专业技术人员的执业资格,按照规定具备一定条件,并参加考试合格的人员,才能获得这个资格。建造师注册受聘后,可以建造师的名义担任建设工程项目的项目经理,也可从事其他施工活动的管理,以及法律、行政法规或国务院建设行政主管部门规定的其他业务。在国家规定的过渡期满后，大中型项目施工的项目经理必须由取得注册建造师资格的人员担任。

建造师与项目经理定位不同，但所从事的都是建设工程的管理。建造师执业的覆盖面较大，可涉及工程建设项目管理的许多方面，担任项目经理只是建造师执业中的一项；项目经理则限于企业内某一特定工程的项目管理。建造师选择工作的权力相对自主，可在社会市场上有序流动，有较大的活动空间；项目经理岗位则是企业设定的，项目经理是企业法人代表授权或聘用的一次性的工程项目施工管理者。

(2)注册建造师如何担任项目经理

建造师注册受聘后，可以建造师的名义担任建设工程项目施工的项目经理。按照规定，建造师分为一级建造师和二级建造师。这主要是从我国的国情和工程的特点出发而规定的。因为我国各地的经济发展和管理水平不同，大、中、小型工程项目对管理的要求差异也很大。

在行使项目经理职责时，一级注册建造师可以担任《建筑业资质等级标准》中规定的特级、一级建筑企业资质的建设工程项目的项目经理；二级注册建造师只能担任二级及以下建筑企业资质的建设工程项目施工的项目经理。

▶ 3.3.4 现代工程项目对项目经理的要求

由于项目经理对项目具有重要作用，人们对其知识结构、能力和素质的要求也越来越高。按照项目和项目管理的特点，通常对项目经理有以下几个方面的基本要求。

1)素质

在市场经济环境中，项目经理的素质是最重要的，特别是专业化的项目经理，不仅应具备领导者的素质，还应符合项目管理的特殊要求。

①项目经理应有工程的使命感，有工程全寿命期管理的理念，注重项目对社会的贡献和历史作用，应注重社会的公德，保证社会利益，严守法律和规章。

②项目经理必须具有很好的职业道德，将用户利益放到第一位，不谋私利，必须有工作的积极性、热情和敬业精神。项目经理在工程项目中除了自己的酬金以外不应有另外的利益，也不能与项目的其他相关者有利益关系，这样才能公正行事。不能因为项目是一次性的、与业主是一次性合作、管理工作不好定量评价、项目的最终成果与自己的酬金无关，而怠于自己的工作职责，应全心全意地管理项目。

③由于项目是一次性的，项目管理是常新的工作，富于挑战性，所以项目经理应具有创新精神，务实的态度，有强烈的管理雄心和愿望，勇于挑战，勇于决策，勇于承担责任和风险，并努力追求工作的完美，追求更高的目标，不要安于现状。

④为人诚实可靠，讲究信用，有敢于承担错误的勇气，言行一致，正直，办事公正、公平，实事求是。项目经理不能因受到业主的批评和不理解而放弃自己的职责，不能因为自己受雇于业主或受到承包商不正常手段的干扰(如行贿)而不公正行事。项目经理的行为应以项目的总目标和整体利益为出发点，应以没有偏见的方式工作，正确地执行合同，解释合同，公平公正地对待各方利益。

⑤能承担艰苦的工作，任劳任怨，忠于职守。在项目组织中，项目经理是一个特殊的角

色，处于矛盾的焦点，业主和承包商偶尔也会不理解。如果责权利不平衡，项目经理就很难做好工作，各方面可能都不满意。

a. 有许多业主经常有新的想法，随便变更工程，而对由此产生工期的延长和费用的增加又不能理解，常常反过来责怪项目经理。

b. 由于业主和承包商利益不一致，会产生各种矛盾。如业主希望项目经理听从他的指令，无条件维护他的利益，苛刻要求承包商；而承包商又常常抱怨项目经理不能正确执行合同，偏向业主，不公平。所以双方的矛头都可能指向项目经理。

c. 长期以来，在工程项目取得成功时，人们常常归功于技术人员攻克了技术难关，或业主决策、领导有方；而如果项目实施失败，出现故障、困难，则常常归咎于项目经理，尽管许多失败的因素项目经理也不能控制。

d. 人们常常将项目管理仅看作监督工作，容易产生抵触情绪；另外，人们常常认为项目经理也与经济效益、与项目成就无直接的关系，不重视项目经理的工作。

在实际工作中，项目经理工作很少能够使各方面都满意，甚至可能都不满意，都不能理解。所以，项目经理不仅要化解矛盾，而且要使大家理解自己，同时又要能经得住批评指责，不放松自己的工作，应有宽容性。

⑥具有合作精神，能够与他人共事，不能搞管理上的神秘主义，不能用诸葛亮式的“锦囊妙计”来分配任务和安排工作。

⑦具有很高的社会责任感和道德观念，高瞻远瞩，具有全局的观念，保护生态环境，为项目的可持续发展和历史负责。

⑧胸怀坦荡，有坚强的意志，能自律，具有较强的自我控制能力。

2）**能力**

①项目经理应具有长期的工程管理工作经历和经验，特别是具有同类项目成功的经历，对项目工作有成熟的判断能力、思维能力和随机应变能力。项目经理的技术技能被认为是最重要的，但又不能是纯技术专家，最重要的是对项目开发过程和工程技术系统的机理有成熟的理解，能预见问题，能事先估计到各种需要。

②项目经理应具有很强的沟通能力、激励能力和处理人事关系的能力。项目经理的职务是个典型的低权力的领导职位，主要靠领导艺术、影响力和说服力行事，而不是靠权力和命令。由于项目组织的特点，其能采取的激励措施是很有限的。项目经理应的行为必须注意：

a. 充分利用合同和项目管理规范赋予的权力运行组织。

b. 注意从心理学、行为科学的角度激励项目经理部成员的积极性。

c. 项目经理要掌握沟通的能力和艺术。在项目中充当激励者、教练、活跃气氛者、维和人员和冲突裁决人。

③项目经理应有较强的组织管理能力和协调能力。

a. 能胜任小组领导工作，知人善任，敢于和善于授权。

b. 协调好各方面的关系，善于人际交往。

c. 能处理好与业主（或顾客）的关系，设身处地地为他人考虑。

d. 与企业各部门有较好的人际关系，能够与外界交往，与上层组织沟通。

e. 工作具有计划性，能有效地利用好项目时间。

f. 善于管理矛盾与解决冲突。

g. 具有追寻目标和跟踪目标的能力。

④项目经理应思维敏捷，有洞察力，有较强的语言表达能力和说服能力，有谈判技巧。在国际项目中，需要项目经理有应用外语的能力。

⑤项目经理必须对项目开发过程十分熟悉，包括行政过程、实施技术过程和系统过程。在工程中能够发现问题，提出问题，能够从容地处理紧急情况，具有应付突发事件的能力，以及对风险、对复杂现象的判断能力和抓住关键问题的能力。

⑥由于项目是常新的，所以项目经理又必须具有应变能力和灵活性。其领导风格应有可变性，能够适应不同的项目和不同的项目组织。

⑦综合能力。对整个项目系统作出全面观察，具有系统思维和决策能力。

3）知识

①项目经理通常应接受过大学以上的专业教育，必须具有专业知识，一般来自工程的某个主要专业，如为土木工程或其他专业工程方面的专家，否则很难在项目中被大家所接受和真正介入项目工作。

②项目经理要接受过项目管理的专业培训或再教育，掌握项目管理的知识。目前，发达国家有一整套项目经理的教育培训的途径和方法，有比较成熟的经验。项目经理需要掌握以下三个方面的知识：

a. 项目所在领域的相关专业知识，如工业、农业和建筑方面的专业知识等。这是项目经理的专业根底。项目管理是分领域的，不同领域项目管理的差异很大。工程项目的经理则需要掌握相关的工程专业知识。

b. 一般的管理知识，如管理学、经济学、工程经济学、系统工程、组织行为学及财务管理等理论和方法。

c. 项目管理的知识，包括综合管理、范围管理、时间管理、成本管理、人力资源管理、采购管理、质量管理、沟通管理、风险管理和项目利益相关者管理等。

③项目经理需要综合性的、广博的知识面，能够对所从事的项目迅速设计解决问题的方法、程序，能抓住问题的关键，把握技术和实施过程逻辑上的联系，具有工程的系统知识。

3.4 工程项目承发包模式

▶ 3.4.1 施工平行发包

1）平行发包的含义

平行发包，又称为分别发包，是指发包方根据工程项目的特点、项目进展情况和控制目标的要求等因素，将工程项目按照一定原则分解，将设计任务分别委托给不同的设计单位，将施工任务分别发包给不同的施工单位，各个设计单位和施工单位分别与发包方签订设计合同和施工合同。平行发包的合同结构图，如图3.4所示。

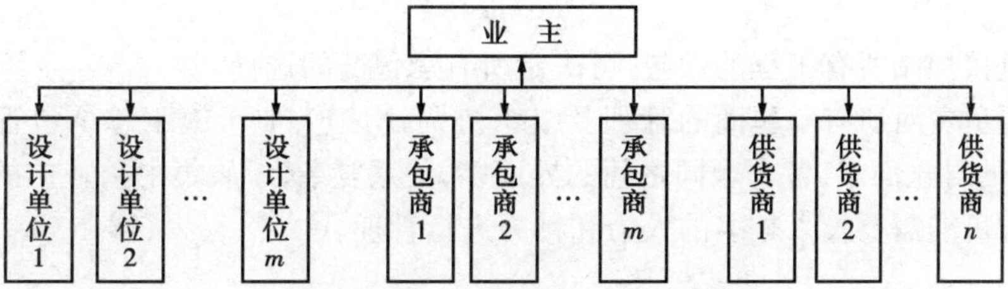

图3.4 平行发包模式的合同结构图

2）**施工平行发包**

在施工平行发包模式中，业主将不同的施工任务分别委托给不同的施工单位，各个施工单位分别与业主签订合同，各个施工单位之间的关系是平行关系。一般情况下，在通过招标选择承包人时，该部分工程的施工图已经完成，每个合同都可以实行总价合同。对施工任务的平行发包，发包方可以根据工程项目结构进行分解发包，也可以根据工程项目施工的不同专业系统进行分解发包。

施工平行发包的特点如下：

（1）投资控制

①每一部分工程的发包，都以施工图设计为基础，投标人进行投标报价较有依据。

②每一部分工程的发包，业主都可以按照期望的标准和要求选择满意的承包单位（如价格最低，或者进度最快，或质量可靠等）。

③对业主来说，要等最后一份合同签订后才知道整个工程的总投资，对投资的早期控制不利。

（2）进度控制

①某一部分施工图完成后，即可开始这部分工程的招标，开工日期提前，可以边设计边施工，缩短建设周期。

②由于要进行多次招标，业主用于招标的时间较多。

③施工总进度计划的编制和控制由业主负责；由不同单位承包的各部分工程之间的进度计划及其实施的协调由业主负责（业主直接管理各施工单位似乎控制力度大，但矛盾集中，业主的管理风险大）。

（3）质量控制

①符合质量控制上的“他人控制”原则，不同分包单位之间能够形成一定的控制和制约机制，对业主的质量控制有利。

②合同交互界面比较多，应非常重视各合同之间界面的定义和管理，否则对质量控制不利。

（4）合同管理

①业主要负责所有合同的招标、谈判、签约，招标及合同管理工作量大。

②业主在每个合同中都会有相应的责任和义务，签订的合同越多，业主的责任和义务就

越多。

③业主要负责对多个合同的跟踪管理,工作量较大。

(5)组织与协调

①业主直接控制所有工程的发包,可决定所有承包商的选择。

②业主要负责对所有承包商的管理及组织协调,承担类似于施工总承包管理的角色,工作量大(业主的对立面多,各个合同之间的界面多,关系复杂,矛盾集中),业主的管理风险大。

③业主方可能需要投入较多的人力和精力进行管理。

▶ 3.4.2 施工总承包

1)施工总承包的含义

施工总承包,是指发包人将全部施工任务发包给一个施工单位或由多个施工单位组成的施工联合体或施工合作体,施工总承包单位主要依靠自己的力量完成施工任务。当然,经发包人同意,施工总承包单位可以根据需要将施工任务的一部分分包给其他符合资质的分包人。施工总承包的合同结构图,如图3.5所示。

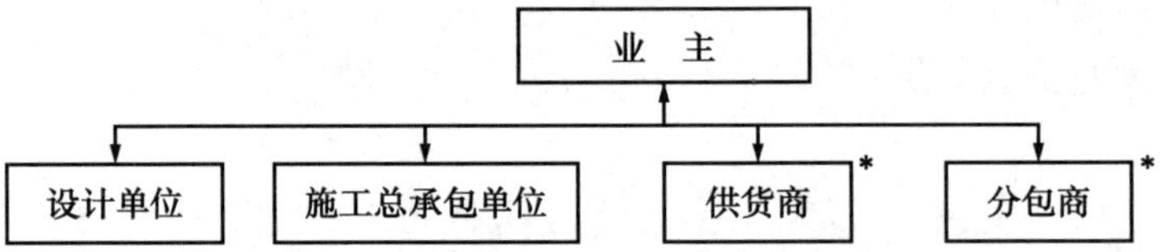

图3.5 施工总承包自行采购的合同

(注:*为业主自行采购和分包的部分)

与平行发包相似,为减少和避免风险,一般在通过招标选择施工总承包单位时,所有的施工图都已经完成,不确定性因素减少了,有利于实行总价合同。

2)施工总承包的特点

(1)投资控制

①一般以施工图设计为投标报价的基础,投标人的投标报价较有依据。

②在开工前就有较明确的合同价,有利于业主对总投资的早期控制。

③若在施工过程中发生设计变更,则可能发生索赔。

(2)进度控制

①一般要等施工图设计全部结束后,才能进行施工总承包的招标,开工日期较迟,建设周期势必较长,这是施工总承包模式的最大缺点,限制了其在建设周期紧迫的工程项目上的应用。

②施工总进度计划的编制、控制和协调由施工总承包单位负责,而设计、施工、供货之间的进度计划协调由业主负责。

(3)质量控制

工程项目质量的好坏在很大程度上取决于施工总承包单位的选择,取决于施工总承包单位的管理水平和技术水平。业主对施工总承包单位的依赖性较大。

(4)合同管理

①业主只需进行一次招标,与一家承包商签约,招标及合同管理工作量大大减少,对业主有利。

②在很多工程实践中,采用的并不是真正的施工总承包,而是所谓的“费率招标”,实质上是开口合同,对业主方的合同管理和投资控制不利。

(5)组织与协调

业主只负责对施工总承包单位的管理及组织协调,工作量大大减少。

▶ 3.4.3 施工总承包管理

1)施工总承包管理的含义

施工总承包管理模式的英文名称是 Managing Contractor,简称 MC,意为“管理型承包”,它不同于施工总承包模式。采用该模式时,业主与某个具有丰富施工管理经验的单位或联合体或合作体签订施工总承包管理协议,由施工总承包管理方负责整个工程项目的施工组织与管理。一般情况下,施工总承包管理单位不参与具体工程的施工,而具体工程施工需要再进行分包的招标与发包,把具体施工任务分包给分包商来完成。但有时也存在另一种情况,即施工总承包管理单位也想承担部分工程的施工,这时它也可以参加这一部分工程的投标,通过竞争取得任务。

2)施工总承包管理与施工总承包模式的比较

(1)工作开展程序不同

施工总承包管理模式与施工总承包模式不同。施工总承包模式的工作程序是:先进行工程项目的设计,待施工图设计结束后再进行施工总承包招投标,然后再进行施工,如图 3.6(b)所示。从图中可以看出,许多大型工程项目如果要等到施工图全部出齐再进行工程招标,

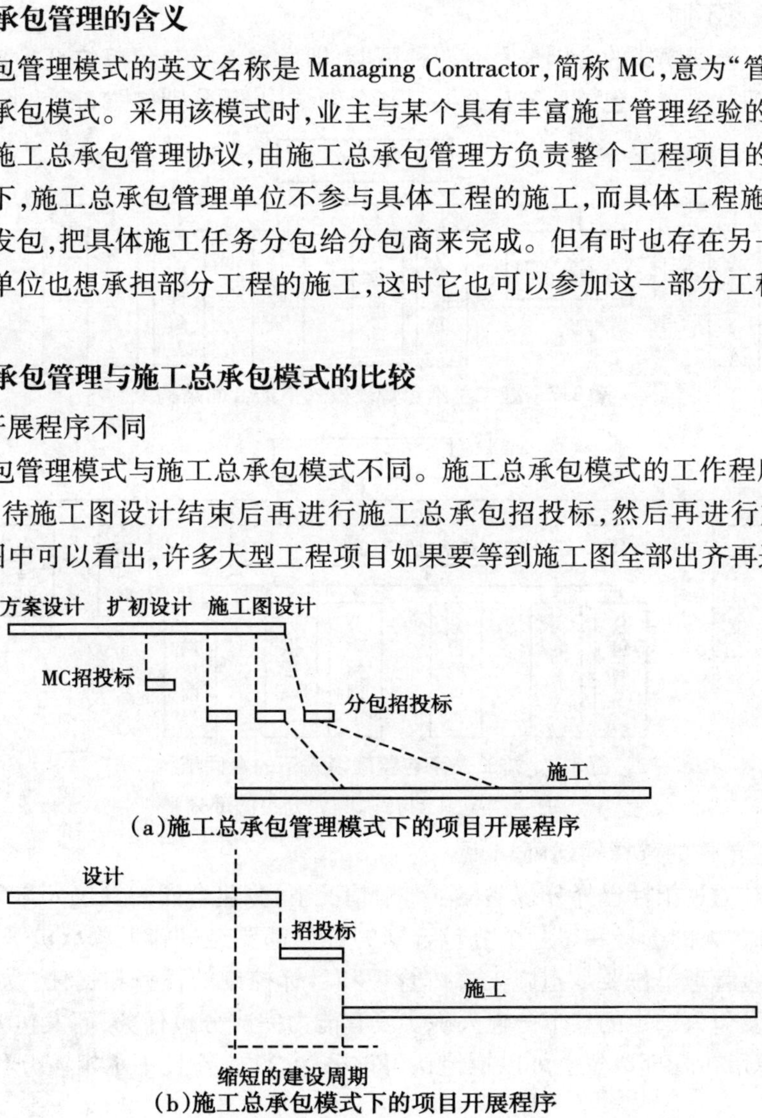

图 3.6 施工总承包与施工总承包管理模式下项目开展程序的比较

显然是很困难的。

而如果采用施工总承包管理模式,施工总承包管理单位的招标可以不依赖完整的施工图,换句话说,施工总承包管理单位的招标可以提前到工程项目尚处于设计阶段进行。另外,工程实体由施工总承包管理单位化整为零,分别进行分包的发包,即每完成一部分施工图就招标一部分,从而使该部分工程的施工提前到整个工程项目设计阶段尚未完全结束之前进行,如图3.6(a)所示。

为了更好地说明施工总承包管理与施工总承包模式在工作程序和对进度影响等方面的不同,将施工总承包的一般工作程序同时表示在同一个图中(见图3.6)。从图中可以看出,施工总承包管理模式可以在很大程度上缩短建设周期。

(2)合同关系不同

施工总承包管理模式的合同关系有两种可能,即发包人与分包单位直接签订合同或者由施工总承包管理单位与分包单位签订合同。其合同结构图,分别如图3.7和图3.8所示。

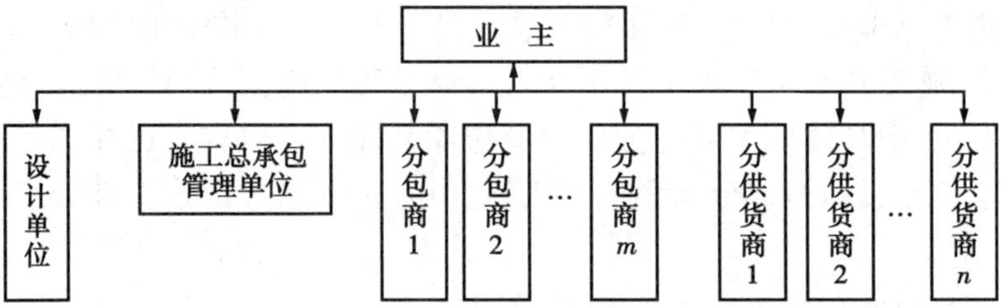

图3.7　施工总承包管理模式下的合同结构1

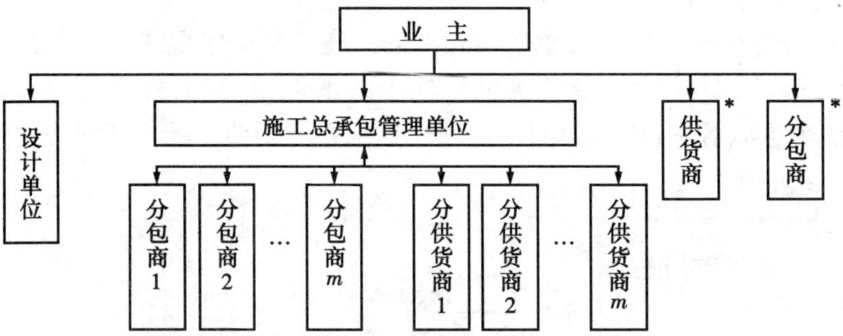

图3.8　施工总承包管理模式下的合同结构2

(注:*为业主自行采购和分包的部分)

(3)对分包单位的选择和认可

发包人通常通过招标选择分包单位。一般情况下,分包合同由发包人与分包单位直接签订,但每一个分包人的选择和每一个分包合同的签订都要经过施工总承包管理单位的认可,因为施工总承包管理单位要承担施工总体管理和目标控制的任务和责任。如果施工总承包管理单位认为发包人选定的某个分包人确实没有能力完成分包任务,而发包人执意不肯更换分包人,施工总承包管理单位也可以拒绝认可该分包合同,并且不承担该分包人所负责工程的管理责任。

(4)对分包单位的付款

对各个分包单位的各种款项可以通过施工总承包管理单位支付,也可以由发包单位直接支付。如果由发包单位直接支付,需要经过施工总承包管理单位的认可。

(5)对分包单位的管理和服务

施工总承包管理单位既要负责对现场施工的总体管理和协调,也要负责向分包人提供相应的服务。当然,对于施工总承包管理单位提供的某些设施和条件,如搭设的脚手架、临时用房等,如果分包人需要使用,应该支付一定的费用。

(6)施工总承包管理的合同价格

施工总承包管理合同中一般只确定施工总承包管理费(通常是按工程建安造价的一定百分比计取),而不需要确定工程总造价,这也是施工总承包管理模式的招标可以不依赖于设计图纸出齐的原因之一。

分包合同价,由于是在该部分施工图出齐后再进行分包的招标,因此应该采用实价(即单价或总价合同)。由此可以看出,施工总承包管理模式与施工总承包模式相比具有以下优点:

①合同总价不是一次确定,某一部分施工图设计完成以后,再进行该部分施工招标,确定该部分合同价,因此整个工程项目的合同总额的确定较有依据。

②所有分包合同和分供货合同的发包,都通过招标获得有竞争力的投标报价,对业主方节约投资有利。

③施工总承包管理单位只收取总包管理费,不赚总包与分包之间的差价。

④业主对分包单位的选择具有控制权。

⑤有利于边设计边施工,缩短建设周期。

在国内,普遍对施工总承包管理模式存在误解,认为施工总承包管理单位仅仅做管理与协调工作,而对工程项目目标控制不承担责任。实际上,每一个分包合同都要经过施工总承包管理单位的确认,施工总承包管理单位有责任对分包人的质量、进度进行控制,并负责审核和控制分包合同的费用支付,负责协调各个分包的关系,负责各个分包合同的管理。因此,在组织结构和人员配备上,施工总承包管理单位仍然要有费用控制、进度控制、质量控制、合同管理、信息管理、组织与协调的组织和人员。

3)施工总承包管理模式的特点

(1)投资控制

①某部分施工图完成后,由业主单独或与施工总承包管理单位共同进行该部分工程的招标,分包合同的投标报价较有依据。

②在进行施工总承包管理单位的招标时,只确定施工总承包管理费,没有合同总造价,是业主承担的风险之一。

③多数情况下,由业主方与分包人直接签约,加大了业主方的风险。

(2)进度控制

①施工总承包管理的招标不依赖于施工图设计,可以提前,分包合同的招标也得到提前,从而提前开工,可缩短建设周期。

②施工总进度计划的编制、控制和协调由施工总承包管理单位负责,而设计、施工、供货之间的进度计划协调由业主负责。

(3)质量控制

①对分包人的质量控制由施工总承包管理单位进行。

②对分包人来说,符合质量控制上的“他人控制”原则,对质量控制有利。

③各分包合同交界面的定义由施工总承包管理单位负责,减轻了业主方的工作量。

(4)合同管理

①一般情况下,所有分包合同的招投标、合同谈判、签约工作由业主负责,业主方的招标及合同管理工作量大。

②对分包人工程款支付又可分为施工总承包管理单位支付和业主直接支付,前者对加大总包管理单位对分包人管理的力度更有利。

(5)组织与协调

①由施工总承包管理单位负责对所有分包人的管理及组织协调,大大减轻了业主的工作,这是施工总承包管理模式的基本出发点。

②与分包人的合同一般由业主签订,一定程度上削弱了施工总承包管理单位对分包人管理的力度。

► 3.4.4 建设项目总承包

业主方把建设工程项目的设计任务和施工任务进行综合委托的模式可称为建设项目总承包或工程总承包。

《中华人民共和国建筑法》第二十四条明确规定:“建筑工程的发包单位可以将建筑工程的勘察、设计、施工、设备采购一并发包给一个工程总承包单位,也可以将建筑工程勘察、设计、施工、设备采购的一项或者多项发包给一个工程总承包单位;但是,不得将应当由一个承包单位完成的建筑工程肢解成若干部分发包给几个承包单位。”

1)建设项目总承包的产生

传统的工程建设实施模式中,设计与施工往往是分离的,即业主通过签订设计合同,委托专门的设计单位进行工程设计,委托施工单位进行施工,设计和施工是由不同的组织来实施的。

设计和施工的分离是专业化分工的结果,是生产力发展以及社会进步到一定阶段的必然产物。由于建筑形式不断创新,建设高度不断刷新,工业建设项目中的工艺越来越复杂,技术越来越先进,客观上要求工程设计专业化、设备制造专业化、施工专业化。

专业化为建设规模更大、技术更复杂、更先进的工程项目提供了可能。但同时,设计与施工的分离也导致了许多问题,主要有以下几个方面:

①设计工作是影响建设工程项目经济性的决定因素,但是设计单位有时会忽视设计的经济性,而且我国目前的设计费取费是根据投资额的百分比来计算的,投资越高反而对设计单位越有利。

②设计单位较少了解施工,有时也较少考虑可施工性,就会影响施工的有效进行。

③在设计时还不能确定将由谁施工,因而不能结合施工单位的特点和能力进行设计,但在确定了施工单位以后,又可能会引起设计修改。

④施工单位“按图施工”，基本上处于被动地位，在一定程度上影响了其积极性的发挥。

⑤若施工图完成以后再进行施工任务的发包，项目建设周期长。

⑥建设单位项目目标的控制有困难，主要是不利于投资控制和进度控制。

⑦建设单位的组织、协调工作量大。

⑧主体工程与配套工程施工也往往分离，导致主体工程结束后至项目动用的间隔时间长。

建设项目总承包模式起源于欧洲，是为了解决设计与施工分离的弊端而产生的一种模式。实行建设项目总承包模式，可以在很大程度上解决上述问题。建设项目总承包的基本出发点是借鉴工业生产组织的经验，实现建设生产过程的组织集成化，以克服由于设计与施工的分离致使投资增加，以及由于设计和施工的不协调而影响建设进度等弊端。

在建设项目总承包模式中，项目总承包单位的工作范围除了全部的工程施工任务以外，还包括设计任务和物资（包括设备）采购任务。在以房屋建筑为主的民用建设工程项目中又称为设计和施工总承包（D+B，Design-Build）。而在以大型装置或工艺过程为主要核心技术的工业建设领域，如大型石化、化工、橡胶、冶金、制药、能源等建设工程项目，工艺设备的设计、制造、采购与安装成为建设工程项目实施中的核心，而工艺设备的设计、制造、采购与安装又与整个工艺的设计紧密相关，因此，在这些类型的建设工程项目中，建设项目总承包模式又称为设计、采购、施工总承包（Engineering-Procurement-Construction，简称 EPC）。

尽管 D+B 模式和 EPC 模式都称为建设项目总承包（或工程总承包），但是，EPC 总承包模式与 D+B 总承包模式在操作方法上还是有很大的不同。在国际咨询工程师联合会（FIDIC）新出版的合同中，对 EPC 总承包模式和 D+B 总承包模式分别推荐了不同的合同条件，分别为“FIDIC 设计采购施工（EPC）/交钥匙工程合同条件（银皮书）”和“FIDIC 工程设备和设计-建造（D+B）合同条件（新黄皮书）”。

2）建设项目总承包的范围

实行建设项目总承包需要明确：一是由谁承担设计和施工总承包任务；二是何时开始总承包以及承包的范围是什么；三是如何进行总承包的招标、投标和评标等。

建设项目总承包单位可以从方案设计阶段就开始总承包，也可以从初步设计阶段、技术设计阶段或者施工图设计阶段开始总承包。但是，当施工图设计完成以后再进行总承包，就变成施工总承包模式了，如图 3.9 所示。

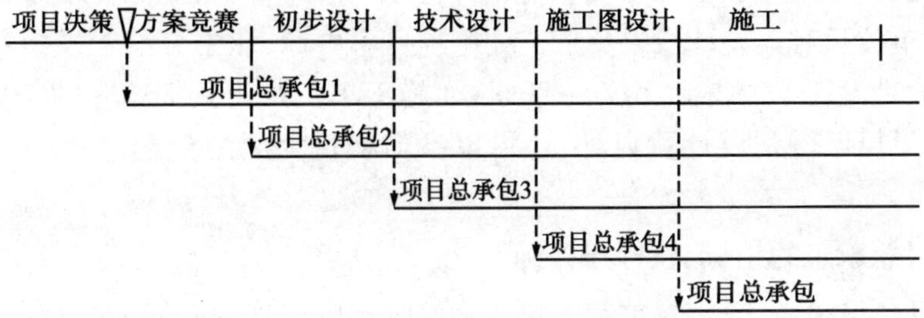

图 3.9　项目总承包单位的介入时间

3）建设项目总承包的组织

国外承担建设项目总承包的组织机构一般有两种形式：一种是永久性组织，即永久性的经济实体；一种是临时性组织，即针对一个具体的建设工程项目，由若干个设计单位和施工单位组成的临时性组织。其组织形式如图3.10所示。

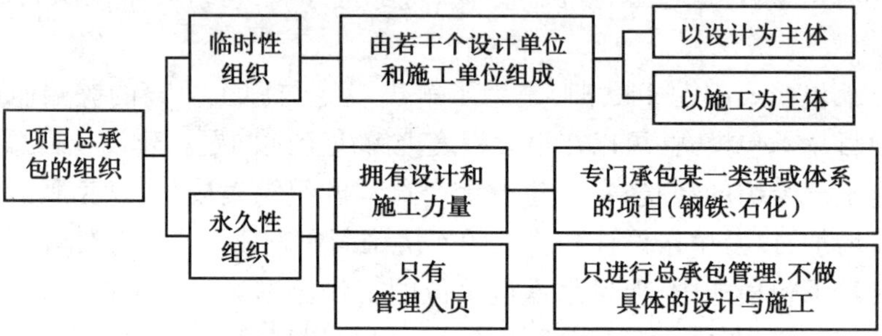

图3.10　项目总承包的组织形式

永久性组织又分两类：一类拥有设计和施工力量，可以专门承包某一类型或某一体系的建设工程项目，如国际和国内针对化工、冶金、能源等工程项目而进行包括设计、设备供应、施工安装等全套服务或承包的项目总承包公司，在工业建设工程项目中比较多见；另一类只有管理人员，只进行建设项目总承包管理。

临时性组织又可以分为以设计为主体和以施工为主体两种形式，国外主要是以施工为主体，因为施工企业承担风险和控制项目的能力比设计单位强。

在民用项目的建设中，项目总承包单位大多是临时性组织，很少有永久形式的项目总承包公司。比如，擅长大跨度钢结构施工和吊装的施工单位与擅长体育馆设计的设计单位结合，在体育馆建设工程中采用建设项目总承包模式投标，中标可能性就很大；而在住宅建设工程中采用建设项目总承包模式投标，中标可能性就相对较小。

在实际操作中，往往具有以下两种可能的模式：一是由施工单位承接建设项目总承包的任务，而设计单位受施工单位的委托承担其中的设计任务，即设计作为分包；二是由设计单位承接建设项目总承包的任务，而施工单位作为其分包承担其中的施工任务。

4）建设项目总承包单位内部关系的处理

针对临时性组织情况，在建设项目总承包内部关系的处理上，国外一般做法是，在设计阶段由设计单位负责，在投标和施工阶段由施工单位负责，而整个工程项目的经济风险由施工单位承担，设计单位只对其设计成果负责。如果项目不中标，业主会给予投标者以经济补偿，其分配原则一般是设计单位得到70%～80%，而施工单位则得到20%～30%。如果项目中标，设计单位除了可以得到设计费以外，还可以参与项目利润的分配，一般可以得到利润的15%左右。

5）建设项目总承包的招标、投标与评标

在施工总承包模式中，业主对工程的检查和验收都以图纸和合同为依据。但在设计和施工总承包模式中，承包方既要进行设计，又要进行施工，如果要通过招标选择项目总承包单位，那么招标、评标的依据便是一个关键问题。

施工总承包的招标通常以图纸和分部分项工程说明以及工程量清单为依据,这种招标称为构造招标。设计和施工总承包模式在招标时可能还没有一张图纸,这时的招标必须有功能描述书以及有关的要求和条件说明,这种招标称为功能招标。功能描述书以及有关的要求和条件说明是否清楚、明确和具体,是招标能否成功和工程项目能否顺利实施的关键。

业主可以自行编制或委托项目管理咨询公司编制建设工程项目功能描述书以及有关的要求和条件说明,投标人据此进行投标,编制设计建议书和设计文件,并根据其设计进行工程报价。

关于项目总承包招标的评标工作,一般分两个阶段进行:首先,是对设计进行审查,审查设计是否满足业主的功能要求;其次,再对投标价进行审查。如果设计审查没有通过,就没有资格进入下一阶段的审查,就是说,价格再便宜也不可能中标。一般情况下,业主将在符合要求的设计方案中选择投标价格最低的投标单位作为中标单位。

在实行设计和施工总承包模式的条件下,业主一般要聘请专业化的项目管理咨询公司协助其进行管理,协助编制建设大纲和功能描述书,协助进行招标、评标、签订合同以及施工阶段的管理。

6)建设项目总承包(D+B)模式的特点

实行建设项目总承包(设计+施工)模式具有许多优点,对于业主来说,可以加快进度,有利于控制投资,有利于合同管理,有利于组织与协调。

(1)有利于投资控制,能够降低工程造价

由于投标者把设计和施工作为一个整体来考虑,既要满足业主的功能要求,设计方案要有竞争力,又要保证投标价低,因此要从设计方案着手降低工程造价,不仅仅是让利的问题,而是从根源上去挖掘潜力,因此有利于降低工程造价。国外的经验证明,实行建设项目总承包(D+B)模式,平均可以降低造价10%左右。另外,设计和施工总承包模式常实行总价合同(常常是可变总价合同),在签订建设项目总承包合同时就将合同总价明确下来,可以及时明确投资目标,使业主尽早安排资金计划,并使项目总承包单位不超过计划投资,有利于投资控制。

(2)有利于进度控制,并缩短工期

由于在方案设计阶段就可以根据项目总承包单位的施工经验、所拥有的施工机械、熟练工人和技术人员等情况考虑结构形式和施工方法,与采用常规发包模式相比,可以使工程项目提前竣工。

(3)有利于合同管理

业主只需要签订一个建设项目总承包合同,不需要管理很多合同,因而合同管理工作量比较小。

(4)有利于组织与协调

在所有的实施单位中,业主只需要与项目总承包单位进行联系与协调,从而大大简化了协调工作,也减少了协调费用。

(5)质量控制关键是看功能描述书的质量

一般情况下,在建设项目总承包模式中,由于实行功能招标方法,不同于一般的构造招标,其招标、评标和项目管理工作都不同于传统模式,因此,业主一般都要委托社会上有经验的项目管理公司协助其起草功能描述书,帮助其招标、评标等。有了强有力的支持,工程项目的质量也是可以得到控制的。

总之,对业主而言,实行建设项目总承包,有利于工程项目的系统管理和综合控制,可大大减轻业主的管理负担,有利于充分利用项目总承包企业的管理资源,最大限度地降低工程项目风险,也符合国际惯例和国际承包市场的运行规则。

对施工企业而言,其优点是:建筑施工企业一开始就参与设计阶段工作,能将其在建筑材料、施工方法、结构形式、价格和市场等方面的丰富知识和经验充分地融于设计中,从而对建设工程项目的经济性产生积极的影响。另外,采用这种模式还可以促进施工企业自身的生产发展,促进建筑工业化,提高劳动生产率。

对设计单位的优点在于:从一开始就与施工企业合作,参加项目总承包的施工企业往往拥有自己的设计力量,能够迅速地编制相应的施工图设计文件,从而使设计单位减少工作量。另外,作为施工企业的伙伴,在建设工程项目结束后可以参与利润的分配。

7)设计、采购和施工总承包(EPC)模式的类型及特点

设计、采购和施工总承包(EPC)是建设项目总承包的一种方式。它是指工程总承包企业按照合同约定,承担建设工程项目的设计、采购、施工、试运行服务等工作,并对承包工程的质量、安全、工期、造价全面负责。EPC 总承包已在我国石油和石化等工业建设工程项目中得到成功的应用。

EPC 总承包的基本内容是:进行初步设计(视需要)、详细设计,负责设备材料采购、施工安装和开车指导等。另外,EPC 还可以包括许多后续服务。如某建设项目 EPC 总承包招标文件中规定,EPC 总承包的工作范围包括但不限于设计、制造、采购、运输及储存、建设、安装、调试试验及检查、竣工、试运行、消缺、考核验收、技术和售后服务、人员培训等,同时也包括提供所有必要的材料、备品备件、专用工具、消耗品以及相关的技术资料等。

EPC 总承包可以针对一个建设工程项目的全部功能系统进行总承包,也可以针对其中某个功能系统进行总承包。如可以针对一个发电厂进行 EPC 总承包的招标,也可以针对一个现有的火力发电厂的脱硫工艺和装置进行 EPC 总承包的招标。

另外,EPC 总承包还有一些其他的发展和变化,主要是承包和服务内容的变化,如设计、采购和施工咨询服务等。

EPC 总承包单位一般通过公开的招投标选择,实行总价承包。大型工程项目的 EPC 总承包商通常都是国际大型工程公司。其特点有:

①拥有人力、物力资源和丰富的工程经验,为工程提供全过程服务,能够高质量、高效率、低成本地完成项目的建设,最大限度地满足业主的需求。

②建设项目总承包和项目管理的功能齐全,组织管理机构科学、精干、高效。

③以六大控制(质量、进度、费用、材料、文件、风险)为主要内容,采用国际先进的模式和先进手段对工程项目实行科学的管理。

④专业化、集约化和规模化,跨行业、跨国经营,产权结构多元化,营销策略全球化,技术装备现代化,项目管理科学化,低层作业本地化。

⑤有较强的融资能力,或以金融机构为后盾。

⑥拥有专利技术,或与专利商有密切的合作关系,能反映当代世界先进技术水平。

▶ 3.4.5 施工联合体承包和施工合作体承包

1)施工联合体的含义

联合体即英文中的Joint Venture,它的应用很广,可以用于联合承担设计任务、施工任务、供货任务、项目管理任务以及其他咨询服务等。

联合体是一种临时性的组织,是为承担某个工程项目的某项特定工程任务而成立的,工程任务结束后,联合体自动解散。施工联合体就是为承担某个工程项目的某项施工任务而成立的临时性联合组织。

原国家计划委员会、原建设部等七部委发布的《工程建设项目施工招标投标办法》中第四十二条规定:"两个以上法人或者其他组织可以组成一个联合体,以一个投标人的身份共同投标。"第四十四条规定:"联合体各方必须指定牵头人,授权其代表所有联合体成员负责投标和合同实施阶段的主办、协调工作,并应当向招标人提交由所有联合体成员法定代表人签署的授权书。"第四十五条规定:"联合体投标的,应当以联合体各方或者联合体中牵头人的名义提交投标保证金。以联合体中牵头人名义提交的投标保证金,对联合体各成员具有约束力。"

联合体内部的管理,应该由联合体各方组成一个管理委员会,形成决策机制。管理委员会负责协调联合体各方的关系,讨论确定项目经理的人选。项目经理是项目层的管理者,负责工程项目的目标控制和日常管理工作,是对外的代表,业主对工程项目的各项指令均通过项目经理贯彻执行。项目经理和项目牵头人的权利、义务和责任等应该在协议中明确。许多国家有关于联合体的合同条例,对盈亏和各方的责任都有规定。

联合体之所以能够联合合作,是因为可以采取优势互补,强强联合,因而可以具有更强的竞争力。

2)联合体的投入和利益分配

联合体各方的投入,可以根据各方的特点和优势决定,以互补的优势实现整体的竞争力。例如,A公司的技术力量强就投入技术力量,B公司资金雄厚就投入资金等。

联合体的经济分配可以根据投入资源的价值(即按照投入的量占合同金额的百分比)进行分配,也可以协商确定百分比,即可以根据人工费、机械费、资金及利息等计算投入比重,从而确定各个单位的投入百分比。例如,A公司的投入百分比为40%,盈利了可以得到利润的40%,而亏损了也要承担40%的损失。当然,也可以不按照投入百分比计算盈亏分配比例。例如,B公司的投入百分比是50%,但它不愿承担风险,可以约定盈利了分配10%,亏损了也赔10%。前者,盈亏责任与投入百分比是一致的;后者,盈亏责任与投入百分比不一致,但盈和亏的责任是一致的,利益与风险对等。

通常情况下,牵头公司是投入比例(持股比例)最大的公司,并要收取履约金额的0.5%~5%作为牵头费。该费用可以根据工程项目的大小决定,但原则上合同金额越大,牵头费占合同金额的比例应该越低。

3）施工联合体的特点

从承包的角度看，采用施工联合体承包可以发挥各家的优势，主要优点在于：

①某个建设工程项目的规模太大，超出一个公司正常的承包能力，为了分散风险，采取联合形式。

②两个以上公司联合，能够获得更多的担保额度。

③由不同专业的公司组合形成专业齐全的联合体，可以拓宽业务渠道和项目来源。如以土木工程承包为主的公司与以机械设备承包为主的公司联合起来，就可以承担一个电厂工程项目的承包任务。

④优势互补的联合还可以表现为：一个公司在当地有丰富经验或者有基地，而另一个公司则有特殊的专业技术；或者一个外国公司寻找与当地政府有良好密切关系的公司进行联合。

跨国承包商在其本国和他国，为能有机会承担大型工程，与本国或其他国家承包商联合参与承包的做法，已被国际上认为是增强竞争力、分散风险最为有效的手段。

例如，对总投资达1 608亿港元的香港新机场工程按合同金额大小进行分类统计，如表3.1所示。从统计分析结果来看，合同金额达5亿港元的项目，承包商联合的比例已达到半数；合同金额达10亿港元的项目，联合比例超过80%；而对于合同金额超过20亿港元的项目，联合比例接近100%。这说明，在国际承包市场上，承包商联合承担大型工程已具有相当的普遍性。

表3.1 香港新机场工程联合承包的比例

合同金额/百万港元	项目数量/个	联合承包项目数/个	联合承包占项目数量百分比/%
0~50	80	7	8.59
50~100	19	3	15.79
100~200	34	10	29.41
200~500	28	12	42.86
500~1 000	17	9	52.94
1 000~2 000	11	9	81.82
2 000~5 000	6	5	83.33
5 000~11 000	4	4	100
总数	199	59	29.15

从业主的角度看，施工联合体还有以下优势：一是可以分散风险，联合体中任何一家公司倒闭，其他成员必须承担其经济责任；二是组织协调与管理比较简单。因此，对承发包双方都有利。

如果施工期间联合体中有一家公司倒闭了，所引起的经济责任由联合体中的其他成员承担。由于要承担连带责任，因此每个单位参加联合体或选择合作单位时都很慎重。

4)**联合体协议**

联合体协议,分为标前协议和正式联合协议。

联合体的标前协议是项目联合的第一步。在该阶段,拟参与项目的联合体比较多,大型国际工程大多要先进行资格预审,资格预审后的公司或联合体参加下一轮竞标,所以标前协议只是作为原则意向性协议,充分体现出原则性就足够了。

正式联合协议是保证联合承包大型国际工程项目成功的关键。正式联合协议是联合体各方对工程项目的内容、可能的风险都有了足够的了解和认识后,通过协商形成的,它是联合体各方在标前和中标后履行合同的唯一的法律文件,所以它要比标前协议详细得多。

正式联合协议的确定应在投标定价前,而不是中标后再协商签署,这是项目商业行为所决定的。不论联合体是否会中标,正式联合协议应该在正式递交标书前签署。如中标后协商签署,达成协议的空间会大大减少。

有经验的业主在招标文件中,会要求联合体在递交投标文件的同时递交正式联合协议。如联合协议不能起到法律的约束作用,联合体将不会被考虑授予合同。

5)**施工合作体**

合作体即英文中的 Consortium,即合作、合伙、联合的意思。施工合作体在形式上和合同结构上与施工联合体一样,但是实质有所区别,主要体现在以下几个方面:

①参加合作体的施工单位都没有足够的力量完成工程,都想利用合作体,他们之间既有合作的愿望,但彼此又不够信任。

②各成员公司都投入完整的施工力量,每家单位都有人员、机械、资金、管理人员等。

③其分配办法相当于内部分别独立承包,按照各自承担的工程内容核算,自负盈亏。

④根据内部合同,某一家公司倒闭了,其他成员单位不承担其经济责任风险,而由业主负责。

⑤由于是一个合作体,所以能够互相协调。

⑥施工合作体适用于那些工作范围可以明确界定的工程项目。

▶ 3.4.6 其他模式

1)**CM 模式**

CM 是英文 Construction Management 的缩写,由业主委托 CM 单位,以一个承包商的身份,采取"快速路径法"的生产组织方式,来进行施工管理,直接指挥施工活动,在一定程度上影响设计活动的承发包模式。CM 模式的特征体现在以下几个方面:

(1)采用"快速路径法"的生产组织方式

CM 的基本指导思想是缩短建设周期,其生产组织方式是采用"快速路径法",即设计一部分、招标一部分、施工一部分,实现有条件的"边设计、边施工"。

(2)新型的管理角色

由于管理工作的相对复杂化,要求业主委托一家单位来担任这一新的管理角色。该单位的基本属性是承包商,但它既区别于施工总承包,也不同于项目总承包,而是一种新型的建设管理模式。

(3)有利于设计优化

CM 班子的早期介入,改变了传统承发包模式设计与施工相互脱离的弊病,使设计人员在设计阶段可以获得有关施工成本、施工工艺、施工方法等方面的建议,在一定程度上有利于设计优化。

(4)减少设计变更

由于设计与施工的早期结合,设计在施工上的可行性在设计尚未完全结束时已逐步明朗,因此使设计变更在很大程度上减少。

(5)有利于合同价格的确定

施工招标由一次性工作被分解成若干次进行,施工合同价也由传统的一次确定改变成分若干次确定。有一部分施工图完成即进行该部分招标、确定该部分合同价,因此从这方面来说,合同价的确定较有依据。

(6)“成本+利润”的取费方式

由于 CM 单位与业主签约时设计尚未结束,因此 CM 合同价通常既不采用单价合同,也不采用总价合同,而采用“成本+利润”方式,即 CM 单位向业主收取其工作成本,再加上一定的利润。CM 单位不赚总包与分包之间的差价,它与分包商的合同价对业主是公开的。

2)PPP 模式

PPP(Public Private Partnership)模式,即公私合作模式。该模式鼓励私人企业与政府进行合作,参与公共基础设施的建设。该模式通过协议的方式明确参与合作的各方共同承担的责任和融资风险,明确项目各个流程环节的权利和义务,最大限度地发挥各方优势,使政府不过多地干预和限制项目的实施,充分发挥民营资本在资源整合与经营上的优势,达到比各方单独进行项目实施更有利的结果。常见的 PPP 模式包括 PFI、BOT 等形式。

PFI(Private Finance Initiative)模式,即私人(或民间)主动参与的项目融资方式,由私营机构进行基础设施建设,或提供公共物品的生产和服务。政府通过购买私营机构提供的物品和服务,或给予私营机构以收费特许权,实现资源配置的最优化。在实施方式上,PFI 与设计、建设、融资和运营(DBFO)模式相似。PFI 除了应用于基础设施项目,也可以应用在学校、医院和监狱等公共工程上。

BOT(Build Operate Transfer,即“建造-运营-移交”)是由项目所在国政府或所属机构与项目发起人签订一份特许经营权协议,政府授给项目公司以特许经营权,项目公司按照协议要求进行融资、建设、运营和项目管理,直接通过建成后的项目运营收入偿还贷款,在规定的特许经营期之后,将此项目无偿转让给所在国政府。在特许经营期限内,项目公司仅拥有项目的使用权和经营权。

除此之外,与 BOT 相类似但又因不同的形式有不同的项目过程、产权关系、权力和风险的分配的其他类型,具体如下:

①BOO(Build-Own-Operate),即建设-拥有-经营。

②BTO(Build-Transfer-Operate),即建设-转让-经营。

③BOOT(Build-Own-Operate-Transfer),即建设-拥有-经营-转让。

④BROT(Build-Rent-Operate-Transfer),即建设-租赁-经营-转让。

⑤BT(Build-Transfer),即建设-转让。

⑥TOT(Transfer-Operate-Transfer),即转让-经营-转让。

复习思考题

3.1　项目组织机构设置时应遵循哪些原则?

3.2　为什么我国要进行建设项目组织管理体制的改革?

3.3　什么是矩阵制组织形式?它优于工作队制有何特征?

3.4　试述项目经理的地位和作用。

3.5　结合实例说明事业部制组织形式的特征和适用范围。

3.6　项目经理应满足哪些素质要求?

3.7　施工总承包模式的特点有哪些?

3.8　施工总承包管理模式的特点有哪些?与施工总承包模式的不同点是什么?

3.9　什么是 PPP 模式?

3.10　案例分析题

某建筑企业成立之初主要经营房地产,规模较小,但随着公司规模不断扩大,员工已由当初的十几人增加到数百人,业务范围也由传统房地产经营扩展到其他领域,由国内市场扩展到国外市场。2015 年,公司聘请专家对公司的组织机构进行了变革,新旧的组织机构如题 3.10 图所示。

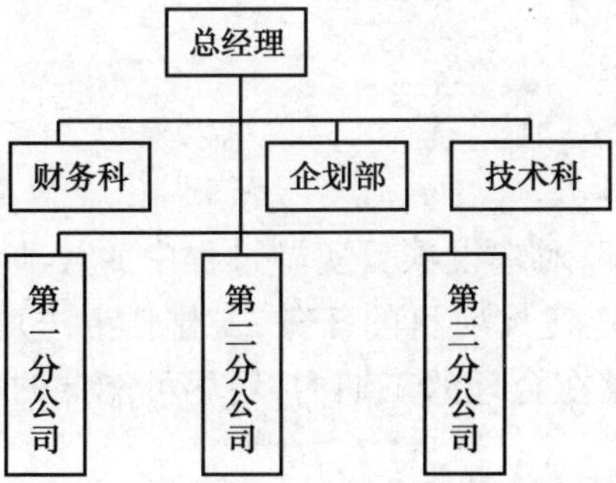

(a)原有组织结构

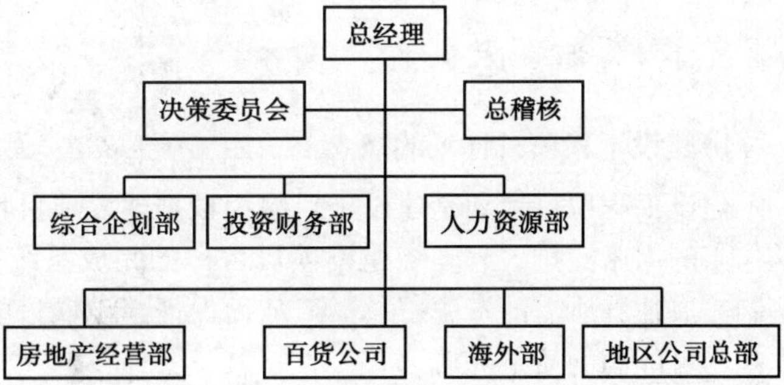

(b)现组织结构图

题 3.10 图

问题:

(1)新旧组织机构各属于什么类型的组织机构?

(2)新旧组织结构各有什么特点?

(3)新的组织有什么优点?

(4)新旧组织机构各适应于什么类型的建筑企业?

4

建设工程项目计划

4.1 建设工程项目计划系统

4.1.1 概　述

1)建设工程项目计划的概念

建设工程项目计划是建设项目组织根据建设项目目标,对建设项目实施过程中的各项活动作出的周密安排。它围绕建设项目目标的完成系统确定建设项目的任务,安排任务进度,编制完成任务所需的资源、预算等,从而保证建设项目能够在合理的工期内,用尽可能低的成本和尽可能高的质量完成。

2)建设工程项目计划的作用

建设工程项目计划是对实施过程进行各种策划、安排,是建设项目实施的基础。它是项目过程中一个极为重要的环节,又是项目管理的一大职能。它的作用在于:

(1)建设工程项目计划是对项目构思、项目目标、技术设计的详细论证

在建设项目的总目标确定后,通过建设工程项目计划可以分析研究总目标能否实现,总目标确定的费用、工期、功能要求是否能得到保证,是否平衡。如果发现不平衡或不能实现,则必须修改目标,修改技术设计,甚至取消项目。

(2)建设工程项目计划是实施总目标的重要手段

建设工程项目计划通过对工程活动的具体、周密的安排,对项目目标的分解,责任体系的落实,保证建设项目的顺利实施和目标的实现。所以建设工程项目计划既是总目标实现方法、措施和过程的安排,又是许多更细、更具体的目标的组合。

(3)建设工程项目计划是建设项目实施的依据和指南

通过建设工程项目计划的科学组织和安排,可以保证有秩序地施工,合理科学地协调各工种、各单位、各专业之间的关系,充分利用时间和空间,还可以进行各种技术经济比较和优化,实现项目的整体效益。建设工程项目计划确定的项目实施的工作规范,经批准即成为项目实施工作大纲。在建设项目实施中必须按建设工程项目计划执行,并以建设工程项目计划作为控制依据来监督、跟踪和诊断实际实施状态,作出调整的措施。同时它又是评价和检验实施状况的尺度,由于项目是一次性的、唯一的,所以与企业计划相比,项目的成果难以评价,实施成果只能与自己的计划和目标比,很难与其他项目或与上一年度比。这样就使得项目计划工作十分重要,同时又富有挑战性。

(4)促进项目有关各方之间的沟通

业主和项目的其他方面(如投资者)需要了解和控制工程,需要建设工程项目计划的信息,以及建设工程项目计划和实际比较的信息,作为项目阶段决策和安排资金及后期生产准备的依据。特别对于风险大、技术复杂的建设项目,必须对每一步作出总结和阶段决策,以作出下一步的精细的建设工程项目计划。

在建设项目中,没有周密的计划,或计划得不到贯彻和保证是不可能取得成功的。所以,任何建设项目都必须进行详细的计划,都必须有一个较为充裕的建设工程项目计划期。

3)建设工程项目计划的要求

(1)建设工程项目计划必须符合项目的总目标

建设工程项目计划是为保证实现总目标而做的各种安排,所以目标是建设工程项目计划的灵魂,建设工程项目计划必须符合项目的总目标,受总目标的控制。建设工程项目计划者首先必须详细地分析目标、弄清任务。如对一个工程的承包商、供应商来说,必须弄清招标文件和合同文件的内容,正确地、全面地理解业主的要求。

(2)建设工程项目计划必须符合建设项目实际

建设工程项目计划要有可行性,必须符合实际,不能纸上谈兵。符合实际主要体现在如下方面:

①符合环境条件。建设工程项目计划必然受环境的制约,考虑环境的因素,如场地的限制、当地气候条件、当地市场的供应能力、运输条件等。同时最大限度地利用当地已有的资源条件,如当地的人力、市场、自然资源,现存的建筑物、基础设施等,以求达到更经济的效果。所以大量的环境调查和充分利用调查的结果是正确制定建设工程项目计划的前提条件。

②符合建设项目本身的客观规律性。编制建设工程项目计划要按工程规模、复杂程度、质量水平、工程自身的逻辑性和规律性进行,不能过于强调压缩工期和降低费用。

③反映建设项目各参加者的实际情况。建设项目各参加者的实际情况包括:业主的支付能力、设备供应能力、管理的协调能力、资金供应能力;承包商的施工能力、劳动力供应能力、

设备装备水平、生产效率和管理水平、过去同类工程的经验等；承包商现有在手工程的数量、对本工程能够投入的资源数量；设计单位、供应商、分包商等的能力等。项目管理者制订计划时必须经常与业主商讨，必须向生产者（承包商、工程小组、供应商、分包商等）作调查，征求意见，一起安排工作过程，确定工作持续时间以及计划的一些细节问题。由实施者制定相关的实施计划会更有效，如果变动，实施者则要根据原计划的判断变动的可行性。

（3）建设工程项目计划必须符合经济性要求

建设工程项目计划的目标不仅要求较高的效率（进度快），而且要求有较高的整体经济效益，即费用少、收益（效用）高，同时要求项目在财务上平衡（即资金平衡）。这不仅是建设工程项目计划的要求，也是建设工程项目计划的内容。一个好的建设工程项目计划必须基于完成建设项目任务的最好的（经济、安全、合理、高效率）方法上，所以在建设工程项目计划中必须提出多个方案进行技术经济分析，可以采用价值分析、费用-效用比较、活动分析、工期-费用优化、资源平衡等方法进行优化。在计划中应探讨新的解决方案的可能性。

（4）建设工程项目计划必须符合全面性要求

要使建设项目顺利实施，必须安排各方面的工作，提供各种保证。建设工程项目计划必须包括项目实施的各个方面和各种要素，在内容上必须周密。一般的建设工程项目计划应包括：

①通过结构分解得到的所有建设项目单元。

②建设项目单元的各个方面，如质量、数量、实施方案的安排、成本计划、工期的安排。

③建设项目的全过程，即从建设项目开始直到建设项目结束的各个阶段。

④所有的建设项目参加者。

⑤建设项目所需资源或条件的各个方面，如资金、人力、材料、设备、仓储、运输、临时设施和工作面等的安排，同时要包括在建设项目实施过程中上述各因素动态的变化情况。

（5）建设工程项目计划的弹性要求

建设工程项目计划是建立在预定的项目目标和实施方案、以往的工程经验、环境状况以及对将来合理的预测基础上的，所以计划的人为因素较强。在实际工作中计划受到许多方面的干扰，需要改变或调整。

①由于市场变化、环境变化、气候的影响，原计划可能不合实际，必须调整。

②投资者的情况变化，增加新的主意、新的要求。

③其他方面的干扰，如政府部门的干预、新的法律的颁布。

④可能存在计划、设计考虑不周、错误或矛盾，造成工程量的增加、减少和方案的变更，以及由于工程质量不合格而引起返工。

这些变化会影响或阻碍项目正常的实施过程。这就使得建设工程项目计划在实施过程中必须不停地调整，使建设项目的实施过程一直适应新的情况。因此，建设工程项目计划必须留有余地。例如，工期安排中必须考虑正常的阴雨天，费用计划中必须考虑正常的通货膨胀的影响等。因此，建设工程项目计划中必须安排一定量的备用金（如 FIDIC 合同中的暂定金额）。

（6）建设工程项目计划详细程度的要求

建设工程项目计划不可太细，太细则束缚实施者的活力，使下级丧失创造力和主动精神，造成执行和变更的困难;使得信息处理量大,计划费用多。但如果太粗,又达不到指导实际工作和进行控制的要求,容易造成混乱。

建设工程项目计划详细程度通常与如下因素有关:

①建设项目技术设计的深度。建设工程项目计划是为了解决工程技术系统的实施问题,所以它必须与建设项目技术设计的深度相适应。

②建设项目结构的分解程度。建设工程项目计划的许多内容是落实在项目单元(工程活动)上的,所以建设工程项目计划与项目结构分解相协调。建设工程项目计划的详细程度在很大程度上依赖于结构分解的正确性和科学性。

③建设工程项目计划与建设项目组织相协调。不同的组织层次作不同的计划,有不同的计划深度和详细程度。例如施工企业经理只掌握项目的总体计划,而项目经理则应作全面的、较详细的项目计划;工程小组掌握相关工程活动的操作计划,职能部门仅掌握相关专业工作计划。

④工程的复杂程度。对采用新工艺、不熟悉、技术密集的部分工程应作详细计划。

⑤计划期的长短。任何建设项目要制订详细的科学的计划,都必有一个较为充裕的计划期。例如工程招标时应给承包商一个合理的作标时间,这样承包商的报价、实时方案、工期计划才能比较科学和合理。在实际工程中,由于工期比较紧,许多上层管理者都企图通过压缩计划工期来压缩总工期,这一切都会导致计划的失误,结果是欲速则不达,这已经被许多实际工程案例所证明。

⑥计划资料的掌握程度。掌握计划资料的数量和质量,特别是环境调查的深度和精确度。

▶ 4.1.2 建设工程项目计划的内容

由于项目是多目标的,同时有许多项目要素,因此,建设工程项目计划的内容广泛,在建设工程项目的运行过程中,既要有统筹全局的总体性计划,也要有诸方面的工作计划。建设工程项目计划的构成文件很多,不同的项目、项目不同的层次或项目不同的组织方式,计划的编制过程和计划的表达方式是不同的。建设工程项目计划主要包括以下内容:

1)建设工程项目总体计划

建设工程项目总体计划是指对建设工程项目全过程的统一部署,以安排各单项工程和单位工程,合理分配年度投资,组织各方面的协作,以保证项目按期完成。建设项目总计划包括以下内容:

(1)总则

总则主要包括:项目背景、工程概况的简要描述;项目的目标、性质、范围;项目的环境与项目的关系;发包人/承包人的权利、义务、责任和奖罚方法;项目规格(采用的规范标准);项目管理机构;项目进度的主要关键点;特殊问题说明。

(2)项目的目标和基本原则

项目的目标和基本原则主要包括:详细说明项目的总目标;项目的组织机构原则;业主参与的范围;与其他方面的关系;质量衡量标准,语言的规定;其他特殊事项的规定,如设计变更、图纸修改等规定。

(3)项目实施总方案

项目实施方案主要包括:技术方案(工艺、工程设计、施工方案、技术措施等);管理方案(承发包形式、采购运输、施工管理、成本控制等)。

(4)合同形式

合同形式主要包括:合同类型和选择;承包商的选择;咨询方式;合同双方的通讯方式;业主方面提供的资源;项目复查、审核、付款的手续、程序;特殊管理的规定;移交的方式、规定和进度安排。

(5)进度计划

进度计划主要包括:说明并列举各项进度安排,说明各关键工作点;各项工作的执行者作出其完成工作的时间估计;以进度安排和时间估计为依据规定项目的总进度计划;各级负责人在最终计划上签字作保。

(6)资源使用

资源使用主要包括:资源分类(如资金、设备、材料、人力等);预算;成本监督、控制方法、程序。

(7)人事安排和组织机构

人事安排和组织机构主要包括:人员培训,人员补充;人事制度、法律、政策;安全保障(保密要求、人身安全);组织机构的人事安排,责权分工;人员流动与项目计划的关系。

(8)监理、控制与评价

监理、控制与评价主要包括:监理、控制的内容范围;通讯方式;文件、信息搜集(内容、时间)、整理、管理;评价方法、指标。

(9)潜在问题

潜在问题主要包括:可能发生的意外事故,包括障碍因素分析,气候,资源短缺、扯皮,分包商破产,技术失败等事故;应急计划。

上述项目计划的内容是基本内容,其他更详细的分类计划由相应的职能部门作出。

2)建设工程项目各项分计划

(1)工程项目的组织计划

为保证工程项目的顺利实施,应当作出组织方面的规划。目的是保证建立一个健全的组织机构,以便工程实施中指挥灵便,协调一致,互相配合,信息传递、反馈准确及时,出现问题能迅速妥善解决,从而保证工程项目的高效管理。

工程项目的组织计划包括:

①组织机构设计计划,如项目经理人选、经理班子组成、职能机构设置等。

②生产人员的组织计划,如生产工人的专业构成,专业班组设置,工人来源及人员培训等。

③协作计划,如与设计单位、施工单位、设备材料供应单位,以及与政府有关部门的协作计划等。

④规章制度的建立计划,如项目投产后的经营管理制度、生产技术制度、劳动制度及行政

管理制度等。

⑤管理信息系统的计划,如有关项目实施过程中各种信息的传递方式、渠道、存储、处理各环节的设计等。

(2)工程项目的综合进度计划

工程项目的综合进度计划是把各参与单位的工作进行统一安排和部署的综合性计划。通过这一计划,可以对工程项目进行有效管理。综合进度计划必须考虑和解决局部与整体、当前与长远,以及各个局部之间的关系,以确保工程项目从前期决策到试投产全过程的各项工作能按照计划安排的日程顺利完成。

根据工程项目计划控制的需要,综合进度计划一般包括下列内容:

①总进度计划。总进度计划主要确定哪些工作必须完成,每一阶段的工作量和所需要的时间。

②设计工作进度计划。设计工作进度计划是指设计单位按照项目计划的总体要求,并根据施工进度的要求和设计工作中各专业的工作顺序,安排各个设计专业的进度计划,同时还必须确定分阶段的出图日期。

③设备供应进度计划。根据工艺流程图和设备系统图以及电气和水暖系统图,编制设备采购清单及采购和到达现场的时间。

④施工进度控制计划。此项计划必须明确规定工程项目的开工和竣工时间。施工单位和施工配合单位据此再按照施工工序的要求制订出整个工程的施工进度计划,并具体编排出工程项目年度、季度计划和月、旬作业计划。

⑤竣工验收和试生产计划。根据工程进度计划和有关方面的资料,在工程竣工后,安排出竣工验收、设备运转试验及生产等一系列活动的日期,以此作为各方共同的工作目标,以便各自作好人力、物力和财力方面的安排。

根据工程项目的特点,进度计划大都采用图和表的形式来表示将要进行的工作。编制程序一般采用工作分解结构方法,将整个工程逐层分解为若干工作单元,按逻辑顺序排列,以图或表来确定其相互制约关系。

进度计划是项目计划的关键,而工期又是进度计划的核心,所以要根据工程项目的估算,经分解后确定每一工作单元所需的工时数,求出每一工作单元的工期和整个工程的总工期。

(3)工程项目的经济计划

该计划包括劳动力需用量及工资计划、材料计划、构件及加工半成品需用量计划、施工机具需要量计划、工程项目降低成本措施及降低成本计划、资金使用计划、利润计划等。

①劳动力需用量及工资计划。劳动力需用量计划应根据工程项目的组织计划、劳动定额及工程进度计划进行编制。用工计划的控制数按施工预算确定,不应超过设计预算数。施工进度计划编制以后,即可得出各工种用工数及需要的供应进度,因此它是劳动力供应计划的编制依据。无论编制劳动力计划还是配备劳动力,均应同时核算工资。

②材料计划。工程项目实施的材料计划包括材料需用量计划、材料供应计划、材料申请计划、材料订货计划和材料采购计划。

③构件及加工半成品需用量计划。预制加工品需用量计划是根据施工图纸、设计预算及

施工进度计划编制的。该计划又是翻样和委托加工订货的依据。

④施工机具需用量计划。该计划要提出机具型号、规格,用以落实机具来源、组织进场。它是根据施工方案及施工进度计划编制的。

⑤工程项目降低成本措施及降低成本计划。工程项目降低成本措施是在预算成本的基础上,以施工预算为尺度,以企业的年度、季度降低成本计划和技术组织措施计划为依据进行编制的,制订时要针对工程中降低成本潜力大(工程量大、造价高,有采取措施的可能性)的项目提出措施。这些措施必须不影响质量,能保证施工安全。降低成本措施应包括节约劳动力、材料、机械设备费用和工具费用、施工管理费、临时设施费和资金等措施。降低成本计划是在预算成本(或概算成本)的基础上,考虑降低成本措施的经济效果后编制的计划。该计划提供成本控制目标,实际上也是编制利润计划的基础。

⑥资金使用计划。工程项目承包单位施工所需的流动资金如果实行预付备料款制度,则除开工前支付部分外,其余均按进度按月结算拨给承包方,对一个工程项目无须编制流动资金计划。如果工程项目承包方的流动资金改为银行贷款,则需要根据工程施工进度计划编制贷款计划向银行贷款,并支付利息。因此在编制贷款计划时,应考虑使支付的利息最少。

⑦利润计划。建筑工程项目的利润,又称工程结算利润,由法定利润额、降低成本额和管理费用节约额构成。法定利润额的计算是工程的预(概)算成本与法定利润率的乘积。降低成本额由降低成本计划确定,编制利润计划应在量本利分析的基础上进行。

(4)物资供应和设备采购计划

要确定物资供应和设备采购的方针和策略、顺序和责任、数量和质量、到货日期和地点等,以满足工程施工、设备安装和试投产的需要。

(5)施工总进度计划和单位工程进度计划

施工单位要按照项目综合进度计划对施工阶段的进度要求,编制施工总进度计划和单位工程进度计划。

施工总进度计划是施工组织设计的重要组成部分,是施工总体方案在时间序列上的反映。根据施工合同的工期要求,合理确定各主要工程项目施工的先后顺序、施工期限、开工和竣工日期,以及各项目之同的搭接关系、搭接时间,综合平衡各施工阶段建筑安装工程工作量、不同时期的资源量以及投资分配等。它确定工程施工的总体部署和实现目标。

一项建筑工程是由多种专业相互配合、共同施工而完成的综合性产品,在整个工程施工中是以土建总承包单位为主体,其他专业紧密配合,按设计图纸合理地进行工序穿插、分层、分段,有节奏地配合完成。因此,为指导整个工程科学有序协调地施工,就必须编制综合施工进度计划。

(6)项目质量计划

项目质量计划是针对工程项目实施质量管理的文件,包括以下主要内容:

①确定工程项目的质量目标。依据项目的重要程度和可能达到的管理水平确定工程预期达到的质量等级(如合格,优良或省、市、部优质工程等)。

②明确工程项目从施工准备到竣工交付使用各阶段质量管理的要求,对企业在质量手

册、程序文件或管理制度中没有明确的内容(如材料检验、文件和资料控制、工序控制等)做出具体规定。

③施工全过程应形成的施工技术资料等。工程项目质量计划经批准发布后,工程项目的所有人员都必须贯彻实施,以规范各项质量活动,达到预期的质量目标。

(7)报表计划

项目经理在项目实施过程中,需要及时了解项目的进展情况及存在的问题,以便预测今后的发展趋势和寻找解决问题的办法。这些都需要及时了解情况,报表计划是完成这一工作的主要手段。

报表一般采用表格、简报或一般的报告形式。在报表计划中应规定:谁负责编写报告,向谁报告,报告的内容,报告所含的信息范围,报告的时间等。

(8)应变计划

由于工程项目实施中不确定因素很多,经常会发生项目计划与实际不符的情况,因此从项目实施开始,就应考虑在工期预算方面留有余地(如宽限工期和资金的额外储备),以备应急需要。这种难以预料的需要称为“意外需要”(它不包括预先能估计到的需要)。它是管理上的储备量,除项目经理外,其他人不准动用。

储备有业主的储备和项目经理的储备两种,以应付偶然事件的发生。有经验的项目经理往往要准备一套全面的应急计划,预先估计各种可能发生的不测事件,并准备应急行动方案以及相应的时间和资金。

(9)竣工验收计划

它是根据承包合同中对工程竣工日期的总要求而制订的工程验收、移交计划。其中明确了工程验收的时间、依据、程序及向甲方移交的日期等内容,是工程竣工验收的指导性文件。

▶ 4.1.3 建设工程项目计划系统

建设工程项目的计划是一个持续的、循环的、推进的过程。随着工程项目的进展,情况也在不断变化发展,这就要求对计划不断地研究、修改调整,形成一个联系紧密的计划系统,如图4.1所示。

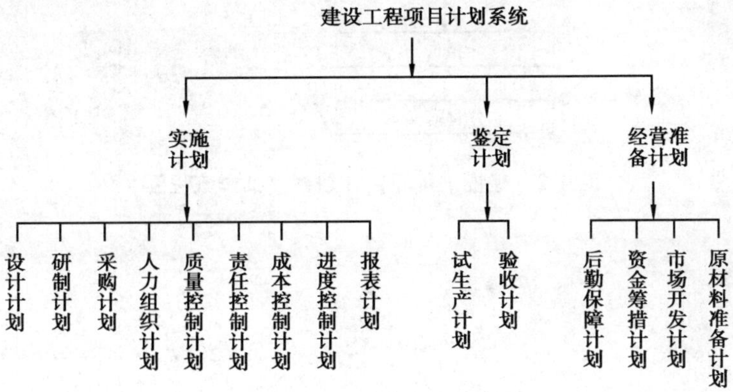

图4.1 建设工程项目计划系统

建设项目计划系统是项目管理系统的一个子系统，必须建立合理的计划工作程序，提出具体的规范化的计划文件要求。一方面，各种计划有一个过程上的联系，按照计划工作逻辑关系有先后的顺序；另一方面，计划内容之间存在联系和制约，即工期、成本、财务、资源、质量计划内容之间互相影响，互相制约，存在着复杂的关系。建设工程项目计划系统的工作流程如图 4.2 所示。

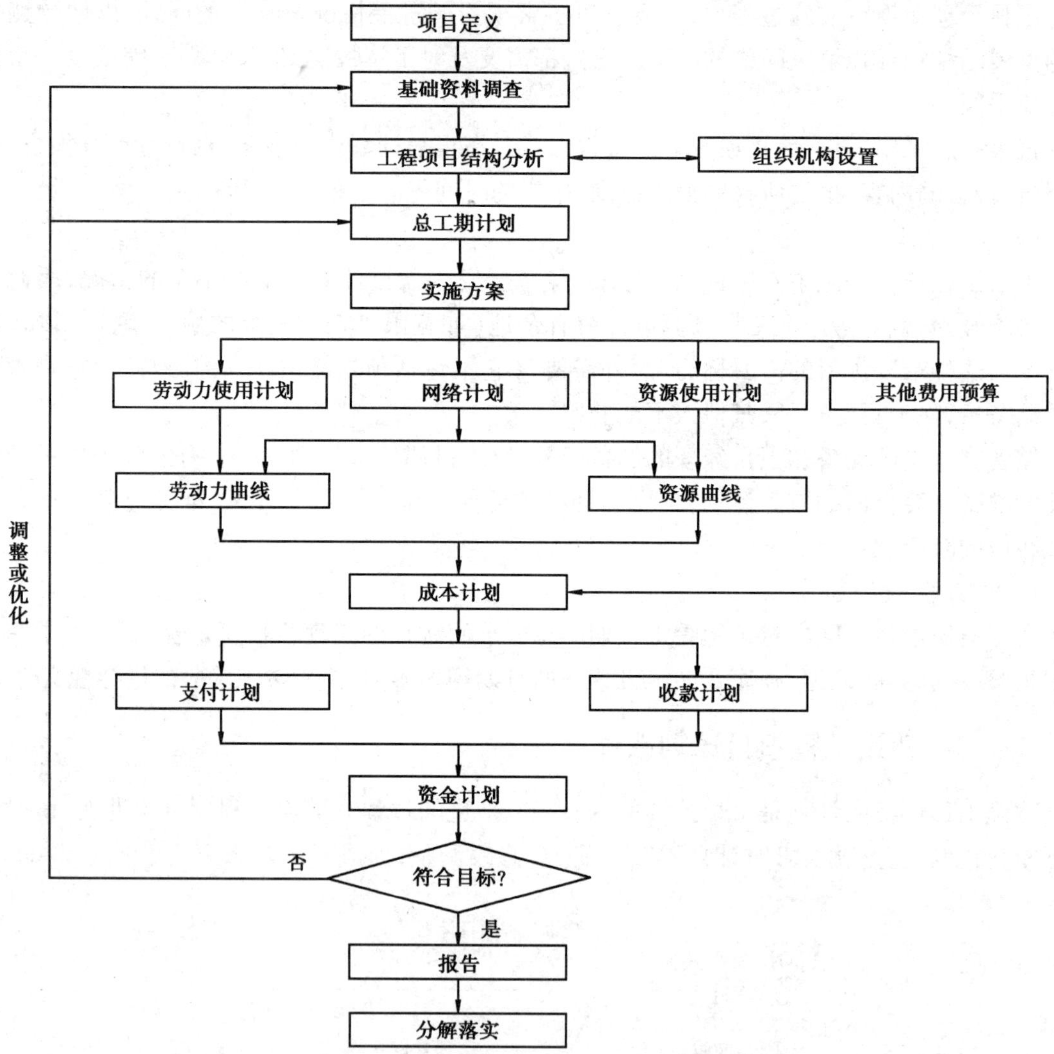

图 4.2　建设工程项目计划系统工作流程图

4.2 建设工程项目的工期计划

▶ 4.2.1 概 述

1)建设工程项目工期计划的概念

工期计划是建设工程项目计划系统中最重要的组成部分,是其他计划的基础。工期计划旨在确定工程活动的相关事件及持续时间,确保及时完成项目。它包括如下工作:

①安排并确定项目活动间的逻辑关系。

②根据所需的资源、具体的条件,估计各项活动的持续时间。

③按总的进度目标编制详细的进度计划,将项目的时间目标、活动的相互关系和持续时间联系起来,形成网络,并进行网络分析。

工期计划是随着项目的技术设计的细化,项目结构分解的深入而逐渐细化的,它经历了由计划总工期、粗横道图、细横道图、网络、输出各层次横道图(或时标网络)的过程。

①在项目目标设计时,工期目标一般仅是一个总位,由于工程细节尚不清楚,所以无法作出详细的安排。

②在可行性研究和项目任务书中,要按总工期目标作总体计划。将项目的生命期分成多个主要阶段,用粗横道图表示一些项目过程的主要活动或阶段的时间安排,有时确定一些里程碑事件的安排。

③随着项目的进展,技术设计和结构分解的细化,计划更进一步详细,横道图也不断细化。

④最详细的工期计划通常在承包合同签订后由承包商作出,并经业主的项目经理(或监理工程师)批准或同意后执行。

最详细的工期计划针对工作包(由一些工序或活动构成)形成一个子网络。在工作包分析的基础上,确定各工作包之间的逻辑关系,即可得到详细的总网络。用计算机分析这个总网络即确定了项目详细的工期计划。

⑤在网络分析后将计算结果按需要(如专业、工程小组、时间段等)用横道图(可以带逻辑关系)或时标网络输出,同时也可以得到不同层次的经过详细安排的、科学的横道图。

2)建设工程项目工期计划的编制依据

项目工期计划制订是根据项目活动界定、项目活动顺序安排、各项活动工期估算和所需资源所进行的分析和项目计划的编制与安排。制订项目工期计划要定义出项目的起止日期和具体的实施方案与措施。在制订出项目工期计划之前必须同时考虑这一计划所涉及的其他方面问题和因素,尤其是对于项目工期估算和成本预算的集成问题必须予以考虑。在开展项目工期计划制订以前的各项项目时间管理工作所生成的文件,以及项目其他计划管理所生成的文件都是项目工期计划编制的依据。其中最主要的有:

(1)项目网络图

这是在"活动排序"阶段所得到的项目各项活动以及它们之间逻辑关系的示意图。

(2)项目活动工期的估算文件

这也是项目时间管理前期工作得到的文件,这是对于已确定项目活动的可能工期估算文件。

(3)项目的资源要求和共享说明

这包括有关项目资源质量和数量的具体要求以及各项目活动以何种形式与项目其他活动共享何种资源的说明。

(4)项目作业制度安排

项目作业制度安排也会影响到项目的工期计划编制。例如,一些项目的作业制度规定可以是只能在白班作业一个班次,也可以是三班倒进行项目作业。

(5)项目作业的各种约束条件

在制订项目工期计划时,有两类主要的项目作业约束条件必须考虑:强制的时间(项目业主/用户或其他外部因素要求的特定日期)、关键时间或主要的里程碑(项目业主/用户或其他投资人要求的项目关键时间或项目工期计划中的里程碑)。

(6)项目活动的提前和滞后要求

任何一项独立的项目活动都应该有关于其工期提前或滞后的详细说明,以便准确地制订项目的工期计划。例如,对项目定购和安装设备的活动可能会允许有一周的提前或两周的延期时间。

3)建设工程项目工期计划的编制方法

项目工期计划是项目专项计划中最为重要的计划之一,这种计划的编制需要反复地试算和综合平衡,因为它涉及的影响因素很多,而且它的计划安排会直接影响到项目集成计划和其他专项计划。所以这种计划的编制方法比较复杂,使用的主要方法有如下几种:

(1)系统分析法

这种方法是通过计算所有项目活动的最早开始和结束时间、最晚开始和结束时间,然后统一安排项目活动,获得项目工期计划。这些时间的计算要反映出项目工期计划对于资源限制和其他约束条件的考虑,以及对于各种不确定因素的综合考虑。由于这种方法考虑了多种因素的影响,所以在项目工期计划编制中系统分析法运用得较多。

(2)模拟法

模拟法是根据一定的假设条件和这些条件发生的概率,运用像蒙特卡罗模拟、三角模拟等方法,确定每个项目活动可能工期的统计分布和整个项目可能工期的统计分布,然后使用这些统计数据去编制项目工期计划的一种方法。同样,由于三角模拟法相对比较简单,一般都使用这种方法去模拟估算项目单项活动的工期,然后再根据各个项目可能工期的统计分布作出整个项目的工期估算,最终编制出项目的工期计划。

(3)资源水平法

使用系统分析法制订项目工期计划的前提是项目的资源充足,但是在实际中多数项目都存在有资源限制,因此有时需要使用资源水平法去编制项目的工期计划。这种方法的基本指导思想是“将稀缺资源优先分配给关键路线上的项目活动”。这种方法制订出的项目工期计划常常比使用系统分析法编制的项目工期计划的工期要长,但是更经济和实用。这种方法有时又称为“基于资源的项目工期计划方法”。

(4)甘特图法

这是由美国学者甘特发明的一种使用条形图编制项目工期计划的方法,是一种比较简便的工期计划和进度安排方法。这种方法是在20世纪早期发展起来的,因为它的简单明了,所以到今天人们仍然广泛使用。详细内容见4.2.2。

(5)项目管理软件法

项目管理软件是广泛应用于项目工期计划编制的一种辅助方法。使用特定的项目管理软件就能够运用系统分析法的计算方法和对于资源水平的考虑,快速地编制出多个可供选择的项目工期计划方案,最终决策和选定一个满意的方案。这对于优化项目工期计划是非常有用的。当然,尽管使用项目管理软件,最终决策还是需要由人来做出。

4)建设工程项目工期计划的结果

项目工期计划编制工作的结果是给出了一系列的项目工期计划文件。

(1)项目工期计划书

通过项目工期计划编制而给出的项目工期计划书,至少应包括每项活动的计划开始日期和计划结束日期等信息。一般在项目资源配置得到确认之前,这种项目工期计划只是初步计划,在项目资源配置得到确认之后才能够得到正式的项目工期计划。项目工期计划文件可以使用摘要的文字描述形式给出,也可使用图表的形式给出。

(2)项目工期计划书的支持细节

这是关于项目工期计划书各个支持细节的说明文件,包括所有已识别的假设前提和约束条件说明、具体计划实施措施的说明等。例如,在一个建设工程项目中,项目工期计划书的支持细节可以包括项目资源配置的说明、项目现金流量表、项目的物料采购计划和其他一些项目工期计划的保障措施等。

(3)项目进度管理的计划安排

项目进度管理的计划安排是有关如何应对项目工期计划变更和有关项目实施的作业计划管理安排。这一部分内容既可以整理成正式的项目进度计划管理文件,也可以作为项目工期计划正式文件的附件,或者只是作一个大体上的框架说明即可。但是无论使用什么方式,它都应该是整个项目工期计划的一个组成部分。

(4)更新后的项目资源需求

在项目工期计划编制中会出现对于项目资源需求的各种改动,因此在项目工期计划制定过程中需要对所有的项目资源需求改动进行必要的整理,并编制成一份更新后的项目资源需求文件。这一文件将替代旧的项目资源需求文件并在项目工期计划管理、集成管理和资源管理中使用。

5)建设工程项目工期计划的控制

项目工期计划控制是对项目工期计划的实施与项目工期计划的变更所进行的管理控制

工作。项目工期计划控制的主要内容包括:对于项目工期计划影响因素的控制(事前控制)、对于项目工期计划完成情况的绩效度量、对项目实施中出现的偏差采取纠偏措施,以及对于项目工期计划变更的管理控制等。

项目开始实施以后就必须严格控制项目的进程,以确保项目能够按项目工期计划进行和完成。在这一工作中,必须及时定期地将项目实施的情况与项目计划进度进行比较并找出二者的差距。一旦发现这种差距超过了控制标准就必须采取纠偏措施,以维持项目工期进度的正常发展。项目经理必须根据项目实际进度并结合其他发生的具体情况,定期改进项目的实际工作或更新项目进度计划,最终实现对于整个项目工期的全面和有效的控制。

► 4.2.2 横道图

横道图又称为甘特图,它以图示的方式通过活动列表和时间刻度形象地表示出任何特定项目的活动顺序与持续时间。由于甘特图形象简单,在简单、短期的项目中,甘特图得到了最广泛的运用。

横道图的形式如图 4.3 所示,项目的所有工作被列在图左边的纵行里,水平的时间刻度绘制在表右边的水平轴上,每一个横道线对应于项目的一项工作。每一项工作的开始时间、结束时间和持续时间都通过图右边的横道线表示出来。

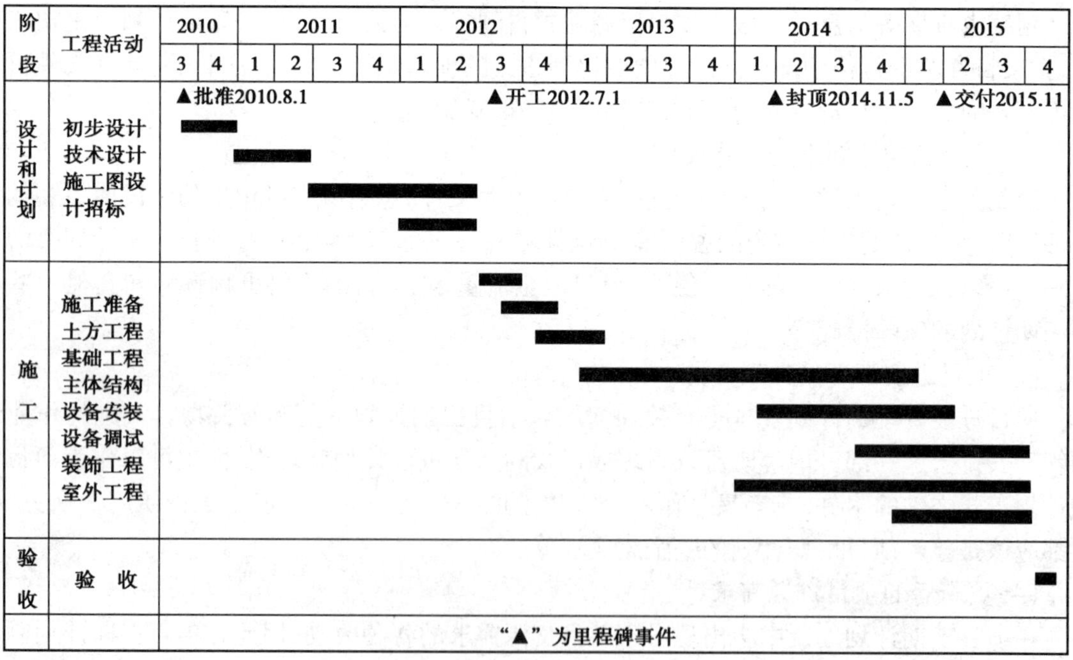

图 4.3 某工程工期计划横道图

(1)横道图的优点

与其他工期计划技术相比,横道图有许多优点。

①它能够清楚地表达活动的开始时间、结束时间和持续时间,一目了然,易于理解,并能

够为各层次的人员(上至战略决策者,下至基层的操作工人)所掌握和运用。

②使用方便,制作简单。

③不仅能够安排工期,而且可以与劳动力计划、资源计划、资金计划相结合。

(2)横道图的不足

横道图的不足主要表现在:

①当项目过于复杂、规模太大时,使用横道图就很不方便了,可能几十页纸都无法完整表示整个项目的计划。

②横道图无法表示工作之间的逻辑关系。虽然计划者在准备横道图时,必须考虑各个活动之间的逻辑关系,而读图的人却无法看出各个工作之间的逻辑关系,除非在图纸中有相关的文字说明。

③横道图不能预测项目中的某项活动发生变化时,对整个项目产生什么影响,它很难更新,因此,不便于作为控制工具。

虽然横道图有一些局限性,但它仍为一个有价值的项目管理工具。了解它的局限性,是为了更有效、更合理地使用它。深刻认识了它的特性后,人们常将横道图与其他计划方法结合使用。通常情况下,横道图适合用于公司管理层和执行层安排时间计划。

▶ 4.2.3 线形图

线形图与横道图的形式很相近。它有许多种形式,如时间-距离图,时间-效率图等。它们都是以二维平面上的线(直线、折线或曲线)的形式表示工程的进度,和横道图有相似的特点。

长距离管道安装、隧道工程、道路工程,都是在一定长度上按几道工序连续施工,不断地向前推进,则每个工程活动可以在图上用一根线表示,线的斜率实质上代表当时的工作效率。图4.4所示为某管道安装工期计划的线形图。

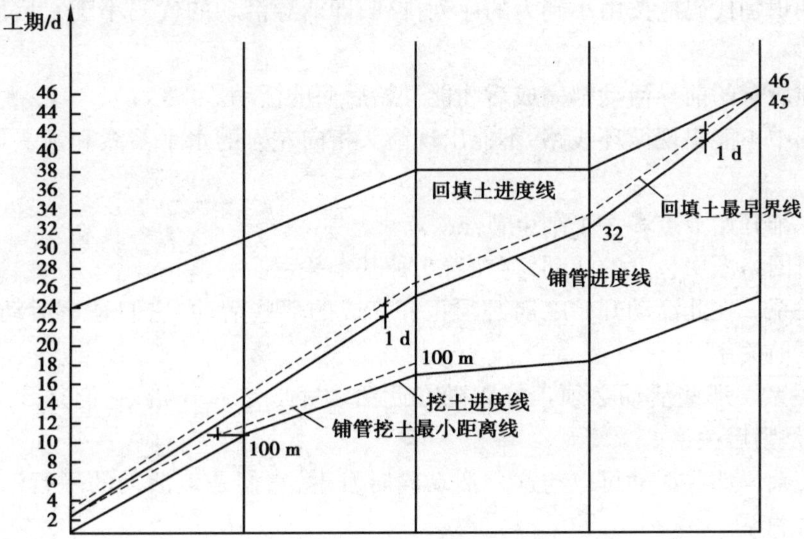

图4.4 某管道安装工期计划的线形图

4.3 建设工程项目网络计划技术

► 4.3.1 概述

网络计划技术是基于关键线路法,用来计算项目进度的一种数学技术。网络计划有广泛的适用性。除极少数情况外,它是最理想的工期计划方法和工期控制方法。与横道图相比,它有如下特点:

①网络所表达的不仅仅是项目的工期计划,实质上它表示了项目活动的流程图。网络的使用能使项目管理者对项目过程有富于逻辑性的、系统的、通盘的考虑。

②通过网络分析,能够给人们提供丰富的信息,如最早开始时间、最迟开始时间、时差等。

③可以十分方便地进行工期和资源的优化。

④给各层管理者以十分清晰的关键线路的概念。这对于计划的调整和实施控制是非常重要的。

► 4.3.2 几种常用的网络形式

关键线路法有两种表示方法:单代号网络图和双代号网络图。两种方法都遵循建立网络图的基本原则,这个普遍适用的原则是:

①所有网络图的顺序都是从左到右。

②网络图中的箭线表示前导关系和流向。

③每一个活动都有自己唯一的识别代码。

④活动的识别代码应按由小到大的序列排列,即前导活动的代码小于它后面所有活动的识别代码。

⑤只有在所有的前导活动都完成后才能开始后面的活动。

⑥网络图中不能出现循环线路,不能出现箭头指向左方的水平箭线和箭头偏向左方的倾斜箭线。

⑦只有一个开始节点和一个结束节点。

对于项目网络图中包含的活动,存在着3种基本关系。

①紧前关系。在此活动开始之前必须正好完成的那些活动,它们是该活动的前置活动,与该活动是紧前关系。

②紧后关系。那些活动必须正好跟随在此活动完成之后开始,它们是该活动的后续活动,与该活动是紧后关系。

③平行关系。那些活动可以与这一活动同时发生,它们是该活动的平行活动,与该活动是平行或同时关系。

1)单代号网络图

单代号网络图也称为节点网络图,是用节点表示项目的活动,每一个活动都用一个节点表示。节点可以采用许多形式,常用矩形或小方框表示节点,方框里的标注可以用来识别活动和详细说明该项活动的情况。活动之间的依赖关系通过箭线连接起来,箭线表示活动是如何相关的,连接点的箭头显示前导。箭线的长度和倾斜角度可以是任意的,只要方便画出网络图就行。

通常情况下,网络的3种基本关系是构造项目活动序列和逻辑相互依赖关系的基础,建立单代号网络图必须掌握3种基本关系的表示方法。

(1)紧前关系

图4.5显示了怎样表现这种紧前关系,即活动B必须在活动A完成之后才能开始,活动A是活动B的前导活动。用教职工住宅楼项目的活动举例描述这种关系就是:在进行基础混凝土工程前必须完成基础土方开挖。

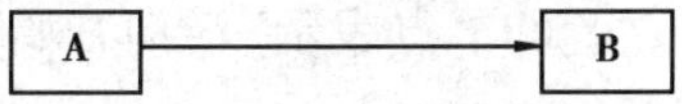

图4.5　单代号网络图的紧前关系

(2)紧后关系

图4.6表明,活动B和C只有在活动A完成之后才能开始,活动B和C是活动A的后续活动。不仅如此,图4.6还表明一个活动后面可以跟随不止一个活动,可以有多于一条箭线从这一节点引发出来,箭线的数目表明有多少个活动直接跟随着活动A,有人又将活动A称为分枝活动。活动A的后续活动之间是平行关系,活动B和C是平行活动。平行路径在网络图中有很重要的意义,它允许多个活动同时进行,这将会缩短完成一系列活动的时间。

(3)平行关系

图4.7显示活动A,B和C在逻辑关系上可以同时发生,活动A,B和C是平行活动。而活动D只有在活动A,B和C全部完成后才能开始,它前面有多于一条的箭线,活动D又被称为汇合活动。

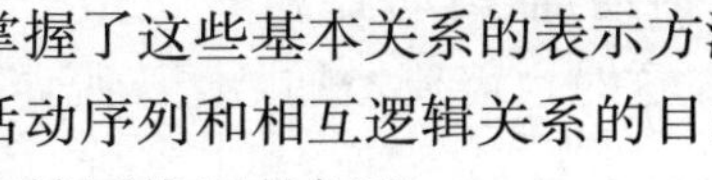

图4.6　单代号网络图的紧后关系

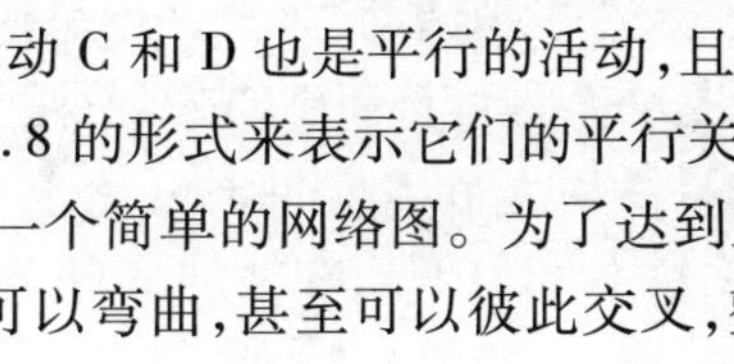

图4.7　单代号网络图的平行关系

如果活动A和B是可以同时发生的平行活动,而活动C和D也是平行的活动,且活动C和D只有在活动A和B都完成后才能开始,就要用图4.8的形式来表示它们的平行关系。

掌握了这些基本关系的表示方法,就可以实践建立一个简单的网络图。为了达到正确地表示活动序列和相互逻辑关系的目的,箭线可以倾斜,可以弯曲,甚至可以彼此交叉,整洁性不是有效网络图的标准。

单代号网络图编写软件较为容易,大多数的项目进度管理软件是支持单代号网络图的。除此之外,画单代号网络图比较灵活,一个节点就表示一个活动,很容易实现横道图和单代号网络图的转换。实践中,单代号网络图已经被大多数项目采用。

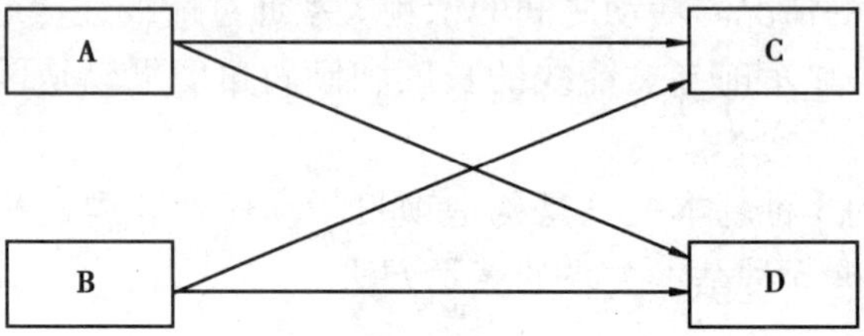

图 4.8 单代号网络图的平行关系

2)双代号网络图

双代号网络图也称为箭线网络图,是由两个节点之间的箭线表示项目的活动,也可以由箭线两端的节点编号表示。箭线左侧的节点表示“活动开始”,箭线右侧的节点表示“活动结束”。双代号网络图的优点是更容易掌握时间信息,能用节点表示里程碑。

在建立双代号网络图前,必须掌握 3 种基本关系的表示方法。

(1)紧前关系

这是一个直线系列活动计划。活动 A 必须先完成,活动 B 才能开始,活动 A 是活动 B 的前导活动,图 4.9 显示了怎样表现这种前导关系。

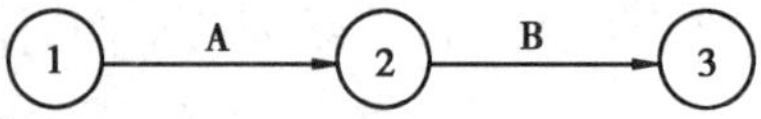

图 4.9 双代号网络图的紧前关系

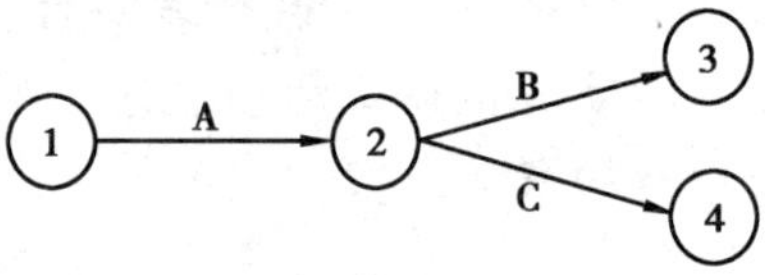

图 4.10 双代号网络图的紧后关系

(2)紧后关系

活动 B 和 C 只有在活动 A 完成之后才能开始,活动 B 和 C 是活动 A 的后续活动。在表示方法上,一个以上的后续活动的箭线前节点编号可以互相重合。由于每一个活动的表达必须是唯一的,任何两个活动不能有相同的起点和终点,因此,活动 B 和 C 分别以节点 3 和 4 结束,如图 4.10 所示。

(3)平行关系

如图 4.11 所示,活动 A,B 和 C 是平行活动,可以同时开始于某项活动之后,活动 D 只有在活动 A,B 和 C 全部完成后才能开始。双代号网络图有时需要增加“虚拟活动”,在图中用虚线表示。“虚拟活动”本身并不是一项活动,只是用以正确表达相关工作的逻辑关系,在图表中只是一个占位符而已,它不消耗资源,持续时间为零。

如果活动 A 和 B 是同时开始于一项活动之后的平行活动,而活动 C 和 D 也是平行的活动,且活动 C 和 D 只有在活动 A 和 B 都完成后才能开始。这时也需要增加“虚拟活动”,在图中用虚线表示,如图 4.12 所示。

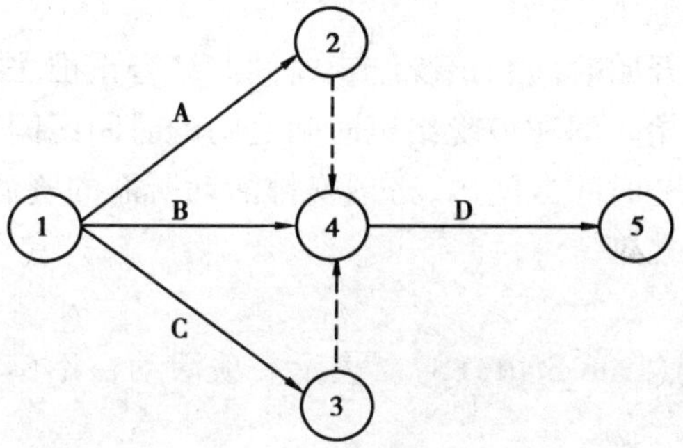

图 4.11　双代号网络图的平行关系

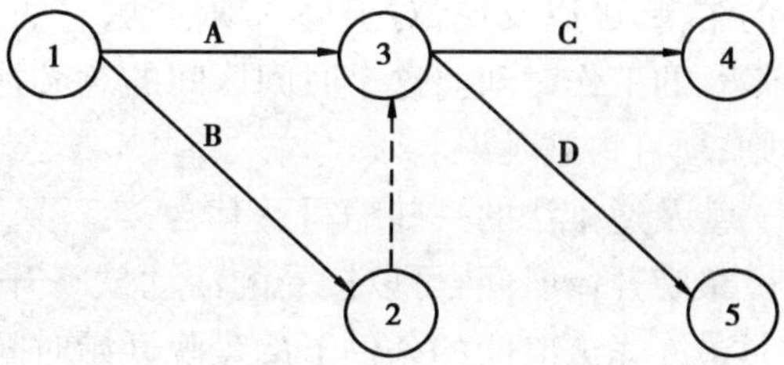

图 4.12　双代号网络图的平行关系

▶ 4.3.3　网络分析过程

1)网络计算方法

为了创建项目时间计划,需要知道每一项活动的可能开始时间和结束时间,应用正推法和逆推法可以获得这些参数。

(1)正推法

用正推法进行计算,可得到某个活动的最早开始时间和最早完成时间,为了便于计算,首先给出一些缩写及其含义:

最早开始时间:活动最快可以开始的时间(Early Start,ES)。

最早结束时间:活动最快可以结束的时间(Early Finish,EF)。

工期:完成某项活动需要的时间(Duration,DUR)。

为了增加网络图表示的信息,将单代号网络图中的节点扩大,可得如图 4.13 所示的图表。

例如,如果某项活动 N 最早可以在第 3 个月就开始,工期是 2 个月,可这样计算它的最早时间参数和工期:

ES=第 3 个月

DUR=2 个月

EF:ES+DUR=第 5 个月

用节点图表示,如图 4.14 所示。

ES	DUR	EF
	描述	
LS	TF	LF

图 4.13　单代号网络图的节点图表符号

3	2	5
	N	
LS	TF	LF

图 4.14　单代号网络图的节点最早时间参数

正推法从网络图前端一个(一些)活动开始,顺着网络跟踪每一条路径,直到其后端。正推法开始于项目开始时间,通常假定这个时间为“0”。某一个活动的最早结束时间等同于其紧后活动的最早开始时间。当某项活动有两个以上的紧前活动时,在它开始之前必须等待,直到所有活动中有最大 EF 值的活动完成为止。

(2)逆推法

用逆推法进行计算,可以得到某个活动的最晚开始时间和最晚结束时间。结合正推法得出的结果,可以发现,对于每一项活动,它的最早开始时间和最晚结束时间之间的时间区间是其最长的工作时间。这个时间区间的意义是:在这一时间区间内,必须安排活动所需的资源;否则,项目将被延误。

涉及逆推法的一些缩写及其含义:

最晚开始时间:可以接受的活动最晚开始时间(Late Start,LS)。表示一项活动在不延误项目最终完成时间的条件下的最晚开始时间。

最晚结束时间:可以接受的活动最晚结束时间(Late Finish,LF)。表示一项活动在不延误项目最终完成日期的条件下的最晚结束时间。

例如,如果某项活动 N 可以接受的最晚结束时间是第 7 个月,工期是 2 个月。可以这样计算它的最晚开始时间参数:

3	2	5
	N	
5	TF	7

图 4.15 单代号网络图的节点最晚时间参数

LF = 第 7 个月
DUR = 2 个月
LS = LF-DUR = 第 5 个月
用节点图表示,如图 4.15 所示。

逆推法从网络图后端一个(一些)活动开始,逆着网络回推每一条路径,直到其前端,减去活动时间就得到每一个活动最晚开始时间(LS)和最晚结束时间(LF)。在进行逆推法计算之前,必须选择最后活动的最晚完成时间。这一时间的确定通常有两种方法:第一,选择正推法计算得到的项目工期;第二,选择已经决定的项目工期。这两种方法确定的项目工期可能是不一样的。不过,在项日早期阶段,这一时间通常设定为等同于最后活动的最早结束时间(EF),如果有多个结束活动情况下,选择拥有最大的 EF 值的活动。活动的最晚开始时间(LS)等同于其紧前活动的最晚结束时间(LF)。如果活动前面是一个分支活动,在这种情况下选择分支活动紧后活动中有最小的 LS 的活动作为它的 LF。

网络计算得出的 4 种活动时间(ES,EF,LS,LF)对于项目的时间安排非常有价值。其中,ES 和 LF 告诉项目经理活动应完成的最长时段。例如,活动 F 可以在第 4 天至第 8 天内完成。也就是说,活动可以在第 4 天至第 7 天的任何一天开始,若第 7 天后开始,则项目将被延误。

2)确定关键线路

在工程的网络图中,从项目开始到结束,可能有不同的路径,它们累加的期限可能都不相同,各条路径中累加期限最长的那一条,它将决定着整个项目的工期。最长的路径被称为“关键线路”(Critical Path,CP)。

一般通过计算“总时差”来识别关键线路,它适合于各种大小的网络图。关键线路上的所有活动,其总时差为零。也就是说,凡是最早开始时间(ES)等于最晚开始时间(LS)的活动(LS-ES=0),或者最早结束时间(EF)等于最晚结束时间(LF)的活动(LF-EF=0),都是关键活动。各个关键活动连接成的线路,就是关键线路。

关键线路上所有活动的总时差都为零,这就意味着它们必须根据其最早的进度完成,否则将延误项目的结束时间。如果非关键线路上的活动延误时间超过了其总时差,它将成为关键活动,这时可以产生新的关键线路。

(1)总时差

活动总时差(Total Float,TF)是指在不影响整个项目工期的前提下,活动可以延长的时间长度。所以,总时差等于该活动的最晚开始时间减最早开始时间,或该活动的最晚结束时间减最早结束时间。其计算公式为:

$$TF=LS-ES \quad 或 \quad TF=LF-EF$$

计算了每一个活动的总时差后,很容易识别出关键线路。这是因为关键线路上的活动不存在总时差,其总时差为零,而非关键线路上的活动存在总时差。因此,项目管理者应密切关注关键活动,并保证它们不会被延误。

(2)自由时差

自由时差(Free Float,FF)是指在不影响紧后活动最早开始时间的前提下,活动最多可以被拖延的时间。所以,自由时差等于紧后活动的最早开始时间减该活动的最早结束时间,如果该活动后有多个紧后活动,则自由时差为各紧后活动最早开始时间与该活动最早结束时间相减后最小的那个值。即:

$$FF=\min(紧后活动的\ ES-该活动的\ EF)$$

网络的终结活动,其自由时差的计算应用选择的工期代替紧后活动的 ES。

自由时差是该活动可以自由支配的时间,当项目经理打算拖延活动的开始时间时,应首先考虑选择有自由时差的活动。在使用这个时间时,绝不会延误项目中任何活动的最早开始时间。因此,不需要与项目中其他参与者进行协调,这为项目管理者提供了更大的灵活性。

凡是总时差等于零的活动,其自由时差也为零。这是因为自由时差是其总时差的一个部分,某一项活动的总时差除了其自由时差必然是其中一部分之外,还必然包含其紧后活动的总时差。所以,自由时差总是小于等于总时差且不能为负值。

3)网络优化

很多时候,总是存在这样一个矛盾:一方面,项目的管理者为了有足够的把握完成项目,倾向于将项目的工期估计得比实际稍长一些;另一方面,客户希望尽快地完成项目、更早地投入使用。因此,通常需要压缩工期,计划一个能满足外部因素对最后完工期限有要求的网络。不仅如此,在项目实施过程中,还要根据网络图管理时间的技术,保证项目能按计划完成。为此,需要了解项目每一个活动之间的约束关系,在此基础上合理地安排进度和管理工期。

(1)活动之间的约束条件

项目的活动之间存在着约束条件,它要求项目的活动必须按照一定的顺序进行。一般情况下,活动之间有以下 5 种约束条件:

①技术约束条件。活动之间的技术约束条件是指一项活动的开始需要其紧前活动提供条件。网络图是通过活动之间的技术约束条件作为连接整个线路的基本判断标准。例如,在混凝土分项工程中,柱子的钢筋没有绑扎完成,就不能开始浇筑混凝土。项目管理者在建立网络图前,应首先考虑每一项活动之间的技术约束条件,先将项目的所有活动按技术约束条件的要求进行排队,这样就可以初步建立一个网络图。

②资源约束条件。资源约束条件不同于技术约束条件，它是可以逆转的。如果活动 X 和活动 Y 是平行工作，它们之间存在着资源约束关系，即活动 X 需要不少于 10 个人才能开始，而活动 Y 需要不少于 12 个人，这时项目能提供的人员只有 15 个人。在这种情况下，人们通常有两种方法安排活动 X 和 Y：第一种方法是，先让活动 X 开始，然后再开始活动 Y，这时资源约束条件决定了活动开始的先后顺序，它增加了紧前工作（活动 X 变成活动 Y 的紧前活动）；第二种方法是，延长活动 X 和 Y 的工作时间，从而减少两个活动对人力资源的需要量，以便它们在现有的资源条件下，能同时开始工作。但是，这两种方法都使计划的工期延长了。其实，并不总是用增加紧前工作或者延长工作时间来消灭存在的资源约束条件。当工期要求紧迫时，也可以从另外一个角度去考虑问题，比如，可以想办法增加人员数量。根据活动 X，Y 同时开始对人员的需求，将工作人员增加至 22 人，那么活动 X 和 Y 就可以同时开始了，它们之间的资源约束条件也就不存在了。所以，我们说资源约束条件是可逆转的。

③费用约束条件。一个项目持续时间越长，它所需费用就可能越高。在制订项目时间计划时，需要考虑一些经济因素。例如，采取什么措施降低项目成本，如何提高劳动生产率，怎样在项目实施中减少资金流出。解决这些问题需要将经济因素与技术约束条件结合在一起考虑，也需要与合理使用项目资源结合在一起考虑。而大多数情况下是将技术、资源和经济等因素综合在一起进行统筹的考虑。

④质量约束条件。在项目管理中工期、质量和费用相互关联，一个因素发生变化，通常将引起另外两个因素的变化。正是这种相互依存的关系增加了项目管理的难度，管理者必须在时间、质量、费用和客户满意度之间找到平衡点，最成功的项目是兼顾时间、质量、费用和客户满意度的项目。

⑤安全约束条件。无论工期进度有多快，如果没有安全作保证，也是毫无意义的。安全因素决定了项目能否按期完成，因此，项目无论大小，在实施时都应该考虑安全因素，对于大型项目安全因素就更复杂了。在工期计划时要考虑这些安全因素，就可能产生以下两种结果：

a. 延长项目的工期。例如，长江三峡水利枢纽工程在进行坝体施工时考虑到坝体的施工安全，限制施工人员的数量和设备的数量。这样，同等的工作量投入的人员、设备少了，工作的时间自然增加。

b. 增加项目费用。在确保安全的前提下，如果项目完成的时间又有严格的限制，就不能减少投入的人员和设备数量。那么就需要加大对安全生产设施的投入，对管理人员和生产人员进行安全培训，这些措施都将加大项目的费用。

（2）网络优化

网络优化可以从两个方面进行：一是缩短项目的工期，满足管理上的需要；二是平衡资源，满足经济上的要求。这里重点介绍缩短工期网络优化方法。缩短项目的工期可以考虑以下三种方案：

①缩短关键线路。关键线路决定着项目的完成日期，通过对关键活动的审查，明确一些活动是否可以同时开始，一些活动是否可以分成几个小部分交叉进行，一些活动是否可以提前开始，这样做都可以缩短项目的完成日期。确定了可以调整的活动后，需要重新画出新的网络图，重新计算一遍，找出新的关键线路并且得出新的项目工期。如果这个阶段的工作仍

然不能满足工期的要求，可以尝试着其他的办法。

②赶工。缩短工期的另一个方法就是向剩下的工作分配更多的资源，如人员、机械、设备和资金等。毫无疑问，赶工应该是缩短项目完成日期的最后办法。由于使用这种方法可以很明显地增加项目在人员、机械、设备上的开支，同时给项目管理带来更多的压力，增加项目不能在预期内完成的风险。

③工期优化。当网络图再复杂一些，限制条件再多一些，仅通过赶工来压缩工期已经不能满足需要。这时需要采用工期优化计划，全盘考虑压缩工期。首先，评估每一个活动可以压缩的时间。其次，确定每一个活动的压缩系数，该系数综合考虑时间、费用、技术标准和安全等因素而确定。压缩系数小，则说明缩短该项活动工作时间对整个项目影响小；反之，影响大。压缩工期应选择压缩系数小的关键活动。如果有两条以上的关键线路，这时压缩的方案中可能会同时压缩两个以上的关键活动，则每个活动压缩系数之和为该方案的压缩系数。最后，压缩工期应选择关键线路上的活动，且不能将关键活动压缩成非关键活动。如果在压缩过程中出现了多条关键线路时，必须将每一条关键线路的总持续时间压缩相等的数值。下面通过一个实例来说明这种工期优化方法。

已知某项目的网络图计划如图 4.16 所示（双箭线代表关键线路），该计划的工期是 20 天。图中每项活动的上下都有一些与压缩工期有关的数字。其中，活动箭线上方的数字是该活动的压缩系数，压缩系数是∞表示该项活动不能压缩；箭线下方的白底数字是计划的工作时间，灰底数字是可以压缩到的工作时间。该项目必须在 16 天内完成，显然计划工期无法满足要求，我们要考虑压缩 4 天的时间。

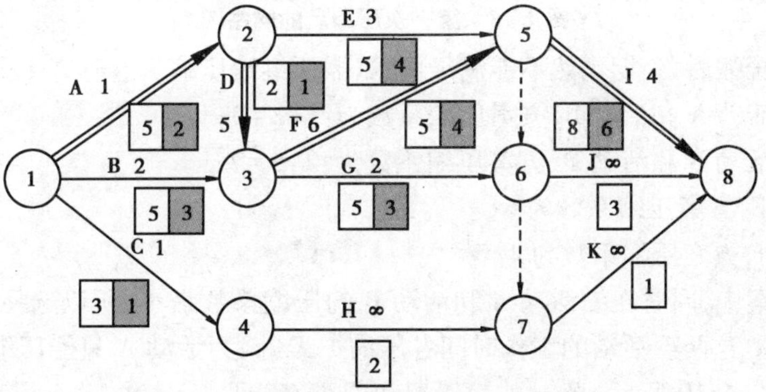

图 4.16　初始网络图

工期的压缩要以关键线路上的工作为对象。图中显示初始网络图的关键线路是①—②—③—⑤—⑧，它是由活动 A，D，F 和 I 组成的，它们是考虑压缩的对象。这些活动中，活动 A 的压缩系数最小，所以选择活动 A 为压缩对象。

将活动 A 压缩至最少的工作时间 2 天。根据新工作的时间计算网络计划的工期和关键线路，我们发现活动 A 被压缩成了非关键活动，如图 4.17 所示。

为了确保活动 A 是关键活动，将活动 A 的工作时间压缩到 3 天。此时，整个网络计划的工期是 18 天，并且网络图中出现了两条关键线路，它们是：①—②—③—⑤—⑧和①—③—⑤—⑧，如图 4.18 所示。

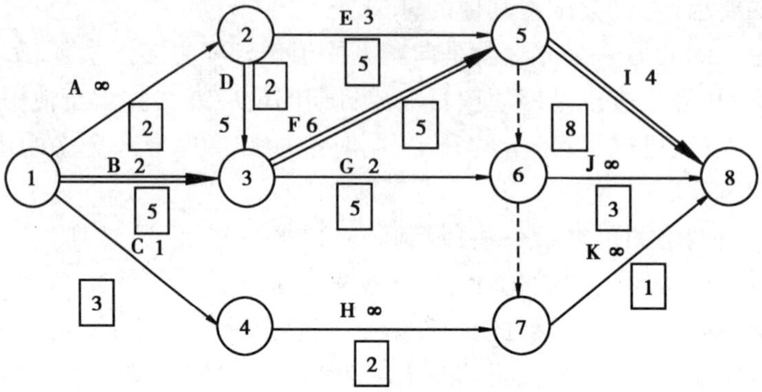

图 4.17　活动 A 压缩 3 天的网络图

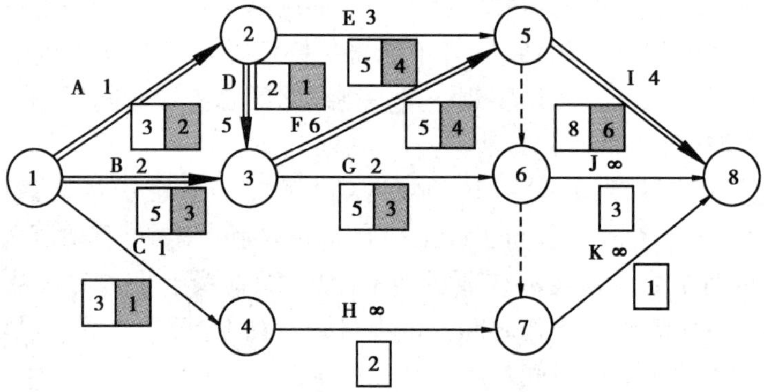

图 4.18　第一次压缩后的网络图

经过第一次压缩后，工期仍然不能满足要求，需要继续压缩。这时有 4 个压缩方案：

a. 同时压缩活动 A 和活动 B，方案压缩系数为：1+2＝3；

b. 同时压缩活动 B 和活动 D，方案压缩系数为：2+5＝7；

c. 压缩活动 F，方案压缩系数为 6；

d. 压缩活动 I，方案压缩系数为 4。

上述压缩方案中，同时压缩活动 A 和活动 B 的压缩系数最小，所以选择同时压缩活动 A 和活动 B 的方案。这两项活动的工作时间各压缩 1 天（因为活动 A 只能压缩 1 天）。第二次压缩的网络图如图 4.19 所示，此时关键线路仍是两条，即：①—②—③—⑤—⑧和①—③—⑤—⑧，工期是 17 天。

这时，只需要压缩 1 天，就能满足要求了。由于活动 A 已不能再被压缩了，它的压缩系数变为∞。所以，压缩方案只有 3 个：

a. 同时压缩活动 B 和活动 D，方案压缩系数为：2+5＝7；

b. 压缩活动 F，方案压缩系数为 6；

c. 压缩活动 I，方案压缩系数为 4。

在上述方案中，压缩活动 I 的压缩系数最小，所以选择压缩活动 I 的方案。将活动 I 的工作时间压缩至 7 天。至此，网络计划的工期能满足要求，网络优化可以结束了。图 4.20 就是符合工期要求的网络计划。

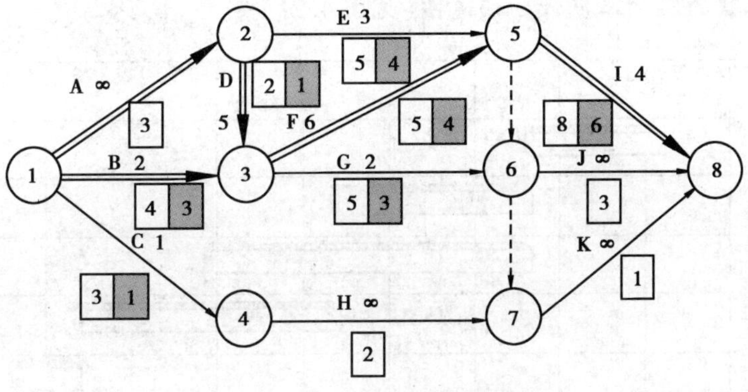

图 4.19　第二次压缩后的网络图

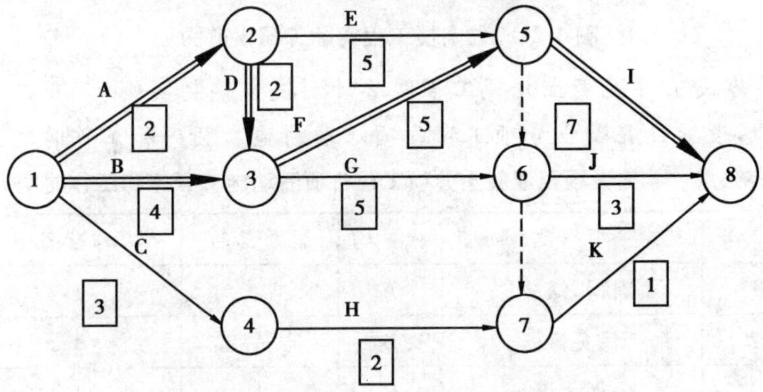

图 4.20　符合工期要求的网络图

【例 4.1】　某住宅楼工程的实际工期计划(横道图)。

背景材料:某住宅楼工程总工期 5 个半月,建筑造价 300 万元。交付成果如下:

①完成 90 根桩的桩基础分部工程。

②完成 6 层 3 单元住宅的主体结构。

③水管、电线敷设到户。

④完成室内外装修。

⑤完成室外工程。

(1)住宅楼工程项目施工阶段分部工程时间估算(见表 4.1)

表 4.1　住宅楼工程项目施工阶段分部工程时间估算

序　号	项　目	开始时间	工作时间/d
1	土方工程	2008.4.1	15
2	基础工程	2008.4.16	30
3	主体工程	2008.5.16	45
4	安装工程	2008.5.16	75
5	装饰工程	2008.6.30	60
6	室外工程	2008.8.29	15

(2)住宅楼工程的实际工期计划横道图(见图4.21)

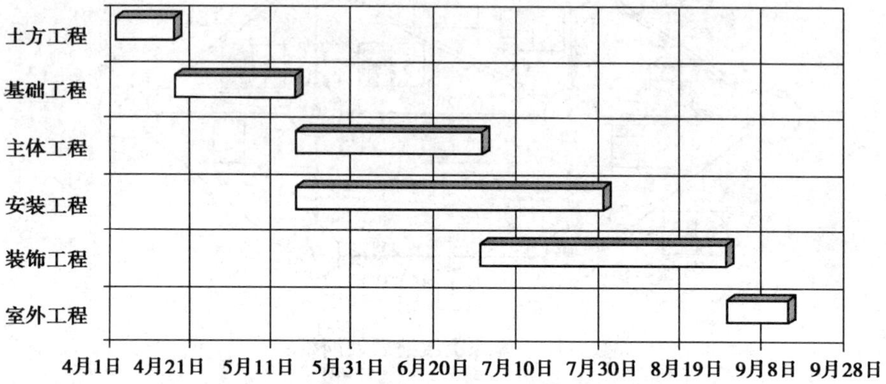

图4.21 住宅楼工程实际工期横道图

【例4.2】 某建设项目混凝土分项工程网络计划技术编制实例。

背景材料:某建设项目混凝土分项工程各项活动的施工顺序和工作时间,如表4.2所示。

表4.2 某建设项目混凝土分项工程各项活动施工顺序和工作时间

序号	项目	代码	紧前活动	工作时间/d
1	柱扎钢筋	A		1
2	柱支模板	B	A	1
3	楼梯支模板	C	A	1
4	梁支模板	D	B	2
5	楼板支模板	E	D	1
6	楼梯扎钢筋	F	C,D	1
7	柱浇混凝土	G	E	1
8	敷设暗管	H	G	1
9	梁、板扎钢筋	I	G	2
10	梁、板、楼梯浇混凝土	J	F,H,I	1

(1)编制单代号网络图(见图4.22)

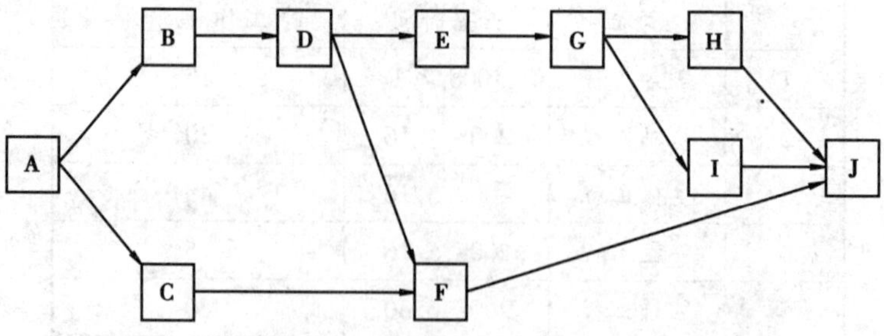

图4.22 某建设项目混凝土分项工程的单代号网络图

(2)编制双代号网络图(见图4.23)

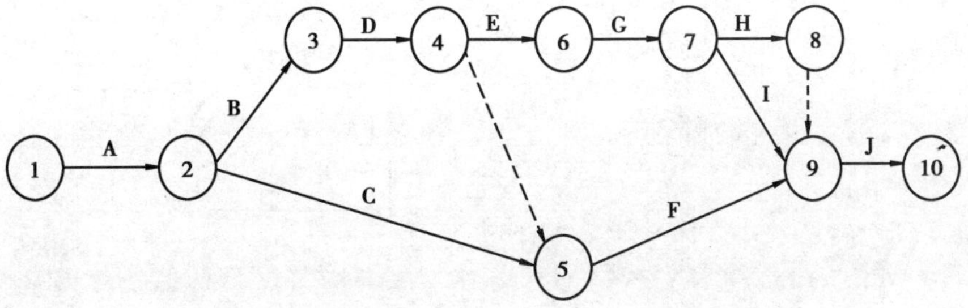

图4.23　某建设项目混凝土分项工程的双代号网络图

复习思考题

4.1　结合实例说明进度、成本和质量三者之间既对立又统一的关系。

4.2　简述项目进度计划的控制方法及各自优缺点。

4.3　简述施工项目常见网络计划类型及各自优缺点。

4.4　已知某土建工程,其墙体工程分2个施工段,每个施工段有3个施工工艺,各工艺的持续时间见括号内。

施工段1:支模1(3天)⟶扎筋1(2天)⟶浇混凝土1(1天)

施工段2:支模2(3天)⟶扎筋2(2天)⟶浇混凝土2(1天)

要求:

(1)按工艺关系绘制该墙体工程双代号网络计划图。

(2)计算支模2工作紧后节点的最早开始时间和最迟结束时间,网络总工期。

(3)计算扎筋2工作的最早开始时间、最早结束时间、最迟开始时间和最迟结束时间。

(4)求扎筋2工作的总时差、自由时差及网络的关键线路。

5

建设工程项目进度控制

5.1 建设工程项目进度控制概述

▶ 5.1.1 建设工程项目进度控制的概念

1)进度控制的概念

工程建设的进度控制是指对工程项目各建设阶段的工作内容、工作程序、持续时间和衔接关系编制计划,将该计划付诸实施,在实施的过程中经常检查实际进度是否按计划要求进行,并分析出现偏差的原因,采取补救措施或调整、修改原计划,直至工程竣工交付使用,从而确保项目进度目标实现的过程。

进度控制与质量控制、投资控制有着相互依赖和相互制约的关系。进度加快,需要增加投资,但工程提前使用就可以提高投资效益;进度加快,有可能影响工程质量,而质量控制严格,则有可能影响进度,但如因质量的严格控制而不致返工又会加快进度。因此,进度控制不仅仅是单纯从进度考虑,也应同时考虑质量和投资对进度控制的影响。

2)影响进度的因素

影响建设项目进度的因素,可归纳为人为因素,技术因素,设备与构配件因素,机具因素,资金因素,水文、地质与气象因素,其他环境、社会因素以及其他难以预料的因素等。

3)工程延误和工程延期

工程延误和工程延期都是工期延长,但它们产生的原因和承担的后果不同。

(1)工程延误

由于承包商自身的原因造成的工期延长,称为工程延误。其一切损失由承包商自己承担,包括承包商在监理工程师的同意下所采取加快工程进度的任何措施所增加的各种费用。同时,由于工程延误所造成的工期延长,承包商还要向业主支付误期损失赔偿费。

(2)工期延期

由于承包商以外的原因造成的工期延长,称为工期延期。经过监理工程师批准的工程延期,所延长的时间属于合同工期的一部分,即工程竣工的时间等于标书中规定的时间加上监理工程师批准的工程延期时间。可能导致工程延期的原因主要有:工程量增加、未按时向承包商提供设计图纸、恶劣的气候条件、业主的干扰和阻碍等。

4)进度控制方法、措施及项目实施阶段进度控制的主要任务

(1)建设工程项目进度控制的主要方法

①进度控制的行政方法。进度控制的行政方法是指上级单位及上级领导、本单位的领导,利用其行政地位和权力,通过发布进度指令,进行指导、协调、考核,利用激励手段(奖罚、表扬、批评),监督、督促等方式进行进度控制。这种方法的优点是直接、迅速、有效,但要提倡科学性,防止主观、武断、片面的瞎指挥。

②进度控制的经济方法。进度控制的经济方法是指有关部门和单位用经济类手段对进度控制进行影响和制约。进度控制的经济方法主要有以下几种:银行通过投资的投放速度控制工程项目的实施进度;在承发包合同中明确有关工期进度的条款;业主通过招标的进度优惠条件鼓励施工单位加快进度;业主通过工期提前奖励和延期罚款实施进度控制。

③进度控制的管理技术方法。进度控制的管理技术方法主要是监理工程师的规划、控制和协调。规划,就是确定项目的总进度目标和分进度目标;控制,就是在项目进展的全过程中,进行计划进度与实际进度的比较,发现偏离,就及时采取措施进行纠正;协调,就是协调参加单位之间的进度关系。

(2)进度控制的措施

进度控制的措施包括组织措施、技术措施、合同措施、经济措施和信息管理措施等。组织措施主要有:落实项目监理班子中进度控制部门的人员,具体控制任务和管理职责分工;进行项目分解,如按项目结构、项目进展阶段、合同结构等进行分解,并建立编码体系;确定进度协调工作制度,如协调会议举行的时间和参加人员;对影响进度目标实现的干扰和风险因素进行分析。技术措施是指采用先进的施工方法和施工机械以加快施工进度。合同措施主要有分段发包、提前施工以及合同的施工期与进度计划的协调等。经济措施是指各项保证资金供应的措施。信息管理措施是指通过计划进度与实际进度的动态比较,定期地向建设单位提供比较报告等。

对于进度控制工作,应明确一个基本思想:计划不变是相对的,变是绝对的;平衡是相对的,不平衡是绝对的。要针对变化采取对策,定期、经常地调整计划。

► 5.1.2 建设工程项目进度控制的内容

项目实施阶段进度控制的主要任务有：

(1)设计前的准备阶段进度控制

本阶段进度控制包括向建设单位提供有关工期的信息，协助建设单位确定工期总目标；编制项目总进度计划；编制准备阶段详细工作计划，并控制该计划的执行；施工现场条件调研和分析等。

(2)设计阶段进度控制

本阶段进度控制包括编制设计阶段工作进度计划并控制其执行，编制详细的出图计划并控制其执行等。

(3)施工阶段进度计划控制

本阶段进度控制包括编制施工总进度计划并控制其执行，编制施工年、季、月实施计划并控制其执行等。

5.2 建设工程项目总进度目标的论证

► 5.2.1 建设工程项目总进度目标

建设工程项目的总进度目标指的是整个项目的进度目标，是在项目决策阶段项目定义时确定的。项目管理的主要任务是在项目的实施阶段对项目的目标进行控制。建设工程项目总进度目标的控制是业主方项目管理的任务（若采用建设项目总承包的模式，协助业主进行项目总进度目标的控制也是总承包方项目管理的任务）。在进行建设工程项目总进度目标控制前，首先应分析和论证目标实现的可能性。若项目总进度目标不可能实现，则项目管理者应提出调整项目总进度目标的建议，提请项目决策者审议。

在项目的实施阶段，项目总进度包括：设计前准备阶段的工作进度、设计工作进度、招标工作进度、施工前准备工作进度、工程施工和设备安装进度、工程物资采购工作进度、项目动用前的准备工作进度等。

建设工程项目总进度目标论证应分析和论证上述各项工作的进度，以及上述各项工作进展的相互关系。

在建设工程项目总进度目标论证时，往往还没有掌握比较详细的设计资料，也缺乏比较全面的有关工程发包的组织、施工组织和施工技术方面的资料，以及其他有关项目实施条件的资料。因此，总进度目标论证并不是单纯的总进度规划的编制工作，它涉及许多工程实施的条件分析和工程实施策划方面的问题。

大型建设工程项目总进度目标论证的核心工作是通过编制总进度纲要论证总进度目标实现的可能性。总进度目标的主要内容包括：项目实施的总体部署、总进度规划、各子系统进度规划、确定里程碑事件的计划进度目标、总进度目标实现的条件和应采取的措施等。

▶ 5.2.2 建设工程项目总进度目标的确定

1)建设工程项目总进度目标论证的工作步骤

建设工程项目总进度目标论证的工作步骤如下:

①调查研究和收集资料。

②项目结构分析。

③进度计划系统的结构分析。

④项目的工作编码。

⑤编制各层进度计划。

⑥协调各层进度计划的关系,编制总进度计划。

⑦若所编制的总进度计划不符合项目的进度目标,则设法调整。

⑧若经过多次调整,进度目标无法实现,则报告项目决策者。

2)调查研究和收集资料

调查研究和收集资料包括如下工作:

①了解和收集项目决策阶段有关项目进度目标确定的情况和资料。

②收集与进度有关的该项目组织、管理、经济和技术资料。

③收集类似项目的进度资料。

④了解和调查该项目的总体部署。

⑤了解和调查该项目实施的主客观条件等。

3)大型建设工程项目的结构分析

大型建设工程项目的结构分析是根据编制总进度纲要的需要,将整个项目进行逐层分解,并确立相应的工作目录。如:一级工作任务目录,将整个项目划分成若干个子系统;二级工作任务目录,将每一个子系统分解为若干个子项目;三级工作任务目录,将每一个子项目分解为若干个工作项。

整个项目划分成多少结构层,应根据项目的规模和特点而定。

4)大型建设工程项目的计划系统

大型建设工程项目的计划系统一般由多层计划构成。如:第一层进度计划,将整个项目划分成若干个进度计划子系统;第二层进度计划,将每一个进度计划子系统分解为若干个子项目进度计划;第三层进度计划,将每一个子项目进度计划分解为若干个工作项。

整个项目划分成多少计划层,应根据项目的规模和特点而定。

5)项目的工作编码

项目的工作编码指的是每一个工作项的编码。编码有各种方式,编码时应考虑下述因素:

①对不同计划层的标识。

②对不同计划对象的标识(如不同子项目)。

③对不同工作的标识(如设计工作、招标工作和施工工作等)。

5.3 建设工程项目进度计划的编制和调整

5.3.1 建设工程项目进度计划的编制

1)进度计划概述

进度计划是用图表形式表达一个拟建项目或工程从施工准备、开始施工到全部竣工,各项施工活动在时间和空间上的衔接、穿插、平行搭接、协作配合的关系。它是施工组织设计的主要内容,也是现场施工管理的中心内容。

2)进度计划的特点

进度计划特点主要包括:

①施工进度计划是需要随着施工条件的变化而随时保持更新的工程文件,如合同变更通知单经常要对某些工程范围做出更改,这就要求对相应的施工进度计划做出相应的调整。

②更新后的施工进度计划除了作为项目管理的一种有效工具以外,当发生合同变更而进行额外工期索赔时,也可利用更新后的施工进度计划作为一种索赔证据。

3)进度计划的种类

进度计划的种类具体包括:

①总进度计划:主要针对建设项目、单项工程的施工而编制的进度计划。一般情况下,这种进度总计划主要针对工程量大,对施工进度起主导作用的施工过程进行编制。

②单位工程进度计划:主要针对单位工程的施工而编制的进度计划。单位工程施工进度计划主要作用是指导和控制单位工程的进度,所以一般编制的较详细,要将整个施工过程中的工序全部考虑进去,要具有可操作性。如果遇到特殊部位或采用特殊方法施工但无法在单位工程施工进度计划中表达清楚的,应该另行编制一份局部工程施工进度计划,以辅助单位工程施工进度计划的实施。

4)进度计划的表达要素

进度计划一般通过流水施工和网络图来表达。

①流水施工的表达要素:

a.工艺参数。工艺参数是指一组流水施工过程的个数。在计划施工过程时,只有那些对工程施工具有直接影响的施工内容才予以考虑并组织在流水之中。施工过程可以根据计划的需要确定其粗细程度,可以是一个个工序,也可以是一项项分项工程,还可以是它们的组合。组织进流水的施工过程如果各由一个专业队(组)施工,则施工过程数和专业队(组)数相等;有时有几个专业队(组)负责完成一个施工过程或一个专业队(组)完成几个施工过程,于是施工过程数与专业队数便不相等,计算时可以用 N 表示施工过程数,用 N' 表示专业队(组)数。对工期影响最大的,或对整个流水施工起决定性作用的施工过程(工程量大,必须配备机械),成为主导施工过程。在划分施工过程以后,首先应找出主导施工过程,以便抓住流水作业的关键环节。

b. 空间参数。空间参数指的是单体工程划分的施工段或群体工程划分的施工区的个数。施工区、段可称为流水段。划分施工段的基本要求如下：当建筑物只有一层时，施工段数就是一层的段数；当建筑物是多层时，施工段数是各层段数之和。各层应有相等的段数和上下垂直对应的分段界限。尽量使各段的工程量大致相等，以便组织节奏流水，使施工连续、均衡、有节奏。有利于保持建筑物的整体性，尽量利用结构缝及在平面上有变化处，住宅可按单元、楼层划分；厂房可按跨、按生产线划分；线性工程可依主导施工过程的工程量为平衡条件，按长度分段；建筑群可按栋、区分段。段数的多少应与主导施工过程相协调，以主导施工过程为主形成工艺组合。工艺组合数应等于或小于施工段数。因此，分段不宜过多，否则可能延长工期或使工作面狭窄；过少则无法流水，使劳动力或机械设备窝工。分段大小应与劳动组织相适应，有足够的工作面。以机械为主的施工对象还应考虑机械的台班能力的发挥。混合结构、大模板现浇混凝土结构、全装配结构等工程的分段大小，都应考虑吊装机械能力的充分利用。

c. 时间参数

(a) 流水节拍：是指某个专业队在一个施工段上的施工作业时间。其计算公式是：

$$t = \frac{Q}{RS} = \frac{P}{R} \tag{5.1}$$

式中 t——流水节拍；

Q——一个施工段的工程量；

R——专业队的人数或机械数；

S——产量定额，即单位时间(工日或台班)完成的工程量；

P——劳动量或台班量。

确定流水节拍应注意以下问题：流水节拍的取值必须考虑到专业队组织方面的限制和要求，尽可能不过多地改变原来的劳动组织状况，以便对专业队进行领导。专业队的人数应有起码的要求，以便他们具有集体协作的能力。流水节拍的确定，应考虑到工作面条件的限制，必须保证有关专业队有足够的施工操作空间，保证施工操作安全，充分发挥专业队的劳动效率。流水节拍的确定，应考虑到机械设备的实际负荷能力和可能提供的机械设备数量，也要考虑机械设备操作场所安全的质量要求。有特殊技术限制的工程，如有防水要求的钢筋混凝土工程，受潮汐影响的水工作业，受交通条件影响的道路改造工程、铺管工程，以及设备检修工程等，都受技术操作或安全质量等方面的限制，对作业时间长度和连续性都有限制或要求，在安排其流水节拍时，应当满足这些限制要求。必须考虑材料和构配件供应能力和水平对进度的影响和限制，合理确定有关施工过程的流水节拍。首先应确定主导施工过程的流水节拍，并以它为依据确定其他施工过程的流水节拍，主导施工过程的流水节拍应是各施工过程流水节拍的最大值，尽可能是有节奏的，以便组织节奏流水。

(b) 流水步距：是指两个相邻的工作队进入同一个施工段进行流水作业的最小时间间隔，用 K 表示。流水步距的长度，要根据需要及流水方式的类型经过计算确定，计算时应考虑每个专业队连续施工的需要。流水步距的最小长度，必须是专业队进场以后，不发生停工、窝工等现象。有些施工过程完成后，后续施工过程不能立即投入作业，必须有足够的时间间歇，这个间歇时间应尽量安排在专业队进场之前，不然便不能保证专业队工作的连续。流水步距的长度应保证每个施工段的施工作业程序不乱，不要发生前一施工过程尚未完成，而后一施工过程便开始施工的现象。有时为了缩短时间，某些次要的专业队可以提前插入，但必须在技术上可行，而且不影响前一个专业队的正常工作。提前插入的现象越少越好，多了会打乱节奏，影响均衡施工。

(c)工期：是指从第一个专业队投入流水作业开始，到最后一个专业队完成最后一个施工过程的最后一段工作退出流水作业为止的整个持续时间。由于一项工程往往有许多流水组组成，所以这里说的是流水组的工期，而不是整个工程的总工期，用 T_t 表示。

②网络计划的表达方式分为双代号网络计划和单代号网络计划两种，其表达要素是一样的，主要是时间参数的计算。

a. 工作的最早开始时间(ES_{i-j})。工作最早开始时间是指各紧前工作全部完成后，本工作可能开始的最早时刻。工作最早开始时间应从网络计划的起始节点开始，顺着箭线方向依次逐项计算。

b. 工作最早完成时间(EF_{i-j})。本工作最早完成时间是工作最早开始时间加本工作的持续时间之和。

c. 网络计划计算工期(T_c)和计划工期(T_p)。网络计划计算工期是由最早时间参数计算确定的工期；是指网络计划的预期工期。如果有规定工期 T_r，则计划工期等于规定工期，即$T_p=T_r$；如果无规定工期，则计算工期就是计划工期，即 $T_p=T_c$。

d. 工作最迟完成时间(LF_{i-j})。工作最迟完成时间是在不影响整个任务按期完成的条件下，本工作最迟必须完成的时刻。工作 $i-j$ 的最迟完成时间 LF_{i-j} 应从网络计划的终点节点开始，逆着箭线方向依次逐项计算；以终止节点($j=n$)为箭头节点的工作的最迟完成时间 LF_{i-j} 应按网络计划的计划工期确定。

e. 工作最迟开始时间(LS_{i-j})。工作最迟开始时间是在不影响整个任务按期完成条件下，本工作最迟必须开始的时刻，其值为本工作的最迟完成时间减去本工作的持续时间。一般先计算最迟结束时间，后计算最迟开始时间。

f. 工作总时差(TF_{i-j})。工作 $i-j$ 的总时差，是在不影响工程总工期的前提下该工作所具有的最大机动时间。

g. 工作自由时差(FF_{i-j})。工作 $i-j$ 的自由时差，是在不影响其紧后工作按最早开始时间开工的前提下，工作 $i-j$ 所具有的机动时间。

(5)进度计划的实施步骤

这里以单位工程施工进度计划的编制程序，说明进度计划的实施程序，如图 5.1 所示。

(6)进度计划的表示方法

进度计划的表示方法一般有两种，即横道图法和网络图法，网络图法又分为双代号网络图和单代号网络图两种。

①横道图进度计划的表示方法。横道图进度计划法是传统的进度计划方法，计划表中的进度线(横线)与时间坐标相对应，这种表达方式较直观，易看懂计划编制的意图。横道图表

示进度计划的种类有：

a. 按流水施工对象的范围分为细部流水、专业流水、工程项目流水、综合流水。细部流水指一个专业队利用同一生产工具依次、连续不断地在各个区段中完成同一施工过程的工作流水。专业流水（或称工艺组合工程流水）是指把若干个工艺上有密切联系的细部流水组合起来，就形成了专业流水。它是各个专业队共同围绕完成一个分部工程的流水，如基础工程流水、结构工程流水、装修工程流水。工程项目流水即为完成单位工程而组织起来的全部专业流水的总和。综合流水是为完成工业企业或民用建筑群而组织起来的全部工程项目流水的总和。

b. 按施工过程分解的深度分类。按施工过程分解的深度可分为彻底分解流水和局部分解流水。彻底分解流水即经过分解后的所有施工过程都是属于单一工种完成的施工过程。为完成该施工过程，所组织的专业队都应该是由单一工种的工人（或机械）组成。局部分解流水是指在进行施工过程的分解时将一部分施工工作适当合并在一起，形成多工种协作的综合性施工过程，这就是不彻底分解的施工过程。

c. 按流水的节奏特征分类。按流水节奏特征可分为等节奏流水、异节奏流水和无节奏流水。

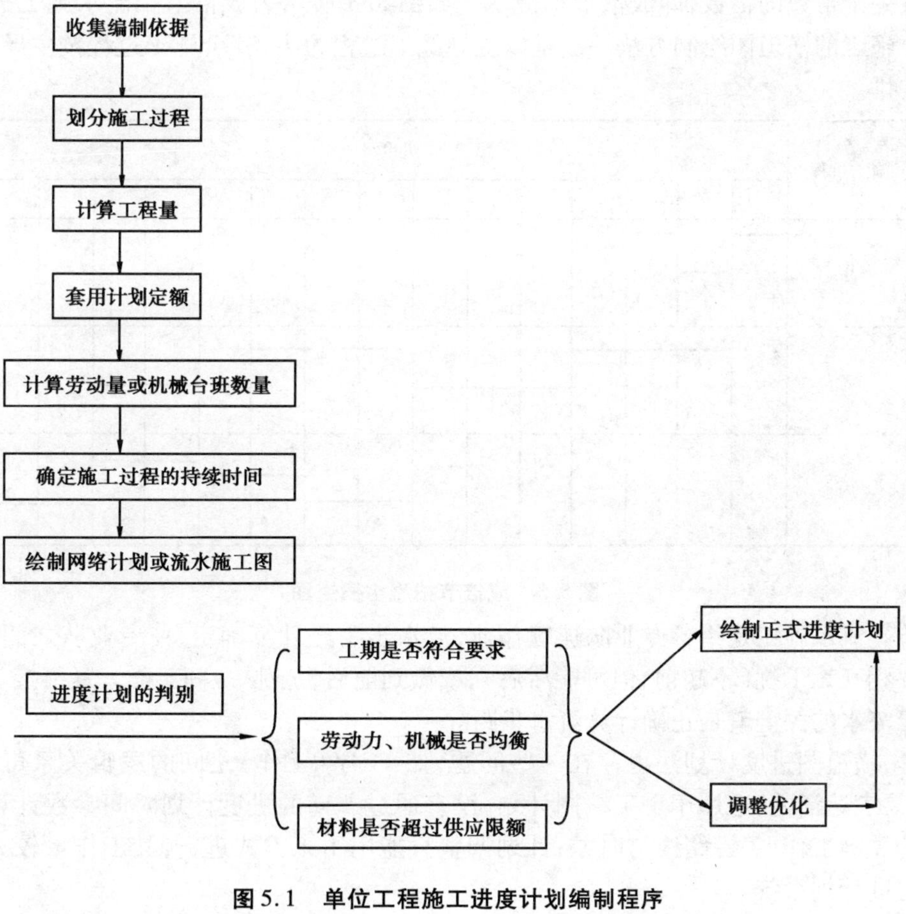

图 5.1　单位工程施工进度计划编制程序

等节奏流水（全等节拍流水）是指流水速度相等，是最理想的组织流水方式。因为这种组织方式能够保证专业队的工作连续、有节奏,可以实现均衡施工。在可能的情况下,应尽量采用这种流水方式组织流水施工。等节奏流水适用于各施工段的工程量基本相等、其他施工过程的流水节拍与主导施工过程的流水节拍相等的情况。多层的建筑施工中,每层的工程量变化不大的情况下最适合,施工段数与专业队数相等时最理想。如图 5.2 所示为等节奏流水施工横道图。

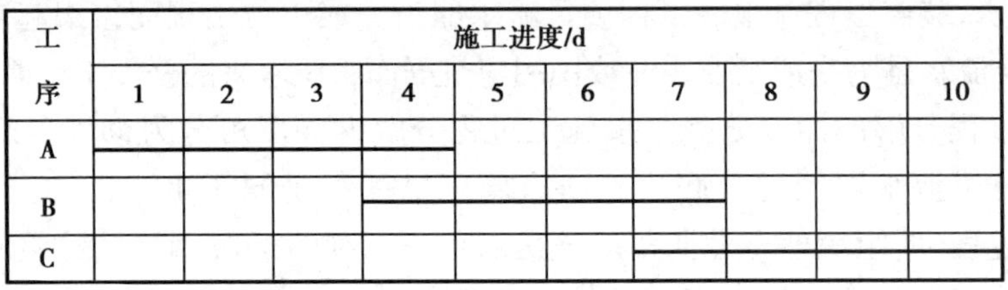

图 5.2　等节奏流水施工计划

异节奏流水是指流水速度不相等。其优点是各专业队的工作有相同的节奏,无疑会给组织连续、均衡施工带来方便。一般情况下,在组织这种流水施工时,常采用各专业队的流水节拍都是某一个常数的倍数,即成倍节拍流水。如图 5.3 所示为成倍节拍流水施工的横道图。这种流水施工的横道图绘制方法一般是以主导施工过程为主,其余施工过程按主导施工过程的时间安排。

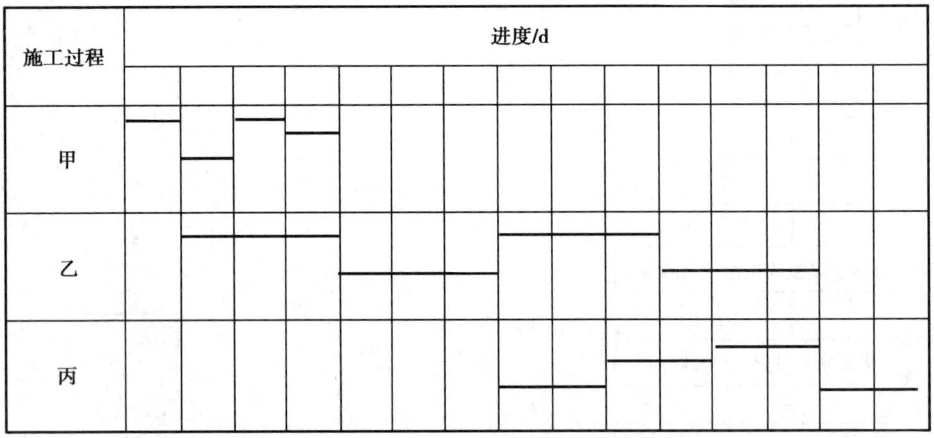

图 5.3　成倍节拍流水横道图

无节奏流水施工是指各专业队连续作业,流水步距经计算确定,使专业队之间在一个施工段内部相互无干扰(不超前,但可能滞后),或做到前后专业队之间工作紧紧衔接。因此,组织无节奏流水的关键就是正确计算流水步距。

但是,横道图进度计划法也存在一些问题,如:工序(工作)之间的逻辑关系可以设法表达,但不易表达清楚;适用于手工编制计划;没有通过严谨的进度计划时间参数计算,不能确定计划的关键工作、关键路线与时差;计划调整只能用手工方式进行,其工作量较大,难以适应大的进度计划系统。

②网络图进度计划的表示方法。网络图进度计划的表示方法分为双代号网络进度计划、单代号网络进度计划、双代号时标网络计划 3 种形式。

a. 双代号网络图是以箭线及其两端节点的编号表示工作的网络图，如图 5.4 所示。工作之间的逻辑关系可包括工艺关系和组织关系。

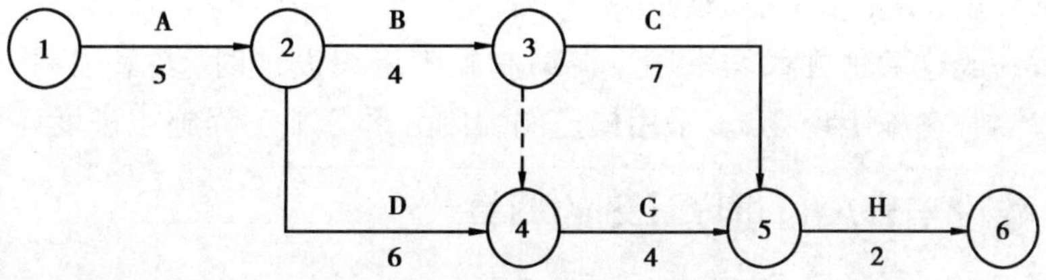

图 5.4　双代号网络进度计划

b. 单代号网络进度计划是以节点及其编号表示工作，以箭线表示工作之间逻辑关系的网络图，如图 5.5 所示。工作之间的逻辑关系和双代号网络图一样，应正确反映工艺关系和组织关系。

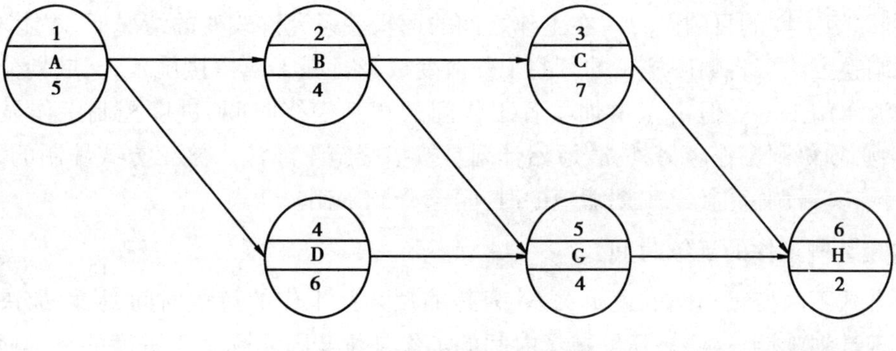

图 5.5　单代号网络进度计划

c. 双代号时标网络进度计划是以时间坐标为尺度编制的网络计划，如图 5.6 所示。双代号时标网络计划中应以实箭线表示工作，以虚箭线表示虚工作，以波形线表示工作的自由时差。

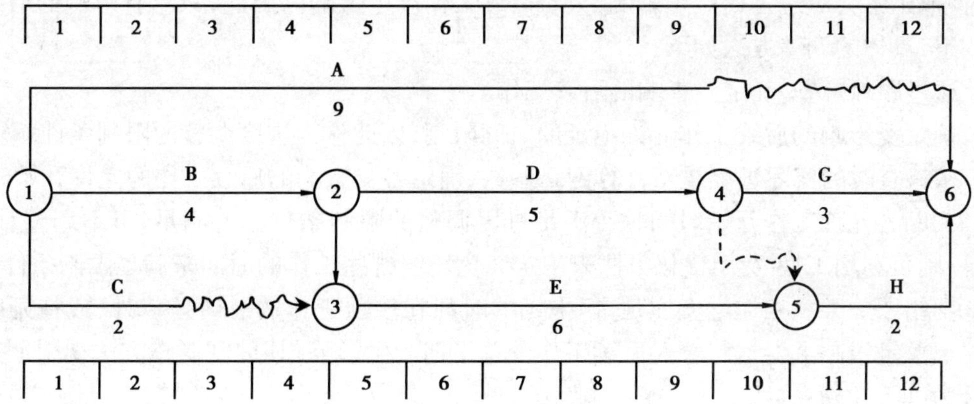

图 5.6　双代号时标网络进度计划

网络图克服了横道图的一些缺点，可以清楚地表示施工过程之间的逻辑关系，能够正确计算出各施工过程的时间参数，适用于编制大型工程的施工进度计划；但同时也存在一些缺点，如看起来不直观、不能显示资源的均衡性等。

在施工中，一般这两种方式均采用。在编制施工组织设计时，多采用网络图编制整个工程的施工进度计划；在施工现场，多采用横道图编制分部分项工程施工进度计划。

▶ 5.3.2 建设工程项目进度计划的调整

为了实现进度目标，当项目进度控制人员发现问题后，必须对后续工作的进度计划进行调整，但由于可行的调整方案可能有多种，究竟采取什么调整方案和调整方式，就必须在对具体实施进度进行分析的基础上才能确定。进度调整的方式有以下几种：

1)改变工作的逻辑关系

此种方式是通过改变关键线路和超过计划工期的非关键线路上的有关工作之间的逻辑关系，达到缩短工期的目的。只有在工作之间的逻辑关系允许改变的情况下，才能采用此法。

这种调整方法可将顺序施工的某些工作改变成平行施工或搭接施工，又或划分为若干个施工段的流水施工等。但由于增加了各工作间的相互搭接时间，进度控制工作显得更加重要，实施中必须协调工作。另外，若原始计划是按搭接施工或流水施工方式编制的，而且安排较紧凑的话，其可调范围(总工期缩短的时间)会受到限制。

2)缩短某些工作的延续时间

此种方式不改变工作间的逻辑关系，只是缩短某些工作的持续时间，从而加快施工进度以保证实现计划工期，这些被压缩持续时间的工作是位于因实际施工进度的拖延而引起总工期增长的关键线路和某些非关键线路上的工作；而且，这些工作的持续时间还必须允许压缩。具体压缩方法就是采取网络计划优化中的工期优化方法和工期-费用优化方法。一般考虑如下两种情况：

①网络图中某项工作进度拖延，但拖延的时间在该项工作的总时差范围内自由时差以外，这种拖延不会对总工期产生影响，只对后续工作产生影响。因此，只对有影响的后续工作进行调整，具体的调整方法如下：

a.通过跟踪检查，确定受影响的后续工作。

b.确定受影响的后续工作允许拖延的时间限制，以此作为进度调整的限制条件。

c.按检查时的实际进度重新计算网络参数，确定各受影响的后续工作的允许开始时间。

d.判断各允许工作开始时间是否满足进度调整的限制条件。若满足，可不调整计划；若不满足，则可利用工期-费用优化方法来确定究竟压缩哪些工作的时间来满足限制条件。

②网络图中某项工作进度拖延，但拖延的时间在该项工作的总时差以外，或拖延时间的工作位于关键线路上。这将会对后续工作及总工期产生影响，其进度调整方法视限制条件不同而分为如下几种：

a.项目总工期不允许拖延。可采用工期-费用优化方法，以原计划总工期为目标，在关键和次关键线路上寻找最优的缩短持续时间的工作，以压缩工期，满足原计划总工期要求。

b.项目总工期允许拖延。这就只需采用实际数据取代原始数据，重新计算网络参数，确定出最后完成的总工期。

c.项目总工期允许拖延的时间有限。可以总工期的限制时间作为规定工期，用实际数据对还未实施的网络进行工期-费用优化，压缩网络图中某些工作的持续时间，满足工期要求。

以上三种进度调整方法，均是以总工期为限制条件来进行的，除此之外，还应考虑网络图中的某些后续工作在时间上是否也有限制条件，若有，可以此为条件，按前述方法进行调整。

3)改变施工方案

当上述两种方法均无法达到进度目标时，只能选择更为先进、快速的施工机具、施工方法来加快进度。

5.4 建设工程项目实际进度与计划进度的比较方法

5.4.1 建设工程项目实际进度的控制

制订一个科学、合理的工程建设进度计划是监理工程师实现进度控制的首要前提。但在项目实施过程中，由于某些因素的干扰，往往造成实际进度与计划进度产生偏差。为此，在项目进度计划的执行过程中，必须采取系统的进度控制措施，即采用准确的监测手段不断发现问题，并用行之有效的进度调整方法及时解决问题。

1)进度监测的系统过程

进度监测系统过程主要包括以下工作：

(1)进度计划执行中的跟踪检查

跟踪检查的主要工作是定期收集反映实际工程进度的有关数据。为了全面准确地了解进度计划的执行情况，监理工程师必须认真做好以下三方面的工作：定期地收集进度报表资料；派监理人员常驻现场，检查进度计划的实际执行情况；定期召开现场会议，了解实际进度情况。

(2)整理、统计和分析收集的数据

对收集的数据进行整理、统计和分析，形成与计划具有可比性的数据。例如，根据本期检查实际完成量确定的累计完成量、本期完成的百分率和累计完成的百分率等数据。

(3)实际进度与计划进度对比

将实际进度的数据与计划进度的数据进行比较从而得出实际进度比计划进度是拖后、超前还是一致。

建设工程进度监测系统过程如图5.7所示。

2)进度调整的系统过程

在项目进度监测过程中，一旦发现实际进度与计划进度不符，即出现进度偏差时，进度控制人员必须认真分析产生的原因及对后续工作或总工期的影响，并采取合理的调整措施，确保进度总目标的实现。具体过程如下：

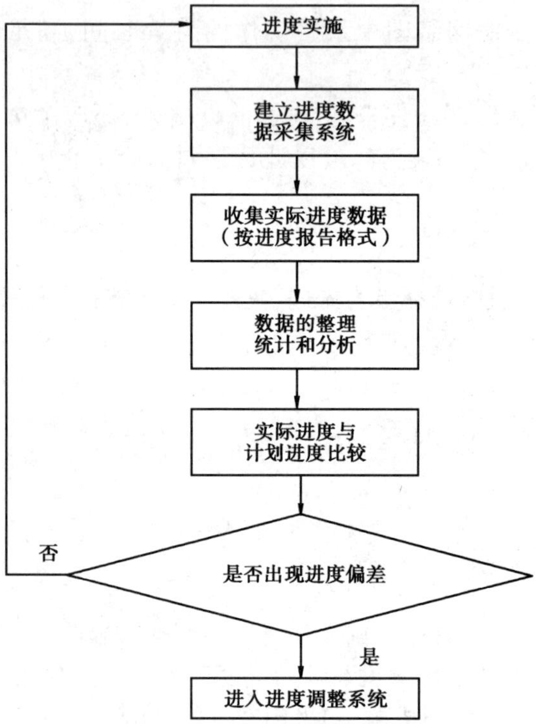

图5.7　项目进度监测系统过程

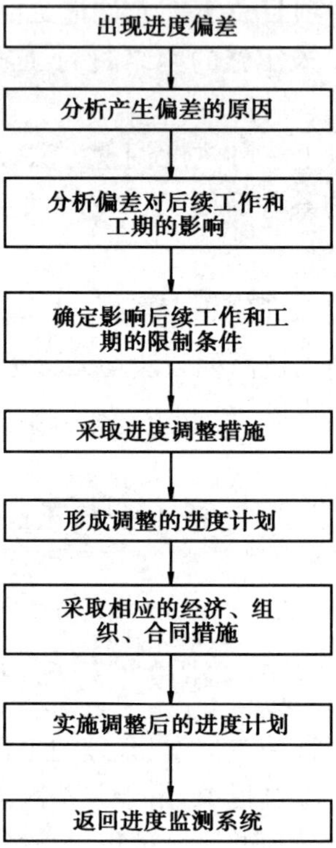

图5.8　项目进度调整系统过程

(1)分析产生偏差的原因

经过进度监测的系统过程，了解到实际进度产生了偏差。为了调整进度，监理工程师应深入现场进行调查，分析产生偏差的原因。

(2)分析偏差对后续工作和总工期的影响

在查明产生偏差的原因之后，要分析偏差对后续工作和总工期的印象，确定是否应当调整。

(3)确定影响后续工作和总工期的限制条件

确定进度可调整的范围，主要指后续工作的限制条件以及总工期允许变化的范围。

(4)采取进度调整措施

即以后续工作和总工期的限制条件为依据，对原进度计划进行调整，以保证要求的进度目标实现。

(5)实施调整后的进度计划

在工程继续实施中，将执行调整后的进度计划。监理工程师要及时协调有关单位的关系，并采取相应的经济、组织与合同措施。

建设工程进度调整系统过程如图5.8所示。

▶ 5.4.2 建设工程项目实际进度与计划进度的比较方法

1)横道图比较法

横道图比较法是将在项目实施中检查实际进度收集的信息,经调整后直接用横道线并列标于原计划的横道线处,进行直观比较的方法。

例如,某基础工程的施工实际进度与计划进度比较,如图 5.9 所示。其中粗实线表示计划进度,涂黑部分则表示工程施工的实际进度。从比较中可以看出,在第 7 周进行施工进度检查时,第 1,3 项工作已完成,第 2 项工作按计划进度应当完成 83%,而实际施工进度只完成了 67%,已经拖后了 16%。

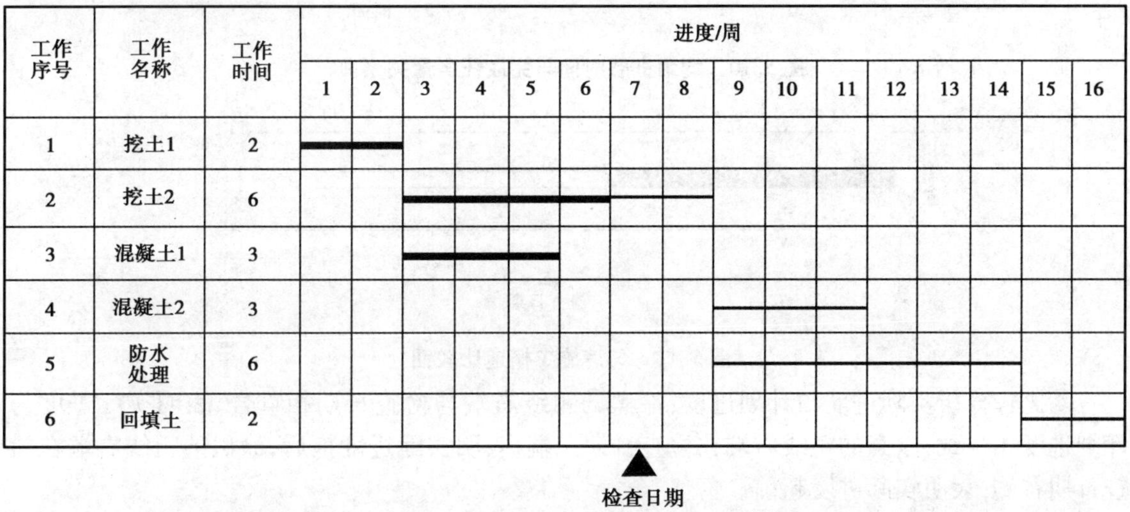

图 5.9 某基础工程实际进度与计划进度比较图

通过上述记录与比较,找出了实际进度与计划进度之间的偏差,以便采取有效措施调整进度计划。但这种方法仅适用于施工中的各项工作都是按均匀的速度进行,即每项工作在单位时间内完成的任务量都是相同的。

根据工程项目实施中各项工作的速度不一定相同,以及进度控制要求和提供的进度信息不同,横道图比较法又可分为以下几种:

(1)匀速进展横道图比较法

匀速进展是指工程项目中,各项工作的进展速度都是均匀的,即在单位时间内完成的任务量都是相等的,累计完成的任务量与时间成直线变化,如图 5.10 所示。完成的任务量可以用实物工程量、劳动消耗量或费用支出表示。为了便于比较,通常用实际完成量的累计百分率与计划应完成量的累计百分率进行比较。

这种比较方法的步骤为:

①编制横道图进度计划。

②在进度计划上标出检查日期。

③将检查收集的实际进度数据,按例用涂黑的粗线标于进度线的下方,如图 5.11 所示。

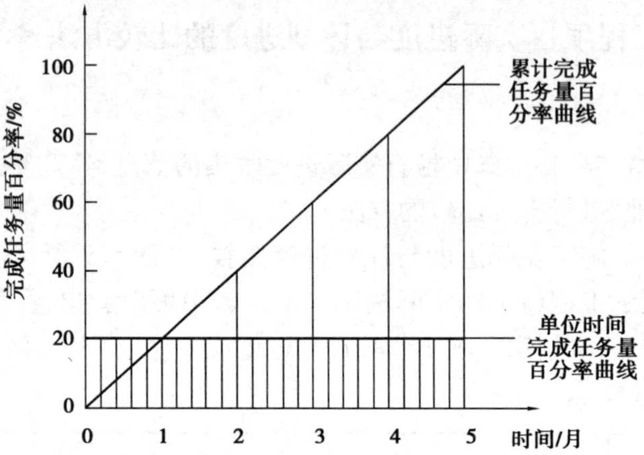

图 5.10　均匀进展时间与完成任务量关系曲

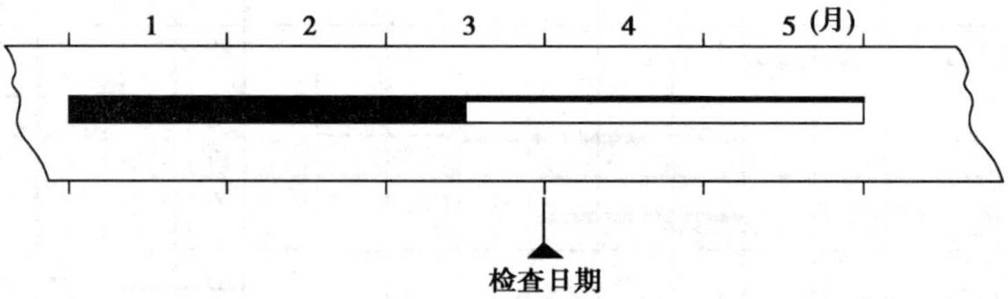

图 5.11　匀速施工横道比较图

④比较分析实际进度与计划进度：涂黑的粗线右端与检查日期相重合，表明实际进度与计划进度相一致；涂黑的粗线右端在检查日期左端，表明实际进度拖后；涂黑的粗线右端在检查日期右侧，表明实际进度超前。

应当注意的是：该方法只适用于从开始到完成的整个过程中，其进展速度是不变的，累计完成的任务量与时间成正比。

(2)双比列单侧横道图比较法

当工作在不同单位时间的进展速度不同时，累计完成的任务量与时间的关系就不是成直线变化，如5.12 所示。此时，可以采用双比例单侧横道图比较法。

双比例单侧横道图比较法在表示工作实际消耗时间的涂黑粗线的同时，标出其对应时刻实际完成任务的累计百分率，将该百分率与其同时刻计划完成任务的累计百分率相比较，判断工作的实际进度与计划进度之间的关系。

这种比较方法的步骤为：

①编制横道图进度计划。

②在横道线上方标出各主要时间工作的计划完成任务累计百分率。

③在横道线下方标出相应日期工作的实际完成任务百分率。

④用涂黑粗线标出实际投入的时间，由开工日标起，同时反映出实施过程中的连续与间断情况。

⑤对照横道线上方计划完成任务累计量与同时刻的下方实际完成任务累计量，比较出实际进度与计划进度之偏差。可能有 3 种情况：同一时刻上下两个累计百分率相等，表明实际

进度与计划进度一致;同一时刻上面的累计百分率大于下面的累计百分率,表明该时刻实际进度拖后,拖后的量为二者之差;同一时刻上面的累计百分率小于下面累计百分率,表明该时刻实际进度超前,超前的量为二者之差。

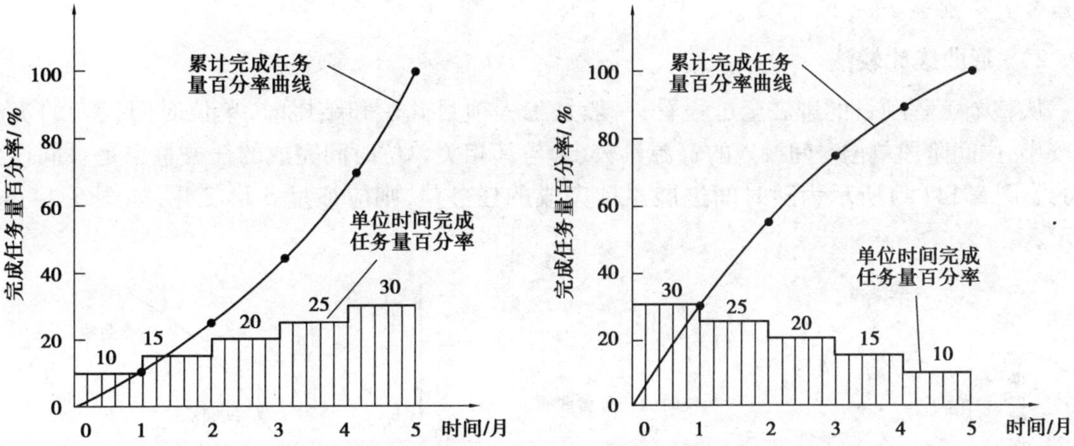

图 5.12 非均匀施工时间与完成任务量关系曲线图

应当注意的是:由于工作进展速度是变化的,因此横道图中进度横线,不管是计划还是实际的,都只表示工作的开始时间、持续天数和完成时间,并不表示计划完成量和实际完成量。这两个量分别通过标注在横道线上方及下方的累计百分率来表示。实际进度的涂黑粗线按实际工作的开始日期划起,若工程实际进度间断,亦可在图中将涂黑粗线作相应空白。

【例5.1】 某工程的绑扎钢筋工程按施工计划安排需要9 d完成,每天统计累计完成任务的百分率,工作的每天实际进度和检查日累计完成任务的百分率如图5.13所示。

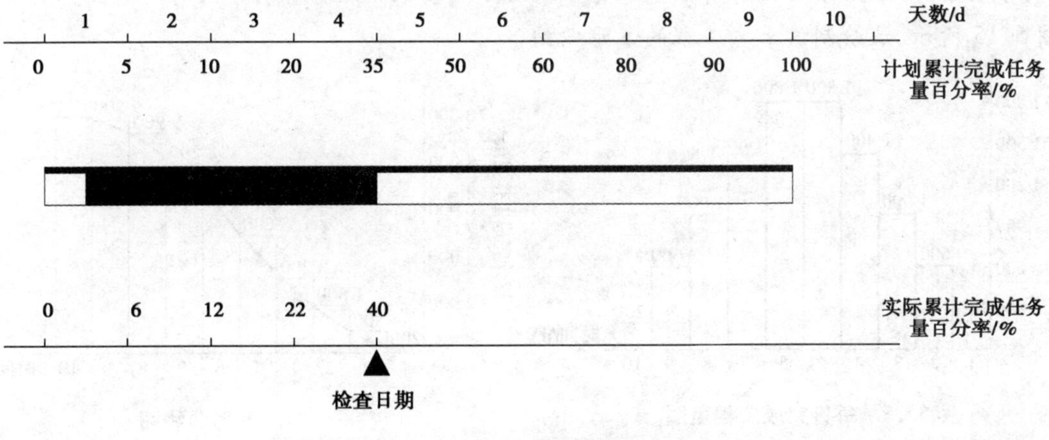

图 5.13 双比例单侧横道图比较图

【解】 ①在横道线上方标出钢筋工程每天计划累计完成任务量的百分率,分别为5%,10%,20%,35%,50%,60%,80%,90%,100%。

②在横道线下方标出工作1 d、2 d、3 d直至检查日期的实际累计完成任务量的百分率,分别为6%,12%,22%,40%。

③用涂黑粗线标出实际进度线。从图中可看出，实际开始工作时间比计划时间晚一段时间，进程中连续工作。

④比较实际进度与计划进度的偏差。从图中可看出，第一天末进度比计划进度超前1%，以后各天分别为2%，2%，5%。

2)S 形曲线比较法

从整个工程项目的进展全过程看，一般是工程项目开始和结尾时，单位时间投入的资源量较小，中间阶段单位时间投入的资源量较多，与其相关单位时间完成的任务量也是呈同样变化的。图5.14(a)所示为随时间进展累计完成的任务量，则应该呈S形变化，如图5.14(b)所示。

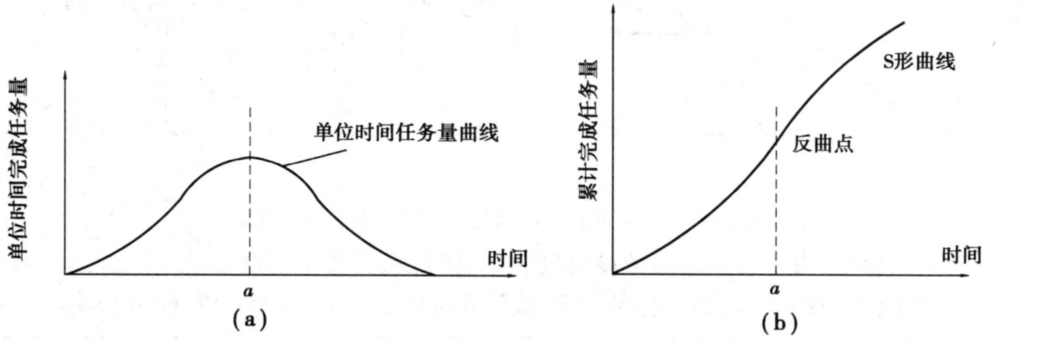

图5.14 时间与完成任务量关系曲线

(1)S 形曲线绘制方法

下面以一简例来说明 S 形曲线的具体作法。

【例5.2】 某土方工程的总开挖量为10 000 m^3，要求10 d完成，不同时间的土方开挖量如图5.15所示，试绘制该土方工程的S形曲线。

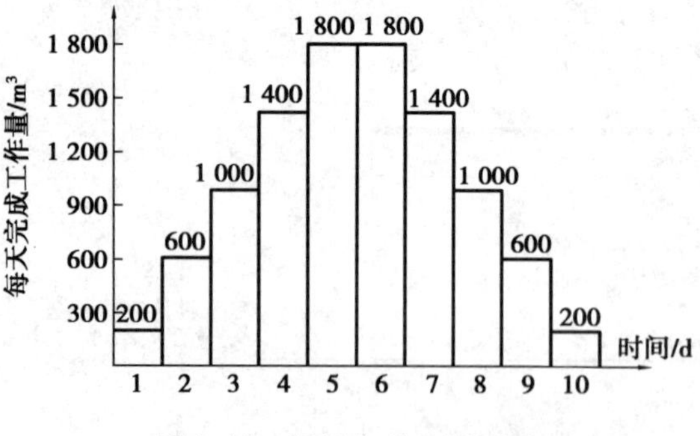

图5.15 每日完成工程量图

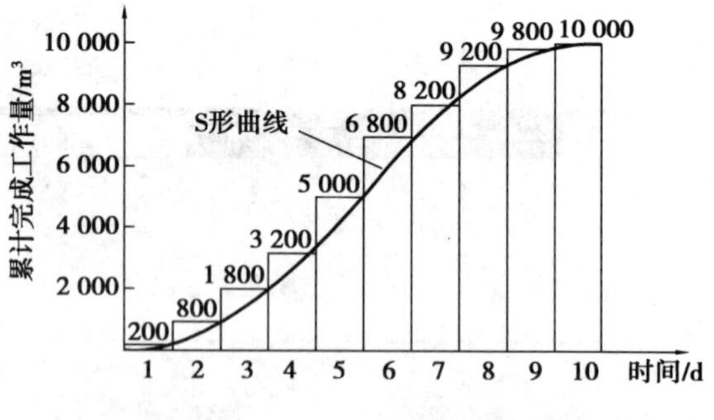

图5.16 S 形曲线图

表5.1 完成工程量汇总表

时间 j/d	1	2	3	4	5	6	7	8	9	10
每日完成量 q_j/m^3	200	600	1 000	1 400	1 800	1 800	1 400	1 000	600	200
累计完成梁 Q_j/m^3	200	800	1 800	3 200	5 000	6 800	8 200	9 200	9 800	10 000

【解】 根据已知条件:

①确定各单位时间计划完成量 q_j 值,$j=1,2,\cdots,10$,结果列于表5.1中。

②计算不同时间累计应完成的土方量。例如,到第4天末,累计应完成的土方量为:

$$Q_4 = \sum_{j=1}^{4} q_j = q_1 + q_2 + q_3 + q_4 = (200 + 600 + 1\,000 + 1\,400)\,\mathrm{m}^3 = 3\,200\ \mathrm{m}^3$$

其计算结果见表5.1中 Q_j 值。

③根据 Q_j 值,$j=1,2,\cdots,10$,绘制该土方工程的S形曲线,如图5.16所示。

(2)S形曲线比较方法

利用S形曲线,可在图上直观地进行工程项目实际进度与计划进度比较。在一般情况下,进度控制人员在计划实施前绘制出计划S形曲线,在项目实施过程中,按规定时间将检查的实际完成任务情况绘制在同一张图上,得出实际进度曲线,如图5.17所示。比较两条S形曲线可以得到如下信息:

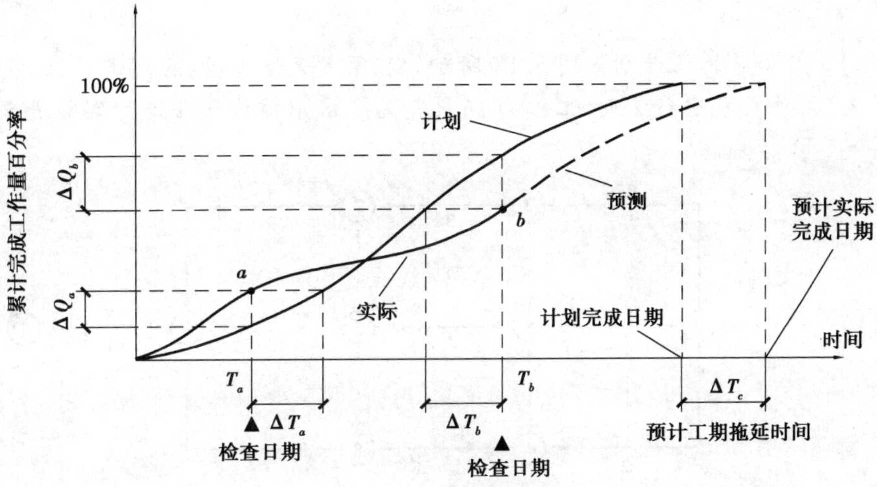

图5.17 S形曲线比较图

工程项目实际进度与计划进度比较情况:当实际进展点落在计划S形曲线左侧,则表示此时实际进度比计划进度超前;若落在其右侧,则表示拖后;若刚好落在其上,则表示二者一致。

工程项目实际进度比计划进度超前或拖后的时间:ΔT_a 表示 T_a 时刻实际进度超前的时间,ΔT_b 表示 T_b 时刻实际进度拖后的时间。

工程项目实际进度比计划进度超额或拖欠的任务量:ΔQ_a 表示 T_a 时刻超额完成的任务量,ΔQ_b 表示在 T_b 时刻拖欠的任务量。

预测工程进度:后期工程如果按原计划速度进行,则工期拖延预测值为 ΔT_c。

3)**前锋线比较法**

前锋线比较法主要适用于时标网络计划。该方法是从检查时刻的时标点出发,首先连接与其相邻的工作箭线的实际进度点,再去连接与该箭线相邻工作箭线的实际进度点。以此类推,将检查时刻正在进行的工作实际进度点都依次连接起来,组成一条一般为折线的前锋线。

按前锋线与箭线交点的位置判断工作实际进度与计划进度的偏差。

前锋线比较法的步骤如下:首先,绘制早时标网络计划图。工程实际进度的前锋线是在早时标网络计划上标志,为了反映清楚,需要在图面上方和下方各设一时间坐标。然后,绘制前锋线。一般从上方时间坐标的检查日画起,依次连接相邻工作箭线的实际进度,最后与下方坐标的检查日连接。最后,比较实际进度与计划进度。

前锋线明显地反映出检查日有关工作实际进度与计划进度的关系,有以下3种情况:

①工作实际进度点位置与检查日时间坐标相同,则该工作实际进度与计划进度一致。

②工作实际进度点位置在检查日时间坐标右侧,则该工作实际进度超前,超前天数为二者之差。

③工作实际进度点在检查日时间坐标左侧,则该工作实际进展拖后,拖后天数为二者之差。

应当注意的是,以上比较是指匀速进展的工作。对于非匀速进展的工作,其比较方法较为复杂。

【例5.3】 已知某网络计划如图5.18所示。在第5天检查时,发现工作A已完成,工作B已进行1天,工作C已进行2天,工作D尚未开始。试用前锋线法进行实际进度与计划进度比较。

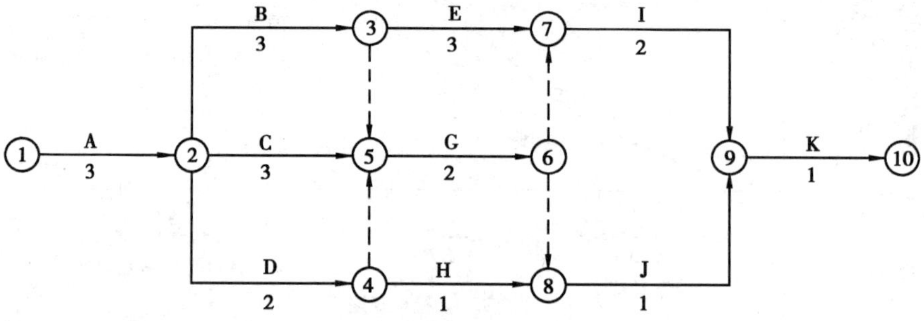

图5.18 某网络计划图

【解】 ①按已知网络计划绘制早时标网络计划图,如图5.19所示。

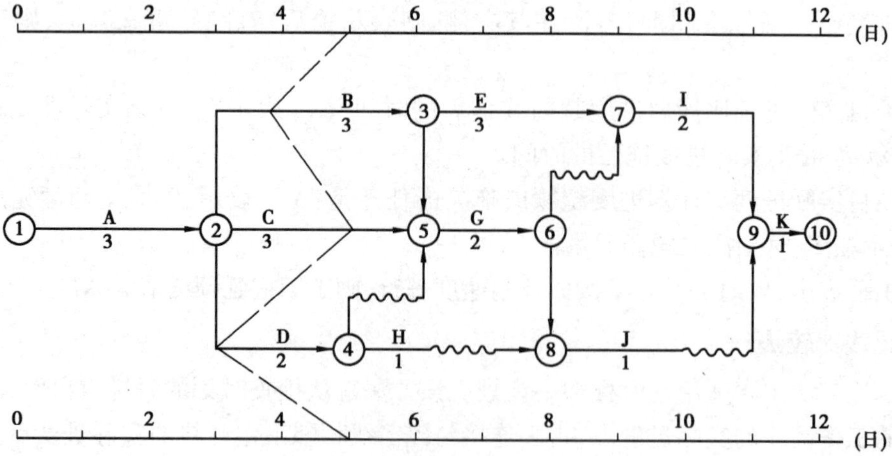

图5.19 某网络计划前锋线比较图

②按第5天检查实际进度情况绘制前锋线,如图5.19点画线所示(也可用其他线型)。

③实际进度与计划进度比较。从图5.19前锋线可以看出:工作B拖延1天;工作C与计划一致;工作D拖延2天。

▶ 5.4.3 进度计划实施中的调整方法

1)分析偏差对后续工作及总工期的影响

当出现进度偏差时,需要分析该偏差对后续工作及总工期产生的影响。偏差的大小及其所处的位置,对后续工作和总工期的影响程度是不同的。分析的方法主要是利用网络计划中工作的总时差和自由时差的概念进行判断。由时差概念可知:当偏差小于该工作的自由时差时,对进度计划无影响;当偏差大于自由时差,而未超过总时差时,对后续工作的最早开始时间有影响,对总工期无影响;当偏差大于总时差时,对后续工作和总工期都有影响。

2)进度计划的调整方法

在对实施的进度计划分析的基础上,确定调整原计划的方法,一般有以下两种:

(1)改变某些工作间的逻辑关系

若实施中的进度产生的偏差影响了总工期,并且有关工作之间的逻辑关系允许改变,可以改变关键线路和超过计划工期的非关键线路上的有关工作之间的逻辑关系,达到缩短工期的目的。例如,可以把依次进行的有关工作改变为平行的或互相搭接的,以及分成几个施工段进行流水施工的工作,都可以达到缩短工期的目的。

(2)缩短某些工作的持续时间

这种方法不改变工作之间的逻辑关系,只是缩短某些工作的持续时间,而使施工进度加快,以保证实现计划工期。这些被压缩持续时间的工作是位于因实际施工进度的拖延而引起总工期增长的关键线路和某些非关键线路上的工作,同时,这些工作又是可压缩持续时间的工作。这种方法通常可在网络图上直接进行,其调整方法一般可分为以下两种情况:

一是,当网络计划中某项工作进度拖延的时间在该项工作的总时差范围内和自由时差以外时,若用Δ表示此项工作拖延的时间,FF表示该工作的自由时差,TF表示该工作的总时差,则有$FF<\Delta<TF$,此时并不会对总工期产生影响。因此,在进行调整前,需确定后续工作允许拖延的时间限制,并以此作为进度调整的限制条件。当后续工作由多个平行的分包单位负责实施时,后续工作在时间上的拖延可能使合同不能正常履行而使受损的一方提出索赔。因此,监理工程师应注意寻找合理的调整方案,把对后续工作的影响降到最低程度。

二是,当网络计划中某项工作进度拖延的时间在该项工作的总时差以外,即$\Delta>TF$时,此时不管该工作是否为关键工作,这种拖延都对后续工作和总工期产生影响。其进度计划的调整方法又可分为以下3种情况:

①项目总工期不允许拖延。这时只能通过缩短关键线路上后续工作的持续时间来保证总工期目标的实现。

②项目总工期允许拖延。此时可用实际数据代替原始数据,并重新计算网络计划有关参数即可。

③项目总工期允许拖延的时间有限。此时可以总工期的限制时间作为规定工期,并对还未实施的网络计划进行工期优化,通过压缩网络计划中某些工作持续时间,来使总工期满足规定工期的要求。

当网络计划中某项工作进度超前时,致使资源的使用发生变化,打乱了原计划对资源的合理安排,特别是当采用多个平行分包单位进行施工时。因此,实际中若出现进度超前的情况,进度控制人员必须综合分析对后续工作产生的影响,提出合理的进度调整方案。

5.5 建设工程项目进度拖延的原因分析及控制措施

5.5.1 建设工程项目进度拖延的原因

项目管理者经常按预定的项目计划定期评审实施进度情况,分析并确定项目进度拖延的根本原因。进度拖延是工程项目过程中经常发生的现象,各层次的项目单元,各个项目阶段都可能出现延误。进度拖延的原因是多方面的,常见的有以下几种:

1)工期及相关计划的失误

计划失误是进度拖延常见的现象。人们在计划期将持续时间安排得过于紧凑,包括:

①计划时忘记部分必要的功能或工作。

②计划值(如计划工作量、持续时间)不足,相关的实际工作量增加。

③资源或能力不足,例如计划时没有考虑到资源的限制或缺陷。

④出现了计划中未能考虑到的风险或状况,未能使工程实施达到预定的效率。

⑤业主、投资者或企业主管常常在开始就提出很紧迫的工期要求,使承包商或其他设计人、供应商的工期太紧。

2)外界条件的变化

①工作量的变化。可能是由于设计的修改、设计的错误、业主新的要求、修改项目的目标及系统范围的扩展造成的。

②外界(如政府、上层系统)对项目新的要求或限制。设计标准的提高可能造成项目资源的缺乏,使得工程无法及时完成。

③环境条件的变化。如不利的施工条件不仅造成对工程实施过程的干扰,有时直接要求调整原来已确定的计划。

④发生不可抗力事件。

3)管理过程中的失误

①计划部门与实施者之间,总、分包商之间,业主与承包商之间缺少沟通。

②工程实施者缺乏工期意识。例如管理者拖延了图纸的供应和批准、任务下达时缺少必要的工期说明和责任落实、拖延了工程活动等。

③项目参加单位对各个活动之间的逻辑关系没有清楚地理解,下达任务时也没有作详细

的解释,同时对活动的必要前提条件准备不足,各单位之间缺少协调和信息沟通,许多工作脱节,资源供应出现问题。

④由于其他方面未完成项目计划规定的任务造成拖延。

⑤承包商没有集中力量施工,材料供应拖延、资金缺乏、工期控制不紧。这可能是由于承包商同期工程太多、力量不足造成的。

⑥业主没有集中资金的供应,拖欠工程款,或业主的材料、设备供应不及时。

4)其他原因

工程进度延迟的其他原因也有很多,例如由于采取其他调整措施造成工期的拖延、设计的变更、质量问题的返工、实施方案的修改等。

▶ 5.5.2 解决建设工程项目进度拖延的措施

1)基本策略

对已产生的进度拖延可以采取如下的基本策略:

①采取积极的措施赶工,以弥补或部分弥补已经产生的拖延。该策略主要通过调整后期计划、采取措施赶工、修改网络计划等方法解决进度拖延问题。

②不采取特别的措施,在目前状态的基础上,仍按照原计划安排后期工作。但通常情况下,拖延的影响会越来越大。有时刚开始仅一两周的拖延,到最后会导致一年拖延的结果。这是一种消极的办法,最终结果必然损害工期目标和经济效益,如因工期拖延而被罚款,由于不能及时投产而不能实现预期收益。

2)可以采取的赶工措施

与在计划阶段压缩工期一样,解决进度拖延有许多方法,但每种方法都有它的适用条件、限制,同时也必然会带来一些负面影响。在以往的讨论以及实际工作中,都将重点集中在时间问题上,这是不对的。许多措施常常没有效果,或引起其他更严重的问题,最典型的是增加成本开支、现场的混乱和引起质量问题。所以应将拖延的工期作为一个新的计划过程来处理。

在实际工程中经常采用如下赶工措施:

①增加资源投入,如增加劳动力、材料、周转材料和设备的投入量。这是最常用的办法。它会带来如下问题:

a. 造成费用的增加,如增加人员的调遣费用、周转材料一次性费、设备的进出场费。

b. 由于增加资源造成资源使用效率的降低。

c. 加剧资源供应的困难,如有些资源没有增加的可能性,加剧项目之间或工序之间对资源的激烈竞争。

②重新分配资源,例如将服务部门的人员投入到生产中去,投入风险准备资源,采用加班或多班制工作。

③减少工作范围,包括减少工作量或删去一些工作(或分项工程),但这可能产生如下影响:损害工程的完整性、经济性、安全性、运行效率,或提高项目运行费用;必须经过上层管理

者，如投资者、业主的批准。

④改善工具器具以提高劳动效率。

⑤提高劳动生产率，主要通过辅助措施和合理的工作过程。这里要注意如下问题：加强培训，通常培训应尽可能的提前；注意工人级别与工人技能的协调；工作中的激励机制，例如奖金、小组精神发扬、个人负责制、目标明确；改善工作环境及项目的公用设施；项目小组在时间和空间上合理的组合和搭接；避免项目组织中的矛盾，多沟通。

⑥将部分任务转移，如分包、委托给另外的单位，将原计划由自己生产的结构构件改为外购等。当然这不仅有风险，产生新的费用，而且需要增加控制和协调工作。

⑦改变网络计划中工程活动的逻辑关系，如将前后顺序工作改为平行工作，或采用流水施工的方法。这又可能产生如下问题：工程活动逻辑上的矛盾性；资源的限制，平行施工要增加资源的投入强度，尽管投入总量不变；工作面限制及由此产生的现场混乱和低效率问题。

⑧将一些工作合并，特别是在关键线路上按先后顺序实施的工作合并，与实施者一道研究，通过局部调整实施过程和人力、物力的分配，达到缩短工期的目的。

例如，A1，A2 两项工作如果由两个单位分包按次序施工，则它的持续时间较长。如果将它们合并为 A，由一个单位来完成，则持续时间将会大大缩短。这是由于：

a. 两个单位分别负责，则它们都经过前期准备低效率—正常施工—后期低效率过程，则总的平均效率很低。

b. 由于由两个单位分别负责，中间有一个对 A1 工作的检查、打扫和场地交接和对 A2 准备的过程，会使工期延长，这由分包合同或工作任务单所决定。

c. 如果合并由一个单位完成，则平均效率会较高，而且许多工作能够穿插进行。

d. 实践证明，采用“设计-施工”总承包，或项目管理总承包，比分阶段、分专业平行承包工期会大大缩短。

⑨修改实施方案，例如将现浇混凝土改为场外预制、现场安装，这样可以调高施工速度。

3）应注意的问题

①在选择措施时，要考虑到以下因素：赶工应符合项目的总目标与总战略；措施应是有效、可行的；花费比较省；对项目的实施、承包商、供应商的影响面较小。

②在制订后续工作计划时，这些措施应与项目的其他过程协调。

③在实际工作中，人们常常采用许多事先认为有效的措施，但实际效力却很小，达不到预期的缩短工期的效果。这是由于：

a. 这些计划是无正常计划期状态下的计划，常常是不周全的。

b. 缺少协调，没有将加速的要求、措施、新的计划、可能引起的问题通知相关各方，如其他分包商、供应商、运输单位、设计单位等。

c. 人们对以前造成拖延问题的影响认识不清。

复习思考题

5.1 简述建设工程项目总进度目标论证的目的和内容。

5.2 举例说明单位工程施工进度计划编制程序。

5.3 进度计划的表示方法主要有哪些？各有什么特点？

5.4 建设工程项目进度计划的调整方法有哪些？

5.5 建设工程项目实际进度与计划进度的比较方法有哪些？

5.6 如题5.6图所示，应用S形曲线比较法比较实际和计划两条S形曲线，可以得出什么分析与判断结果？

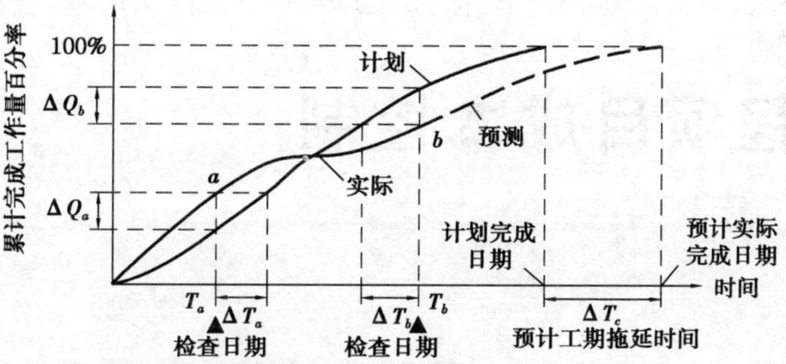

题5.6图

5.7 已知某工程网络计划前锋线如题5.7图所示。（要求：比较实际与计划进度，预测工作进度。）

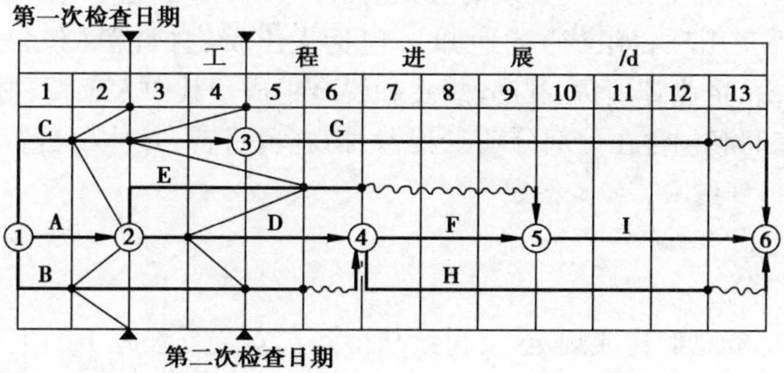

题5.7图

6

建设工程项目成本控制

6.1 建设工程项目成本的构成

建筑安装工程费按照费用构成要素划分(建标〔2013〕44 号住房城乡建设部、财政部关于印发《建筑安装工程费用项目组成》的通知),包括人工费、材料费(包含工程设备费用,下同)、施工机具使用费、企业管理费、利润、规费和税金组成。其中人工费、材料费、施工机具使用费、企业管理费和利润包含在分部分项工程费、措施项目费、其他项目费中。具体如图 6.1 所示。

▶ 6.1.1 人工费

人工费是指按工资总额构成规定,支付给从事建筑安装工程施工的生产工人和附属生产单位工人的各项费用,内容包括:

①计时工资或计件工资:按计时工资标准和工作时间或对已做工作按计件单价支付给个人的劳动报酬。

②奖金:对超额劳动和增收节支支付给个人的劳动报酬,如节约奖、劳动竞赛奖等。

③津贴补贴:为了补偿职工特殊或额外的劳动消耗和因其他特殊原因而支付给个人的津贴,以及为了保证职工工资水平不受物价影响而支付给个人的物价补贴,如流动施工津贴、特殊地区施工津贴、高温(寒)作业临时津贴、高空津贴等。

④加班加点工资:按规定支付的在法定节假日工作的加班工资和在法定日工作时间外延

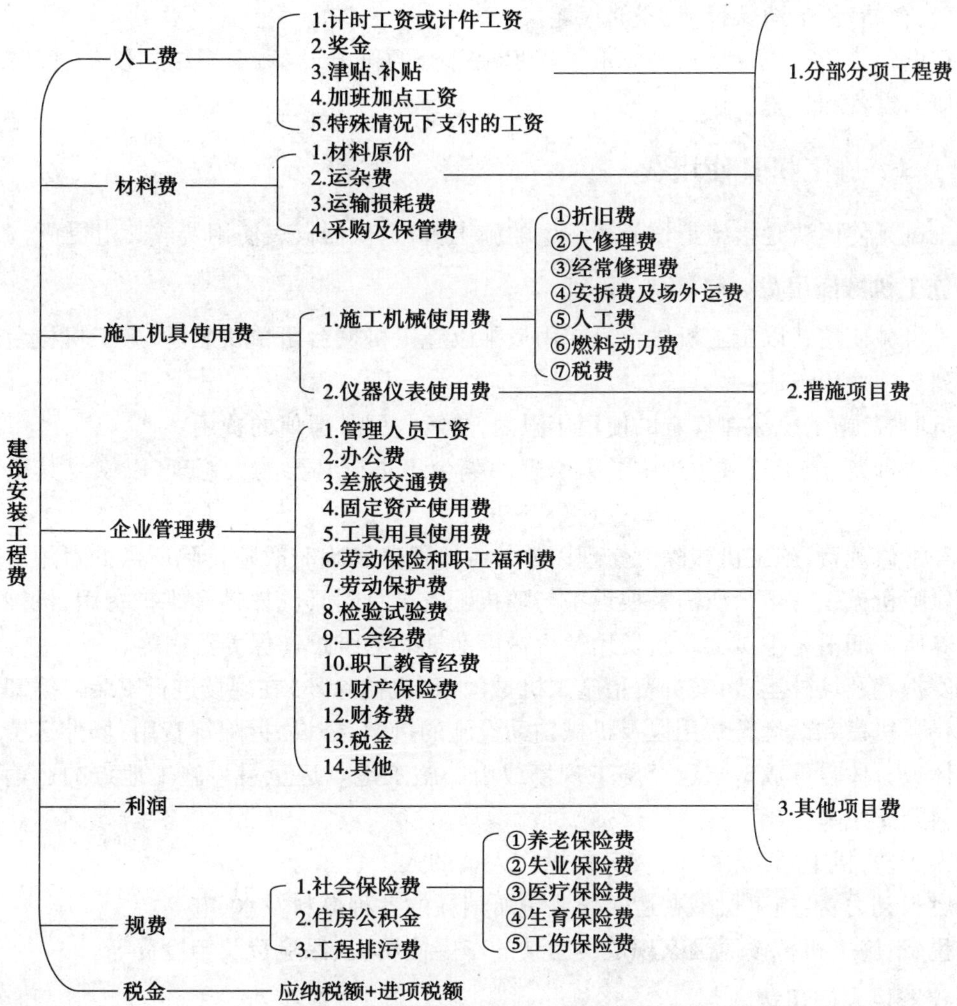

图6.1　建筑安装工程费用项目组成表

时工作的加点工资。

⑤特殊情况下支付的工资：根据国家法律、法规和政策规定，因病、工伤、产假、计划生育假、婚丧假、事假、探亲假、定期休假、停工学习、执行国家或社会义务等原因按计时工资标准或计时工资标准的一定比例支付的工资。

▶ 6.1.2　材料费

材料费是指施工过程中耗费的原材料、辅助材料、构配件、零件、半成品或成品、工程设备的费用。其内容包括：

①材料原价：材料、工程设备的出厂价格或商家供应价格。

②运杂费：材料、工程设备自来源地运至工地仓库或指定堆放地点所发生的全部费用。

③运输损耗费：材料在运输装卸过程中不可避免的损耗。

④采购及保管费：为组织采购、供应和保管材料、工程设备的过程中所需的各项费用，包

括采购费、仓储费、工地保管费、仓储损耗。

工程设备是指构成或计划构成永久工程一部分的机电设备、金属结构设备、仪器装置及其他类似的设备和装置。

► 6.1.3 施工机具使用费

施工机具使用费是指施工作业所发生的施工机械、仪器仪表使用费或其租赁费。

1)施工机械使用费

施工机械使用费以施工机械台班耗用量乘以施工机械台班单价表示,施工机械台班单价应由下列7项费用组成:

①折旧费:施工机械在规定的使用年限内,陆续收回其原值的费用。

②大修理费:施工机械按规定的大修理间隔台班进行必要的大修理,以恢复其正常功能所需的费用。

③经常修理费:施工机械除大修理以外的各级保养和临时故障排除所需的费用。其内容包括为保障机械正常运转所需替换设备与随机配备工具附具的摊销和维护费用,机械运转中日常保养所需润滑与擦拭的材料费用及机械停滞期间的维护和保养费用等。

④安拆费及场外运费:安拆费指施工机械(大型机械除外)在现场进行安装与拆卸所需的人工、材料、机械和试运转费用以及机械辅助设施的折旧、搭设、拆除等费用;场外运费指施工机械整体或分体自停放地点运至施工现场或由一施工地点运至另一施工地点的运输、装卸、辅助材料及架线等费用。

⑤人工费:机上司机(司炉)和其他操作人员的人工费。

⑥燃料动力费:施工机械在运转作业中所消耗的各种燃料及水、电等。

⑦税费:施工机械按照国家规定应缴纳的车船使用税、保险费及年检费等。

2)仪器仪表使用费

仪器仪表使用费是指工程施工所需使用的仪器仪表的摊销及维修费用。

► 6.1.4 企业管理费

企业管理费是指建筑安装企业组织施工生产和经营管理所需的费用。内容包括:

①管理人员工资:按规定支付给管理人员的计时工资、奖金、津贴补贴、加班加点工资及特殊情况下支付的工资等。

②办公费:企业管理办公用的文具、纸张、账表、印刷、邮电、书报、办公软件、现场监控、会议、水电、烧水和集体取暖降温(包括现场临时宿舍取暖降温)等费用。

③差旅交通费:职工因公出差、调动工作的差旅费、住勤补助费,市内交通费和误餐补助费,职工探亲路费,劳动力招募费,职工退休、退职一次性路费,工伤人员就医路费,工地转移费以及管理部门使用的交通工具的油料、燃料等费用。

④固定资产使用费:管理和试验部门及附属生产单位使用的属于固定资产的房屋、设备、仪器等的折旧、大修、维修或租赁费。

⑤工具用具使用费:企业施工生产和管理使用的不属于固定资产的工具,器具,家具,交通工具和检验、试验、测绘、消防用具等的购置、维修和摊销费。

⑥劳动保险和职工福利费:由企业支付的职工退职金,按规定支付给离休干部的经费,集体福利费,夏季防暑降温、冬季取暖补贴,上下班交通补贴等。

⑦劳动保护费:企业按规定发放的劳动保护用品的支出,如工作服、手套、防暑降温饮料以及在有碍身体健康的环境中施工的保健费用等。

⑧检验试验费:施工企业按照有关标准规定,对建筑以及材料、构件和建筑安装物进行一般鉴定、检查所发生的费用,包括自设试验室进行试验所耗用的材料等费用。但检验试验费不包括新结构、新材料的试验费,对构件做破坏性试验及其他特殊要求检验试验的费用和建设单位委托检测机构进行检测的费用,对此类检测发生的费用,由建设单位在工程建设其他费用中列支。但对施工企业提供的具有合格证明的材料进行检测不合格的,该检测费用由施工企业支付。

⑨工会经费:企业按《工会法》规定的全部职工工资总额比例计提的工会经费。

⑩职工教育经费:按职工工资总额的规定比例计提,企业为职工进行专业技术和职业技能培训、专业技术人员继续教育、职工职业技能鉴定、职业资格认定以及根据需要对职工进行各类文化教育所发生的费用。

⑪财产保险费:施工管理用财产、车辆等的保险费用。

⑫财务费:企业为施工生产筹集资金或提供预付款担保、履约担保、职工工资支付担保等所发生的各种费用。

⑬税金:企业按规定缴纳的房产税、车船使用税、土地使用税、印花税等。

⑭其他:包括技术转让费、技术开发费、投标费、业务招待费、绿化费、广告费、公证费、法律顾问费、审计费、咨询费、保险费等。

▶ 6.1.5 利润和规费

利润是指施工企业完成所承包工程获得的盈利。规费是指按国家法律、法规规定,由省级政府和省级有关权力部门规定必须缴纳或计取的费用。规费包括以下内容:

1)社会保险费

①养老保险费:企业按照规定标准为职工缴纳的基本养老保险费。

②失业保险费:企业按照规定标准为职工缴纳的失业保险费。

③医疗保险费:企业按照规定标准为职工缴纳的基本医疗保险费。

④生育保险费:企业按照规定标准为职工缴纳的生育保险费。

⑤工伤保险费:企业按照规定标准为职工缴纳的工伤保险费。

2)其他

规费还包括住房公积金、工程排污费和税金等。住房公积金是指企业按规定标准为职工缴纳的住房公积金。工程排污费是指按规定缴纳的施工现场工程排污费。其他应列而未列入的规费,按实际发生计取。税金是指国家税法规定的应计入建筑安装工程造价内的营业税、城市维护建设税、教育费附加以及地方教育附加。

6.2 建设工程项目决策阶段的成本控制

6.2.1 建设项目的投资估算

投资估算是建设项目决策的重要依据之一。在整个投资过程中,要对建设工程成本进行估算,在此基础上研究是否建设。投资估算要保证必要的准确性,如果误差太大,必将导致决策失误。因此,准确全面地估算建设项目的工程成本是项目可行性研究乃至整个项目投资决策阶段成本管理的重要任务。

1)投资估算及其作用

(1)投资估算

投资估算是在对项目的建设规模、产品方案、工艺技术及设备方案、工程方案及项目实施进度等进行研究并基本确定的基础上,估算项目所需资金总额并测算建设期分年资金使用计划。投资估算是拟建项目编制项目建议书、可行性研究报告的重要组成部分,是项目决策的重要依据之一。

(2)投资估算的作用

①投资估算是项目主管部门审批项目建议书和可行性研究报告的依据之一,并对制订项目规划、控制项目规模起参考作用。

②投资估算是项目筹资决策和投资决策的重要依据,对于确定融资方式、进行经济评价和方案优选起着重要作用。

③投资估算既是编制初步设计概算的依据,同时还对初步设计概算起控制作用,是项目投资控制目标之一。

2)投资估算的编制依据与原则

(1)投资估算的编制依据

投资估算的编制依据主要包括:

①项目建议书、可行性研究报告。

②建设规模、产品方案。

③工程项目一览表。

④设计方案、图纸、主要设备、材料表。

⑤投资估算指标、概预算定额、材料预算单价、设备价格、运杂费率等。

⑥同类型建设项目的投资经济指标、概预算。

⑦资金贷款利率,对建设投资的收益率要求等。

⑧当地的费用标准、历年的调价系数、现场有关情况(水、电、交通、水文地质条件等)。

(2)投资估算的原则

投资估算的原则主要包括：

①深入开展调查研究，掌握第一手资料。

②实事求是地反映投资情况，不弄虚作假。

③综合考虑设计标准和工程成本两方面的问题，在满足设计功能的前提下，节约建设成本。

④尽量减少投资估算的误差，注意分析市场的变动因素，充分估计物价上涨因素和市场供求情况对成本的影响。

⑤合理选用成本指标，切忌生搬硬套。

3)投资估算的编制方法

根据项目的不同特点，投资估算采用的方法也不尽相同，应根据所需精度和可获取的技术经济资料选取适宜的估算方法。

(1)资金周转率法

这是一种用资金周转率来推测投资额的简便方法。计算公式为：

$$资金周转率=\frac{年销售总额}{总投资}\times 100\%=\frac{产品年产量\times 产品单价}{总投资}\times 100\%$$

$$投资额=\frac{产品年产量\times 产品单价}{资金周转率}$$

拟建项目的资金周转率可以根据已建类似项目的有关数据进行估计，然后再根据拟建项目的预计产品的年产量及单价估算拟建项目的投资额。

这种方法比较简单，计算速度快，但精确度较低，适用于投资机会研究及项目建议书阶段的投资估算。

(2)生产能力指数估算法

这种方法是根据已建成的、性质类似的建设项目或装置的投资额和生产能力及拟建项目或生产装置的生产能力估算拟建项目的投资额。计算公式为：

$$C_2=C_1\left(\frac{Q_2}{Q_1}\right)^n f \tag{6.1}$$

式中 C_1——已建类似项目或装置的投资额；

C_2——拟建项目或装置的投资额；

Q_1——已建类似项目或装置的生产能力；

Q_2——拟建项目或装置的生产能力；

f——不同时期、不同地点的定额、单价、费用变更等的综合调整系数；

n——生产能力指数，$0\leqslant n\leqslant 1$。

若已建类似项目或装置的规模和拟建项目或装置的规模相差不大，生产规模比值在0.5～2，则指数 n 的取值近似为1；若已建类似项目或装置与拟建项目或装置的规模相差不大于50倍，且拟建项目规模的扩大仅靠增大设备规模来达到时，则 n 的取值在0.6～0.7；若是靠增加相同规格设备的数量达到时，n 的取值在0.8～0.9。

采用这种方法，计算简单、速度快，但要求类似工程的资料可靠，条件基本相同，否则误差就会增大。

(3)分项比例估算法

比例估算法又分为两种：

①以拟建项目或装置的设备费为基数，根据已建成的同类项目或装置的建筑安装费和其他工程费用等占设备价值的百分率，求出相应的建筑安装费及其他工程费用等，再加上拟建项目的其他有关费用，其总和即为项目或装置的投资。计算公式为：

$$C = E(1 + f_1P_1 + f_2P_2 + f_3P_3 + \cdots + f_nP_n) + I \tag{6.2}$$

式中 C——拟建项目或装置的投资额；

E——根据拟建项目或装置的设备清单按当时当地价格计算的设备费（包括运杂费）的总和；

$P_1,P_2,P_3,\cdots,P_n$——已建项目中建筑、安装及其他工程费用等占设备费用的百分率；

$f_1,f_2,f_3,\cdots,f_n$——由于时间因素引起的定额、价格、费用标准等变化的综合调整系数；

I——拟建项目的其他费用。

②与前者相似，以拟建项目中最主要、投资比重较大并与生产能力直接相关的工艺设备的投资（包括运杂费及安装费）为基数，根据同类型已建项目的有关统计资料，计算出拟建项目的各专业工程（土建、暖通、给排水、管道、电气及电信、自控及其他工程费用等）占工艺设备投资的百分率，据以求出各专业的投资，然后把各部分投资费用（包括工艺设备费）相加求和，再加上工程其他有关费用，即为项目的总费用。其表达式为：

$$C = E(1 + f_1P'_1 + f_2P'_2 + f_3P'_3 + \cdots + f_nP'_n) + I \tag{6.3}$$

式中 $P'_1,P'_2,P'_3,\cdots,P'_n$——各专业工程费用占工艺设备费用的百分率；

其他符号含义同式(6.2)。

(4)指标估算法

房屋、建筑物的投资估算，常采用指标估算法。这种方法是根据各种具体的成本指标，进行单位工程投资的估算方法。投资估算指标的形式很多，如元/m^2、元/m^3、元/kVA 等，分别与单位面积法、单位体积法、单位容量法等相对应。根据这些成本指标，乘上拟建项目的面积、体积、容量等，就可求出相应工程项目的投资。

这种方法的特点是快速、准确，能密切结合工程的功能需要，充分采用各种设计参数和合理的计量单位，减少了综合套用估、概算指标的盲目性，或套用技术经济指标或类似工程概预算成本而要作换算调整的烦琐性，尤其是弥补了名目繁多的建筑工程所缺乏的各种估、概算指标的空白或不足。因此这是一种比较实用的系统的民用建筑的投资估算方法。

4)流动资金的估算

流动资金是指生产经营性项目投产后，为进行正常生产运营，用于购买原材料、燃料、支付工资及其他经营费用等所需的周转资金。流动资金估算一般是参照现有同类企业的状况采用分项详细估算法，个别情况或者小型项目可采用扩大指标法。

(1)分项详细估算法

对计算流动资金需要掌握的流动资产和流动负债这两类因素应分别进行估算。在可行性研究中,为简化计算,仅对存货、现金、应收账款这三项流动资产和应付账款这项流动负债进行估算。

(2)扩大指标估算法

①按占建设投资的一定比例估算。例如,国外化工企业的流动资金,一般是按建设投资的15% ~20%计算。

②按经营成本的一定比例估算。

③按年销售收入的一定比例估算。

④按单位产量占用流动资金的数额估算。

流动资金一般在投产前开始筹措;在投产第一年开始按生产负荷进行安排,其借款部分按全年计算利息;流动资金利息应计入财务费用;项目计算期末收回全部流动资金。

▶ 6.2.2 建设项目的经济评价

1)建设项目经济评价的内容

建设项目经济评价主要是指在项目决策阶段的可行性研究和评估中,采用现代经济分析方法,对拟建项目计算期(建设期和生产经营期)内投入产出的诸多经济因素进行调查、预测、研究、计算和论证,比较、选择和推荐最佳方案的过程。经济评价是在完成一项技术方案或同一经济目标后,对所取得的劳动成果与劳动消耗的比较的评价。它的评价结论是项目决策的重要依据。经济评价是项目可行性研究和评估的核心内容,其目的是力求在允许的条件下,使投资项目获得最佳的经济效益。

(1)财务评价和国民经济评价

项目的经济评价分为财务评价和国民经济评价。财务评价是指从项目或企业的财务角度出发,根据国家现行财税制度和价格体系,分析、预测项目投入的费用和产出的效益,考察项目的财务盈利能力、清偿能力以及财务外汇平衡等状况,据以判断建设项目的财务可行性;国民经济评价是从国家整体的角度出发,用影子价格等经济评价参数,分析计算项目需要国家付出的代价和对国家的贡献,考察投资行为的经济合理性和宏观可行性。

财务评价与国民经济评价的共同点:首先它们都是经济评价,都要寻求以最小的投入获得最大的产出;其次,都用货币作为统一的尺度,也考虑货币的时间因素;再次,都采用现金流量分析方法,通过编制基本报表计算净现值、内部收益率等指标;最后,都是在完成产品需求预测、厂址选择、工艺技术路线和技术方案论证、投资估算和资金筹措等基础上进行的。

财务评价与国民经济评价的不同点包括:评价角度不同;项目费用、效益的含义和范围划分不同;采用的价格不同,财务评价对投入物和产出物采用财务价格,而国民经济评价采用影子价格;采用的主要参数不同,财务评价采用国家发布的利率和行业基准收益率或银行贷款利率,国民经济评价采用国家统一测定的影子汇率和社会折现率等。

建设项目投资决策中,财务评价与国民经济评价的结论均可行的项目,应予通过。国民经济评价结论不可行的项目,一般应予否定。对某些国计民生急需的项目,如国民经济评价合理而财务评价不可行的,应重新考虑方案,必要时也可向主管部门提出采取相应经济优惠措施的建议,使项目在财务上具有生存能力。

(2)经济评价报表

项目经济评价采用基本报表及辅助报表两类。

①基本报表:有现金流量表(全部投资)、现金流量表(自有资金)、损益表、资金来源与运用表、资产负债表、财务外汇平衡表、国民经济效益费用流量表(全部投资)、国民经济效益费用流量表(国内投资)、经济外汇流量表9种表格形式。

②辅助报表:有固定资产投资估算表、流动资金估算表、投资计划与资金筹措表、主要产出物与投入物使用价格依据表、单位产品生产成本估算表、固定资产折旧费估算表、无形与递延资产摊销估算表、总成本费用估算表、产品销售(营业)收入和销售税金及附加估算表、借款还本付息计算表、出口(替代进口)产品国内资源流量表、国民经济评价投资调整计算表、国民经济评价销售收入调整计算表、国民经济评价经营费用调整计算表14种表格形式。

2)经济评价指标

(1)财务盈利能力分析指标

①财务净现值(FNPV)。财务净现值是指按行业的基准收益率或设定的折现率,将项目计算期内各年净现金流量折现到建设期初的现值之和。其表达式为:

$$\mathrm{FNPV} = \sum_{t=1}^{n} (\mathrm{CI} - \mathrm{CO})_t (1 + i_c)^{-t} \tag{6.4}$$

式中 n——计算期;

CI——现金流入量;

CO——现金流出量;

i_c——行业基准收益率或设定的折现率;

$(1+i_c)^{-t}$——在行业基准收益率或设定的折现率情况下的现值系数。

如果FNPV≥0,表明项目的盈利能力超过了基准收益率或设定的折现率水平,项目可以考虑接受。FNPV越高,项目的经济效益越好。如果FNPV<0,说明项目的盈利能力达不到要求水平,项目不可行。

②投资回收期(P_t)。投资回收期是最为直观和简单的盈利能力指标,它是指以项目生产经营期的净收益回收全部投资所需要的时间。投资回收期可以从开始投资的年份算起,也可以从开始回收投资的年份算起。其以年表示的表达式是满足下式时的P_t。

$$\sum_{t=0}^{P_t} (\mathrm{CI} - \mathrm{CO})_t = 0 \tag{6.5}$$

式中 CI——现金流入量;

CO——现金流出量;

$(\mathrm{CI} - \mathrm{CO})_t$——第$t$年的净现金流量。

当计算所得的回收期年份不是整数时,可以按下式求出投资回收期的精确数值:

$$P_t = \begin{pmatrix}\text{累计净现金流量}\\ \text{开始出现正值的年份}\end{pmatrix} - 1 + \begin{pmatrix}\text{上年累计净现金流量的绝对值}\\ \text{当年净现金流量}\end{pmatrix}$$

在财务评价中,把求出的投资回收期(P_t)与行业的基准投资回收期(P_0)比较,当$P_t \leqslant P_0$时,表明项目投资在规定的时间内收回,项目可以考虑接受;反之,不接受。

以上是静态投资回收期。如果考虑资金的时间价值,可以计算动态投资回收期。动态投资回收期指标计算较复杂,但比较真实。建设项目投资回收期较长时,可以考虑采用该指标。

③财务内部收益率(FIRR)。财务内部收益率是指财务净现值恰好等于零时的收益率(或称折现率)。计算公式为:

$$FNPV = \sum_{t=0}^{n} (CI - CO)_t (1 + FIRR)^{-t} = 0 \tag{6.6}$$

项目评价时,当 FIRR≥i_c 时,项目净现值大于零,此时项目可以考虑接受;反之,项目不可接受。

内部收益率是由项目本身(内部)的净现金流量所决定的,能直接给出项目盈利性水平的相对值,便于投资者理解和作出判断。因此,我国目前把收益率指标定为投资盈利性评价的主要指标。内部收益率一般采用内插法试算求得。

④投资利润率。投资利润率是指项目达到设计生产能力后的一个正常生产年份的年利润总额与项目总投资的比率,它是考察项目单位投资盈利能力的静态指标。对于生产期内各年的利润总额变化幅度较大的项目,应计算生产期年平均利润总额与项目总投资的比率。其计算公式为:

$$投资利润率 = \frac{年利润总额或年平均利润总额}{项目总投资} \times 100\%$$

式中　年利润总额=年产品销售(营业)收入-年产品销售税金及附加-年总成本费用;

年产品销售税金及附加=年增值税+年销售税+年营业税+年资源税+年城市维护建设税+年教育费附加;

项目总投资=建设投资+建设期利息+流动资金;

投资利润率由损益表求得。

在财务评价中,将项目的投资利润率与行业平均投资利润率对比,来判别项目单位投资盈利能力是否达到本行业的平均水平。

⑤投资利税率。投资利税率是指项目达到设计生产能力后,一个正常年份的年利税总额或项目生产期内的年平均利税总额与项目总投资的比率。其计算公式为:

$$投资利税率 = \frac{年利税总额或年平均利税总额}{项目总投资} \times 100\%$$

式中　年利税总额=年利润总额+年销售税金及附加;

投资利税率可根据损益表求得。

在财务评价中,将投资利税率与行业平均投资利税率对比,以判别单位投资对国家积累的贡献水平是否达到本行业的平均水平。

⑥资本金利润率。资本金利润率是指项目达到设计生产能力后,一个正常年份的年利润总额或项目生产期内的年平均利润总额与资本金的比率,它反映投入项目资本金的盈利能力。其计算公式为:

$$资本金利润率 = \frac{年利润总额或年平均利润总额}{资本金} \times 100\%$$

(2)财务清偿能力分析指标

①资产负债率。资产负债率是企业负债与资产之比,它是反映企业各个时刻所面临的财务风险程度及偿债能力的指标。

$$资产负债率=\frac{负债合计}{资产合计}$$

资产负债率到底多少合适,没有绝对的标准,一般认为在0.5~0.8是合适的。

②流动比率。流动比率是企业各个时刻偿付流动负债能力的指标。

$$流动比率=\frac{流动资产总额}{流动负债总额}$$

由于流动资产总额中包括存货,这些存货在通常情况下也不易立即变现,所以流动比率反映的瞬时偿债能力是含有一定水分的。

③速动比率。速动比率是企业各个时刻用可以立即变现的货币偿付流动负债能力的指标。

$$速动比率=\frac{流动资产总额-存货}{流动负债总额}$$

一般认为,流动比率应为1.2~2.0,速动比率应为1.0~1.2。

④固定资产投资国内借款偿还期。国内借款偿还期是指在国家财税规定及项目具体财务条件下,以项目投产后可用于还款的资金,偿还固定资产投资国内借款本金和建设期利息(不包括已用自有资金支付的建设期利息)所需要的时间。其表达式为:

$$I_d = \sum_{t=0}^{P_d} R_t \tag{6.7}$$

式中 I_d——固定资产投资中,国内借款的本金(含建设期利息);

P_d——固定资产中,国内借款的偿还期(从借款开始年计算,若从投产年算起时,则应予注明);

R_t——第 t 年可用于还款的资金,包括利润、折旧、摊销及其他还款资金。

国内借款偿还期是通过借款还本付息计算表、总成本费用估算表、损益表3个表,逐年循环计算求得。

6.3 建设工程项目设计阶段的成本控制

建设工程的设计阶段对工程成本的全过程控制起着十分重要的作用,是实现业主根据可行性研究拟订的设计委托书及投资估算的过程,也是对建设项目进行全面规划和具体描述实施意图的过程,是处理技术与经济关系的关键性环节,对控制工程成本具有十分重要的意义。

▶ 6.3.1 设计阶段的划分和各阶段的成本管理

在设计阶段,设计单位应根据业主单位的设计任务委托书的要求和设计合同的规定,努力将概算控制在委托设计的投资限额内。一般的工业与民用建设项目的设计按初步设计和施工图设计两个阶段进行;对于技术上比较复杂或缺乏设计经验的项目,可按初步设计、技术设计和施工图设计3个阶段进行。在设计工作的同时要进行相应的成本管理工作。

1)初步设计阶段

设计单位根据批准的可行性研究报告、投资估算或设计承包合同进行初步设计。在此阶段应根据初步设计图纸(含有作业图纸)和说明书及概算定额(扩大预算定额或综合预算定额)编制初步设计总概算。概算一经批准,即为控制拟建项目工程成本的最高限额。

2)技术设计阶段(扩大初步设计阶段)

根据批准的初步设计文件进行扩大初步设计。在此阶段应根据技术设计的图纸和说明书及概算定额(扩大预算定额或综合预算定额)编制初步设计修正总概算。

3)施工图设计阶段

根据批准的初步设计文件或扩大初步设计文件和主要设备订货情况进行施工图设计。此阶段应根据施工图纸和说明书及预算定额编制施工图预算,用以核实施工图阶段成本是否超过批准的初步设计概算。

设计阶段的成本控制是一个有机联系的整体,各设计阶段的成本(估算、概算、预算)相互制约、相互补充,前者控制后者,后者补充前者,共同组成工程成本的控制系统。

▶ 6.3.2 工程设计与工程成本的关系

工程设计是具体实现技术与经济对立统一的过程。拟建项目一经决策确定后,设计就成了工程建设和控制工程成本的关键。初步设计基本上决定了工程建设的规模、产品方案、结构形式和建筑标准及使用功能,形成了设计概算,确定了投资的最高限额。施工图设计完成后,编制出了施工图预算,准确地计算出工程成本。因此工程设计是影响和控制工程成本的关键环节。

设计质量、深度是否达到国家标准,功能是否满足使用要求,不仅关系到建设项目一次性投资的多少,而且影响到建成交付使用后经济效益的良好发挥。如产品成本、经营费、日常维修费、使用年限内的大修费和部分更新费用的高低,还关系到国家有限资源的合理利用和国家财产以及人民群众生命财产安全等重大问题。

工程成本对设计也有很大的制约作用。在市场经济条件下,归根结底应该说还是经济决定技术,财力决定工程规模和建设标准、技术水平。在一定经济约束条件下,就一个建设项目而言,尽可能减少次要辅助项目的投资,以保证和提高主要项目设计标准或适用程度。总之,要加强工程设计与工程成本的关系的认真研究分析,正确处理好两者的相互制约关系,从而使设计产品技术先进、稳妥可靠、经济合理,使工程成本得到合理确定和有效控制。

设计阶段控制成本既是必需的,又是行之有效的,它体现了事前控制的思想。因为设计图上的一切内容都需要投资来实现,所以工程师在此阶段控制成本能起到事半功倍的作用。由于设计阶段毕竟是在计算机上进行,还没有在现场上形成建筑产品,故改动比较容易。

长期以来,我国普遍忽视工程建设项目设计阶段的成本控制,结果有些工程项目出现设计粗糙、初步设计深度不够、设计概算质量不高等问题,有些项目甚至不要概算、概算审批走过场，造成三超现象（概算超估算、预算超概算、结算超预算）严重。要有效地控制建设工程成本，就要坚决地把控制重点转到设计阶段，从源头上控制工程成本。

▶ 6.3.3 设计方案的优选

优化设计方案是设计阶段的重要步骤，是控制工程成本的有效方法。设计方案优选的目的在于论证拟采用的设计方案技术上是否先进可行、功能上是否满足需要、经济上是否合理、使用上是否安全可靠。优化设计方案主要采用设计招投标及其设计方案竞选、运用价值工程优化设计方案和设计方案的技术经济评价。

1）设计招投标

工程设计招投标是指招标单位就拟建工程的设计任务发布招标公告，以吸引设计单位参加竞争，经招标单位审查符合投标资格的设计单位按照招标文件要求，在规定的时间内向招标单位填报投标文件，招标单位从而择优确定中标设计单位来完成工程设计任务的活动称为工程设计招投标。工程设计招标投标的目的是：鼓励竞争，促使设计单位改进管理、采用先进技术、降低工程成本、缩短工期、提高投资效益。工程设计招标和投标是双方法人之间的经济活动，受国家法律的保护和监督。

设计招标的方式分为公开招标和邀请招标。设计招标的优点是有利于设计方案的选择和竞争，从而择优确定最佳设计方案，达到优化设计方案的目的；有利于控制建设工程成本，中标项目一般作出的投资估算能接近招标文件所确定的投资范围；也有利于加快设计进度、提高设计质量、降低设计费用。

2）设计方案竞选

设计方案竞选是指由组织竞选活动的单位通过报刊、信息网络或其他媒介发布竞选公告，吸引设计单位参加方案竞选，参加竞选的设计单位按照竞选文件和《城市建筑方案设计文件编制深度规定》的相关要求，作好方案设计和编制有关文件；经具有相应资格的注册建筑师签字，并加盖单位法定代表人或法定代表人委托的代理人的印鉴，在规定的日期内，密封送达组织竞选单位；组织竞选单位邀请有关专家组成评定小组，采用科学方法，按照适用、经济、美观的原则，以及技术先进，结构合理，满足建筑节能、环境等要求，综合评定设计方案优劣，择优确定中选方案，最后双方签订合同等一系列活动称为设计方案竞选。

方案设计竞选有利于多种设计方案的选择和竞争，从中选择最佳方案，因此也有利于控制项目投资；能集思广益，吸取多种方案设计的优点。又因为设计方案竞选与设计招标是有区别的，所以它可以吸取未中选方案的优点，并以中选方案作为设计方案的基础，把其他方案的优点加以吸收综合，取长补短，使设计更完美。但应根据劳动量大小，对于吸收未中选方案之优点部分给予必要的补偿。

▶ 6.3.4 运用价值工程优化设计方案

1）价值工程的含义

价值工程（Value Engineering），又称价值分析（Value Analysis），是通过各相关领域的协作，对所研究对象的功能与费用进行系统分析，不断创新，旨在提高所研究对象价值的思想方法和管理技术。其表达式是：

$$V = \frac{F}{C} \tag{6.8}$$

式中 V——价值(系数)；

F——功能(系数)；

C——寿命周期费用(或成本)(系数)。

2)**价值工程的目的**

价值工程的目的是以对象的最低寿命周期成本可靠地实现使用者所需功能，以获得最佳的综合效益。

所谓寿命周期成本，就是从对象的研究、形成到退出使用所需的全部费用，包括生产费用和使用费用两部分，如图6.2所示。计算公式为：

$$C = C_1 + C_2 \tag{6.9}$$

式中 C——寿命周期成本；

C_1——生产费用；

C_2——使用费用。

由图6.2可以看出，要提高建筑产品功能，就要增加生产费用，但提高了功能，使用费用就会降低。这样生产费用和使用费用之和必然存在一个最小值，这个最小值(即B点)表示了最适宜的功能水平和费用水平，此时的寿命周期成本是最低的。

价值工程的目的，就在于寻求最佳的方案，以使寿命周期成本达到最低。如果A点表示价值分析前的寿命周期成本，则AD表示价值分析后寿命周期成本可降低的幅度，F_{opt}为最低寿命周期成本的最佳功能水平，则$F' \sim F_{opt}$表示功能可提高的幅度。

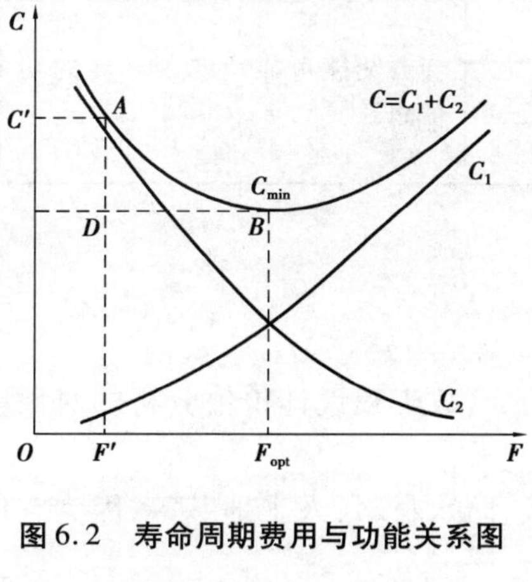

图6.2 寿命周期费用与功能关系图

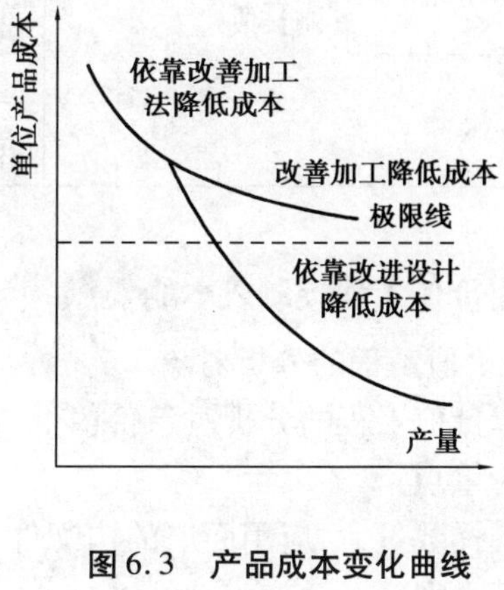

图6.3 产品成本变化曲线

3)**提高价值水平的途径**

由价值工程的计算公式可以看出，提高价值水平的途径有5条：

①功能提高，成本不变。

②功能不变，成本降低。

③功能提高，成本降低。

④功能稍降，成本大降。

⑤功能大大提高，成本稍有提高。

设计工作要做到提高价值水平，就要从这5个方面动脑筋、想办法。实践还告诉我们，提高功能水平，要依靠功能分析，降低成本固然要靠改善加工方法，但更有潜力的是改进设计，如图6.3所示。改进加工方法，只能节省人工费，而占成本大部分的材料费的节约效果并不大；改进设计则可以采用代用材料或少用材料，从而有效地降低加工费用。这就提示我们，必须高度重视设计工作在成本控制中的作用。

4)价值工程的工作程序

价值工程的一般程序如表6.1所示。

表6.1　价值工程的一般程序

<table>
<tr><th rowspan="2">一般程序</th><th colspan="2">实施步骤</th><th rowspan="2">价值分析提问</th></tr>
<tr><th>基本步骤</th><th>详细步骤</th></tr>
<tr><td rowspan="6">分析</td><td rowspan="3">1. 功能定义</td><td>①收集情报</td><td>这是什么</td></tr>
<tr><td>②功能定义</td><td rowspan="2">它的作用是什么</td></tr>
<tr><td>③功能整理</td></tr>
<tr><td rowspan="3">2. 功能评价</td><td>④功能成本分析</td><td>它的成本是多少</td></tr>
<tr><td>⑤功能评价</td><td rowspan="2">它的价值是多少</td></tr>
<tr><td>⑥确定对象范围</td></tr>
<tr><td>综合</td><td rowspan="5">3. 制订改进方案</td><td>⑦创造</td><td>有其他方法实现这个功能吗</td></tr>
<tr><td rowspan="2">评价</td><td>⑧初步评价</td><td>新方案的成本是多少</td></tr>
<tr><td>⑨具体化调查</td><td rowspan="3">新方案能可靠地实现必要的功能吗</td></tr>
<tr><td rowspan="2">决策</td><td>⑩详细评价</td></tr>
<tr><td>⑪提案</td></tr>
</table>

5)用价值工程控制成本的要点

(1)价值工程的分析对象

由于价值工程的分析对象价值低、降低成本潜力大，故工程设计价值分析的对象应以下述内容为重点：

①选择数量大，应用面广的构配件，如外墙、楼板、防水材料、人工地基等，因为它们降低成本的潜力大。

②选择成本高的工程和构配件，因为它们改进的潜力大，对产品的价值影响大。

③选择结构复杂的工程和构配件，它们有简化的可能性。

④选择体积与重量大的工程和构配件，因为它们是节约原材料和改进施工(生产)工艺的重点。

⑤选择对产品功能提高起关键作用的构配件,以期改进后提高功能有显著效果。

⑥选择在使用中维修费用高、耗能量大或使用期的总费用较大的工程和构配件。

⑦选择畅销产品,以保持优势,提高竞争力。

⑧选择在施工(生产)中容易保证质量的工程和构配件。

⑨选择施工(生产)难度大、费材料和工时的工程和构配件。

⑩选择可利用新材料、新设备、新工艺、新结构及在科研上已有先进成果的工程和构配件。

总之,选择或可提高功能,或可降低成本,或有利于价值提高的那些对象。防止忽视价值水平而单独考虑提高功能或单独考虑降低成本,而结果导致价值降低的倾向。对于每项设计任务,应具体对待,不可一概而论。

(2)作价值分析时应注意的问题

注意的问题主要包括:

①作价值分析应广泛收集和积累资料,包括费用资料、质量标准、用户的要求,施工单位的期望以及市场、科技动态等。

②设计人员在设计时心中要有三笔账:一是成本限额;二是功能要求;三是现实成本。现实成本不能超过成本限额,功能要求要以符合规范和标准的要求为前提,三者以功能要求为主。

③设计人员必须有创新精神,善于打破现有框架,不断开拓新领域,善于吸收科研成果。

④提高建筑工业化水平是建设领域价值分析的最重要原则,而设计人员首先要执行这项原则。建筑工业化的核心是施工机械化,重要手段是构配件生产工厂化,必要前提是建筑标准化,还有建筑体系化和新材料和新工艺的使用等,均与设计有关。可以说,设计人员要在建筑工业化的任何一项内容上下工夫,都应坚持进行价值分析。价值分析应有提高建筑工业化水平的效果。

⑤设计单位的技术经济人员应当配合设计技术人员进行价值分析,以克服某些人知识上的不足。技术经济人员不只进行事后的技术经济分析,更重要的是在设计过程中进行动态的技术经济分析,以保证设计出价值高的设计图纸。进行价值分析跟踪是设计技术经济人员的责任。设计单位应在制度上建立有利于技术经济人员工作的环境。

⑥设计人员进行价值分析,应当同有关设计专业、建筑材料和设备制造方面的专家结合,同施工单位及其专家相结合,充分发挥“智囊团”的作用。

▶ 6.3.5 实行限额设计

1)限额设计的含义

限额设计就是按批准的投资估算控制初步设计,按批准的初步设计总概算控制施工图设计。即将上阶段设计审定的投资额和工程量先行分解到各专业,然后再分解到各单位工程和分部工程。各专业在保证使用功能的前提下,按分配的投资限额控制设计,严格控制技术设计和施工图设计的不合理变更,以保证总投资限额不被突破。

设计阶段的投资控制说到底,就是编制出满足设计任务要求,其成本又受控于决策投资的设计文件,限额设计正是根据这一要求提出来的。所以限额设计实际上是建设项目投资控制系统中的一项关键措施。在整个设计过程中,工程设计技术人员和工程设计经济管理人员密切配合,做到技术和经济的统一。技术人员在设计时考虑经济支出,进行方案比较,优化设计;设计经济管理人员及时进行设计成本计算,为技术人员提供信息,达到投资动态控制的目的。

2)限额设计的全过程

限额设计的全过程实际是建设投资目标管理的过程,即目标分解与计划、目标实施、目标实施检查、信息反馈的控制循环过程。

(1)投资分配

可行性研究报告获批以后,设计单位在设计之前应在可行性研究报告的总框架内将投资分配到各单项工程和单位工程,作为进行初步设计的成本控制总目标,也就是最高投资限额。这次分配往往不是只凭可行性研究报告就能办到的,而是要进行方案设计,在此基础上作出决策。

(2)按限额进行初步设计(或加技术设计)

初步设计应严格按分配的成本控制目标进行。设计基本完成以后做出初步设计概算,然后通过对概算提供的技术经济指标进行技术经济分析,判断其成本是否满足投资限额要求,如不满足,则修改初步设计,直至通过技术经济分析得出结论。成本等于或低于分配的限额,才能报批初步设计。初步设计文件必须包括初步设计概算文件。初步设计概算成本就是技术设计及修正概算的最高限额。

(3)施工图设计成本限额

已批准的初步设计及初步设计概算,无论是建设项目总成本还是单项工程成本,均应作为施工图设计成本的最高限额。还应由设计单位把该限额作为总目标分解到每个单位工程上,继而分解成为各专业设计(土建、水暖、通风、电气、电梯等)的成本控制目标。按照成本控制目标确定施工图设计的构造,选用材料和设备。

(4)施工图设计的成本控制

进行施工图设计应把握两个标准:一是质量标准,二是成本标准。并应做到两者协调一致,相互制约,防止只顾质量而放松经济要求的倾向,当然也不能因为经济上的限制而消极地降低质量。因此,必须在成本限额的前提下优化设计。在设计的过程中,要对设计结果进行技术经济分析,要对每种选型、每个构件、每种材料和设备的选择和决定算经济账,看是否有利于成本目标的实现。当经过局部技术经济分析证明可行后,才能做出设计绘图决定。施工图设计技术经济分析应由专业设计人员完成。施工图预算应由设计单位的经济管理人员完成,完成后做出是否修改设计的判断,提供给设计决策者参考。只有施工图预算成本满足施工图设计成本限额时,施工图才能归档(定案)。

3)限额设计要点

(1)严格按建设程序办事

限额设计的前提是严格按建设程序办事,即按建设规律的要求依次进行。每项工作都必须在其前一步工作真正完成,能为本工作提供可靠基础的前提下进行。换句话说,后一项工作必须承认前一步工作的决策结果并使它付诸实施。限额设计就是根据这一指导思想,将可行性研究报告的投资额作为初步设计成本的控制限额,将初步设计概算成本作为施工图设计的成本控制限额,以施工图预算成本作为施工决策的依据。

(2)充分认识设计成本在投资控制中的作用

在可行性研究报告中确定的投资额,其主要特点是"意识"上的,还不是"物质"上的。"物质"上的成本决策,只有通过施工图设计的完成,才能作出。接下来就是按图施工和控制,"设计一条线,成本千千万"的道理尽人皆知,所以设计成本的形成在投资控制中具有关键的作用。限额设计不是可有可无的。过去经常出现的"概算超估算"的情况,主要原因就是没有实行限额设计造成的结果。如果实行限额设计后,概算成本的确超过了初步设计的投资额,而又确有理由时,不能"默认"这个结果,而应当提出改变投资限额的建议。只有经原可行性研究报告批准单位同意后,才能重新进行新可行性研究,重新编制可行性研究报告,重新确定初步设计投资限额。在一般情况下,这样的反复是不应发生的。

(3)充分重视、认真对待每个设计环节及每项专业设计

在满足功能要求的前提下,每个设计环节和每项专业设计都应按照国家的有关规定、设计规范和标准进行,注意它们对成本的影响。在成本限额确定的前提下,通过优化设计而满足设计要求的途径非常多,这就要求设计人员善于思考,施展才能。在设计的过程中要多作经济分析,发现偏离限额时立即改变设计。只有在每一个局部上把住关,总的投资限额才不会突破。所以要求设计人员思想上要有成本意识,尽量使技术和经济不脱节。

(4)加强设计审核

设计单位必须做好设计审核工作,不忽视每个环节。既要审技术,又要审成本;既要把住总成本关,又要把住分部分项工程成本关。要把审核设计作为成本动态控制的一项重要措施。为此,在组织上要落实。建设部规定,设计经济专业人员要占设计人员的5% ~8%。

(5)建立设计经济责任制

设计单位要进行全员的经济控制,必须在目标分解的基础上,科学地确定成本限额,然后把责任落实到每个责任人的身上,因此必须建立设计经济责任制,明确责、权、利,把设计经济责任制纳入设计全面质量管理的轨道。建立设计质量保证体系时,必须把成本作为设计质量控制的内容之一。

(6)施工图设计时多与施工方沟通

施工图设计应尽量听取施工单位人员的意见,使之符合施工要求。施工图设计交底会审后进行一次性洽商和修改,以尽量减少施工过程中的设计变更,避免造成成本失控。

▶ 6.3.6 设计概算的编制

1)设计概算的内容和作用

(1)设计概算的内容

建筑工程设计概算文件是初步设计文件的重要组成部分,是根据初步设计和扩大初步设计、概算定额(或概算指标、预算定额)、费用定额指标等资料,计算建设工程全部费用的文件。

设计概算分为单位工程概算、单项工程综合概算、建设工程总概算三级。单位工程概算

包括内容有:建筑工程概算、设备及安装工程概算和工具、器具及生产家具购置费用概算。其中,建筑工程概算分为一般土建工程概算、给排水工程概算、采暖工程概算、通风工程概算、电器照明工程概算、工业管道工程概算、特殊构筑物工程概算;设备及安装工程概算分为机械设备及安装工程概算、电器设备及安装工程概算。若干个单位工程概算和其他工程费用文件汇总后,成为单项工程综合概算。若干个单项工程概算可汇总成为建设工程总概算。单项工程综合概算、建设工程总概算综合概算,仅是一种归纳、汇总性文件,最基本的计算文件是单位工程概算书。

(2)设计概算的作用

①国家确定和控制基本建设投资、编制基本建设计划的依据。初步设计及总概算按规定程序报请有关部门批准后即为建设工程总投资的最高限额,不得任意突破,如确须突破时需报原审批部门批准。

②设计方案经济评价与选择的依据。设计人员根据设计概算进行设计方案技术经济分析、多方案评价并优选方案,以提高工程项目设计质量和经济效果。同时,设计概算为下阶段施工图设计确定了投资控制的目标。

③实行建设工程投资包干的依据。在进行概算包干时,单项工程综合概算及建设工程总概算是投资包干指标商定和确定的基础,尤其经上级主管部门批准的设计概算或修正概算,是主管单位和包干单位签订包干合同、控制包干数额的依据。

④基本建设核算、"三算"对比、考核建设工程成本和投资效果的依据。

2)设计概算的编制方法

(1)单位工程概算的编制方法

单位工程是单项工程的组成部分,是指具有单独设计可以独立组织施工,但不能独立发挥生产能力或使用效益的工程。单位工程概算是确定单位工程建设费用的文件,是单项工程综合概算的组成部分。它由直接费、间接费、利润和税金组成。单位工程概算分建筑工程概算和设备及安装工程概算两大类。建筑工程概算的编制方法有概算定额法、概算指标法、类似工程预算法等;设备及安装工程概算的编制方法有预算单价法、扩大单价法、设备价值百分率法和综合吨位指标法等。

①概算定额法编建筑工程概算。概算定额法又叫扩大单价法或扩大结构定额法。它是采用概算定额编制建筑工程概算的方法,类似于用预算定额法编制施工图预算。其主要步骤是:计算工程量—套用概算定额—计算直接费—人工、材料、机械台班用量分析及汇总—计算间接费、利润和税金—汇总为概算工程成本。

概算定额法要求初步设计达到一定深度,建筑结构比较明确,能按照初步设计的平面、立面、剖面图纸计算出楼地面、墙身、门窗和屋面等扩大分项工程(或扩大结构构件)项目的工程量时,才可采用。

【例6.1】 某市拟建一座7 560 m^2 教学楼,请按给出的扩大单价和工程量表6.2编制出该教学楼土建工程设计概算成本和平方米成本。其中:材料调整系数为1.10,材料费占直接工程费比率为60%。各项费率分别为:措施费为直接工程费的10%,间接费费率5%,利润率7%,综合税率3.413%(计算结果:平方米成本保留一位小数,其余取整)。

表 6.2　某教学楼土建工程量和扩大单价

分部工程名称	单　位	工程量	扩大单价/元
基础工程	10 m^3	160	2 500
混凝土及钢筋混凝土	10 m^3	150	6 800
砌筑工程	10 m^3	280	3 300
地面工程	100 m^3	40	1 100
楼面工程	100 m^3	90	1 800
卷材屋面	100 m^3	40	4 500
门窗工程	100 m^3	35	5 600
脚手架	100 m^3	180	600

【解】　根据已知条件和表 6.2 数据，求得该教学楼土建工程成本如表 6.3 所示。

表 6.3　某教学楼土建工程概算成本计算表

序　号	分部工程或费用名称	单　位	工程量	单价/元	合价/元
1	基础工程	10 m^3	160	2 500	400 000
2	混凝土及钢筋混凝土	10 m^3	150	6 800	1 020 000
3	砌筑工程	10 m^3	280	3 300	924 000
4	地面工程	100 m^2	40	1 100	44 000
5	楼面工程	100 m^2	90	1 800	162 000
6	卷材屋面	100 m^2	40	4 500	180 000
7	门窗工程	100 m^2	35	5 600	196 000
8	脚手架	100 m^2	180	600	108 000
A	直接工程费小计	以上 8 项之和			3 034 000
B	措施费	A×10%			303 400
C	间接费	(A+B)×5%			166 870
D	利润	(A+B+C)×7%			245 299
E	材料价差	A×60%×10%			182 040
F	税金	(A+B+C+D+E)×3.413%			134 186
概算成本		A+B+C+D+E+F			4 065 795
平方米成本		4 065 795÷7 560			537.8

②概算指标法编建筑工程概算。当设计图纸较简单，无法根据图纸计算出详细的实物工程量时，可以选择恰当的概算指标来编制概算。其主要步骤：首先，根据拟建工程的具体情况，选择恰当的概算指标；然后，根据选定的概算指标计算拟建工程概算成本；最后，根据选定的概算指标计算拟建工程主要材料用量。

概算指标法的适用范围是当初步设计深度不够，不能准确地计算出工程量，但工程设计是采用技术比较成熟而又有类似工程概算指标可以利用时，可采用此法。

由于拟建工程往往与类似工程的概算指标的技术条件不尽相同，而且概算指标编制年份的设备、材料、人工等价格与拟建工程当时当地的价格也不会一样，因此，必须对其进行调整。其调整方法是：

a. 设计对象的结构特征与概算指标有局部差异时的调整。

$$结构变化修正概算指标 = J + Q_1P_1 - Q_2P_2$$

式中　J——原概算指标；

Q_1, Q_2——分别为换入新结构和换出的结构的含量；

P_1, P_2——分别为换入新结构和换出的结构的单价。

或者，结构变化修正概算指标人工材料机械数量=原概算指标的人工材料机械数量+换入结构构件工程量×相应定额人工材料机械消耗量-换出结构构件工程量×相应定额人工材料机械消耗量。

以上两种方法，前者是直接修正结构件指标单价，后者是修正结构构件指标人工、材料、机械数量。

b. 设备、人工、材料、机械台班费用的调整。

设备、人工、机械材料修正概算费用 = 原概算指标设备、人工、材料、机械费 + $\sum$（换入设备、人工、材料、机械数量 × 拟建地区相应单价）－ $\sum$（换出设备、人工、材料、机械数量 × 原概算指标的设备、人工、材料、机械单价）

【例 6.2】　某市一栋普通办公楼为框架结构，面积为 2 700 m²，建筑工程直接工程费为 378 元/m²，其中，毛石基础为 39 元/m²。而今拟建一栋办公楼 3 000 m²，采用钢筋混凝土带形基础为 51 元/m²，其他结构相同。求该拟建新办公楼建筑工程直接工程费成本。

【解】　调整后的概算指标为：

$$(378 - 39 + 51)\ 元/m^2 = 390\ 元/m^2$$

拟建新办公楼建筑工程直接费：

$$3\ 000\ m^2 \times 390\ 元/m^2 = 1\ 170\ 000\ 元$$

然后按上述概算定额法的计算程序和方法，计算出措施费、间接费、利润和税金，便可求出新建办公楼的建筑工程成本。

③类似工程预算法编制建筑工程概算。如果找不到合适的概算指标，也没有概算定额时，可以考虑采用类似的工程预算来编制设计概算。其主要编制步骤是：

a. 根据设计对象的各种特征参数，选择最合适的类似工程预算。

b. 根据本地区现行的各种价格和费用标准，计算类似工程预算的人工费修正系数、材料费修正系数、机械费修正系数、措施费修正系数、间接费修正系数等。

c. 根据类似工程预算修正系数和 5 项费用占预算成本的比重，计算预算成本总修正系数，并计算出修正后的类似工程平方米预算成本。

d. 根据类似工程修正后的平方米预算成本和编制概算地区的利税率，计算修正后的类似工程平方米成本。

e. 根据拟建工程的建筑面积和修正后的类似工程平方米成本，计算拟建工程概算成本。

用类似工程预算编制概算时，应选择与所编概算结构类型、建筑面积基本相同的工程预算为编制依据，并且设计图纸应能满足计算工程量的要求，只需个别项目要按设计图纸调整，由于所选工程预算提供的各项数据较齐全、准确，概算编制的速度就较快。

用类似工程预算编制概算时的计算公式为：

$$D = AK$$

$$K = aK_1 + bK_2 + cK_3 + dK_4 + eK_5$$

$$\text{拟建工程概算成本} = D \times S$$

式中 D——拟建工程单方概算成本；

A——类似工程单方预算成本；

K——综合调整系数；

S——拟建工程建筑面积；

a,b,c,d,e——类似工程预算的人工费、材料费、机械台班费、措施费、间接费占预算成本的比重，如，$a=\dfrac{\text{类似工程人工费(或工资标准)}}{\text{类似工程预算造价}}\times 100\%$，其余类同；

K_1,K_2,K_3,K_4,K_5——拟建工程地区与类似工程预算成本在人工费、材料费、机械台班费、措施费和间接费之间的差异系数，如，$K_1=\dfrac{\text{拟建工程概算的人工费(或工资标准)}}{\text{类似工程预算人工费(或地区工资标准)}}$，其余类同。

【例6.3】 某市2006年拟建住宅楼，建筑面积6 500 m^2。编制土建工程概算时，采用2003年建成的6 000 m^2某类似住宅工程预算成本资料(如表6.4所示)。由于拟建住宅楼与已建成的类似住宅在结构上作了调整，拟建住宅每平方米建筑面积比类似住宅工程增加直接工程费25元。拟建新住宅工程所在地区的利润率为7%，综合税率为3.413%。试求：

①计算类似住宅工程成本和平方米成本是多少？

②用类似工程预算法编制拟建新住宅工程的概算成本和平方米成本是多少？

表6.4 2003年某住宅类似工程预算成本资料

序号	名 称	单位	数量	2003年单价/元	2006年第一季度单价/元
1	人工	工日	37 908	13.5	20.3
2	钢筋	t	245	3 100	3 500
3	型钢	t	147	3 600	3 800
4	木材	m^3	220	580	630
5	水泥	t	1 221	400	390
6	砂子	m^3	2 863	35	32
7	石子	m^3	2 778	60	65
8	红砖	千块	950	180	200

续表

序号	名 称	单位	数量	2003 年单价/元	2006 年第一季度单价/元
9	木门窗	m^2	1 171	120	150
10	其他材料	万元	18		调增系数 10%
11	机械台班费	万元	28		调增系数 10%
12	措施费占直接工程费比率			15%	17%
13	间接费率			16%	17%

【解】 (1)求类似住宅工程成本和平方米成本

类似住宅工程人工费:37 908×13.5 元=511 758 元

类似住宅工程材料费:245×3 100 元+147×3 600 元+220×580 元+1 221×400 元+2 863×35 元+2 778×60 元+950×180 元+1 171×120 元+180 000 元=2 663 105 元

类似住宅工程机械台班费=280 000 元

类似住宅直接工程费=人工费+材料费+机械台班费

=(511 758+2 663 105+280 000)元=3 454 863 元

措施费=3 454 863 元×15%=518 229 元

则:直接费=3 454 863 元+518 229 元=3 973 092 元

间接费=3 973 092 元×16%=635 694 元

类似住宅工程的成本成本=直接工程费+间接费

=3 973 092 元+635 694 元=4 608 786 元

类似住宅工程平方米成本成本$=\dfrac{4\ 608\ 786\text{ 元}}{6\ 000\ \text{m}^2}=768.1\text{ 元/m}^2$

(2)求拟建新住宅工程的概算成本和平方米成本

首先求出类似住宅工程人工、材料、机械台班费占其预算成本成本的百分率;然后,求出拟建新住宅工程的人工费、材料费、机械台班费、措施费、间接费与类似住宅工程之间的差异系数;进而求出综合调整系数 K 和拟建新住宅的概算成本。

a. 求类似住宅工程各费用占其成本的百分率:

人工费占成本百分率$=\dfrac{511\ 758}{4\ 608\ 786}\times100\%=11.10\%$

材料费占成本百分率$=\dfrac{2\ 663\ 105}{4\ 608\ 786}\times100\%=57.78\%$

机械台班费占成本百分率$=\dfrac{280\ 000}{4\ 608\ 786}\times100\%=6.08\%$

措施费占成本百分率$=\dfrac{518\ 229}{4\ 608\ 786}\times100\%=11.24\%$

间接费占成本百分率$=\dfrac{635\ 694}{4\ 608\ 786}\times100\%=13.79\%$

b. 求拟建新住宅与类似住宅工程在各项费上的差异系数：

人工费差异系数 $K_1=\frac{20.3}{13.5}=1.5$

材料费差异系数 $K_2=(245\times3\ 500+147\times3\ 800+220\times630+1\ 221\times390+2\ 863\times32+2\ 778\times65+950\times200+1\ 171\times150+180\ 000\times1.1)\div2\ 663\ 105=1.08$

机械台班差异系数 $K_3=1.07$

措施费差异系数 $K_4=\frac{17\%}{15\%}=1.13$

间接费差异系数 $K_5=\frac{17\%}{16\%}=1.06$

c. 求综合调价系数 K：

$K=11.10\%\times1.5+57.78\%\times1.08+6.08\%\times1.07+11.24\%\times1.13+13.78\%\times1.06=1.129$

d. 拟建新住宅平方米成本 $=[768.1\times1.129+25(1+17\%)(1+17\%)](1+7\%)(1+3.413\%)$ 元/m^2 $=(867.18+34.22)(1+7\%)(1+3.413\%)$ 元/m^2 $=997.4$ 元/m^2

e. 拟建新住宅总成本 $=997.4\times6\ 500$ 元 $=6\ 483\ 206$ 元 $=648.32$ 万元

④设备购置费概算的编制。设备购置费是根据初步设计的设备清单计算出设备原价，并汇总求出设备总原价，然后按有关规定的设备运杂费率乘以设备总原价，两项相加即为设备购置费概算。其公式为：

$$设备购置费概算 = \sum(设备清单中的设备数量 \times 设备原价) \times (1 + 运杂费率)$$

或

$$设备购置费概算 = \sum(设备清单中的设备数量 \times 设备预算价格)$$

国产标准设备原价可根据设备型号、规格、性能、材质、数量及附带的配件，向制造厂家询价或向设备、材料信息部门查询或按主管部门规定的现行价格逐项计算。非主要标准设备和工器具、生产家具的原价可按主要标准设备原价的百分率计算，百分率指标按主管部门或地区有关规定执行。

⑤设备安装工程费概算的编制。设备安装工程费概算的编制方法是根据初步设计深度和要求明确的程度来确定的。其主要编制方法有：

a. 预算单价法。当初步设计较深，有详细的设备清单时，可直接按安装工程预算定额单价编制安装工程概算，概算编制程序基本同安装工程施工图预算。该法具有计算比较具体、精确性较高的优点。

b. 扩大单价法。当初步设计深度不够、设备清单不完备、只有主体设备或仅有成套设备重量时，可采用主体设备、成套设备的综合扩大安装单价来编制概算。

上述两种方法的具体操作与建筑工程概算类似。

c. 设备价值百分率法，又称为安装设备百分率法。当初步设计深度不够，只有设备出厂价而无详细规格、重量时，安装费可按占设备费的百分率计算。其百分率值(即安装费率)由主管部门制定或由设计单位根据已完类似工程确定。该法常用于价格波动不大的定型产品和通用设备产品。公式为：

$$设备安装费 = 设备原价 \times 安装费率$$

d. 综合吨位指标法。当初步设计提供的设备清单有规格和设备重量时,可采用综合吨位指标编制概算,其综合吨位指标由主管部门或由设计院根据已完类似工程资料确定。该法常用于设备价格波动较大的非标准设备和引进设备的安装工程概算。公式为:

设备安装费 = 设备质量 × 每吨设备安装费指标

(2)单项工程综合概算的编制方法

单项工程综合概算是确定单项工程建设费用的综合性文件,它是由该单项工程各专业的单位工程概算汇总而成的,是建设项目总概算的组成部分。

单项工程综合概算文件一般包括编制说明(不编制总概算时列入)和综合概算表(含其所附的单位工程概算表和建筑材料表)两大部分。当建设项目只有一个单项工程时,此时综合概算文件(实为总概算)除包括上述两大部分外,还应包括工程建设其他费用、建设期贷款利息、预备费和固定资产投资方向调节税的概算。

①编制说明。编制说明应列在综合概算表的前面,其内容为:

a. 编制依据:包括国家和有关部门的规定、设计文件、现行概算定额或概算指标、设备材料的预算价格和费用指标等。

b. 编制方法:说明设计概算是采用概算定额法,还是采用概算指标法。

c. 主要设备、材料(钢材、木材、水泥)的数量。

d. 其他需要说明的有关问题。

②综合概算表是根据单项工程所辖范围内的各单位工程概算等基础资料,按照国家或部委所规定的统一表格进行编制。工业建设项目综合概算表由建筑工程和设备及安装工程两大部分组成,民用工程项目综合概算表就是建筑工程一项。

③综合概算的费用组成。综合概算费用一般应包括建筑工程费、安装工程费、设备购置及工器具和生产家具购置费所组成。当不编制总概算时,还应包括工程建设其他费、建设期贷款利息、预备费和固定资产方向调节税等费用项目。

(3)建设项目总概算的编制方法

建设项目总概算是设计文件的重要组成部分,是确定整个建设项目从筹建到竣工交付使用所预计花费的全部费用的文件。它是由各单项工程综合概算、工程建设其他费、建设期贷款利息、预备费、固定资产投资方向调节税和经营性项目的铺底流动资金概算所组成,按照主管部门规定的统一表格进行编制而成的。

设计总概算文件一般应包括:封面及目录、编制说明、总概算表、工程建设其他费概算表、单项工程综合概算表、单位工程概算表、工程量计算表、分年度投资汇总表、分年度资金流量汇总表、主要材料汇总表与工日数量表等。

6.4 建设工程项目施工阶段的成本管理

由于建筑市场从来都是买方市场,激烈的投标竞争必定使得中标承包商的利润空间十分有限。中标只是取得建设项目的营造权,获得潜在的赢利可能性,能否实现赢利还要看成本管理的效果。施工阶段稍有疏忽就可能使报价中的微薄利润损失殆尽,甚至亏损。因此施工阶段的成本管理是承包商的重要课题。

▶ 6.4.1 工程项目的成本费用计划

尽管承包商在投标报价的过程中已经对项目的成本费用总额进行了多次测算,但中标后总公司一般是在扣除公司管理费、利润和税金后将该项目委托给一个项目部进行施工,该项目部也不能按报价书中分配到各工作单元的费用额直接作为成本费用计划,因为当初报价时的原则是以中标为目的,曾使用了包括不平衡报价、不同的摊入系数等各种各样的报价措施和技巧,从而使得大多数的分部、分项工程的单价存在着不同程度的失真。所以必须重新制订施工阶段的成本费用计划,并以此作为施工全过程中成本控制的依据。因此,成本费用计划确定得是否合理将直接关系到成本控制工作能否有效地进行,能否达到预期的目标。

1)成本费用计划的编制依据

(1)工程项目的成本费用估算

由于建设项目的中标成本在中标前是以概预算软件的数据库为基础计算得到的,因此中标后其中的直接费数据对施工阶段的成本控制仍具有意义,即施工图预算应是施工成本控制的基础。施工图预算不仅是中标的前提条件,也是整个施工期采取一切成本控制手段的依据。

(2)工作分解结构

工作分解结构不仅是费用估算的依据,同时也是编制成本费用计划的重要依据。工作分解结构不是目的而是手段,它是为费用目标的分解服务的。首先建立该项目工作分解的结构框架,将该项目分为设计阶段、制作阶段、安装阶段和竣工阶段。设计阶段又分为厂房结构设计和设备系统布局;制作阶段分为设备采购和设备制作;安装阶段又分为厂房结构施工、设备安装和设备调试;厂房结构工程又分为土建部分和机电部分。

(3)项目的进度计划

项目费用计划的编制与项目进度计划的编制、进度目标的确定也是密切相关的。在FIDIC条件下,承包商最迟要到验工计价后56天才能得到付款。如果业主不提供预付款的话,在工程实施的早期,承包商必须自备较大数额的流动资金。如果成本费用计划不依据进度计划制订,往往会导致在项目实施中由于资金筹措不及时而影响进度,或由于资金筹措过早而增加利息支付。

2)成本费用计划的编制方法和步骤

(1)费用目标的分解

成本费用计划的编制过程中最重要的步骤是项目费用目标的分解。根据费用控制目标和要求的不同,费用目标的分解可以分为按费用组成、按子项和按时间分解的3种类型。

①按费用组成分解的费用计划。工程项目的费用一般分为建筑安装工程费用、设备工器具购置费以及其他费用。由于建筑工程和安装工程在性质上存在着较大差异,费用的计算方法和标准也不尽相同。因此在实际操作中往往将建筑工程费用和安装工程费用分解开来。

②按子项分解的费用计划。大中型建设项目通常是由若干个单项工程构成的,每个单项工程又包含多个单位工程,每个单位工程又可分解为若干个分部、分项工程。因此首先要把项目总费用分解到单项工程和单位工程。在非工程量清单计价方式下,费用估算大都是按单项工程和单位工程来编制的,所以将项目总费用分解到各单项工程和单位工程是比较容易做到的。需要注意的是,按这种方法分解项目总费用,不能只分解建筑工程、安装工程和设备工器具购置费用,还应该分解项目的其他费用。但项目其他费用既有与单项或单位工程有关的内容,也有与整个建设项目有关的内容。因此,必须将项目的其他费用合理地分解到各个单项工程和单位工程中。最常用的方法就是按单项工程的建筑安装工程费用和设备工器具购置费之和的比例分摊,但其结果可能与实际支出的费用相差甚远。因此,实践中一般要对工程项目的其他费用的具体内容进行分析,将其中确实与各单项工程和单位工程有关的费用分离出来,按照一定比例分解到相应的工程内容上。其他与整个建设项目有关的费用则不分解到各单项工程和单位工程上。此外,各单位工程的建安费用还需要进一步分解,在施工阶段可分解到分部、分项工程。

③按时间进度分解的成本费用计划。工程项目的费用总是分阶段、分期支出的,资金应用是否合理与资金的时间安排有着密切关系。为了编制成本费用计划,有必要将项目总费用按其使用时间进行分解。编制按时间进度的成本费用计划,通常可利用控制项目进度的网络图进一步扩充而得,即建立网络图时,一方面确定完成各项作业所需花费的时间,另一方面同时确定完成这一作业的合适的费用支出预算。在实际工作中将工程项目分解成既能方便地表示时间,又能方便地表示费用支出预算的作业并不容易。往往项目的分解程度对控制时间合适时,对费用支出预算来说可能过细,以至于不可能确定出每项作业的费用支出预算,反之亦然。因此在编制网络计划时应在充分考虑进度控制对项目划分的要求的同时,还要考虑确定费用支出预算对项目划分的要求,做到二者兼顾。

以上三种编制资金使用计划的方法并不是相互独立的。在实践中,往往是将这几种方法结合起来使用,从而达到扬长避短的效果。例如,将按子项目分解项目总投资与按投资构成分解项目总投资两种方法相结合,横向按子项目分解,纵向按投资构成分解,或相反。这种分解方法有助于检查各单项工程和单位工程投资构成是否完整,有无重复计算或缺项;同时还有助于检查各项具体的投资支出的对象是否明确或落实,并且可以从数字上校核分解的结果有无错误,或者还可将按子项目分解项目总投资目标与按时间分解项目总投资目标结合起来,一般是纵向按子项目分解,横向按时间分解。

▶ 6.4.2 工程项目的成本控制

1)成本偏差的概念

在确定了成本(投资)控制目标之后,为了有效地进行成本控制,成本管理者必须定期地进行投资计划值与实际值的比较,当实际值偏离计划值时,分析产生偏差的原因,采取适当的纠偏措施,以使投资超支尽可能缩小。

(1)成本偏差的含义

在项目实施过程中,由于各种因素的影响,实际情况往往会与计划出现偏差,成本的实际

值与计划值的差异称为成本偏差,实际工程进度与计划工程进度的差异称为进度偏差。即:

$$成本偏差 = 已完工程实际成本 - 已完工程计划成本$$

其中:

$$已完工程实际成本 = \sum 已完工程量(实际工程量) \times 实际单价$$

$$已完工程计划成本 = \sum 已完工程量(实际工程量) \times 计划单价$$

成本偏差为正,表示投资超支;成本偏差为负,表示投资节约。

但是,进度偏差对成本偏差分析的结果有重要影响,如果不加以考虑,就不能正确反映成本偏差的实际情况。例如,某一阶段的成本超支,可能是由于进度超前导致的,也可能是由于物价上涨导致的。为此,投资偏差分析必须引入进度偏差的概念。

$$进度偏差1 = 已完工程实际时间 - 已完工程计划时间$$

$$进度偏差2 = 拟完工程计划成本 - 已完工程计划成本$$

式中,拟完工程计划成本指按原进度计划工作内容的计划成本。

通俗地讲,拟完工程计划成本是指"计划进度下的计划成本",已完工程计划成本是指"实际进度下的计划成本",已完工程实际成本是指"实际进度下的实际成本"。即:

$$拟完工程计划成本 = \sum 拟完工程量(计划工程量) \times 计划单价$$

进度偏差为正,表示工期拖延;进度偏差为正,表示工期提前。

(2)成本偏差参数

①局部偏差和累计偏差。局部偏差有两层含义;一是对于整个项目而言,指各单项工程,单位工程及分部、分项工程的投资偏差;另一含义是对于整个项目已经实施的时间而言,是指每一控制周期所发生的投资偏差。累计偏差是一个动态的概念,其数值总是与具体时间联系在一起,第一个累计偏差在数值上等于局部偏差,最终的累计偏差就是整个项目的投资偏差。局部偏差的引入,使项目投资管理人员清楚地了解偏差发生的时间、所在的单项工程,这有利于分析其发生的原因;而累计偏差所涉及的工程内容较多、范围较大,且原因也较复杂,因而累计偏差分析必须以局部偏差分析为基础。从另一方面看,因为累计偏差分析是建立在对局部偏差进行综合分析的基础上,所以其结果更能显示出代表性和规律性,对投资控制工作在较大范围内具有指导作用。

②绝对偏差和相对偏差。绝对偏差是指投资实际值与计划值比较所得到的差额,绝对偏差的结果很直观,有助于投资管理人员了解项目投资出现偏差的绝对数额,并依次采取一定措施,制订或调整投资支付计划和资金筹措计划。但是,绝对偏差有其不容忽视的局限性。如同样是1万元的投资偏差,对于总投资1 000万元的项目和总投资10万元的项目而言,其严重性显然是不同的。因此又引入相对偏差这一参数。

$$相对偏差 = \frac{绝对偏差}{成本计划} = \frac{成本实际值 - 成本计划值}{成本计划值}$$

与绝对偏差一样,相对偏差可正可负,且两者同正负。正值表示投资超支,反之表示投资节约。两者都只涉及投资的计划值和实际值,既不受项目层次的限制,也不受项目实施时间的限制,因而在各种投资比较中均可采用。

③偏差程度。偏差程度是指投资实际值对计划值的偏离程度，其表达式为：

$$成本偏差程度=\frac{成本实际值}{成本计划值}$$

偏差程度可参照局部偏差和累计偏差分为局部偏差程度和累计偏差程度。注意累计偏差程度并不等于局部偏差程度的简单相加。以月为一控制周期，则两者计算公式为：

$$成本局部偏差程度=\frac{当月成本实际值}{当月成本计划值}$$

$$投资累计偏差程度=\frac{累计投资实际值}{累计投资计划值}$$

上述各组偏差和偏差程度变量都是投资比较的基本内容和主要参数。投资比较的程度越深，为下一步偏差分析提供的支持就越有力。

2)成本偏差的分析方法

偏差分析可采用不同的方法，常用的有横道图法、时标网络图法、曲线法和表格法。

①横道图法。用横道图法进行投资偏差方法，是用不同的横道标识已完工程计划成本、拟完工程计划成本和已完工程实际成本，横道的长度与其金额成正比例，如图6.4所示。

横道图法具有形象、直观、一目了然等优点，它能够准确表达成本的绝对偏差，而且能直观显示偏差的严重性。但是这种方法反映的信息量少，一般在项目的较高管理层应用。

在实际工程中有时需要根据拟完工程计划成本和已完工程实际成本确定已完工程计划成本后，再确定投资偏差、进度偏差。

项目编码	项目名称	成本参数数额/万元	成本偏差/万元	进度偏差/万元	偏差原因
041	木门窗安装	35 35 35	0	0	—
042	铝合金门窗安装	40 35 50	10	-5	—
043	钢门窗安装	40 40 50	10	0	—
…	…	…	…	…	…
合计		100 200 300 400 500 600 700 115 110 135 100 200 300 400 500 600 700	20	-5	—

已完工程计划成本　拟完工程计划成本　已完工程实际成本

图6.4　用横道图法表示的成本偏差分析

②时标网络图。双代号时标网络图以水平时间坐标尺度表示工作时间，时标的时间单位根据需要可以是天、周、月等。时标网络计划中，实箭线表示工作，实箭线的长度表示工作持

续时间,虚箭线表示虚工作,波浪线表示工作与其紧后工作的时间间隔。虚点线表示对应施工检查日(用▲表示)施工的实际进度,某一检查日各个工作的实际进度的连线称为实际进度前锋线。图中实箭线上标入的数字表示实箭线对应工作的单位时间的计划投资值。如图6.5中1—2工作上的5即表示该工作每月计划投资5万元;图中对应4月份有2—3、2—5、2—4三项工作列入计划,由上述数字可确定4月份拟完工程计划成本为(3 + 4 + 3)万元 = 10万元。图下方表6.5中第一行数字为拟完工程计划成本的逐月累计值,例如4月份为(5 + 5 + 10 + 10)万元 = 30万元;表格中第二行数字为已完工程实际成本逐月累计值,是表示工程进度实际变化所对应的实际成本值。

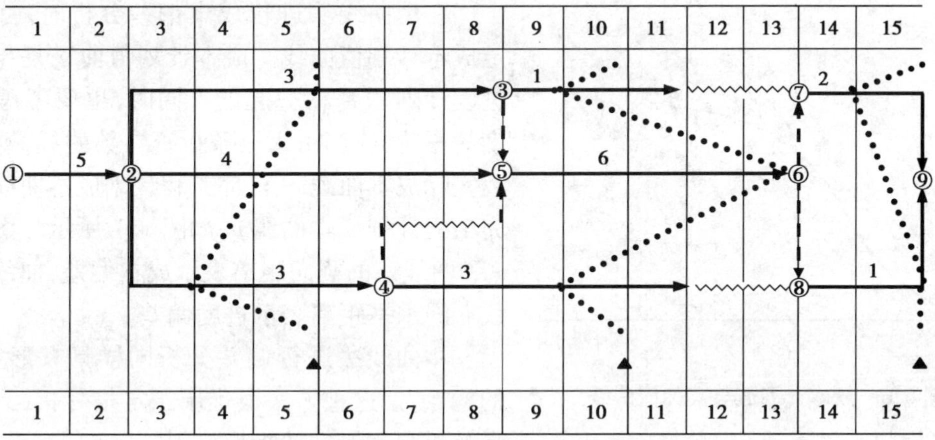

图6.5 某工程时标网络计划(成本数字单位:万元)

表6.5 某工程成本数据

月 份	1	2	3	4	5	6	7	8	9	10	11	12	13	14	15
累计拟完工程计划成本/万元	5	10	20	30	40	50	60	70	80	90	100	106	112	115	118
累计已完工程实际成本/万元	5	15	25	35	45	53	61	69	77	85	94	103	112	116	120

图6.5中如果不考虑实际进度前锋线,可以得到每个月份的拟完工程计划成本。例如,4月份有三项工作成本额分别为3万元、4万元、3万元,则4月份拟完工程计划成本值为10万元。将各月中的数字累计计算即可产生拟完工程计划投资累计值,即表6.5中的第一行数字,第二行数字为已完工程实际成本,其数字根据实际工程开支单独给出。如果考虑实际进度前锋线,则可以得到对应月份的已完工程计划成本。

第5个月底:

已完工程计划成本 = (2 × 5 + 3 × 3 + 4 × 2 + 3)万元 = 30万元

成本偏差 = 已完工程实际成本 − 已完工程计划成本 = 45万元 − 30万元 = 15万元

成本增加15万元。

进度偏差 = 拟完工程计划成本 − 已完工程计划成本 = 40万元 − 30万元 = 10万元

进度拖延10万元。

第10个月底:

已完工程计划成本 =（5 × 2 + 3 × 6 + 4 × 6 + 3 × 4 + 1 + 6 × 4 + 3 × 3）万元 = 98 万元

成本偏差 = 已完工程实际成本 － 已完工程计划成本 =（85 － 98）万元 =－ 13 万元

成本节约 13 万元。

进度偏差 = 拟完工程计划成本 － 已完工程计划成本 =（90 － 98）万元 =－ 8 万元

进度提前 8 万元。

③曲线法。曲线法是用投资累计曲线（S 形曲线）来进行成本偏差分析的一种方法，如图 6.6 所示，其中 a 表示实际成本曲线，p 表示计划成本曲线，两条曲线之间的竖向距离表示成本偏差。

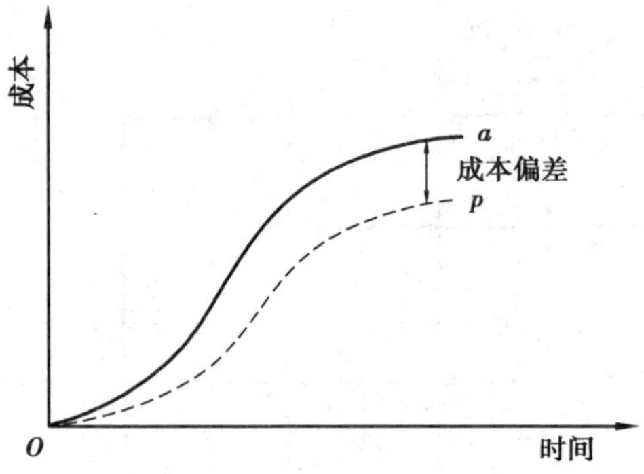

图 6.6　成本计划值与实际值曲线

在用曲线法进行成本偏差分析时，首先要确定成本计划值曲线。成本计划值曲线是与确定的进度计划联系在一起的。同时，也要考虑实际进度的影响，应当引入三条投资参数曲线，即已完工程实际成本曲线 a、已完工程计划成本曲线 b 和拟完工程计划成本曲线 p，如图 6.7 所示。图中曲线 a 和曲线 b 的竖向距离表示成本偏差，曲线 b 和曲线 p 的水平距离表示进度偏差。

用曲线法进行偏差分析同样具有形象、直观的特点，但这种方法很难用于定量分析，只能对定量分析起到一定的指导作用。

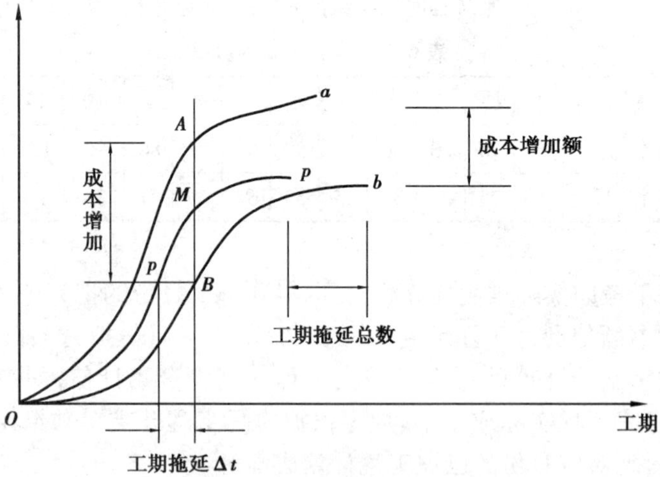

图 6.7　三条成本参数曲线

④表格法。表格法是进行偏差分析最常用的一种方法，它将项目编号、名称、各成本参数及成本偏差数等综合归纳入一张表格中，并且直接在表格中进行比较。表 6.6 是用表格法进行投资偏差分析的例子。

由于各偏差参数都在表中列出，使成本管理者能够综合地了解并处理这些数据。用表格法进行偏差分析具有如下优点：

灵活适用性强,可根据实际需要设计表格,进行增减项;信息量大,可以反映偏差分析所需的资料,从而有利于成本控制人员及时采取针对措施,加强控制;表格处理可以借助于计算机,从而节约大量数据处理所需的人力,并大大提高速度。

表 6.6　成本偏差分析表

项目编号	(1)	051	052	053
项目名称	(2)	木门窗安装	钢门窗安装	铝合金门窗安装
单　位	(3)			
计划单价	(4)			
拟完工程量	(5)			
拟完工程计划成本	(6) = (4) × (5)	30	30	40
已完工程量	(7)			
已完工程计划成本	(8) = (4) × (7)	30	40	40
实际单价	(9)			
其他款项	(10)			
已完工程实际成本	(11) = (7) × (9) + (10)	30	50	50
投资局部偏差	(12) = (11) − (8)	0	10	10
投资局部偏差成本	(13) = (11) ÷ (8)	1	1.25	1.25
投资累计偏差	(14) = $\sum$(12)			
投资累计偏差成本	(15) = $\sum$(11) ÷ $\sum$(8)			
进度局部偏差	(16) = (6) − (8)	0	−10	0
进度局部偏差程度	(17) = (6) ÷ (8)	1	0.75	1
进度累计偏差	(18) = $\sum$(16)			
进度累计偏差程度	(19) = $\sum$(6) ÷ $\sum$(8)			

▶ 6.4.3　建设工程价款的结算

工程价款结算是指承包商在工程实施过程中,依据承包合同中有关付款条款的规定和已经完成的工程量,并按照规定的程序向业主收取工程款的一项经济活动。

1)工程预付款(预付备料款)结算

施工企业承包工程,一般实行包工包料,这就需要有一定数量的备料周转金。在工程承包合同条款中,规定在开工前发包方拨付给承包单位一定限额的工程预付备料款。

根据《建设工程价款结算暂行办法》(财建〔2004〕369 号,新版已于 2014 年启动修订)规定:包工包料工程的预付款按合同约定拨付,原则上预付比例不低于合同金额的10%,不高于合同金额的30%,对重大工程项目,按年度工程计划逐年预付。计价执行《建设工程工程量清单计价规范》(GB 50500—2013)的工程,实体性消耗和非实体性消耗部分应在合同中分别约定预付款比例。在具备施工条件的前提下,发包人应在双方签订合同后的一个月内或不迟于约定的开工日期前的7天内预付工程款,发包人不按约定预付,承包人应在预付时间到期后10天内向发包人发出要求预付的通知,发包人收到通知后仍不按要求预付,承包人可在发出通知14天后停止施工,发包人应从约定应付之日起向承包人支付应付款的利息(利率按同期银行贷款利率计),并承担违约责任。

预付的工程款必须在合同中约定抵扣方式,并在工程进度款中进行抵扣。凡是没有签订合同或不具备施工条件的工程,发包人不得预付工程款,不得以预付款为名转移资金。

(1)预付工程款(备料款)的限额

决定预付工程款限额因素有:主要材料占工程造价比重、材料储备期、施工工期。

①施工单位常年应备的备料款限额:

$$备料款限额=\frac{年度承包工程总值\times 主要材料所占比重}{年度施工日历天数}\times 材料储备天数$$

②备料款数额:

$$备料款数额=年度建筑安装工程合同价\times 预付备料款比例额度$$

备料款的比例额度根据工程类型、合同工期、承包方式、供应体制等不同而定。一般建筑工程不应超过当年建筑工作量(包括水、电、暖)的30%,安装工程按年安装工作量的10%计算,材料占比重较大的安装工程按年计划产值15%左右拨付。对于只包定额工日的工程项目,可以不付备料款。

(2)备料款的扣回

发包人拨付给承包商的备料款属于预支的性质,工程实施后,随着工程所需材料储备的逐步减少,应以抵充工程款的方式陆续扣回,即在承包商应得的工程进度款中扣回。扣回的时间称为起扣点,起扣点计算方法有两种。

①按公式计算。这种方法原则上是以未完工程所需材料的价值等于预付备料款时起扣,从每次结算的工程款中按材料比重抵扣工程价款,竣工前全部扣清。

$$未完工程材料款=预付备料款$$

$$\begin{aligned}未完工程材料款&=未完工程价值\times 主材比重\\&=(合同总价-已完工程价值)\times 主材比重\end{aligned}$$

$$预付备料款=(合同总价-已完工程价值)\times 主材比重$$

$$已完工程价值(起扣点)=合同总价-\frac{预付备料款}{主材比重}$$

②在承包方完成金额累计达到合同总价一定比例(双方合同约定)后,由发包方从每次应付给发包方的。

2)工程进度款结算(中间结算)

施工企业在施工过程中,根据合同所约定的结算方式,按月或形象进度或控制界面,按已经完成的工程量计算各项费用,向业主办理工程款结算的过程,称为工程进度款结算,也称为中间结算。

以按月结算为例，业主在月中向施工企业预支半月工程款，月末施工企业根据实际完成工程量，向业主提供已完工程月报表和工程价款结算账单，经业主和工程师确认，收取当月工程价款，并通过银行结算。即：承包商提交已完工程量报告→工程师确认→业主审批认可→支付工程进度款。

在工程进度款支付过程中，应遵循如下原则：

(1)工程量的确认

①承包人应当按照合同约定的方法和时间，向发包人提交已完工程量的报告。发包人接到报告后14天内核实已完工程量，并在核实前1天通知承包人，承包人应提供条件并派人参加核实，承包人收到通知后不参加核实，以发包人核实的工程量作为工程价款支付的依据。发包人不按约定时间通知承包人，致使承包人未能参加核实，核实结果无效。

②发包人收到承包人报告后14天内未核实完工程量，从第15天起，承包人报告的工程量即视为被确认，作为工程价款支付的依据，双方合同另有约定的，按合同执行。

③对承包人超出设计图纸(含设计变更)范围和因承包人原因造成返工的工程量，发包人不予计量。

(2)工程进度款支付

①根据确定的工程计量结果，承包人向发包人提出支付工程进度款申请，14天内，发包人应按不低于工程价款的60%，不高于工程价款的90%向承包人支付工程进度款。按约定时间发包人应扣回的预付款，与工程进度款同期结算抵扣。

②发包人超过约定的支付时间不支付工程进度款，承包人应及时向发包人发出要求付款的通知，发包人收到承包人通知后仍不能按要求付款，可与承包人协商签订延期付款协议，经承包人同意后可延期支付，协议应明确延期支付的时间和从工程计量结果确认后第15天起计算应付款的利息(利率按同期银行贷款利率计)。

③发包人不按合同约定支付工程进度款，双方又未达成延期付款协议，导致施工无法进行，承包人可停止施工，由发包人承担违约责任。

3)工程竣工结算

工程竣工结算是指施工企业按照合同规定的内容全部完成所承包的工程，经验收质量合格，并符合合同要求之后，向发包单位进行的最终工程价款结算，结算双方应按照合同价款及合同价款调整内容以及索赔事项，进行工程竣工结算。

(1)工程竣工结算方式

工程竣工结算分为单位工程竣工结算、单项工程竣工结算和建设项目竣工总结算。

(2)工程竣工结算编审

①单位工程竣工结算由承包人编制，发包人审查；实行总承包的工程，由具体承包人编制，在总包人审查的基础上，发包人审查。

②单项工程竣工结算或建设项目竣工总结算由总(承)包人编制，发包人可直接进行审查，也可以委托具有相应资质的工程造价咨询机构进行审查。政府投资项目，由同级财政部门审查。单项工程竣工结算或建设项目竣工总结算经发、承包人签字盖章后有效。

承包人应在合同约定期限内完成项目竣工结算编制工作，未在规定期限内完成的并且提不出正当理由延期的，责任自负。工程款中扣回工程预付款，在合同规定的完工期前将预付款还清。

(3)工程竣工价款结算程序

《建设工程合同示范文本》关于竣工结算的程序如下：

①工程竣工验收报告经发包方认可后28天内，承包方向发包方递交竣工结算报告及完整的结算资料，双方按照协议书约定的合同价款及专用条款约定的合同价款调整内容，进行工程竣工结算。

②发包方收到承包方递交的竣工结算资料后28天内核实，给予确认或者提出修改意见。承包方收到竣工结算价款后14天内将竣工工程交付发包方。

③发包方收到竣工结算报告及结算资料后28天内无正当理由不支付工程竣工结算价款，从第29天起按承包方同期向银行贷款利率支付拖欠工程价款的利息，并承担违约责任。

④发包方收到竣工结算报告及结算资料后28天内不支付工程竣工结算价款，承包方可以催告发包方支付结算价款。发包方在收到竣工结算报告及结算资料56天内仍不支付的，承包方可以与发包方协议将该工程折价，也可以由承包方申请法院将该工程拍卖，承包方就该工程折价或拍卖的价款中优先受偿。

⑤工程竣工验收报告经发包人认可28天后，承包人未向发包人递交竣工结算报告及完整的结算资料，造成工程竣工结算不能正常进行或工程竣工结算价款不能及时支付，发包人要求交付工程的，承包人应当交付，发包人不要求交付工程的，承包人承担保管责任。

(4)工程竣工价款结算争议处理

①工程造价咨询机构接受发包人或承包人委托，编审工程竣工结算，应按合同约定和实际履约事项认真办理，出具的竣工结算报告经发、承包双方签字后生效。当事人一方对报告有异议的，可对工程结算中有异议部分，向有关部门申请咨询后协商处理，若不能达成一致的，双方可按合同约定的争议或纠纷解决程序办理。

②发包人对工程质量有异议，已竣工验收或已竣工未验收但实际投入使用的工程，其质量争议按该工程保修合同执行；已竣工未验收且未实际投入使用的工程以及停工、停建工程的质量争议，应当就有争议部分的竣工结算暂缓办理，双方可就有争议的工程委托有资质的检测鉴定机构进行检测，根据检测结果确定解决方案，或按工程质量监督机构的处理决定执行，其余部分的竣工结算依照约定办理。

③当事人对工程造价发生合同纠纷时，可通过下列办法解决：

a. 双方协商确定；

b. 按合同条款约定的办法提请调解；

c. 向有关仲裁机构申请仲裁或向人民法院起诉。

(5)工程竣工价款结算管理

①工程竣工后，发、承包双方应及时办清工程竣工结算，否则，工程不得交付使用，有关部门不予办理权属登记。

②发包人与中标的承包人不按照招标文件和中标的承包人的投标文件订立合同的，或者发包人、中标的承包人背离合同实质性内容另行订立协议，造成工程价款结算纠纷的，另行订立的协议无效，由建设行政主管部门责令改正，并按《中华人民共和国招标投标法》第五十九条进行处罚。

③接受委托承接有关工程结算咨询业务的工程造价咨询机构应具有工程造价咨询单位资质,其出具的办理拨付工程价款和工程结算的文件,应当由造价工程师签字,并应加盖执业专用章和单位公章。

(6)工程竣工价款结算的基本公式

竣工结算工程价款 = 合同价款 + 施工过程中预算或合同价款调整数额 - 预付及已结算工程价款 - 保修金

6.5 建设工程项目的竣工决算

▶ 6.5.1 竣工决算的概念

建设项目竣工决算是指所有建设项目竣工后,按照国家有关规定,由建设单位报告项目建设成果和财务状况的总结性文件,是考核其投资效果的依据,也是办理交付、动用、验收的依据。

竣工决算是以实物数量和货币指标为计量单位,综合反映竣工项目从筹建开始到项目竣工交付使用为止的全部建设费用、建设成果和财务情况的总结性文件,是竣工验收报告的重要组成部分。竣工决算是正确核定新增固定资产价值,考核分析投资效果,建立健全经济责任制的依据,是反映建设项目实际造价和投资效果的文件。

竣工决算反映了竣工项目计划、实际的建设规模、建设工期以及设计和实际生产能力,反映了概算总投资和实际的建设成本,同时还反映了所达到的主要技术经济指标。通过对这些指标计划值、概算值与实际值进行对比分析,不仅可以全面掌握建设项目计划和概算执行情况,而且可以考核建设项目投资效果,为今后制订建设计划、降低建设成本、提高投资效益提供必要的资料。

▶ 6.5.2 竣工决算的内容

竣工决算的内容由文字说明和决算报表两部分组成。文字说明主要包括:工程概况、设计概算和基建计划的执行情况,各项技术经济指标的完成情况,各项投资资金的使用情况,建设成本的投资效益分析,以及建设过程中的主要经验、存在问题和解决意见等。决算表分大中型项目和小型项目两种。大中型项目竣工决算表包括竣工工程概况表、竣工财务决算表、交付使用财产总表、交付使用财产明细表。小型项目竣工决算表按上述内容合并简化为小型项目竣工决算总表和交付使用财产明细表。

▶ 6.5.3 竣工结算与竣工决算的区别

建设项目竣工决算是以工程竣工结算为基础进行编制的,是在整个建设项目的各单项工程竣工结算的基础上,加上从筹建开始到工程全部竣工有关基本建设的其他工程费用支出,便构成了建设项目竣工决算的主体。它们的主要区别如表 6.7 所示。

表6.7　竣工结算与竣工决算的比较一览表

名　称	竣工结算	竣工决算
含义不同	竣工结算是由施工单位根据合同价格和实际发生的费用的增减变化情况进行编制，并经发包方或委托方签字确认的，正确反映该项工程最终实际造价，并作为向发包单位进行最终结算工程款的经济文件	建设项目竣工决算是指所有建设项目竣工后，建设单位按照国家有关规定，由建设单位报告项目建设成果和财务状况的总结性文件
特点不同	属于工程款结算，因此是一项经济活动	反映竣工项目从筹建开始到项目竣工交付使用为止的全部建设费用、建设成果和财务情况的总结性文件
编制单位不同	由施工单位编制	由建设单位编制
编制范围不同	单位或单项工程竣工结算	整个建设项目全部竣工决算

复习思考题

6.1　简述建筑安装工程费用项目组成。

6.2　建筑安装工程费用中的不可竞争费用是指哪些费用?

6.3　设备及工具、器具购置费的组成有哪些?

6.4　举例说明建设工程项目的实施方式对成本的影响。

6.5　简述投资估算的作用及编制方法。

6.6　简述财务内部收益率(FIRR)的经济含义。其和财务净现值(FNPV)、投资回收期有什么关系?

6.7　建设工程项目设计阶段的成本控制的方法有哪些?如何利用价值工程法优化设计方案?

6.8　设计概算的编制方法都有哪些?

6.9　某市一栋普通办公楼为框架结构20 000 m^2，建筑工程直接工程费为1 000元/m^2，其中：毛石基础为100元/m^2，而今拟建一栋办公楼30 000 m^2，是采用钢筋混凝土带形基础为150元/m^2，其他结构相同。求该拟建新办公楼建筑工程直接工程费成本?

6.10　某市2015年拟建住宅楼，建筑面积为9 500 m^2，编制土建工程概算时采用2012年建成的8 000 m^2某类似住宅工程预算成本资料见题6.10表。由于拟建住宅楼与已建成的类似住宅在结构上作了调整，拟建住宅每平方米建筑面积比类似住宅工程增加直接工程费50元。拟建新住宅工程所在地区的利润率为7%，综合税率为3.4%。试求：

(1)类似住宅工程成本和平方米成本各是多少?

(2)用类似工程预算法编制拟建新住宅工程的概算成本和平方米成本是多少?

题 6.10 表　某住宅类似工程预算成本资料

序号	名　称	单　位	数　量	2012 年单价/元	2015 年第一季度单价/元
1	人工	工日	37 908	13.5	20.3
2	钢筋	t	245	3 100	3 500
3	型钢	t	147	3 600	3 800
4	木材	m^3	220	580	630
5	水泥	t	1 221	400	390
6	砂子	m^3	2 863	35	32
7	石子	m^3	2 778	60	65
8	红砖	千块	950	180	200
9	木门窗	m^2	1 171	120	150
10	其他材料	万元	18		调增系数 10%
11	机械台班费	万元	28		调增系数 10%
12	措施费占直接工程费比率			15%	17%
13	间接费率			16%	17%

6.11　简述成本偏差的分析方法及各自优缺点。

6.12　竣工结算与竣工决算有什么区别？

7

建设工程项目质量控制

7.1 建设工程项目质量控制概述

7.1.1 建设工程项目质量控制的概念

1)质量控制

质量控制是指为满足产品质量要求所采取的作业技术和活动。

质量控制不等于质量保证。监理的责任是督促项目承包者采取措施去达到质量目标,而目标质量保证应由承包者去实现,因此监理对质量主要是控制。如果产品质量达不到合格标准,生产者负有直接责任。设计质量问题由设计者负责,施工质量问题由施工者负责,监理则要承担对质量失控的责任。

从控制论的理论来看,质量控制应是一个动态的负反馈过程,如图7.1所示。受影响质量的因素的干扰,质量总会有波动,因此要及时收集生产质量信息,与质量目标进行比较,当偏差超控时,要采取纠偏措施,即给予一个负反馈作用,使工程质量向质量标准趋近。在实施过程中,这一负反馈是循环的。

2)建设工程项目质量的含义

建设工程项目质量是指工程的使用价值及其属性,是一个综合性的指标,体现合同中明确提出的以及隐含的需要与要求的功能。建筑工程项目质量包括如下几个方面:

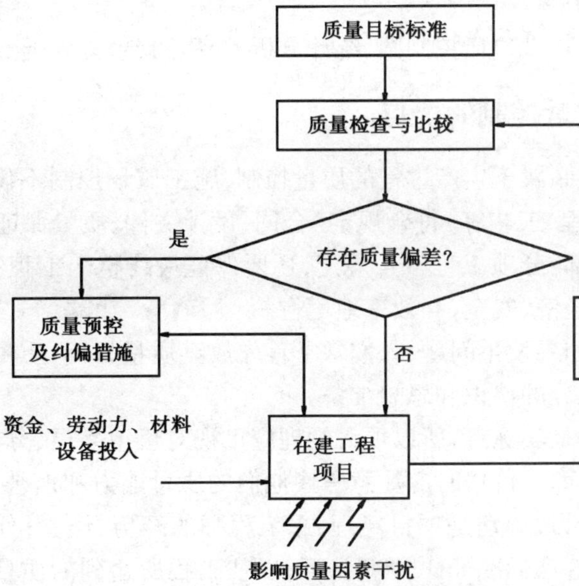

图 7.1　质量动态控制图

①工程投产运行后，所产生的产品(或服务)的质量，运行的安全性和稳定性。

②所使用的材料、设备、工艺、结构的质量以及它们的耐久性和整个工程的寿命。

③工程的其他方面，如造型美观、与环境协调以及可维护性和可检查性等。

3)建设工程项目质量控制

建设工程项目质量控制贯穿于项目实施的全过程，主要是监督项目的实施结果，将项目实施的结果与事先制定的质量标准进行比较，找出其存在的差距，并分析形成这一差距的原因。

(1)质量控制过程

①在项目开始时就采取行动，使用合适的方法，确定合适的措施，有效和系统地按照质量计划和质量保证体系实施项目。

②监督、检查、记录和统计实施过程状况，完成对项目质量的各种记录，及时完成各种检查表格。经过检查、对比分析，决定是否接受项目的工作成果，对质量不符合要求的工作责令重新进行(返工)。

③分析质量问题的原因，这需要掌握关键工序和控制点的质量判断方法，掌握常见的质量通病和事故产生的原因，并能确定整改和预防措施。

④采取补救和改进质量的措施，使用合适的方法，纠正质量缺陷，排除引起缺陷的原因，以防止再次发生，应确保所采取措施的有效性。质量控制和预防措施应着眼于劳动力、工艺、材料、方法和环境因素的改进。

⑤质量管理是一个不断改进的过程，项目经理负责不断改进项目过程和管理过程的质量，应从已完的项目中寻求项目整个过程质量的改进经验和教训，应建立信息系统，收集、分析项目实施期间产生的信息，以便持续地改进。

(2)质量控制的方法和技术

质量控制的方法和控制技术包括控制图、统计分析、流程图、趋势分析方法等。

▶ 7.1.2 建设项目质量控制的要点

①工程施工中的质量控制属于生产过程的质量控制,施工质量控制不仅要保证工程的各个要素(材料、设备、工作过程、工艺等)符合规定(合同、设计文件、质量保证体系)要求,而且要保证各部分的成果,即分部、分项工程符合规定,还要保证最终整个工程符合质量要求,达到预定功能,整个系统能够经济、安全、高效率地运行。

②在工程实施过程中,如果发生问题,人们常常首先放弃质量目标,质量目标最容易受到损害。项目经理对此要有充分的认识和思想准备。

③质量控制的关键因素是实施者,所以项目经理应重视对班组人员、分包商、供应商的选择。在委托任务、签订合同、商讨价格时应注意考察他们的质量能力和信誉。考察内容包括:技术水平、装备水平;管理能力,特别是项目经理、总工程师的经历、经验;分包企业质量管理体系,如是否通过国际质量管理标准 ISO 9000 认证;以往工程所达到的质量标准;企业等级、资信及企业形象、声誉等。

如果选择出错,项目经理对质量进行控制时会比较困难,而且会有许多麻烦。对于本工程小组中的技术人员和操作人员,如果发现技术能力不足,对新的工艺、材料、方案不熟悉,必须进行培训,甚至要对分包商、劳务供应商进行培训或提供培训帮助。由于建设工程项目的特殊性,应采用先进的、成熟的实施工程方案、技术措施和工艺。

④必须向实施者落实质量责任,灌输质量意识。

a. 要保证质量,必须将工程的质量责任落实到具体的实施者,而不是只作检查。建立工程质量管理制度,并经常进行考核。

b. 在合同、委托书或任务单中明确质量要求,确定质量的标准、检查和评价方法,奖罚办法和标准,不能采用含糊不清、笼统的质量要求或标准,在合同中应规定项目经理对质量有绝对的检查和监督权利。

c. 在实际工作中,防止实施者为了追求高施工速度和低费用而牺牲工程质量,发现工期拖延、费用超支时,首先应考虑选择修改或制订周密计划,防止以牺牲质量为代价赶工和降低费用。

⑤确定质量控制程序和权利。

a. 质量控制程序和权利由合同条件、规范和项目管理规程规定,通常合同中有明确的质量控制权利和责任的划分。

b. 质量控制程序包括极其广泛的内容,如设备和材料采购、工艺、隐蔽工程、分项工程、分部工程、单位工程、单项工程、整个工程项目的最终检验和试运行等。检查应包括常规检查,专项检查,非常规检查,现场检查以及现场以外的构件、设备、生产场地检查。对每一项检查应明确检查对象、手段、时间、地点、责任人以及检查制度。

c. 实现有效的质量控制,必须与其他控制手段,如工程款支付、量方、合同处罚等结合起来。明确规定项目经理对不符合质量的工程材料和工艺的处置权,如拒绝验收和付款、责令拆除不合格工程、重新施工等，由此引起的一切费用和工期拖延由责任者负责，当然对高质量的工程项目应有奖励措施。

⑥技术文件的会审和施工方案的编制。要将技术设计付诸实施，首先施工单位要对技术设计进行会审。

a. 施工单位必须全面理解设计文件、设计意图，只有这样才能正确制订实施方案。

b. 对设计文件中发现的问题，如矛盾、错误、二义性、说明不清楚的地方，须在会审中提出，向设计单位质询或要求修改。

c. 在图纸会审的基础上编制好施工组织设计和施工方案，并要以设计图纸、国家发布的施工质量验收规范为依据，特别注意影响工程质量的关键部位及技术复杂的工序，要编制专门的施工方案及质量控制细则，要确保编制的施工方案的经济性和可行性，经过总工等专家的审批作为指导施工的依据。

7.2 建设工程项目质量的基本特征、形成过程和影响因素

▶ 7.2.1 建设工程项目质量的基本特征

建设工程质量从本质上说是一项拟建或在建的建筑产品，它和一般产品具有同样的质量内涵，即一组固有特性满足需要的程度。这些特性是指产品的适用性、可靠性、安全性、经济性以及环境的适宜性等。由于建筑产品一般是采用单件性筹划、设计和施工的生产组织方式，因此，其具体的质量特性指标是在各建设工程项目的策划、决策和设计过程中进行定义的。在工程管理实践和理论研究中，把建设工程项目质量的基本特性概括如下：

1）使用功能的质量特性

建设工程项目的功能性质量，主要是反映建设工程使用功能相关的一系列特性指标，如房屋建筑的平面空间布局、通风采光性能；工业建设工程项目的生产能力和工艺流程；道路交通工程的路面等级、通行能力等。按照现代质量管理理念，功能性质量必须以顾客关注为焦点，通过需求的识别进行定义。

2）安全可靠的质量特性

建筑产品不仅要满足使用功能和用途的要求，而且在正常的使用条件下应能达到安全可靠的要求，如建筑结构的自身安全可靠，建筑物使用过程的防腐蚀、防坠、防火、防盗、防辐射，以及设备系统运行与使用安全等。可靠性质量必须在满足功能性质量需求的基础上，结合技术标准、规范，特别是强制性条文的要求进行确定与实施。

3）艺术文化的质量特性

建筑产品具有深刻的社会文化背景，历来人们都把建筑产品视同艺术品，其个性的艺术效果，包括建筑造型、立面外观、文化内涵、时代表征以及装饰装修、色彩视觉等，不仅使用者关注，也是社会的关注；不仅当前引人关注，而且存续于未来人们的关注和评价。建设工程项

目艺术文化特性的质量来自于设计者的设计理念、创意和创新，以及施工者对设计意图的领会与精益生产。

4)建筑环境的质量特性

作为项目管理对象(或管理单元)的建设工程项目，可能是独立的单项工程或单位工程，甚至某一主要分部工程；也可能是一个由群体建筑或线形工程组成的建设项目，如新建、改建、扩建的工业厂区、大学城或校区、枢纽空港机场、深水港区、高速公路等。建筑环境质量包括项目用地范围内的规划布局、道路交通组织、绿化景观，以及其与周边环境的协调性或适宜性。

▶ 7.2.2 建设工程项目质量的形成过程

建设工程项目质量的形成过程，贯穿于整个建设项目的决策过程和各个工程项目的设计与施工过程，体现了建设工程项目质量从目标决策、目标细化到目标实现的过程。

1)质量需求的识别过程

在建设项目决策阶段，主要工作包括建设项目发展策划、可行性研究、建设方案论证和投资决策。这一过程的质量职能在于识别建设意图和需求，为质量目标提出明确要求，对整个建设项目的性质、建设规模、使用功能、系统构成和建设标准要求等进行策划、分析、论证，为整个建设项目的质量总目标，以及建设项目内各建设工程项目的质量目标提出明确要求。

2)质量目标的定义过程

建设工程项目质量目标的具体定义过程，一方面是在建设工程设计阶段。设计是一种高智力的创造性活动。建设工程项目的设计任务，因其产品对象的单件性，总体上属于目标设计与标准设计相结合的特征，在总体规划设计与单体方案设计阶段，相当于目标产品的开发设计，总体规划和方案设计经过可行性研究和技术经济论证后，进入工程的标准设计，在这整个过程中实现对建设工程项目质量目标的明确定义。由此可见，建设工程项目设计的任务就在于按照业主的建设意图、决策要点、法律法规和强制性标准的要求，将建设工程项目的质量目标具体化。通过建设工程的方案设计、扩大初步设计、技术设计和施工图设计等环节，对建设工程项目各细部的质量特性指标进行明确定义，即确定质量目标值，为建设工程项目的施工安装作业活动及质量控制提供依据。另一方面，承包商为了创品牌工程或根据业主的创优要求及具体情况来确定工程的总体质量目标，策划精品工程的质量控制。

3)质量目标的实现过程

建设工程项目质量目标实现的最重要和最关键的过程是在施工阶段，包括施工准备过程和施工作业技术活动过程，其任务是按照质量策划的要求，制定企业或工程项目内控制标准，实施目标管理、过程监控、阶段考核、持续改进的方法，严格按照图纸施工。正确合理地配备施工生产要素，把特定的劳动对象转化成符合质量标准的建设工程产品。

综上所述，建设工程项目质量的形成过程，贯穿于建设工程项目的决策过程和实施过程，这些过程的各个重要环节构成了工程建设的基本程序，它是工程建设客观规律的体现。无论哪个国家和地区，也无论其发达程度如何，只要讲求科学，都必须遵循这样的客观规律。尽管在信息技术高速发展的今天,流程可以再造、优化,但不能改变流程所反映的事物本身的内在规律。建设工程项目质量的形成过程,在某种意义上说,也就是在执行建设程序的过程中,对建设工程项目实体注入一组固有的质量特性,以满足人们的预期需要。在这个过程中,业主方的项目管理,担负着对整个建设工程项目质量目标的策划、决策和实施监控的任务;而建设工程项目各参与方,则直接承担着相关建设工程项目质量目标的控制职能和相应的质量责任。

▶ 7.2.3 建设项目质量形成的影响因素

建设工程项目质量的影响因素,主要是指在建设工程项目质量目标策划、决策和实现过程的各种客观因素和主观因素,包括人的因素、技术因素、管理因素、环境因素和社会因素等。

1)人的因素

人的因素对建设工程项目质量形成的影响,包含两个方面的含义:一是指直接承担建设工程项目质量职能的决策者、管理者和作业者个人的质量意识及质量活动能力;二是指承担建设工程项目策划、决策或实施的建设单位、勘察设计单位、咨询服务机构、工程承包企业等实体组织。前者是个体的人,后者是群体的人。我国实行建筑业企业经营资质管理制度、市场准入制度、执业资格注册制度、作业及管理人员持证上岗制度等,从本质上说,都是对从事建设工程活动的人的素质和能力进行必要的控制。此外,《建筑法》和《建设工程质量管理条例》还对建设工程的质量责任制度做出明确规定,如规定按资质等级承包工程任务,不得越级、不得挂靠、不得转包,严禁无证设计、无证施工等,从根本土说也是为了防止因人的资质或资格失控而导致质量能力的失控。

2)技术因素

影响建设工程项目质量的技术因素涉及的内容十分广泛,包括直接的工程技术和辅助的生产技术。前者如工程勘察技术、设计技术、施工技术、材料技术等,后者如工程检测检验技术、试验技术等。建设工程技术的先进性程度,从总体上说取决于国家一定时期的经济发展和科技水平,取决于建筑业及相关行业的技术进步。对于具体的建设工程项目,主要是通过技术工作的组织与管理,优化技术方案,发挥技术因素对建设工程项目质量的保证作用。

3)管理因素

影响建设工程项目质量的管理因素,主要是决策因素和组织因素。其中,决策因素首先是业主方的建设工程项目决策;其次是建设工程项目实施过程中,实施主体的各项技术决策和管理决策。实践证明,没有经过资源论证、市场需求预测,盲目建设,重复建设,建成后不能投入生产或使用,所形成的合格而无用途的建筑产品,从根本上是社会资源的极大浪费,不具备质量的适用性特征。同样盲目追求高标准,缺乏质量经济性考虑的决策,也将对工程质量的形成产生不利影响。

管理因素中的组织因素,包括建设工程项目实施的管理组织和任务组织。管理组织指建设工程项目管理的组织架构、管理制度及其运行机制。三者的有机联系构成了一定的组织管理模式,其各项管理职能的运行情况,直接影响着建设工程项目目标的实现。任务组织是指对建设工程项目实施的任务及其目标进行分解、发包、委托,以及对实施任务所进行的计划、指挥、协调、检查和监督等一系列工作过程。从建设工程项目质量控制的角度看,建设工程项目管理组织系统是否健全、实施任务的组织方式是否科学合理,无疑将对质量目标控制产生重要影响。

4)环境因素

一个建设项目的决策、立项和实施,受到经济、政治、社会、技术等多方面因素的影响,是建设项目可行性研究、风险识别与管理所必须考虑的环境因素。对于建设工程项目质量控制而言,无论该建设工程项目是某建设项目的一个子项工程,还是本身就是一个独立的建设项目,作为直接影响建设工程项目质量的环境因素,一般是指建设工程项目所在地点的水文、地质和气象等自然环境;施工现场的通风、照明、安全卫生防护设施等劳动作业环境;以及由多单位、多专业交叉协同施工的管理关系、组织协调方式、质量控制系统等构成的管理环境。对这些环境条件的认识与把握,是保证建设工程项目质量的重要工作环节。

5)社会因素

影响建设工程项目质量的社会因素,表现在建设法律法规的健全程度及其执行力度;建设工程项目法人或业主的理性化以及建设工程经营者的经营理念;建筑市场包括建设工程交易市场和建筑生产要素市场的发育程度及交易行为的规范程度;政府的工程质量监督及行业管理成熟度;建设咨询服务业的发展及其服务水准的提高;廉政建设及行风建设的状况等。

必须指出,作为建设工程项目管理者,不仅要系统认识和思考以上各种因素对建设工程项目质量形成的影响及其规律,而且对于建设工程项目质量控制,要分清哪些是可控因素,哪些属不可控因素。不难理解,人、技术、管理和环境因素,对于建设工程项目而言是可控因素;社会因素存在于建设工程项目系统之外,一般情形下对于建设工程项目管理者而言,属于不可控因素,但可以通过自身努力,尽可能做到趋利去弊。

7.3 建设工程项目设计质量控制

7.3.1 概　述

设计是从技术方面来定义工程的技术系统,定义工程的功能、工艺等各个总体和细节问题。这些工作包括功能目标的设计和各阶段的技术设计。一个工程的设计质量不仅直接决定了工程最终所能达到的质量标准,而且决定了工程实施的秩序和费用水平。在现代工程中,要求设计提供的信息越来越多。设计中的任何错误都会在计划、制造、施工、运行中扩展、放大,引起更大的失误。所以任何业主和项目管理者都应在设计工作上,舍得花时间、金钱和精力,进行及早控制和严格的协调。

涉及工程质量方面的设计质量包括两个方面:一是工程的质量标准,包括采用的技术标准、设计使用年限、工程规模、达到的生产能力等;二是设计工作质量,包括设计成果的正确性、各专业设计的协调性、设计文件的完备性和明确性,符合规定的详细程度和成果数量。这一切都要求进行严格的设计质量控制。

▶ 7.3.2 建设工程项目设计质量控制的要点

建设工程项目设计质量控制的要点主要有以下方面:

1)设计单位的选择

设计单位对设计的质量负责。设计单位的选择对设计质量有根本性影响,然而许多业主和项目管理者在项目初期并没有对它引起足够重视,有时为了方便、省钱或其他原因,将工程委托给不合格的设计单位甚至委托给业余设计者,结果造成很大经济损失,甚至责任事故。

设计工作属于高智力型、技术与艺术相结合的工作,其成果评价比较困难。设计方案以及整个设计工作的合理性、经济性、新颖性等常常不能从设计文件(如图纸、规范、模型)的表面反映出来,所以设计质量很难控制。这就要求对设计单位的选择予以特别重视。设计单位必须具有与项目相符合的资质等级证书,而且本项目的设计在其业务范围内,有本项目设计所需的成熟技能和成功经验。

2)设计前控制

①设计条件。掌握设计原始资料及其可靠性,重点是工程勘察的重要地形地质资料和参数、水文特征的资料等。

②设计大纲。设计大纲包括设计原则,设计规程、规范、技术标准;基本数据和条件,设计参数、定额、指标;建设规模论证、设计方案比选;材料工艺设计准则,重大技术问题论证研究的技术路线与方法;设计计算公式与应用软件;要求达到的经济效益与技术水平等。

③建设项目工程设计工序质量控制措施与设计校审制度。

3)设计方案论证审查

①采取必需的措施,鼓励设计单位进行多方案比选和设计方案优化,包括工程规模、厂(场、坝)址确定方案、工艺设备方案,主体建筑物形式方案、结构体系、专业工程方案、施工程序与方法等。

②对于多家投标方案比选时,在选择好的设计单位的同时,还要选择一个好的设计方案。

③对重大方案比较做出技术经济选择的意见,并提出优化设计措施意见。

④对重大技术问题或技术复杂的工程设计方案组织专门的科研试验,研究落实,再进行全面比较,选择优化的方案。

4)设计工作质量检查

①检查设计文件的完备性。设计文件应包括:

a. 说明工程形象的各种文件。

b. 各种专业设计图、规范、模型、相应的概预算文件。

c. 设备清单和工程的各种技术经济指标说明。

d. 以及设计依据的说明文件、边界条件的说明等。

②从宏观到微观,分析设计构思,设计工作内容,设计成果的正确性、全面性、安全性,识别系统错误和薄弱环节。

③设计应符合国家或行业标准和规范要求，特别是必须符合强制性标准要求的防火、安全、环保、抗震标准，以及某些质量标准、卫生标准。

④检查设计中可能存在的问题，如：

a. 技术设计没有考虑到施工的可能性、便捷性和安全性。

b. 设计中未考虑将来运行中的维修、设备更换、保养的方便。

c. 设计中未考虑运营的安全、方便和运行费用的高低。

d. 设计基本资料不详实或深度不够。

5)设计成果评审

对设计文件的质量，主要依据其功能性、可信性、安全性、可实施性、适应性、经济性、时间性 7 个质量特性是否满足要求来衡量。

(1)功能性

①建设规模、生产能力、产品方案、工厂组成等符合设计合同、可行性研究报告或基础工程设计(初步设计)审批文件要求。

②公用工程及辅助生产装置配套合理，适应生产装置要求。

③总图及装置布置合理，相关防护设施符合规范要求。

(2)可信性

①设计基础资料齐全、准确、有效，计算依据可靠、合理，设计条件正确。设计文件的内容深度、格式符合规定要求。

②专业设计方案比选应用论证报告，结论明确。

③采用的工艺技术、设备、材料均应先进、可行，采用的新工艺、新设备、新材料均已通过鉴定，并有相应的证明材料。

④结构设置、安全系数、备用系数等确定合理性，水源、电源选定可靠性，确保装置年运转时间达到规定要求。

⑤公用工程及辅助生产装置同期建成，环保和综合利用工程应体现“三同时”原则。

⑥具有可维修及维修保障性，有适当的备品、备件自给率。

⑦定型设备应选择国家或行业的系列化、标准化产品，严禁选用淘汰产品。

(3)安全性

①总图布置、地基处理、设备、管道及建构筑物设计安全可靠，具有合理的防御自然灾害风险的能力，符合规范规定的要求。

②工业及民用建筑设计应满足防火和防腐等规范的要求。

③按照物料的性质和操作状况，压力容器及管道设计应满足《压力容器设计》规范、《压力管道安全管理与监察规定》的要求。

④根据生产危险场所的特性与要求，对总图、设备、管道、电气、仪表的设计与选型，应满足防火、防爆、防雷、防静电等设计规范的要求。

⑤在全厂、装置或建筑设计中，充分考虑了有效的消防措施或设施，满足有关规范的要求。

⑥对生产中有毒、有害或强腐蚀性物料的排放或泄漏，以及其他危及人身安全的场所，采

取符合工业安全、卫生设计规范和规定要求的防患和控制措施。

⑦环保设计应贯彻“以防为主、防治结合、综合治理”的方针，工业“三废”等有害物的浓度和排放量应达到中央或地方政府规定的排放标准。

(4)可实施性

①建筑、结构设计应考虑项目建设地区的具体情况和施工单位的作业技术能力、装备水平，并应提出施工验收准则。

②设计中应考虑高、大、重设备的运输及安装方案、实施条件、检修置换作业及其他特殊安装要求。

③现场制作的设备应考虑现场作业条件及环境特点等因素。

④工程设计文件应提供主要设备、材料的采购、制作和检验的技术要求。

(5)适应性

适应性是指根据设计合同规定的要求，工程设计应考虑项目建成后生产规模、产品品种、原材料等条件合理变化的能力。

(6)经济性

①工程建设总投资满足合同规定或审批文件的要求。

②原材料、动力消耗指标达到或接近国内先进水平，生产成本合理。

③能源及动力配置和使用合理，节能措施先进可行，符合有关规定要求，能耗处于国内同类设计先进水平。改扩建工程应注意挖潜、填平补齐和节能降耗。

④投资回收期、借款偿还期、各项收益率、利润率等技术经济指标满足相关规定要求。

(7)时间性

①工程设计文件交付期限应满足设计合同的规定要求。

②设计服务应满足设计合同对建设进度的要求。

7.4 建设工程项目施工质量控制

▶ 7.4.1 建设工程项目施工质量控制的几个要点

1)施工企业对施工质量负责

工程施工中的质量控制属于生产过程的质量控制。工程质量控制不仅要保证工程的各个要素(材料、设备、工作、工艺等)符合规定(合同、设计文件)要求，而且要保证各部分的成果，即分部、分项工程符合规定，还要保证最终整个工程符合质量要求，达到预定的功能，整个系统能经济、安全、高效率地运行。这个阶段质量控制的对象是承(分)包商、供应商或工程小组。

2)实施者严把质量控制关口

在工程实施过程中，如果工程出现问题，质量目标最容易受到损害。质量控制的关键因素是实施者，所以业主与项目管理者应重视对承(分)包商、供应商的选择。在委托任务、商讨价格、签订合同时应注意考察他们的质量能力、信誉等。

3）**必须向实施者落实质量责任，灌输质量意识**

①要保证质量，必须将工程的质量责任落实到具体的实施者，而不是检查者。建立工程的技术管理制度，并经常进行考核。

②在合同、委托书或任务单中明确质量的要求，确定质量的标准、检查和评价方法、奖惩办法和标准，不能用含糊不清的笼统的质量要求或标准，在合同中应规定项目管理者对质量的绝对的检查和监督权力。

③要求各投标单位在投标文件中说清楚质量保证体系、质量保证的措施和方法，并由专家审查这些措施和方法的适用性、科学性、安全性，作为选择承包商的依据。

④在实际工作中，防止实施者为了追求高效率和低费用而牺牲质量，发现工期拖延、费用超支时，首先应考虑选择修改或制订周密的计划，防止以牺牲质量为代价赶工和降低费用。由于质量是工程的内在因素，它的指标常常不明显，所以人们特别容易忽视。

4）**确定质量控制程序和权力**

①质量控制程序和权力由合同条件、规范和项目功能规程规定，通常在合同中确定质量控制权力和责任的划分，确定主要控制过程、工程检查验收的规定，在规范中常常包含专业分项的质量检查标准、过程、要求、时间、方法，业务工作条例包括涉及项目参加各方的协调方法和过程。

②质量控制程序包括极其广泛的内容：设备和材料采购、工艺、隐蔽工程、分项工程、分部工程、单位工程、单项工程、整个工程项目的最终检验和试运行等。

③质量控制必须与其他控制手段（工程款支付、量方、合同处罚等）结合起来，明确规定（合同中）管理者对不符合质量的工程材料、工艺的处置权，例如拒绝验收和付款、指令拆除不合格工程、重新施工，由此引起的一切费用、工期拖延由责任者负责，当然对高质量应有奖励措施。

5）**质量文件**

图纸、规范、模型是设计者提出的质量要求文件，经过工程实施反馈出能够证明和反映实际工程状况的质量报告文件。工程实施以及各种控制过程中应收集、整理这些文件，应有完备的技术档案。这在工程质量评价、质量问题分析、索赔和反索赔中有重要作用，它们应能系统地、全面地说明（证明）已建工程的各部分（工程、技术、设备等）的质量状况。

▶ 7.4.2 注重工程施工全过程质量控制

工程施工过程质量控制主要包括：技术交底、测量控制、材料控制、机械设备控制、计量控制、工序控制、特殊过程控制、工程变更控制、成品控制等。在现场，应控制好以下程序：

1）**技术交底**

按照工程重要程度，单位工程开工前，由项目总工组织全面的技术交底；工程复杂、工期长的工程可按基础、结构、装修几个阶段分别组织技术交底；各分项工程施工前，应由项目技术负责人向参加该项目施工的所有班组和配合工种进行交底。交底内容包括图纸交底、施工组织设计交底、分项工程技术交底和安全交底等。

2）测量控制

①对于给定的原始基准点、基准线和参考标高等的测量控制点应做好复核工作，经审核批准后，才能据此进行准确的测量放线。

②施工测量控制网的复测。准确地测定与保护好场地平面控制网和主轴线的桩位，是整个场地内建筑物、构筑物定位的依据，是保证整个施工测量精度和顺利进行施工的基础。因此，在复测施工测量控制网时，应抽检建筑方格网，控制高程的水准网点以及标桩埋设位置等。

③施工建筑的测量复核应根据各建筑物的特点进行。

3）材料控制

①对供货方质量保证能力进行评定。应对材料供应的表现状况、供货方质量管理体系对于按要求如期提供产品的保证能力、供货方的顾客满意程度、供货方交付材料之后的服务和支持能力、其他（如价格、履约能力等）进行评定。

②建立材料管理制度，减少材料损失、变质。对材料的采购、加工、运输、贮存建立管理制度，可加快材料的周转，减少材料占用量，避免材料损失、变质，按质、按量、按期满足工程项目的需要。

③进入施工现场的原材料、半成品、构配件要按型号、品种，分区堆放，予以标识。

④加强材料检查验收。用于工程的主要材料，进场时应有出厂合格证和材质化验单；凡标识不清或认为质量有问题的材料，需要进行追踪检验，以确保质量；凡未经检验和已经验证为不合格的原材料、半成品、构配件和工程设备不能投入使用。

⑤发包人提供的原材料、半成品、构配件和设备用于工程时，项目组织应对其做出专门的标识，接收时进行验证，贮存或使用时给予保护和维护，并得到正确的使用。

⑥材料质量抽样和检验方法。材料质量抽样应按规定的部位、数量及采选的操作要求进行。材料质量检验方法有书面检验、外观检验、理化检验和无损检验等。

4）机械设备控制

施工项目上所使用的机械设备应根据项目特点及工程量，按必要性、可能性和经济性的原则确定其使用形式，所有的设备必须符合有关规定，按照操作规程操作。

5）计量控制

施工中的计量工作，包括施工生产时的投料计量、施工生产过程中的监测计量和对项目、产品或过程的测试、检验、分析计量等。

6）工序控制

工序亦称“作业”。工序是产品制造过程的基本环节，也是组织生产过程的基本单位。一道工序，是指一个（或一组）工人在一个工作地对一个（或几个）劳动对象（工程、产品、构配件）所完成的一切连续活动的总和。工序质量是指工序的成果符合设计、工艺（技术标准）要求的程序，采取必要的组织、技术措施，对工序进行有效的控制，使之保证在允许范围内。

7）特殊过程的控制

特殊过程是施工质量控制的重点，设置质量控制点就是要根据工程项目的特点，抓住影响工序施工质量的主要因素。

质量控制点的管理:在操作人员上岗前,施工员、技术员做好交底及记录工作,在明确工艺要求、质量要求、操作要求的基础上方能上岗。施工中发现问题,及时向技术人员反映,由有关技术人员指导后,操作人员方可继续施工。为了保证质量控制点的目标实现,要建立三级检查制度,即操作人员自检,组员之间或班长、质量干事与组员之间进行互检;质量员进行专检;上级部门进行抽查。在施工中,如果发现质量控制点有异常情况,应立即停止施工,召开分析会,找出产生异常的主要原因,并提出对策。如果是因为技术要求不当而出现异常,必须重新修订标准,在明确操作要求和掌握新标准的基础上,再继续进行施工。同时还应加强自检、互检的频率。

8)工程变更控制

在工程变更控制中,主要应考虑以下几个方面:

①管理和控制那些能够引起工程变更的因素和条件。

②分析和确认各方面提出的工程变更要求的合理性和可行性。

③当工程变更发生时,应对其进行管理和控制。

④分析工程变更所引起的风险。

9)成品保护

在工程项目施工中,某些部位已完成,而其他部位还正在施工。如果对已完成部位或成品,不采取妥善的措施加以保护,就会造成损伤,可能会造成人、财、物的浪费和工期被拖延。更为严重的是有些损伤难以恢复原状,而成为永久性的缺陷。加强成品保护,要从两个方面着手:首先应加强教育,提高全体员工的成品保护意识;其次要合理安排施工顺序,采取有效的保护措施。

7.5 建设工程项目施工质量检验评定

工程质量检验评定是承包商进行质量控制结果的表现,也是竣工验收组织确认质量的主要法定方法和手段,主要由承包商来实施,并经第三方的工程质量监督部门或竣工验收组织确认。

7.5.1 施工质量检验评定的划分

建筑安装工程的质量检验按分项、分部和单位工程三级划分进行评定,一个项目可能有若干或只有一个单位工程,一个单位工程划分为若干分部工程,每个分部工程又划分为若干分项工程。分项工程是施工项目质量检验评定的基础。

1)建筑工程分项、分部工程的划分

(1)分项工程划分

建筑工程的分项工程一般按主要工种工程划分,例如砌砖工程、模板工程、混凝土工程等。多层及高层房屋工程中的主体分部工程必须按楼层(段)划分分项工程;单层房屋工程中的主体分部工程应按变形缝划分为分项工程,其他分部工程的分项工程可按楼层(段)划分。

分项工程的划分,在一个单位工程中,工程量的大小不宜过于悬殊,数量不宜过多,各分项工程的质量评定结果均应单独参加分部工程质量检验评定。其中:模板分项工程的质量必须评定,但不参加分部工程的质量检验评定;木门窗制作分项工程,不参加分部工程的质量检验评定;工程生产的预制构配件的制作分项工程,不参加分部工程的质量检验评定,但应加强对进场构配件质量检查验收;现场生产的钢筋混凝土构件应参加分部工程质量检验评定。

(2)分部工程划分

建筑工程的分部工程按建筑的主要部位划分为地基与基础工程、主体工程、地面与楼面工程、门窗工程、装饰工程、屋面工程。分部工程及所含主要分项工程名称见表7.1。

表7.1　建筑工程分部、分项工程名称表

分部工程名称	分项工程名称
地基与基础工程	土方,爆破,灰土、砂石和三合土地基,重锤夯实地基,强夯地基,振冲地基,打桩,灌注桩,地下连续墙,水泥砂浆防水层,模板,钢筋,混凝土,构件安装,钢结构焊接,钢结构油漆等
主体工程	模板,钢筋,混凝土,构件安装,预应力钢筋混凝土,砌砖,钢结构焊接,钢结构安装,木屋架制作,木屋架安装,屋面木骨架等
地面与楼面工程	基层,整体楼、地面,板块楼、地面,木质板楼、地面等
门窗工程	木门窗制作,木门窗安装,铝合金门窗安装,塑钢门窗安装等
装饰工程	一般抹灰,装饰抹灰,清水砖墙勾缝,油漆,玻璃,裱糊,饰面,细木制品,花饰安装等
屋面工程	屋面找平层,保温层,卷材防水,平瓦屋面,薄钢板屋面等

2)建筑设备安装工程分项、分部工程的划分

(1)分项工程划分

建筑设备安装工程的分项工程一般按工种种类及设备组别等划分,例如室内给水管道安装工程、通风风管及部件安装工程等。分项工程也可按系统、区段划分各自的分项工程,如大型公共建筑的通风风管及部件安装工程,可按楼层分为数段,每段则为一个分项工程;住宅楼的排水管道安装工程,可按每个单元的排水管道安装工程系统划分为一个分项工程。

(2)分部工程划分

建筑设备安装工程按工程的专业划分为建筑采暖卫生与煤气工程、建筑电气安装工程、通风与空调工程、电梯安装工程等。

3)单位工程的划分

(1)建筑物(构筑物)单位工程

一个独立的单一建筑物(构筑物),由建筑工程和建筑设备安装工程共同组成为一个单位工程。一般建筑物的单位工程,最多由10个分部工程组成。

(2)新建、扩建的居住小区和厂区的室外单位工程

①由给水、排水、供热、燃气等管道组成的室外建筑采暖卫生与燃气工程。

②由架空线路、电缆线路、路灯等组成的室外建筑电气安装工程。

③由道路、围墙、花廊、建筑小品等组成的室外建筑工程。

► 7.5.2 施工质量检验评定的基础

分项工程是施工项目质量检验评定的基础,其评定内容由保证项目、基本项目、允许偏差项目3部分组成。

1)保证项目

保证项目的条文是必须达到的基础,是保证工程安全或主要使用功能的重要检验项目。条文中采用“必须”或“严禁”用词表示,保证项目中包括的主要内容有:

①重要材料、构件及配件、成品及半成品的质量;设备性能及附件的材质、技术性能等。

②结构的强度、刚度和稳定性等检验数据、工程性能的检测。

2)基本项目

基本项目是保证工程安全或使用功能的基本要求,条文中采用“应”或“不应”用词表示。其指标分为“合格”及“优良”两个等级。基本项目与保证项目相比,虽不像保证项目那么重要,但对结构安全、使用功能、美观都有较大影响,是评定分项工程“优良”与“合格”的等级条件之一,其主要内容有:

①允许有一定偏差的项目,但又不能纳入允许偏差项目中,在基本项目中,主要是用数据规定出“合格”和“优良”等级的标准。

②对不能确定偏差值而又允许出现一定缺陷的项目,以缺陷的数量多少来区分“合格”和“优良”。

③无法用定量区分时,采用程度或不同部位区分“合格”和“优良”。

3)允许偏差项目

允许偏差项目是分项工程检验项目中规定有允许偏差范围的项目,条文中采用“应”或“不应”用词表示。检查点的测量结果以在允许偏差范围内所占比例作为区分分项工程合格或优良等级的条件之一。允许偏差值大部分是有关规范中规定的数值,只是个别进行了调整和补充,其主要内容有:

①有“正”“负”要求的数值。

②有不标符号,直接注明数字的偏差值。

③有要求大于或小于某一数值。

④有要求在一定范围内的数值。

⑤有采用相对比例确定的偏差值。

► 7.5.3 施工质量检验评定的标准

1)分项工程质量等级标准

分项工程的质量分为“合格”“优良”两个等级,其质量等级标准见表7.2。

①当有的分项工程的保证项目的检测数据还不能及时提供时,可先根据“基本项目”和

“允许偏差项目”的检验结果，以及施工现场的质量保证及控制情况，暂时评定这些分项工程的质量等级，待“保证项目”的检验数据提供后，再评定确认这些分项工程的质量等级。

②当分项工程的“保证项目”“基本项目”和“允许偏差项目”其中一项质量指标达不到合格，则分项工程质量不能评为合格，并应及时进行处理。处理后的分项工程质量等级，应按表7.3的有关规定进行检验评定。

表7.2　分项工程质量等级标准

评定内容	质量等级	
	合　格	优　良
保证项目	必须符合相应质量检验评定标准的规定	必须符合相应质量检验评定标准的规定
基本项目	抽检的处（件）应符合相应质量检验评定标准的合格规定	每项抽检的处（件）应符合相应质量检验评定标准的合格规定；其中有50%及其以上的处（件）符合优良规定，该项即为优良；优良项数应占检验项数50%及其以上
允许偏差项目	抽检的点数中，建筑工程有70%及其以上、建筑设备安装工程有80%及其以上的实测值应在相应质量检验评定标准的允许偏差范围内	检验的点数中，有90%及其以上的实测值应在相应质量检验评定标准的允许偏差范围内

表7.3　不合格分项工程处理原则

<table>
<tr><th>处理情况</th><th>质量等级确定</th><th>资　料</th></tr>
<tr><td>局部或全部返工重做的</td><td>重新评定质量等级。以返工后达到的质量等级作为该分项工程的质量等级</td><td>按规定重新抽样、选点、检查评定；重新填写分项工程质量评定表</td></tr>
<tr><td>经加固补强处理，未造成外形尺寸改变或未造成永久性缺陷的；经法定检测单位鉴定，能够达到原设计要求的</td><td>仅应评为合格</td><td rowspan="2">应有详细、准确的原始数据，结论、记录资料齐全，并纳入分项工程质量评定资料及单位工程质量保证资料中</td></tr>
<tr><td>经法定检测单位鉴定达不到原设计要求，但经设计单位认可能够满足结构安全和使用功能要求可不加固补强的；经设计单位验算，需加固补强，但加固补强后，改变了外形尺寸或造成永久性缺陷的。可定为合格，但所在分部工程不应评为优良</td><td></td></tr>
</table>

③当保证项目符合规定后，基本项目、允许偏差项目都达到优良，分项工程方可评为优良。

④由于电梯安装质量的优劣直接影响人身安全，因此，规定电梯安装分项工程的质量检

验评定不同于其他分项工程抽样检查,而应全数检查,并在分项评定的基础上评定单台电梯质量,其质量等级标准见表7.4。

表7.4 单台电梯质量等级标准

评定内容	质量等级	
	合　格	优　良
所含分项工程质量	全部合格	全部合格,其中有50%及其以上为优良,在优良项目中必须含“安全保护装置”和“试运转”两个分项
质量保证资料	基本符合要求	符合要求

2)分部工程的质量等级标准

分部工程的质量等级是由其所含的分项工程的质量等级通过统计的方法来确定的,所以分部工程评定的内容是重点检查分项工程质量检验评定的情况。分部工程的质量亦分为“合格”与“优良”两等级,其质量等级标准见表7.5,适用于除电梯安装外的其他分部工程。

表7.5 分部工程质量等级标准

评定内容	质量等级	
	合　格	优　良
所含分项工程质量	全部合格	全部合格,其中有50%及其以上为优良(建筑设备安装工程中必须含指定的主要分项工程)

3)单位工程质量检验综合评定及等级标准

单位工程质量是由分部工程质量等级汇总、质量保证资料核查和观感质量评分三部分来综合评定的。其中,分部工程质量等级汇总的目的是突出核查施工过程中的质量控制情况;质量保证资料核查的目的是检验建筑结构、设备性能和使用功能质量进行的综合评定,共有44个项目名称,评定的内容基本是能够观感到的各分项工程,并按其保证项目、基本项目和允许偏差项目,进行观感质量评定。单位工程的质量分为“合格”“优良”两个等级,其质量等级标准见表7.6。

表7.6 单位工程质量等级标准

评定内容	质量等级	
	合　格	优　良
所含分项工程质量	全部合格	全部合格,其中有50%及其以上为优良,建筑工程必须含主体和装饰分部工程; 以建筑设备安装工程为主的单位工程,其指定的分部工程必须优良
质量保证资料	基本齐全	基本齐全
观感质量评定得分率	70%及其以上	85%及其以上

▶ 7.5.4 施工质量检验评定的标准

各分项、分部及单位工程的评定，分为先评定，后核定两个程序，其组织及参加人员见表7.7。

表7.7 质量检验评定及核定组织

工程	质量自检	质量等级评定		质量等级核定
		组织	参加	
分项工程	班组长	单位工程负责人	工长、班组长	专职质量检查员
分部工程	单位工程负责人	施工队技术负责人	单位工程负责人、工长（有特殊要求的建筑设备安装工程、新技术、新结构，按设计要求）	专职质量检查员（地基与基础工程、主体工程由企业技术和质量部门组织核定）
单位工程	施工队技术负责人	企业技术负责人	单位工程负责人、分包单位施工队技术负责人企业技术和质量部门	市（县）工程质量监督站

7.6 建设工程项目质量的政府监督管理

▶ 7.6.1 建设工程项目质量政府监督管理机制

1）建设工程质量政府监督管理机制的主要内容

建设工程质量政府监督管理机制是建设工程质量监督管理体制和运行机理，主要包括三个方面的内容：一是监督管理机构的组织设置及其隶属关系为主要内容的组织建设；二是基于建设工程质量内在本质要求的实施政府监督管理的依据及相关法律、法规建设；三是保证政府监督管理有效性的有关制度建设。

①组织机构及其体系是实施建设工程质量政府监督管理的主体，其组织本身的性质、结构形式和组织的内在必然联系是监督管理机制研究的重点，是决定政府对建设工程质量监督管理成效的关键，建立适合于中国社会主义市场经济特征的完整、健全的政府监督管理机构体系，是推进建设工程质量三大监督管理体系良性运作的核心，组织结构体系建立符合市场经济要求，遵循建设工程质量形成中监督管理的内在本质规律，就能有效地促进建设工程质

量的全面、全过程、全方位的监督管理，就能有效地促进建设工程质量整体水平的不断持续改进和提高，就能有效地维护和保障国家和公众的建设工程质量利益，进而促进建筑行业的强劲发展，推动国民经济的发展与进步。否则，就阻碍其良性发展，就不能有效地保护国家和公众的建设工程质量利益，就不能压制和杜绝频繁发生的建设工程恶性事故给国家、企业和人民生命财产所带来的惨重损失。

②建立起科学合理的组织机构，使其有效行使政府监督管理的职能，就需要建立健全一整套的监督管理法律、法规和技术标准，它们是政府监督管理机构从事建设工程质量监督管理的法律准绳和规范依据，它们必须完整反映建设工程质量的时代发展的要求，体现建设工程质量中的国家和公众利益的意志，这就要求相关法律、法规、强制性技术标准的建立、实施都必须适应时代的要求，反映建筑业的技术进步和社会进步。

③政府监督管理主体的形成、监督管理依据的确定构成了监督管理机构从事监督管理工作的基础，如何提高其监督管理的有效性，离不开规范化的制度建设，完整、规范的监督管理制度体系的建设是提高监督管理交通的前提。这些制度建设包括监督机构、人员的资质审批及年检制度，监督机构工作效能和绩效考评制度，监督人员轮训、培训制度，建设工程项目质量监督委托制度，监督市场管理制度，监督信息化管理制度以及监督机构本身的内部各项制度。制度的建设和实施，是监督管理行为规范化的前提，是推进建设工程质量政府监督管理法制化的基础，是提高监督管理效率的保证。

2）建设工程质量政府监督管理的内部机制

建设工程质量监督管理的性质、法律地位本质上规定了对其监督机构、监督人员的基本要求，其合理体制的建立形成了分层管理、分区域监督与跨区域项目监督相结合的有效运作体系，规定了各层机构的职能和任务，明确了相应的权利和责任，详见有关规定。

（1）建设工程质量监督机构的管理

建设工程质量监督机构的管理应做到行业与政府管理相结合，它包括三个方面的内容：一是资格认可机关每3年对建设工程质量监督机构进行一次资格审查；二是建设行政主管部门和有关部门应对其委托的建设工程质量监督机构的工作，定期或不定期地进行检查；三是以管理为主的省级质量监督机构统筹安排、全面推动全省的质量监督工作，要加强对下属质量监督机构监督工作的业务指导和管理。

（2）建设工程质量监督人员的管理

“以人为本”是建设工程质量的核心，也是政府建设工程质量监督的关键，要保证政府工程质量监督工作的效能，就必须提高监督人员的素质，以高素质人员的高质量工作保证建设工程质量政府监督管理工作有力、有效。加强对建设工程质量监督工程师的资格管理，全面落实岗位责任，是工程项目监督实行监督工程师责任制，保证建设工程质量的根本条件。

对于建设工程质量监督人员的要求应重点注意以下几个方面：

①质量监督工程师知识结构要求。熟练掌握建设工程有关法律、法规和建设工程强制性标准；有良好相关专业技术教育和知识，并了解新技术发展的动态；熟练掌握建设工程质量检测手段和方法；熟练掌握质量监管与管理抽样检查方法；了解计算机软件、硬件的基础知识；掌握计算机网络基本知识，熟练使用监督管理信息系统软件；熟练掌握基本建设程序和建设

工程质量监管工作程序；有较丰富的设计、施工、管理建设工程经验；了解和掌握建设工程管理的基本理论知识；了解或熟悉一门外语。

②对质量监督工程师品质素质要求。监督工程师品质是从事监理工作的首要条件，它的核心是对国家、人民的责任感和负责程度。也就是说，是否全心全意和尽职尽责地把控建设工程质量。按其性质来说，他们必须认真负责、坚持原则、处理公正。监督工程师素质要求包括身体素质、知识素质、技能素质和能力素质4个方面。对身体素质要求是：在感觉和知觉上要求反应灵敏、身体力行；能吃苦耐劳，能坚守岗位和较长时间内连续工作。对知识素质的要求是：具有相应文化水平和专业技术知识，首先应参加监督岗位培训、考试，取得相应资格；具有较扎实的相关专业基础理论知识、工作经历和实践经验，同时对施工验收规范、技术规程、国家和地方强制性标准条文以及工程质量检查验收标准、检测检验方法要有较深刻的理解和掌握，对有关检测数据要有判断、分析、处理能力；对一些建筑新材料、新技术、新工艺的施工过程及其机理应有一定的理论知识基础和实际经验。对技能素质的要求是：具有熟练的监理业务工作技能，其中主要是业务管理和检查、检测技能。对能力素质的要求是：需要有多种能力的结合，其中主要的是识别和判断能力、协调能力，同时能用妥善的方法处理工程建设监理过程中遇到的问题，用简练的语言或文字表明所监督工程的建设状况。

③质量监督工程师的培训、考核、激励。工程质量监督工作是一项政策性和技术性很强的工作，工程技术不断创新发展，法律、法规、标准、制度也在逐步趋于完善和不断革新，不断更新质量监督工程师专业技术知识，不断提高自身素质和管理组织与协调能力，熟练掌握各个时期国家有关法律、法规和工程建设强制性标准是对质量监督工程师更新知识结构的基本要求。质量监督工程师在职工作期间，要不断进行定期和不定期的培训，增强自律意识，努力提高自身素质，以适应工程质量发展的需要。

建立和健全对质量监督工程师监督工作能力和绩效考核、考评制度，不断完善考核、考评的指标体系，把质量监督工程师监督工作能力和监督绩效同其工资、奖励待遇结合起来，以考促管，加强质量监督机构内部管理，加强行业自律，规范监督行为，提高监督工作效率和质量，促进建设工程质量的提高和建设行业整体发展。

建立良好有效的用人机制，引进人才、培养人才和使用人才相结合，建立健全质量监督机构人事管理激励机制；把一批掌握工程、管理、金融、法律、外语等多方面知识的复合型优秀人才吸引到工程质量监督岗位上来，努力培养一支政治强、业务精、作风正的高素质的建设工程质量监督执法队伍；充分调动质量监督工程师从事质量监督工作的积极性、主动性和能动性，以高水平的人才资源优势，培育建设工程质量监督机构的技术创新能力和社会市场竞争能力，保证工程质量，维护国家和公众利益。

▶ 7.6.2 施工中建设工程质量政府监督管理

工程建设施工阶段，是业主和工程设计意图最终实现并形成工程实体的阶段，是最终形成工程产品质量和工程项目使用价值的重要阶段，是工程项目质量控制的重点，也是建设工程质量监督的重点。施工阶段是建设主体的质量保证体系、质量责任制度进入交错复杂的实体运行、交互响应阶段，建设工程质量政府监督就是监督各建设主体的质量行为和质量活动，在有效的质量保证体系内良性运作，全面落实各主体各岗位的质量责任制度，通过行为和活动的监督，提高质量体系各建设主体的工程建设工作质量，以工作质量保工序质量，以工序质量的提高保证建设工程质量整体提高，在此阶段，通过抽查监督各主体质量体系的有效运作和实体工程质量，保证建设工程质量。对施工中的行为监督主要通过核查施工现场工程建设各方主体及有关人员的资质或资格，保证各岗位工作人员的素质符合质量保证体系良性运行的要求和工程建设质量操作、控制、管理的基本要求。对实体质量的监督以抽查方式为主，并辅以科学的检测手段。地基基础实体必须经监督检查后方可进行主体结构施工；主体结构实体必须经监督检查后方可进行后续工程施工。通过建设工程质量的监督，保证施工阶段各方主体质量行为规范，保证建设工程地基基础和主体结构的安全。

1）建设工程施工阶段的特点

建设工程施工是建设工程质量实体形成阶段，它的活动及其结果将会对环境和社会造成直接影响，其生产形成过程有以下特点：

①施工阶段是资金投放量最大的阶段。

②施工阶段是暴露问题最多的阶段。

③施工阶段是合同双方利益冲突最多的阶段。

④施工阶段持续时间长、动态性强。

⑤施工阶段是形成工程项目实体的阶段，需要严格地进行系统过程控制。

⑥施工阶段是以执行计划为主的阶段。

⑦施工阶段工程信息内容广泛、时间性强、数量大。

⑧施工阶段涉及的单位数量多。

⑨施工阶段存在着众多影响目标实现的因素。

2）建设工程项目施工质量目标特性

（1）建设项目总体质量目标的内容具有广泛性

凡是构成工程项目实体、功能和使用价值的各方面，如建设地点、建筑形式、结构形式、材料、设备、工艺、规模和生产能力以及使用者满足程度，都应列入项目质量目标范围。同时，对参与工程建设的单位和人员的资质、素质、能力和水平，特别是对他们工作质量的要求也是质量目标不可缺少的组成部分，因为他们直接影响建筑产品的质量。项目质量目标内容的全面性也使投资目标和进度目标与之保持一致。项目质量目标范围的广泛性告诉我们，要拿出质量符合要求的建筑产品，需要在整个项目实施的全部范围内进行质量控制。

（2）建设项目总体质量的形成具有明显的过程性

实现建设项目总体质量目标与形成质量的过程息息相关。工程建设的每个阶段都对项目质量的形成起着重要作用，对质量产生重要影响。项目决策阶段决定项目“上”与不“上”以及如何“上”的问题，为确定项目目标系统提供依据并最终确定项目总目标，其中包括项目总体质量目标。在解决“能否做”和“做什么”的过程中，为项目质量的符合性和适用性进行了可行性研究和决策。在项目实施阶段，通过设计解决“如何做”的问题，使项目总体质量目标得以具体化；通过招标解决“谁来做”的问题，使项目质量目标的实现落实到承包者；通过施工解决“做出来”的问题，使工程项目形成实体，把项目质量目标物化地体现；通过竣工验收最终解决“是否符合”的问题，使项目质量得以确认。在此，每个阶段都有其具体的质量控制任务，监理工程师应当根据每个阶段的特点，确定各阶段质量控制的目标和任务，以便实施全过程质量控制。

(3)影响项目质量目标的因素具有错综复杂性

工程项目实体质量、功能和使用价值、工作质量牵扯到设计、施工、供应、监理等诸方面的多种因素。例如，人、机械、材料、方法和环境都影响着工程质量。监理工程师应当对这些因素进行有效控制，以保障工程质量。对人，要从思想素质、业务素质、身体素质等多方面综合考虑，全面控制；对材料，要把好检查验收这一关，保证正确合理使用原材料、成品、半成品、构配件，并检查、确认、督促做好收、发、储、运等技术管理工作；对机械，要根据工艺和技术要求，确认是否选用了合适的机械设备，是否建立了各种管理制度；对方法，要通过分析、研究、对比，在确认可行的基础上确定应采用的优化方案、工艺、设计和措施；对环境，要通过指导、督促、检查建立良好的技术环境、管理环境、劳动环境，以确保为实现质量目标提供良好条件。

7.7 建设工程项目质量统计方法

▶ 7.7.1 频数分布表

频数分布表也叫检查表法，是收集和整理数据用的统计表，利用这些统计表对数据进行整理，并可粗略地进行原因分析。按使用的目的不同，常用的检查表有：工序分布检查表、缺陷位置检查表、不良项目检查表、不良原因检查表等。调查表形式灵活，简便实用，与分层法结合，可更快、更好地找出问题的原因。表7.8所示是混凝土预制板不合格项目调查表。

表7.8 预制混凝土板不合格项目

序 号	项 目	检查记录	小 计	备 注
1	强度不足	正正正正下	23	
2	蜂窝麻面	正正正正一	21	
3	局部露筋	正正正	15	
4	局部有裂缝	正正丅	12	
5	折 断	正下	9	

▶ 7.7.2 排列图法

1)排列图的概念

排列图的全称是“主次因素排列图”，也称为Pareto图。在生产过程中，影响产品质量的因素常常不止几个、几十个，在这些纷繁庞杂的众多因素中，迅速、准确地找出主要因素的最有效方法就是排列图法。它有利于企业抓住关键因素，用有限的资源解决更大的问题，取得更好的经济效益。

排列图法并不仅仅适用于确定某个特定产品的质量问题，更重要的是要在合理分层的基础上，分别找出各层的主要矛盾及其相互关系。例如，从全企业来看，可能找出影响产品质量的主要工序是铸造和金属加工，而这两组工序内部又可以分别找出主要产品的主要部件、关键零件及关键工序等。由此可见，排列图法可以步步深入，具体地找出有关影响产品质量的根本原因。

排列图是由两个纵坐标，一个横坐标，几个直方图和一条曲线组成的。左边的纵坐标表示频数（件数、金额、时间等），右边的纵坐标表示累计频率（以百分数表示），有时为了方便，也可以把两个纵坐标都画在左边；横坐标表示影响质量的各个因素，按其影响程度的大小从左到右依次排列；直方图的高度表示着某个影响因素的影响大小，而图中的曲线表示各个影响因素大小的累计百分率数。通过这条曲线所对应的累计百分数划分为 3 个区域：累计百分数 0 ~ 80% 为 A 类区，相对于 A 类区的因素一般称为主要因素；累计百分数 80% ~ 90% 称为 B 类区，相对于 B 类区的因素称为次要因素；累计百分数 90% ~ 100% 称为 C 类区，对应该区的因素称为更次要因素。

2）排列图的作图步骤

①在一定时期内收集有关质量问题的数据。

②将收集到的数据资料，按不同问题进行分层次处理，每一层作为一个项目，然后统计出每一个项目反复出现的频数，一些小问题可以合并在一起统称为“其他”一项。最后将这些项目和相应的频数按照频数的大小列成数据表，作为计算和作图的依据。

③计算数据表中每一个项目的频数占总频数的百分率和累积百分率，把这些数据填在记录表中。

④画两根纵轴和一根横轴。左边纵轴，标上频数刻度，最大刻度为总频数；右边纵轴，标上频率刻度，最大刻度为 100%；在横轴上按频数大小依次列出各项。

⑤在横轴上按频数大小画出直方柱。

⑥在每一个直方柱右侧上方，按累计值描点，并用直线连接，画出排列线。

3）使用排列图应注意的事项

①找出的主要因素不要过多，一般来说，主要原因有一两个，最多不能超过 3 个，就是说它们所占的频数必须高于 50%（如果项目少时，则应高于 70% 或 80%）；否则就失去了找出“主要因素”的意义，要考虑重新进行分类。

②当采取措施解决或基本解决了这些主要因素后，原先次要的因素将上升为主要因素，此时可以再通过做柏拉图曲线来分析处理。这样不断循序渐进，可以使产品质量得到不断的改进和提高。

③纵坐标可以用件数或金额表示，也可以用时间表示，也有用“可能性”来表示的。原则是以能够较好地找出“主要问题”为准。

④不重要的项目很多时，为了避免横坐标过长，通常合并列入“其他”栏内，并置于最后一

项。对于一些较小的问题,如果不容易分类,也可以将其归入其他栏内。如"其他"项的频数太多时,需要考虑重新分类。

⑤为作排列图而取数据时,应考虑不同的原因、状况和条件后对数据进行分类,如按时间、产品或服务、工序、人员等分类,以取得更多更有效的信息。

【例 7.1】 某工程施工监理中,监理工程师对承建商在施工现场制作的水泥预制板进行质量检查,抽查了 500 块,发现其中存在如表 7.9 所示的质量问题。

问题:产品的主要质量问题是什么?监理工程师应如何处理?

【解】 (1)采用排列图法分析产品的主要质量问题

第一步,针对本题特点,应选择排列图法进行分析。

第二步,根据检查记录,按不良品数由大到小进行整理排列,算出频数和累计频率,见表 7.9。

表 7.9 预制板质量问题及相关资料

序 号	存在问题项目	出现问题频数	累计频率/%
1	蜂窝麻面	22	55
2	局部露筋	10	80
3	强度不足	4	90
4	横向裂缝	3	97.5
5	纵向裂缝	1	100
合 计	存在问题项目	40	

第三步,绘制排列图,如图 7.2 所示。

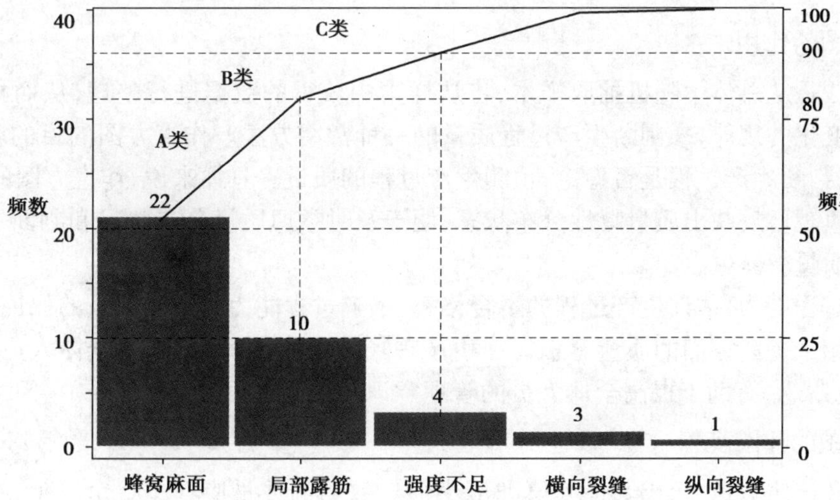

图 7.2 排列图

第四步,分析。由排列图可见,主要的质量问题是水泥预制板的表面出现蜂窝麻面和局部露筋,次要问题是混凝土强度不足,一般问题是横向和纵向裂缝。

(2)出现质量问题后的处理

监理工程师应要求承建商提出具体的质量改进方案,分析产生质量问题的原因,制定具体的措施提交监理工程师审查,经监理工程师审查确认后,由施工单位实施改进。执行过程中,监理工程师应严格监控。

▶ 7.7.3 直方图法

1)直方图的概念

直方图又称为质量分布图,是一种几何形图表,是一目了然地把质量分布状态图表化处理的工具。它是通过对从生产过程中收集来的貌似无序的数据进行处理,根据质量数据分布情况,画成以组距为底边、以频数为高度的一系列连接起来的直方形矩形图(见图7.3)来反映产品质量的分布情况,以判断和预测产品质量及不合格率。

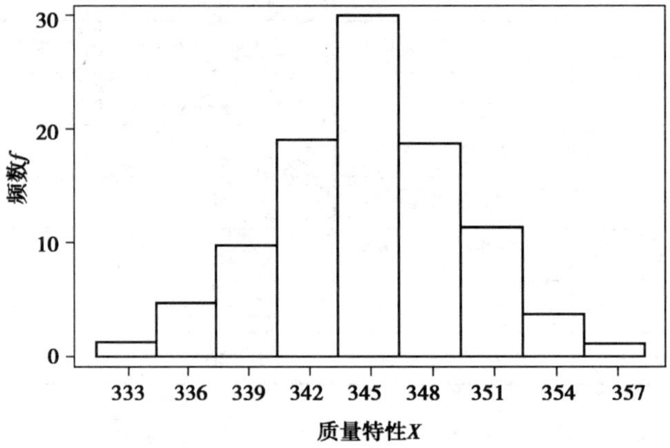

图7.3 直方图

2)直方图的作用

直方图法是从总体中随机抽取样本,将从样本中获得的数据进行整理,从而根据这些数据找出数据变化的规律,来判断生产过程质量的一种常用方法。作直方图的目的就是通过观察图的形状,判断生产过程是否稳定,预测生产过程的质量。具体来说,作直方图的作用有:

①比较直观地反映出质量特性分布状态,便于及时掌握质量分布状况和判断一批已加工完成的产品质量。

②考察过程能力,估计生产过程的不合格率,了解过程能力对产品质量的保证情况。

③可以用来提高人们的质量意识。在生产现场挂出直方图,可以给全体人员一个“产品质量第一”的观念,有助于提高全体人员的管理意识和质量意识。

3)直方图的作图步骤

①集中和记录数据,求出其最大值和最小值。数据的数量应在100个以上,在数量不多的情况下,也应在50个以上。

②将数据分成若干组,并做好记号。分组的数量在6~20较为适宜。

③计算组距的宽度。用组数去除以最大值和最小值之差,求出组距的宽度。

④计算各组的界限位。各组的界限位可以从第一组开始依次计算，第一组的下界限值为最小值减去组距的一半，第一组的上界限值为其下界值加上组距。第二组的下界限位为第一组的上界限值，第二组的下界限值加上组距，就是第二组的上界限位，依此类推。

⑤统计各组数据出现频数，作频数分布表。

⑥作直方图。以组距为底长，以频数为高，作各组的矩形图。

【例 7.2】 (1)数据的搜集与整理

某工地在一个时期内生产的C30混凝土，共做试块100块，抗压强度如表7.10所示。由该表中找出全体数据中最大值为34.7，最小值为27.4，两者之差即34.7-27.4=7.3，称为极差，用符号R表示。

表7.10 混凝土试块强度统计数据表

单位：N/mm^2

组号	各组中的数据序号										组中最大	组中最小
	1	2	3	4	5	6	7	8	9	10		
1	32.3	31.0	32.6	30.1	32.0	31.1	32.7	31.6	29.4	31.9	32.7	29.4
2	32.2	32.0	28.7	31.0	29.5	31.4	31.7	30.9	31.8	31.6	32.2	28.7
3	31.4	34.1	31.4	34.0	33.5	32.6	30.9	30.8	31.6	30.4	34.1	30.4
4	31.5	32.7	32.6	32.0	32.4	31.7	32.7	29.4	31.7	31.6	32.7	29.4
5	30.9	32.9	31.4	30.8	33.1	33.0	31.3	32.9	31.7	31.6	32.7	29.4
6	30.3	30.4	30.6	30.9	31.0	31.4	33.0	31.3	31.9	31.8	33.0	30.4
7	31.9	30.9	31.1	31.3	31.9	31.3	30.8	30.5	31.4	31.3	31.9	30.5
8	31.7	31.6	32.2	31.6	32.7	32.6	27.4	31.6	31.9	32.0	32.7	27.4
9	34.7	30.3	31.2	32.0	34.3	33.5	31.6	31.3	31.6	31.0	34.7	30.3
10	30.8	32.0	31.3	29.7	30.5	31.6	31.7	30.4	31.1	32.7	32.7	29.7

(2)确定直方图的组数和组距

组数多少要按搜集数据的多少来确定。当数据总数为50~100时，可分为8~12组，组数用字母K表示。为了方便，通常可选定组数，然后算出组距，组距用字母h表示。

组数与组距的关系式是：$组数 = \frac{极差}{组距}$，即$K = \frac{R}{h}$

本例组数选定$K = 10$组，则组距$h = \frac{R}{K} = \frac{7.3}{10} = 0.73 \approx 0.8$

(3)确定数据分组区间

数据分组区间应遵循如下规则来确定：相邻区间在数值上应当是连续的，即前一区间的上界值应等于后一区间的下界值；要避免数据落在区间的分界上。为此，一般把区间分界值精度比数据值精度提高半级，即第一区间的下界值，可取最小值减0.05；上界值采用最小值减0.05再加组距。本例中：

第一区间下界值 = 最小值 - 0.05 = 27.4 - 0.05 = 27.35

第一区间上界值 = 第一区间下界值 + h = 27.35 + 0.8 = 28.15

第二区间下界值 = 第一区间上界值 = 28.15

第二区间上界值 = 其下界值 + h = 28.15 + 0.8 = 28.95。

以下类推。

(4)编制频数分布统计表

根据确定的各个区间值,就可以进行频数统计,编制出频数分布统表,如表7.11所示。

表7.11　频数分布统计表

序　号	分组区间	频　数	序　号	分组区间	频　数
1	27.35~28.15	1	6	31.35~32.15	37
2	28.15~28.95	1	7	32.15~32.95	15
3	28.95~29.75	4	8	32.95~33.75	5
4	29.75~30.55	7	9	33.75~34.55	3
5	30.55~31.35	25	10	34.55~35.35	1
合　计					100

(5)绘制频数直方图

用横坐标表示数据分组区间,纵坐标表示各数据分组区间出现的频数。本例中混凝土强度频数直方图如图7.4所示。

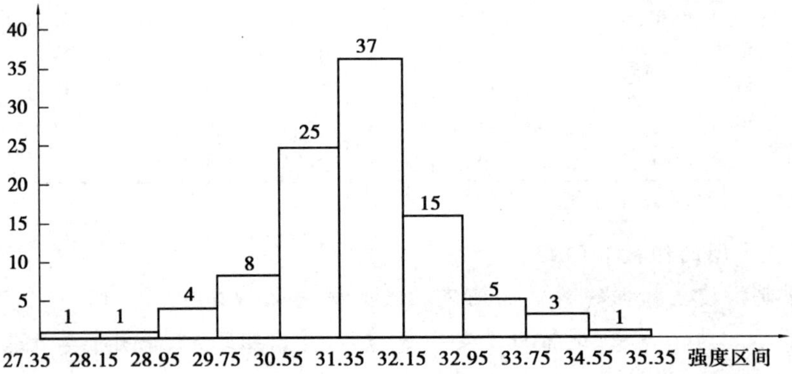

图7.4　混凝土强度直方图

4)直方图的观察和分析

(1)分布状态的分析

对直方图分布状态进行分析,可判断生产过程是否正常,常见的直方图分析如下:

①正态分布,如图7.5(a)所示。说明生产过程正常、质量稳定。

②偏态分布,如图7.5(b)、(c)所示。由于技术或习惯上的原因,或由于上(下)限控制过严造成的。

③锯齿分布,如图7.5(d)所示。由于组数或组距不当、测试所用方法和读数有问题所致。

④孤岛分布,如图7.5(e)所示。由于原材料变化如少量材料不合格,或工人临时替班所致。

⑤陡壁分布，如图 7.5(f)所示。往往是剔除不合格品、等外品或超差返修后造成的。

⑥双峰分布，如图 7.5(g)所示。把两种不同方法、产品或服务生产的产品数据混淆在一起所致。

⑦平峰分布，如图 7.5(h)所示。生产过程中有缓慢变化的因素起主导作用的结果。

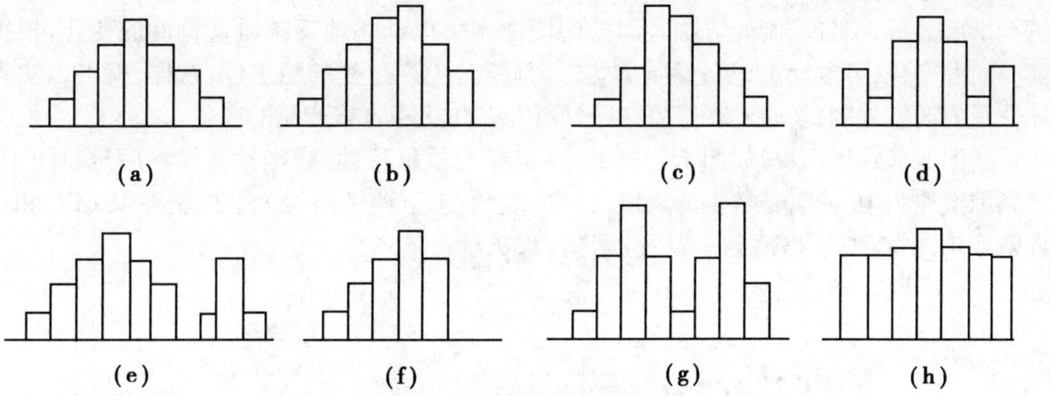

图 7.5　常见直方图分析

(2)实际分布与标准分布的比较

将正常型直方图与质量标准进行比较，判断实际施工能力。如图 7.6 所示，T 表示质量标准要求的界限，B 代表实际质量特性值分布范围。比较结果一般有以下几种情况：

①B 在 T 中间，两边各有一定余地，这是理想的情况，如图 7.6(a)所示。

②B 虽在 T 之内，但偏向一边，有超差的可能，需要采取纠偏措施，如图 7.6(b)所示。

③B 与 T 相重合，实际分布太宽，易超差，要减少数据的分散，如图 7.6(c)所示。

④B 过分小于 T，说明加工过于精确，不经济，如图 7.6(d)所示。

⑤由于 B 过分偏离 T 的中心，造成很多废品，需要调整，如图 7.6(e)所示。

⑥实际分布范围 B 过大，产生大量废品，说明工序能力不能满足技术要求，如图 7.6(f)所示。

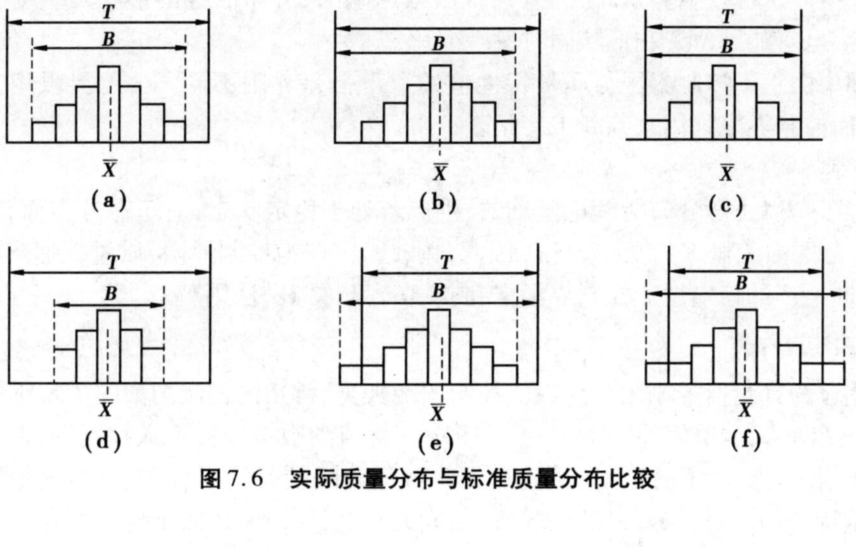

图 7.6　实际质量分布与标准质量分布比较

▶ 7.7.4 控制图法

1)控制图的概念

前述的各种质量控制统计方法均为静态方法,都是某一段时间内的数值,通过这些数据再进行事后分析,拟订控制的方法。而控制图法则可以动态地反映质量特性的变化,根据数据随时间的变化,可以动态地掌握质量状态,判断其生产过程的稳定性,这样,就可以实现对工序质量的动态控制,及时发现隐患,并采取措施,防止不合格产品的产生。

控制图的形式很简单,如图 7.7 所示,纵坐标为质量特性,横坐标为样本序号。图中,中间一条细实线为中心线,是数据的均值,用 CL 表示,上下两条虚线为上控制界限 UCL 和下控制界限 LCL,中心线与上下控制界限的距离为 3σ。

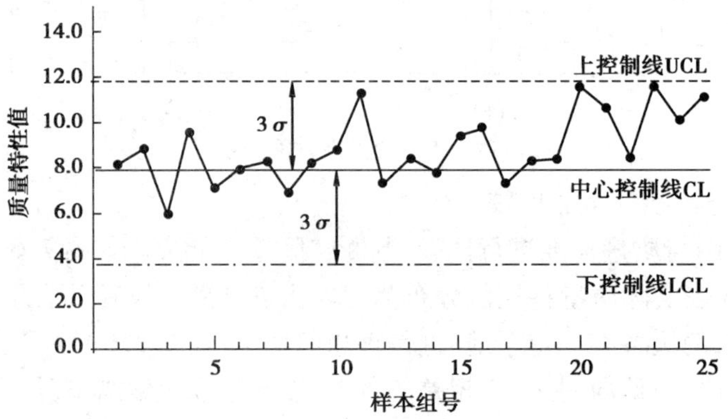

图 7.7 控制图

2)基本原理

(1)分布曲线与界限

生产处于稳定状态时,质量特性有一定的分布规律,是一条稳定的分布曲线,通常为正态分布曲线。生产过程发生异常时,即有系统因素影响时,分布曲线的形状发生变化或者是位置发生变化,也可能是位置和形状同时发生变化。

控制图中的上下控制界限与质量特性值的上下公差界限不同。公差界限用来判断产品合格与否,而控制界限则用来判断工序是否正常。

(2)控制界限

控制界限是以正态分布为理论基础的,生产若处于稳定状态,对正态分布而言,质量数据落在 $\mu\pm3\sigma$ 范围内的概率为 99.73%。因此,用 $\mu\pm3\sigma$ 作为控制界限,质量数据落在控制界限内,即可判断生产的稳定性。控制界限定在 $\mu\pm3\sigma$,又称"3σ 法则"。

3)控制图的种类

控制图分为计量值控制图和计数值控制图两大类,常用的控制图如图 7.8 所示。

①X 控制图,又称单值控制图,是把一个个计量值的数据直接点入控制图,即每次抽检的样本为 1 的情况,通常用于测量费用高。得到数据间隔较长的场合,或只需测量一个数据就可反映质量特性的场合。这种控制图的检出能力较低,所以使用时要特别注意。

- 控制图
  - 计量值控制图
    - X图(单值控制图)
    - $\overline{X}$-R图(平均值-极差控制图)
    - $\widetilde{X}$-R图(中位数-极差控制图)
    - X-R_s图(单值-移动极差控制图)
  - 计数值控制图
    - 计件值控制图
      - p_n图(不良品数控制图)
      - p图(不良品率控制图)
    - 计点值控制图
      - c图(样本缺陷数控制图)
      - u图(单位产品缺陷数控制图)

图 7.8 常用控制图分类

②$\overline{X}$-R 控制图,即平均值-极差控制图,是用平均值控制图和极差控制图联合使用。这种控制图可以对生产过程的状况作较全面而准确的分析,提供的信息较多,检出能力高,是被广泛采用的计量值控制图。

③$\widetilde{X}$-R 控制图,即中位数-极差控制图,是将 $\widetilde{X}$ 控制图代替了 $\overline{X}$-R 中的 $\overline{X}$ 控制图制成的。这种控制图可以不计算样本的平均值,比较简单,非常适用于现场,但 $\widetilde{X}$ 控制图的检出能力比 $\overline{X}$ 控制图较差。

④X-R_s 控制图,即单值-移动极差控制图,是将单值控制图与移动极差控制图联合使用。单值控制图每次只取一个数据,无法观察数据分散程度的变化,所以和移动极差控制图并用,移动极差就是相邻两个数据 x_i 和 x_{i+1} 之差的绝对值,即 $R_{si}=|x_i-x_{i+1}|$ $(i=1,2,\cdots,k-1)$。

⑤p_n 图,即不良品数控制图。使用这种控制图时,要求每次抽检的样本大小 n 要相同,这种控制图可以把检验中所得的不合格品数直接点入图中,比较好用。

⑥p 图,即不良品率控制图。除不合格品率以外,凡符合二项分布的计算值,如出勤率、合格品率等,也可使用这种控制图。在运用上 p 图必须经过运算求出 p 后才能点入图中,因此作图麻烦,但当 n 在检验中取值不同时,必须用 p 图。

⑦c 图,即样本缺陷数控制图。例如门窗安装的缺陷、混凝土地面的缺陷等都可以采用 c 图。

⑧u 图,即单位产品缺陷数控制图。如墙面每平方米的缺陷数、同型号的每台电梯安装的缺陷数等均可采用 u 图。

4)控制图的作法

以常用的 $\overline{X}$-R 控制图为例,说明控制图的作图步骤。

【例 7.3】 若采用 $\overline{X}$-R 控制图对拉模生产多孔板的生产过程进行控制,用系统抽样法搜集了 25 组数据,如表 7.12 所示。

(1)计算控制界限

①在表 7.12 中计算出 $\overline{X}_i$,R_i 和 $\sum\overline{X}_i$,$\sum R_i$。

本例中,$\sum\overline{X}_i=-126.6$ mm,$\sum R_i=69$ mm。

②计算总平均值 $\overline{\overline{X}}_i$。本例中,$\overline{\overline{X}}_i=\dfrac{1}{K}\sum\overline{X}_i=\dfrac{1}{25}\times(-126.6)$ mm $=-5.06$ mm。

③计算极差平均值 $\overline{R}$。本例中，$\overline{R} = \frac{1}{K}\sum R_i = \frac{1}{25} \times 69\ \text{mm} = 2.76\ \text{mm}$。

④ 计算控制界限。

$\overline{X}$ 图的控制界限：

中心线 $CL = \overline{\overline{X}} = -5.06\ \text{mm}$；

上控制极限 $UCL = \overline{\overline{X}} + A_2\overline{R} = -5.06\ \text{mm} + 0.577 \times 2.76\ \text{mm} = -3.47\ \text{mm}$；

下控制界限 $LCL = \overline{\overline{X}} - A_2\overline{R} = -5.06\ \text{mm} - 0.577 \times 2.76\ \text{mm} = -6.66\ \text{mm}$。

R 图的控制界限：

中心线 $CL = \overline{R} = 2.76\ \text{mm}$；

上控制极限 $UCL = D_4\overline{R} = 2.115 \times 2.76\ \text{mm} = 5.8\ \text{mm}$；

下控制界限 $LCL = D_3\overline{R} = 0$。

计算中的 A_2, D_4, D_3 可由控制图系数表查得。

表 7.12　拉模生产多孔板长度偏差

组　号	测定值/mm					$\overline{X}_i$	R_i
	X_1	X_2	X_3	X_4	X_5		
1	−5	−6	−5	−4	−5	−5	2
2	−3	−3	−5	−5	−5	−4.2	2
3	−7	−4	−3	−5	−4	−4.6	4
4	−3	−6	−5	−4	−5	−4.6	3
5	−5	−5	−4	−6	−5	−5	2
6	−6	−7	−5	−4	−4	−5.2	3
7	−5	−3	−5	−5	−6	−4.8	3
8	−3	−6	−7	−4	−4	−4.8	4
9	−3	−4	−3	−6	−5	−4.2	3
10	−5	−4	−6	−4	−5	−4.8	2
11	−3	−5	−7	−5	−6	−5.2	4
12	−6	−4	−5	−3	−5	−4.6	3
13	−5	−4	−6	−5	−6	−5.2	2
14	−3	−5	−3	−7	−5	−4.6	4
15	−5	−5	−5	−6	−5	−5.2	1
16	−4	−6	−4	−6	−7	−5.4	3
17	−6	−4	−7	−5	−5	−5.4	3
18	−6	−4	−5	−7	−7	−5.8	3
19	−5	−7	−5	−6	−5	−5.6	2
20	−7	−6	−7	−6	−5	−6.2	2
21	−6	−7	−7	−7	−6	−6.6	1
22	−4	−3	−5	−6	−4	−4.4	3
23	−3	−4	−5	−6	−5	−4.6	3
24	−3	−7	−5	−4	−5	−4.8	4
25	−7	−5	−7	−4	−6	−5.8	3
合　计						−126.6	69

(2)绘制 $\overline{X}$-R 控制图

$\overline{X}$ 图在上,R 图在下,纵坐标分别为 $\overline{X}$ 和 R,横坐标为抽样时间或样本序号,依计算结果绘出中心线和上下控制界限,并将计算控制界限所用的数据 $\overline{X}_i$ 和 R_i 描述在控制图上,如图 7.9 所示。

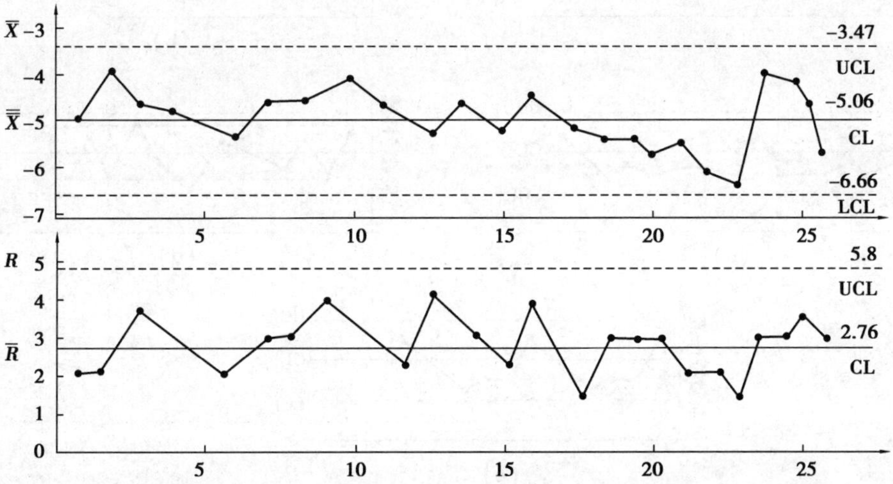

图 7.9　拉模生产多孔板过程的 $\overline{X}$-R 控制图

(3)写上注意事项

在图上标明图的名称、产品或工序的名称、质量特性、制图者、操作者等事项。

应该注意的是,$\overline{X}$-R 控制图是把 $\overline{X}$ 控制图与 R 控制图联合使用,两个图需对照起来,分析的序号必须对齐。因此,纵坐标须对齐,横坐标也可只用 R 图的一个横坐标,但绝对不可以把两个图分开来画。

5)控制图的观察分析

应用控制图的主要目的是分析判断生产过程是否处于稳定状态,预防不合格品的发生。当控制图的数据点满足以下两个条件:一是数据点没有跳出控制界限;二是数据点随机排列且没有缺陷,我们就认为生产过程基本上处于控制状态,即生产正常;否则,就认为生产过程发生了异常变化,必须把引起这种变化的原因找出来,排除掉。这里所说的数据点在控制界限内排列有缺陷,包括以下几种情况:

①数据点连续在中心线一侧出现 7 个以上,如图 7.10(a)所示。

②连续 7 个以上数据点上升或下降,如图 7.10(b)所示。

③数据点在中心线一侧多次出现。如连续 11 个点中至少有 10 个点在同一侧,如图 7.10(c)所示;或连续 14 点中至少有 12 点,或连续 17 点中至少有 14 点,或连续 20 点中至少有 16 点出现在同一侧。

④数据点接近控制界限。如连续 3 个点中至少有 2 点在中心线上或下 2 倍标准偏差横线以外出现,如图 7.10(d)所示;或连续 7 点中至少有 3 点,或连续 10 点中至少有 4 点在该横线外出现。

⑤数据点出现周期性波动,如图 7.10(e)所示。

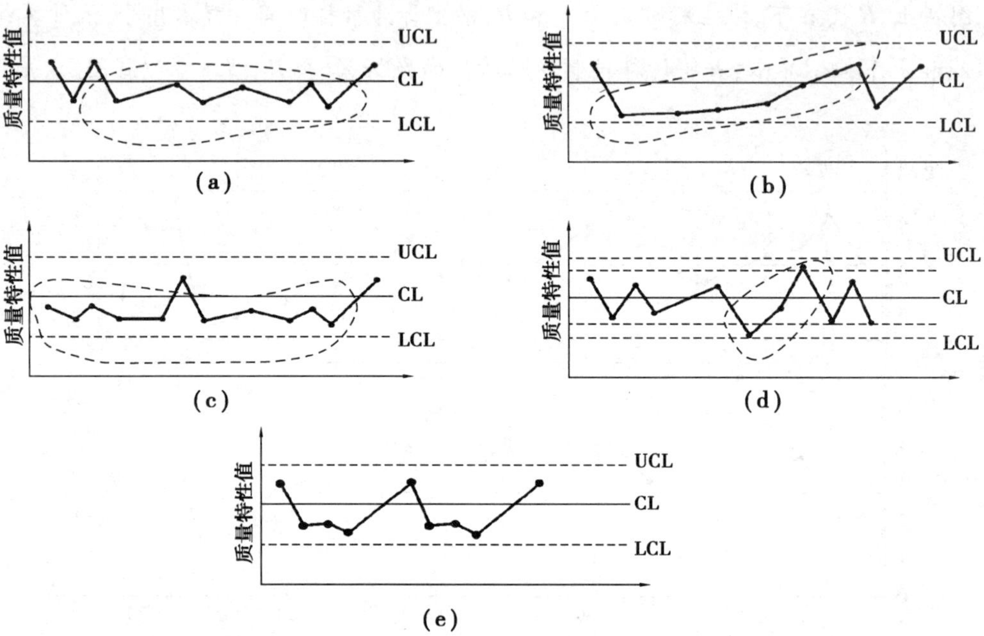

图 7.10　控制图的观察分析

6)使用控制图应注意的事项

在使用控制图时,除了上述异常情况外,下列几种情况也应引起重视:

①数据点出现上、下循环移动的情形。可能是季节性的环境影响,操作人员的轮换或操作人员的疲劳造成的。

②数据点出现朝单一方向变化的趋势。其原因可能是工具磨损,产品或服务未按期进行检验,或原材料的均匀性变质。

③连续若干点集中出现在某些不同的数值上。其原因可能是工具磨损,产品或服务未按期进行检验。

④太多的数据点接近中心线。若连续 13 点以上落在中心线附近,此为小概率事件,该情况也应判为异常。出现的原因可能是控制图使用太久没有加以修改而失去了控制作用,或者数据不真实。

除上述四种方法外,质量统计分析的工具和方法还有分层法、因果分析图法、相关图法等,这里不再一一详述。

复习思考题

7.1　简述全面质量管理的基本工作方法——PDCA 循环。

7.2　简述全面质量管理的基本观点。

7.3　试述工程项目质量目标控制的必要性。

7.4　常用的质量控制统计方法有哪些？控制图的主要作用是什么？

7.5　某工程施工监理中，监理工程师对承包商在施工现场制作的水泥预制板进行质量检查，抽查了500块，发现其中存在如题7.5表所示的质量问题。

(1)产品的质量问题是什么？

(2)监理工程师应如何处理？

题7.5表　预制板质量问题及相关资料

序　号	存在问题项目	出现问题次数
1	纵向裂缝	1
2	强度不足	4
3	局部露筋	10
4	横向裂缝	3
5	蜂窝麻面	22
合　计	—	40

7.6　某厂对轻型钢桁架的杠件下料长度进行检测，资料如题7.6表所示，请用平均值-极差控制图分析。

题7.6表

组　号	测定值				
	*X*1	*X*2	*X*3	*X*4	*X*5
1	1.5	-0.5	0	-0.5	0.8
2	0.5	2	-1	1	-1
3	2	-1	1	-0.5	-1
4	1	-1	0.5	1	1
5	2	1	1.5	-1.5	-1
6	1.5	1.5	-1	0.5	-2
7	1.5	0.5	-2.5	1	0
8	0	2.5	-0.5	-1	1
9	2.5	-1	1.5	-1	-1.5
10	0.5	-0.5	1	-1	1.5

8

建设工程项目招投标与合同管理

8.1　建设工程项目招投标

建筑工程招投标是市场经济条件下进行工程建设项目的发包与承包时，所采用的一种交易方式，是培育和发展建筑市场的重要环节。

► 8.1.1　建设工程项目招标

建设工程招标，是指业主率先提出工程的条件和要求，发布招标公告吸引或直接邀请众多投标人参加投标，并按照规定形式对自愿参加工程项目的投标人进行审查、评比，并从中选择承包商的行为。

1）建设工程招标的范围

根据《中华人民共和国招标投标法》（以下简称《招标投标法》），在中华人民共和国境内进行下列工程建设项目，包括项目的勘察、设计、施工、监理以及与工程建设有关的重要设备、材料的采购，必须采用招标方式选择承包单位：

①大型基础设施、公用事业等关系社会公共利益、公共安全的项目。

②全部或者部分使用国有资金投资或者国家融资的项目。

③使用国际组织或者外国政府贷款、援助资金的项目。

④施工单项合同估算价在200万元人民币以上的项目。

⑤重要设备、材料等货物的采购,单项合同估算价在100万元人民币以上的项目。

⑥勘察、设计、监理等服务的采购,单项合同在50万元人民币以上的项目。

⑦单项合同估算价低于上述第④、⑤、⑥项规定的标准,但项目总投资额在3 000万元人民币以上的项目。

根据《工程建设项目施工招标投标办法》需要审批的工程建设项目有下列情形之一的,经批准可以不进行招标,而采用直接发包的形式:

①涉及国家安全、国家秘密或者抢险救灾而不适宜招标的。

②属于利用扶贫资金实行以工代赈需要使用农民工的。

③施工主要技术采用特定的专利或者专有技术的。

④施工企业自建自用的工程,且该施工企业资质等级符合工程要求的。

⑤在建工程追加的附属小型工程或者主体加层工程,原中标人仍具备承包能力的。

⑥法律、行政法规规定的其他情形。

不需要审批但依法必须招标的工程建设项目,有前款规定情形之一的,可以不进行施工招标。

根据《中华人民共和国招投标法实施条例》(以下简称《招标投标法实施条例》)规定,除招标投标法第六十六条规定的可以不进行招标的特殊情况外,有下列情形之一的,可以不进行招标:

①需要采用不可替代的专利或者专有技术。

②采购人依法能够自行建设、生产或者提供。

③已通过招标方式选定的特许经营项目投资人依法能够自行建设、生产或者提供。

④需要向原中标人采购工程、货物或者服务,否则将影响施工或者功能配套要求。

⑤国家规定的其他特殊情形。

招标人为适用前款规定弄虚作假的,属于招标投标法第四条规定的规避招标。

2)招标方式

目前世界各国和有关国际组织招标方式大致有三种:公开招标、邀请招标和议标。而我国的《招标投标法》只规定了公开招标和邀请招标为法定的招标方式,摒弃了议标方式。这是因为议标是通过协商达成交易的一种方式,通常在非公开状态下采取一对一谈判方式进行,这显然违反了招标应遵循的公开、公平、公正的原则。

(1)公开招标

公开招标又称为无限竞争性招标,是指由招标人按照法定程序,在规定的公开媒体上以招标公告的方式吸引不特定的法人或者其他组织参加投标,从中择优选定中标人的一种招标方式。参加投标的投标人在数量上没有限制。其优点:业主有较大的选择范围,有利于降低工程造价,提高工程质量和缩短工期。其缺点是:准备招标、对投标申请单位进行资格预审和评标的工作量大;招标时间长、费用高;投标者越多,中标机会越小,风险越大,损失的费用越多。因此,此类招标方式主要适用于投资额度大、工艺及结构复杂的较大型工程建设项目。

(2)邀请招标

邀请招标又称为有限竞争性招标,是指招标人根据所掌握的情况,预先确定一定数量的符合招标项目基本要求的潜在投标人，以投标邀请书的方式邀请特定的法人或者其他组织参加投标，从中择优选定中标人的一种招标方式。邀请招标的招标人应当向3个以上(含3个)的潜在投标人发出投标邀请书，只有接受投标邀请书的法人或者其他组织才可以参加投标竞争，其他法人或组织无权参加投标。

其优点：简化了招标程序；节约了招标费用、缩短了招标时间；提高了投标单位的中标率。缺点：可能会排除某些有竞争力的承包商参与投标；由于竞争的激烈程度较差，有可能会提高中标的合同价。

由于邀请招标方式的投标者范围只限于收到投标邀请书的法人或其他组织，竞争受到限制，因此有关国际组织、国际金融机构和一些国家的法律规定，只有在所规定的不适宜公开招标的特殊情形下，招标或采购才可以采用邀请招标的方式。根据我国《工程建设项目施工招标投标办法》第十一条规定，有下列情形之一的，经批准可以进行邀请招标：

①项目技术复杂或有特殊要求，只有少量几家潜在投标人可供选择的。

②受自然地域环境限制的。

③涉及国家安全、国家秘密或者抢险救灾，适宜招标但不宜公开招标的。

④拟公开招标的费用与项目的价值相比，不值得的。

⑤法律、法规规定不宜公开招标的。

公开招标和邀请招标的比较，见表8.1。

表8.1　公开招标与邀请招标比较

项　目	公开招标	邀请招标
发布信息方式	招标人用报纸、电视、广播、网络等公共媒体发布招标公告	招标人以信函、电信、传真、电子邮件等方式发布投标邀请书
潜在投标人范围	一切符合投标公告规定的资质条件的法人或其他组织	收到投标邀请书的法人和其他组织
适用范围	多适用于重大工程项目	多适用于技术复杂、受自然地域环境限制、涉及国家安全或国家秘密或其他不适宜进行公开招标的工程项目
公开程度	所有活动都必须严格按照预先制定的程序及标准公开进行，作弊的可能性较小	公开程度相对较低，产生不法行为的机会较多
时间和费用	由于公开程序比较复杂，投标人数量没有限定，所以时间和费用都相对较多	只在有限的投标人中进行，所以时间可以大大缩短，费用也可以有所减少
优点	业主有较大的选择范围，择优率高；有助于开展竞争，打破垄断	简化了招标程序；节约了招标费用、缩短了招标时间；提高了投标单位的中标率
缺点	准备招标、对投标申请单位进行资格预审和评标的工作量大；招标时间长、费用高；投标者越多，中标机会越小，风险越大，损失的费用越多	可能会排除某些有竞争力的承包商参与投标；由于竞争的激烈程度较差，有可能会提高中标的合同价

3)建设工程招标程序

招标人通过招标手段,利用投标人之间的竞争,选出信誉可靠、技术能力强、管理水平高的承包商或合作单位,达到投资省、质量高、工期短等目的。招标必须经过一定程序:

(1)建设工程项目报建

建设单位在工程项目通过建设立项、可行性研究、项目评估、选址定点、立项审批、建设用地、规划许可等前期筹备工作结束后,向建设行政主管部门报告工程前期筹备工作结束,申请转入工程建设的实施阶段;建设行政主管部门依法对建筑工程是否具备发包条件进行审查,对审查合格的,发给《工程发包许可证》,准许该工程进行发包。

(2)审查建设单位资质、招标条件

根据《招标投标法》第九条、《房屋建筑和市政基础设施工程施工招标投标管理办法》第八条和《工程建设项目施工招标投标办法》第八条的规定,依法必须招标的工程建设项目,应当具备下列条件才能进行施工招标:

①招标人已经依法成立。

②初步设计及概算应当履行审批手续的,已经批准。

③招标范围、招标方式和招标组织形式等应当履行核准手续的,已经核准。

④有相应资金或资金来源已经落实。

⑤有招标所需的设计图纸及技术资料。

⑥法律法规规定的其他条件。

(3)编制招标文件

招标单位根据招标工程的特点和需要,编制招标文件。招标文件一般由投标须知、合同条件、技术规范、设计图纸以及招标单位发出的补充通知组成,其内容包括招标工程的技术要求、报价要求、开标时间及地点、评标方法、拟签合同主要条款等。实行资格预审的公开招标工程,招标文件应当售发给资格预审合格的报名投标单位;实行资格后审的,售发给报名投标单位;实行邀请招标的工程,招标文件售发给收到投标邀请书并报名投标的单位。

(4)编制、审核标底

建筑工程的标底,是指招标人认可的招标项目的预算价格。它由招标人或委托建设行政主管部门批准的具有相应资格和能力的中介代理机构,根据现行的工程量计算规则和规定的计价方法及要求编制。一个招标工程只能编制一个标底,并经招标管理机构审定,妥善封存,在开标前保密。任何单位和个人不得强制招标人编制或报审标底,或干预其确定标底。

(5)发布招标公告或投标邀请书

公开招标由招标单位在国家指定的报刊、信息网络及其他新闻媒介发布招标公告。邀请招标应当向3个以上符合资质条件并具备招标工程承包能力的单位发出投标邀请书。投标邀请书可以采用信函和数据电文(包括电报、电传、传真、电子数据交换和电子邮件)的形式。

(6)对投标单位进行资格预审、发放招标文件

资格预审是招标方(业主)和投标人的第一次互相选择,业主通过对投标人资格的审查,确认投标人是符合要求的单位。资格预审不仅可以防止不合格的投标人混入,而且可以减少招标工作量。但这要作出权衡:如果投标人太多,则招标工作量加大,招标时间较长,但竞争

激烈，业主可以获得一个有利的价格；而如果投标人太少，则竞争不充分，合同价较高。一般资格预审包括对投标企业概况，近几年来所承建工程情况，财务状况，目前劳动力、管理人员和施工机械设备情况、企业资信情况的审查。只有资格预审合格的承包商才有资格购买或获得标书。

(7)组织勘察现场并召开招标预备会

承包商在取得招标文件后即开始做标。按照惯例，承包商必须对招标文件的理解、对环境调查、对实施方案、对报价的正确性负责。尽管这些必须由承包商自己负责，但本着诚实信用原则，从工程项目的整体目标出发，从双方合作的角度出发，项目招标人应为投标人提供察看现场的机会和条件，以防止投标人投标失误。招标人应召开标前会议，全面、公开、公正地回答承包商在招标文件分析及做标中发现的问题。标前会议是双方一次重要的沟通，应积极鼓励投标人提出问题，并多作解释，以帮助投标人理解。

(8)投标文件的接收

投标单位应当按照招标文件的要求编制投标文件，并对相应的要求和条件作出实质性响应。投标文件应当密封并在投标截止时间前送达招标文件指定的地点。在投标人按照送达要求，将投标文件送达以后，招标人应当签收。

(9)开标、评标、定标

招标人依据招标文件的时间、地点，当众开启所有投标人提交的投标文件，公开宣布投标人的姓名、投标报价及其他主要内容。评标委员会按照招标文件中规定的评标标准，对各投标竞争者提交的投标文件进行评审、比较后，向招标人推荐1～3名中标候选人。中标人确定后，招标人向中标人发出中标通知书，并将中标结果通知所有未中标的投标人。

(10)签订合同

招标人与中标人应当自中标通知书发出之日起30日内，按照招标文件和中标人的投标文件签订书面合同，招标人和中标人不得再行订立背离合同实质性内容的其他协议。

建设工程招投标的一般流程如图8.1所示。

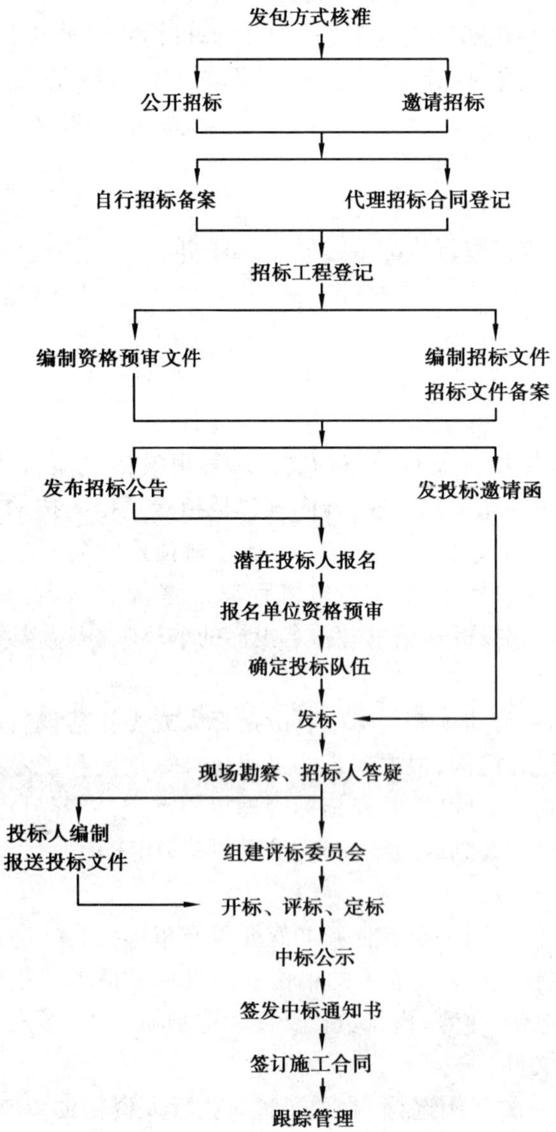

图8.1 建设工程招投标一般流程

▶ 8.1.2 建设工程项目投标

在招标人以招标公告或者投标邀请书的方式发出招标邀请后,具备承担该招标项目能力的法人或者其他组织即可在招标文件制定的提交投标文件的截止日期之前,向招标人提交投标文件,参加投标竞争。

建设工程投标是指投标人根据招标人的招标条件向招标人提出其依据招标文件的要求所编制的投标文件,对招标项目提出自己的报价和相应条件,通过竞争以期望被招标人选中的行为。

1)投标人

(1)投标人的概念

投标人是指响应投标,参加投标竞争的法人或其他组织。这里的响应投标是指获得招标信息或收到投标邀请书后购买投标文件,接受资格审查,编制投标文件等按招标人要求所进行的活动。参加投标竞争是指按照投标文件的要求并在规定时间内提交投标文件的活动。

(2)投标联合体

大型建筑工程或者结构复杂的建筑工程,可以由两个以上法人或者其他组织组成一个联合体,以一个投标人的身份共同投标。中标的联合体各方就中标项目对招标人承担连带责任。

①联合体的法律地位。联合体是由多个法人或经济组织组成,但它在投标时作为一个独立的投标人出现,具有独立的民事权利能力和行为能力。

②联合体的资格。《招标投标法》规定,组成联合体各方均应具备相应的投标资格;国家有关规定或者招标文件对投标人资格条件有规定的,联合体各方均应当具备规定的相应资质条件。由同一专业的单位组成的联合体,按照资质等级低的单位确定资质等级。这是为了促使资质优秀的投标人组成联合体,防止以高资质获取招标项目,而由资质等级较低的投标人来完成项目的行为。

③联合体各方的责任。联合体各方应签订共同投标协议,明确约定各方在拟承包的工程中所承担的义务和责任。

④投标人的意思自治。投标时,投标人是否与他人组成联合体,与谁组成联合体,都由投标人自行决定,任何人都不得干涉。《招标投标法》规定,招标人不得强制投标人组成联合体共同投标,不得限制投标人之间的竞争。

2)投标决策

承包商通过投标取得项目,是市场经济条件下的必然。但是,作为承包商来说,并不是每标必投,这里有个投标决策的问题。投标决策,是指承包商为实现其一定利益目标,针对招标项目的实际情况,对投标可行性和具体策略进行论证和抉择的活动。投标决策的正确与否,关系到能否中标和中标后的效益,关系到施工企业的发展前景和职工的经济利益。

在决策时,需要考虑的因素很多,要对投标环境有客观、详尽的分析,从企业外部环境、内部条件入手,考虑工程、业主、市场竞争和企业自身条件等。投标决策可以分两阶段进行,这两阶段就是投标决策的前期阶段和投标决策的后期阶段。

(1)投标决策的前期阶段

投标决策的前期阶段必须在购买投标人资格预审资料前完成。决策的主要依据是招标广告,以及公司对招标工程、业主情况的调研和了解的程度,如果是国际工程,还包括对工程所在国和工程所在地的调研和了解的程度。前期阶段必须对投标与否做出论证。通常情况下,下列招标项目应放弃投标:

①本施工企业主管和兼营能力之外的项目;

②工程规模、技术要求超过本施工企业技术等级的项目;

③本施工企业生产任务饱满,而招标工程的盈利水平较低或风险较大的项目;

④本施工企业技术等级、信誉、施工水平明显不如竞争对手的项目。

(2)投标决策的后期阶段

如果决定投标,即进入投标决策的后期阶段,它是指从申报资格预审至投标报价(封送投标书)前完成的决策研究阶段。主要研究倘若去投标,是投什么性质的标,以及在投标中采取的策略问题。投标按性质分,有风险标和保险标;按效益分,有盈利标、保本标和亏损标。

①风险标。明知工程承包难度大、风险大,且技术、设备、资金上都有未解决的问题,但由于队伍窝工,或因为工程盈利丰厚,或为了开拓新技术领域而决定参加投标,同时设法解决存在的问题,即是风险标。投标后,如果问题解决得好,可取得较好的经济效益,可锻炼出一支好的施工队伍,使企业更上一层楼;解决得不好,企业的信誉、效益就会受到损害,严重者可能导致企业亏损以至破产。因此,投风险标必须审慎从事。

②保险标。对可以预见的情况,对技术、设备、资金等重大问题都有了解决的对策之后再投标,谓之保险标。企业经济实力较弱,经不起失误的打击,则往往投保险标。当前,我国施工企业多数都愿意投保险标,特别是在国际工程承包市场上投保险标。

③盈利标。投标报价充分发挥自身优势,以实现最佳盈利为目标,对效益无吸引力的项目热情不高,对盈利大的项目充满自信。如果承包商在该地区已经打开局面,招标工程既是该企业的强项,又是竞争对手的弱项;或建设单位意向明确,该企业美誉度高,竞争对手少,具有技术优势并对业主有较强的名牌效应;或该企业任务饱满,利润丰厚,投标目标主要是扩大影响,才考虑让企业超负荷运转;或者项目施工条件差、难度高、资金支付条件不好,工期质量要求苛刻,则采用比较高的标价,此种情况下的投标,称投盈利标。

④保本标。当企业无后继工程,或已经出现部分窝工,必须争取中标。但招标的工程项目本企业又无优势可言,竞争对手又多,此时,就是投保本标,最多投薄利标。

⑤亏损标。亏损标是一种非常手段,一般是在下列情况下采用,即:本企业已大量窝工,严重亏损,若中标后至少可以使部分人工、机械运转,减少亏损;或者为在对手林立的竞争中夺得头标,不惜血本压低标价;或是为了在本企业一统天下的地盘里,为挤垮企图插足的竞争对手;或为打入新市场,取得拓宽市场的立足点而压低标价。以上这些,虽然是不正常的,但在激烈的竞争中有时也这样做。

3)投标文件

(1)投标文件的内容

投标单位应当按照招标文件的要求编制投标文件,并对相应的要求和条件作出实质性响应。投标文件应当包括下列内容:

①投标书及其附录。

②投标保证金。

③投标报价及工期。

④施工方案或施工组织设计。

⑤拟派出的项目经理及主要技术人员的简况。

⑥拟用于完成该工程的机械设备。

⑦拟安排分包的非主体、非关键性工程。

⑧对招标文件中合同主要条款的确认。

⑨招标文件规定提交的其他资料。

(2)投标文件的送达

投标文件应当密封并在投标截止时间前送达招标文件指定的地点。送达方式有直接送达、邮寄送达和委托送达3种方式。在投标人按照送达要求,将投标文件送达以后,招标人应当签收。签收时应有签收的书面证明,证明上应载明签收时间、地点、具体的签收人、签收的包数和密封状况等,同时直接送达的送达人也应签字。签收人签收时应监察投标文件是否按照招标文件的要求进行了密封和加写了标志,如果没有按照要求密封和加写标志的,招标人或招标的代理人员应予拒收,或者告知投标人招标人不承担提前开封的责任,以防给以后的开标、评标带来不必要的争议。履行完签收手续后,应登记、备案,并加以妥善保存,任何人不得在开标前启封。

4)开标、评标和定标

(1)开标

开标应当在投标截止时间后,按照招标文件规定的时间和地点公开进行。开标由招标单位主持,并邀请所有投标单位的法定代表人或者其代理人和评标委员会全体成员参加。政府主管部门及其工程招标投标监督管理机构依法实施监督。

(2)评标

评标委员会由招标人代表和有关技术、经济等方面的专家组成,成员人数根据工程大小、类别、复杂程度等情况确定,一般为5人以上单数(7~11人),其中技术、经济、法律等方面的专家不少于成员总数的2/3。评委会专家应该从事相关领域工作满8年,并具有高级职称或具有同等专业水平。

评标方法有:

①综合评估法。评标委员会事先根据招标项目特点将准备评审的内容进行分类,各类内再细化成小项,并确定各类及小项的评分标准,最终以得分的多少排出次序,作为综合评分的结果。

②经评审的最低价法。以评审价格作为衡量标准,选取最低评标价者作为推荐中标人。评标价是将一些因素折算为价格。

(3)定标

①确定中标人。业主根据评委会提供的评标报告,确定中标人。如评委会认为所有投标都不符合招标文件要求,可否决所有投标,招标人应依法重新招标。

②核发中标通知书。招标人应及时向中标人发出中标通知书,同时有义务将中标结果通知所有未中标人。对依法必须进行招标的项目,招标人应自确定中标之日起15日内,向有关行政监督部门提交招投标情况的书面报告。

③授标。招标人应在中标通知书发出之日起30日内与中标单位签订书面合同。

(4)中标无效的情况

①以下违法行为直接导致中标无效:

a. 投标人相互串通投标或者与招标人串通投标的,投标人以向招标人或者评标委员会成员行贿手段谋取中标的,中标无效。

b. 投标人以他人名义投标或者以其他方式弄虚作假,骗取中标的,中标无效。

c. 招标人在评标委员会依法推荐的中标候选人以外确定中标人的,依法必须进行招标的项目在所有投标被评标委员会否决后自行确定中标人的,中标无效。

②以下违法行为只有在影响了中标结果时,中标才无效:

a. 招标代理机构违反招标投标法规定,泄露应当保密的与招标投标活动有关的情况和资料的,或者与招标人、投标人串通损害国家利益、社会公共利益或者他人合法权益的,影响中标结果的,中标无效。

b. 依法必须进行招标的项目的招标人向他人透露已获取招标文件的潜在投标人的名称、数量或者可能影响公平竞争的有关招标投标的其他情况的,或者泄露标底的,影响中标结果的,中标无效。

c. 依法必须进行招标的项目,招标人违反规定,与投标人就投标价格、投标方案等实质性内容进行谈判的,影响中标结果的,中标无效。

8.2 建设工程项目合同管理概述

随着我国社会主义市场经济的逐步发展,合同越来越多地出现在企业日常的生产经营活动中。在我国建设工程项目管理中,合同管理越来越重要,它贯穿于工程实施的全过程。在市场经济环境中,工程项目管理必须以合同管理为核心,这是提高管理水平和经济效益的关键。

8.2.1 概述

1)建设工程项目合同管理的概念

建设工程项目合同管理,是指各级政府工商行政管理机关、建设行政主管机关和金融机构以及工程发包单位、建设监理单位、承包企业依据法律和行政法规、规章制度,采取法律的、行政的手段,对合同关系进行组织、指导、协调及监督,保护合同当事人的合法权益,处理合同纠纷,防止和制裁违法行为,保证合同顺利贯彻实施等一系列活动。合同管理应包括合同的订立、实施、控制和综合评价等工作。

2)建设工程项目合同管理主要内容

建设工程项目合同管理是建设工程管理的一项非常重要的内容,合同管理人员必须在熟悉工程项目合同的特点和有关内容的基础上,对合同履行和变更进行严格管理。只有这样,才能保证建设工程项目合同的正常履行。合同管理的主要内容有:

①对合同履行情况进行监督检查。其主要内容有:检查合同法及有关法规的贯彻执行情况;检查合同管理办法及有关规定的贯彻执行情况;检查合同签订及履行情况,减少和避免合同纠纷的发生。

②经常对项目经理及有关人员进行合同法及有关法律知识的教育,提高合同管理人员的素质。

③建立健全工程项目合同管理制度,包括项目合同归口管理制度、考核制度、合同用章管理制度、合同台账统计及归档制度。

④对合同履行情况进行统计分析。内容包括工程合同份数、造价、履约率、纠纷次数、违约原因、变更次数及原因等。

▶ 8.2.2 建设工程项目勘察、设计、监理等合同

1)建设工程勘察、设计合同概述

(1)建设工程勘察、设计合同的概念

建设工程勘察、设计合同,简称勘察、设计合同,是指建设人与勘察人、设计人为完成一定的勘察、设计任务,明确双方权利、义务的协议。建设单位或有关单位称发包人,勘察、设计单位称承包人。根据勘察、设计合同,承包人完成委托方委托的勘察、设计项目,发包人接受符合约定要求的勘察、设计成果,并给付报酬。

(2)建设工程勘察、设计合同的特征

①勘察、设计合同的当事人双方一般应具有法人资格。建设工程勘察、设计合同的当事人双方应当具有民事权利能力和民事行为能力,取得法人资格的组织或者其他组织及个人在法律和法规允许的范围内均可以成为合同当事人。作为发包方,必须是有国家批准的建设项目,落实投资计划的企事业单位、社会组织;作为承包方,应当是具有国家批准的勘察、设计许可证,经有关部门核准的资质等级的勘察、设计单位。

②勘察、设计合同的订立必须符合工程项目建设程序。合同的订立应以国家批准的设计任务书或其他有关文件为基础。

③勘察、设计合同具有建设工程合同的基本特征。勘察、设计合同是建设工程合同中的类型之一。建设工程合同的基本特征,勘察、设计合同都应具有。

(3)建设工程勘察、设计合同订立应具备的条件

①建设工程项目可行性研究报告或项目建议书已经获得批准。

②已经办理了建设用地规划许可证。

③设计任务书已获得上级主管部门批准(设计合同)。

④小型单项建设工程项目必须具有上级机关批准的设计文件(设计合同)。

(4)建设工程勘察、设计合同的主要内容

①委托方提交有关基础资料的期限。

②勘察、设计单位提交勘察、设计文件(包括概预算)的期限。

③勘察或设计的质量要求。

④勘察、设计费用。

⑤双方的其他协作条件。

⑥违约责任。

2)建设工程监理合同概述

(1)建设工程监理合同的概念

建设工程监理合同是委托合同的一种,是由具有发包人资格的业主与具有监理资质的监理单位签订的把一部分工程建设的管理权利授予监理单位行使,由监理单位根据业主的授权展开工作,明确双方当事人权利与义务关系的协议。

(2)建设工程监理合同的特征

①建设工程监理合同的双方当事人应当是具有民事权利能力和民事行为能力、取得法人资格的企事业单位。作为委托人,必须是具有国家批准的建设项目,落实投资计划的企事业单位、其他社会组织及个人;作为受托人,必须是依法成立具有法人资格的监理单位,并且所承担的工程监理业务应当与其单位资质相符合。

②建设工程监理合同的订立必须符合工程项目的建设程序。

③建设监理合同的标的是服务,工程实施阶段所签订的其他合同,如勘察设计合同、施工合同、物资采购合同等合同的标的物一般是要产生新的物质或信息成果,而监理合同的标的则是一种服务,即监理工程师凭借自己的知识、经验、技能受发包人委托为其所签订的其他合同的履行实施监督和管理。

(3)建设监理合同的形式

①标准合同。这种合同通用性强,并且简化了合同双方当事人的合同准备工作,准确反映合同双方当事人的意愿,应用比较广泛。国际上许多监理的行业协会或组织都制定有专门的、标准的委托合同参考格式或标准合同格式,通用性强,不仅简化了签订合同的准备工作,而且能够准确地在法律概念范畴内反映出双方当事人所要实现的意图,文句严谨简略,便于双方交流、讨论和统一认识。现在世界上较为常见的一种标准委托合同格式是国际咨询工程师联合会(FIDIC)颁布的《雇主与咨询工程师项目管理协议书国际范本与国际通用规则》。

②一般合同。根据法律要求制定的,由业主和监理单位签订并执行的正式合同。

③委托通知单。由委托方发出执行监理任务的委托通知单,这种方法是通过一份份的通知单,把监理单位在争取委托合同提出的建议中所规定的工作内容委托给他们。该通知单为监理争取监理任务时所提出要约的承诺,成为监理单位所接受的协议。

④信件式合同。信件式合同较简单,通常是由监理单位制订,由委托方签署一份备案,返

回给监理单位执行。

(4)建设监理合同的内容

一个完善的符合法律要求的合同一般都要有下列内容：

①关于合同双方身份的说明，主要说明建设单位和监理单位的名称、地址及其实体性质。

②一般性叙述。

③监理单位所要履行的义务。这包括两个部分：一是监理工程师承担的义务，一是对委托项目概况的叙述。

④要求监理工程师提供的服务内容。

⑤费用。合同中应有规定费用的条款，具体应明确费用额度及其支付时间和方式。

⑥规定业主的义务。业主除了应该偿付监理费用外，还有责任创造一定条件促使监理工程师更有效地进行工作。

⑦维护承建单位利益的条款。

⑧维护监理工程师利益的条款。

⑨总括条款。有的用以确定签约各方的权力，有些则涉及一旦发生修改合同，终止合同，或出现紧急情况的处理程序。

⑩签字。业主和监理工程师签字之后，证明他们已承认双方协议，合同也具有了法律效力。

3)建设工程施工合同概述

(1)建设工程施工合同的概念

建设工程施工合同，又称建筑安装工程承包合同，是发包人(建设单位)和承包人(施工单位)为完成商定的建设工程，明确相互权利、义务关系的协议。依据施工合同，承包人应完成一定的建筑、安装工程任务，发包人应提供必要的施工条件并支付工程价款。

建设工程施工合同是建设工程合同的主要合同，是工程建设质量控制、进度控制、投资控制的主要依据。通过合同关系，可以确定建设市场主体之间的相互权利义务关系，这对于规范建筑市场有重要作用。

(2)建设工程施工合同的特征

①必须遵守国家的法律和政策。凡列入国家计划内的重点建设工程，必须按照国家规定的基本建设程序和国家批准的投资计划签订合同。

②签订建设工程施工合同必须具备的基本条件：工程的初步设计和总概算已经批准；工程所需的投资和统配物资已经列入国家计划；当事人双方均具有法人资格；当事人双方均具有履行合同的能力。

③国家监督。合同订立后，必须报上级主管部门审批，并将合同副本送交建设银行。依照法律程序领取建设拨款和贷款，进行转账结算。改变建设工程计划、方案和工艺流程，必须变更合同或者另行补充合同的，除经过双方协商一致外，还要经过主管部门批准后才能进行。对大型的重要工程，国家主管部门要直接参加验收工作。

④建设工程施工合同的主体具有连带的经济权利和经济义务关系。

⑤建设工程施工合同的承包人必须是经国家主管部门审查、核定、批准的专业施工企业，

具有法人资格。

(3)建设工程施工合同的类型及选择

①建设工程施工合同类型。按合同的计价方式不同,建设工程施工合同主要有固定价格合同、可调整价格合同、成本加酬金合同3种类型。

a. 固定价格合同。固定价格合同是指在约定的风险范围内价款不再调整的合同。固定价格合同又可以分为固定总价合同和固定单价合同。固定价格合同的价款并不是绝对不可调整的,而是约定范围内的风险由承包人承担。双方应当在专用条件内约定合同价款包括的风险费用、承担风险的范围及范围以外的合同价款调整方法。

b. 可调整价格合同。可调整价格合同是指合同价格可以调整,合同双方应当在专用条件内约定合同价款的调整方法。可调整价格合同又分为可调总价合同和可调单价合同。通常,可调整价格合同中合同价款的调整范围包括:国家法律、法规和政策变化影响合同价款;工程造价管理部门公布的价格调整;一周内非承包人原因停水、停电、停气造成停工累计超过8小时;双方约定的其他调整或增减等。

c. 成本加酬金合同。成本加酬金合同是由发包人向承包人支付工程项目的实际成本,并按事先约定的某一种方式支付酬金的合同类型。合同价款包括成本和酬金两部分,合同双方应在专用条件中约定成本构成和酬金计算方法。

②建设工程施工合同类型的选择。选择合同类型应考虑以下因素:

a. 项目规模和工期长短。如果项目的规模较小,工期较短,则合同类型的选择余地较大,固定价格合同、可调整价格合同及成本加酬金合同都可选择;如果项目规模大、工期长,则项目的风险也大,合同履行中的不可预测因素也多,这类项目不宜采用固定价格合同。

b. 项目的竞争情况。如果项目的竞争程度激烈,为了在竞争中胜出,适宜采用固定价格合同;如果项目的竞争程度低,可以采用成本加酬金合同。

c. 项目的复杂程度。项目的复杂程度较高,固定价格合同被选用的可能性较小;项目的复杂程度低,则业主对合同类型的选择有较大的主动权,这时可以选择固定价格合同。

d. 项目的单项工程的明确程度。如果项目的类别和工程量都很清楚,可以采用固定价格合同;当项目类别和工程量都不甚清楚时,最好采用成本加酬金合同。

e. 项目准备时间的长短。固定价格合同项目准备的时间较长,成本加酬金合同项目准备的时间较短,可调整价格合同准备时间介于两者之间。

f. 项目的外部环境因素。固定价格合同适用于项目外部环境良好的情况,而成本加酬金合同则适用于项目外部环境恶劣的情况。

(4)建设工程施工合同的内容

一般来说建设工程施工合同应具备以下主要条款:

①建设工程施工工程名称和地点。

②建设工程施工工程范围和内容。

③建设工程施工开、竣工日期及中间交工工程开、竣工日期。

④建设工程施工工程质量保修期及保修条件。

⑤建设工程施工工程造价。

⑥建设工程施工工程价款的支付、结算及交工验收办法。

⑦建设工程施工设计文件及概、预算和技术资料提供日期。

⑧建设工程施工材料和设备的供应和进场期限。

⑨双方相互协作事项。

⑩建设工程施工违约责任。

8.3 建设工程项目合同内容及计价方式

合同是指平等主体的自然人、法人、其他组织之间设立、变更、终止民事权利和义务关系的协议。建设工程项目合同是指建设工程的发包人为完成工程建设任务,与承包人签订的关于承包人按照发包人的要求完成工作,交付建设工程,并由发包人支付价款的合同。

▶ 8.3.1 建设工程项目合同内容

1)一般合同的主要内容

合同主要条款,是订立合同时所必须具备的内容,它主要包括以下几项:

①当事人的名称或者姓名和住所。这是有关当事人的条款,通过这一条款,将合同特定化,明确了合同权利义务的享有者和承担者,当事人住所的确定便于明确地域管辖,也有利于当事人履行合同。

②标的。它指合同双方权利义务关系的对象。标的可以是财产也可以是行为,不同种类的合同,有不同的标的。另外在合同中必须对标的作出严格规定,且不可违反国家法律、政策规定,否则无效。

③数量。数量是对标的的计量,是以数字和计量单位来衡量标的的尺度。数量约定应当按国家所规定的计量单位确定。

④质量。质量是指标的的内在素质和外观形态的综合。质量的约定应当符合国家规定和标准化要求。

⑤价款或报酬。合同中的价款或报酬,是指合同当事人一方向交付标的的一方支付的表现为货币的代价。

⑥履行期限、地点与方式。履行期限是指合同当事人履行义务的时间界限,是确定当事人是否按时履行的客观标准,也是当事人主张合同权利的时间依据。即合同当事人除遇不可抗力外均应在规定期限内履行诺言,否则承担违约责任。一般履行期限越具体越好。履行地点与方式是指合同双方当事人约定完成合同所规定义务的场所以及所采用的方式,一般来说履行的方式有运输、支付、结算、包装等,不同的合同其方式也不同。这两点也是合同纠纷时是否违约的证据,必须明确。

⑦违约责任。违约责任是指当事人一方或双方不履行合同或不能完全履行合同,按照法律规定或合同约定应当承担的法律责任。在违约责任条款中,当事人应明确约定承担违约责任的方式,一般来说有支付违约金、赔偿损失等几种方式。

⑧解决争议的办法。合同发生争议时，双方可以通过和解、调解、仲裁或者诉讼解决其争议。约定争议的解决方法，有利于合同争议的管辖和尽快解决，并最终从程序上保障了当事人的实体性权益。

2）勘察、设计合同的主要内容

根据《中华人民共和国合同法》第二百七十四条规定，勘察、设计合同的内容必须包括以下条款：

①提交有关基础资料和文件（包括概预算）的期限。这是对勘察人、设计人提交勘察、设计成果时间上的要求。当事人之间应当根据勘察、设计的内容和工作难度确定合理的提交工作成果的期限。勘察人、设计人必须在此期限内完成并向发包人提交工作成果。超过这一期限的，应当承担违约责任。

②勘察或者设计的质量要求。这是此类合同中最为重要的合同条款，也是勘察人或者设计人所应承担的最重要的义务。勘察人或者设计人应当对没有达到合同约定质量的勘察或者设计方案承担违约责任。

③勘察或者设计费用。这是勘察或者设计合同中的发包人所应承担的最重要的义务。勘察工作的收费标准是按照勘察的内容来决定的，其具体标准和计算办法需按原国家建委颁发的《工程勘察收费标准》中的规定执行。设计工程的收费标准，一般应根据不同行业、不同建设规模和工程内容繁简程度制定不同的收费定额，再根据这些定额收取费用。

④双方相互协作条款。双方相互协作条款一般包括双方当事人在施工前的准备工作、施工人及时向发包人提出开工通知书、施工进度报告书、对发包人的监督检查提供必要的协助等。双方当事人的协作是施工过程的重要组成部分，是工程顺利施工的重要保证。

3）施工合同的主要内容

建设工程施工合同，又称建筑安装工程承包合同，是承包人进行工程建设施工，发包人支付价款的合同。施工合同的当事人是建设单位（发包人或称发包方）和施工单位（承包人或称承包方），双方是平等的民事主体。

建设工程施工合同是建设工程合同中最为复杂的合同，其合同条款除包含一般合同主要条款外，还应具备下列条款：

①工程范围。建筑安装工程一般可分为基础工程、土建工程、安装工程等分部、分项工程，合同应明确承包的具体内容。

②建设工期。当事人确定建设工期时，应当以国家工期定额为依据，充分考虑环境、气候等综合因素对施工进度的影响。

③中间交工工程的开工和竣工时间。所谓中间交工工程，是指需要在全部工程完成期限之前完工的分部、分项工程。对中间交工工程的验收部分，也应在合同中作出明确约定。

④工程质量。建筑安装工程合同质量条款的约定，应当满足建设功能要求，质量等级必须为合格以上。质量等级的核定，依法只能由国家建设工程质量监督机构行使核定权。

⑤合同价。合同价的约定，应当遵守国家的收费标准，可以采用固定价格、可调价格、成本加酬金等方式约定合同价格。

⑥技术资料交付时间。技术资料交付时间,应当以能满足施工需要为原则。为确保工程质量,不得约定边出图、边交图、边施工。

⑦材料和设备供应责任。这里所称的责任是多方面的,主要包括采购、运输进场、质量、供应时间和验收等方面的内容。

⑧拨款和结算。即发包人向承包人拨付工程价款和结算的方式和时间。

⑨竣工验收。由建设单位、勘察单位、设计单位、施工单位、监理单位和监督部门等6家单位在工程完工具备验收条件后联合进行工程竣工验收。验收合格的,由建设单位、勘察单位、设计单位、施工单位、监理单位分别出具同意竣工验收的意见。

⑩质量保修范围和质量保证期。对质量保修范围和期限的约定,应当符合国家规定。

⑪双方相互协作等条款。建筑安装工程合同的履行特别强调双方的协作、配合,否则施工就不能顺畅。为避免和减少扯皮现象,预先在合同中明确相互协作、配合的事项就显得十分必要。

▶ 8.3.2 建设工程合同计价方式

在建设工程项目中,承包合同规定了业主和承包商之间的权利和义务,是双方最高的行为准则,而计价方式作为承包合同的重要组成部分,决定了大部分工程风险在业主和承包商之间的分配方式。

在实际工程中,合同计价方式有近20种。不同种类的合同,有不同的应用条件,有不同的权力和责任的分配,有不同的付款方式,对合同双方有不同的风险。选择合同计价方式时应按具体情况选择合同类型,有时在一个工程承包合同中,不同的工程分项采用不同的计价方式。现代工程中最典型的合同类型有总价合同、单价合同、成本价酬金合同3种形式。

1)总价合同

总价合同是指在合同中确定一个完成项目的总价,承包单位依此完成合同的全部工作。这种类型合同有利于建设单位确定最低报价的承包商,并有利于支付进度款及结算。这种合同适用于工程量不太大且能精确计算以及工期较短的项目。建设单位必须具备详细的设计图纸,一般要求详尽到施工图,使承包人能够计算出工程量。总价合同又可分为固定总价合同和可调总价合同两种。

(1)固定总价合同

这种合同以一个总价格委托,除了设计有重大变更外,一般不允许调整合同价格。所以在这类合同中承包商承担了全部的工作量和价格风险。在现代工程中,特别在合资项目中,业主喜欢采用这种合同形式,因为工程中双方结算方式较为简单、省事,承包商的索赔机会较少(但不可能根除索赔)。在正常情况下,可以免除业主由于要追加合同价款、追加投资带来的需上级(如董事会,甚至股东大会)审批的麻烦。但由于承包商承担了全部风险,报价中不可预见风险费用较高。承包商报价的确定必须考虑施工期间物价变化以及工程量变化带来的影响。在以前很长时间中,固定总价合同的应用范围很小:

①工程范围必须清楚明确,报价的工程量应准确而不是估计数字,对此承包商必须认真

复核。

②工程设计较细，图纸完整、详细、清楚。

③工程量小、工期短，估计在工程过程中环境因素（特别是物价）变化小，工程条件稳定并合理。

④工程结构、技术简单，风险小，报价估算方便。

⑤工程投标期相对宽裕，承包商可以详细作现场调查、复核工作量，分析招标文件，拟订计划。

⑥合同条件完备，双方的权利和义务十分清楚。

但现在在国内外的工程中，固定总价合同的使用范围有扩大的趋势，用得比较多。甚至一些大型的全包工程、工业项目也使用总价合同。有些工程中业主只用初步设计资料招标，却要求承包商以固定总价合同承包，这个风险就非常大。

（2）可调总价合同

合同条款中约定，如果在执行合同中由于通货膨胀引起工程成本增加到一定限度时，合同总价根据事先约定的调价方式作相应调整。

2）单价合同

单价合同是指投标人就招标文件中列出的分部分项工程确定各分部分项工程费用的合同。这是最常见的合同种类，适用范围广，如 FIDIC 工程施工合同。我国的建设工程施工合同也主要是这一类合同。在这种合同中，承包商仅按合同规定承担报价的风险，即对报价（主要为单价）的正确性和适宜性承担责任，而工程量变化的风险由业主承担。由于风险分配比较合理，单价合同能够适应大多数工程，能调动承包商和业主双方的管理积极性。对于发包人来说，单价合同可以缩减发包人在招标阶段的工作量及准备时间，并可鼓励承包人通过提高工效等手段从成本节约中提高利润。发包人的风险在于工程结束前总价是未知的，尤其是无法在招标阶段就明确工作量的项目。在遇到善于运用不平衡报价的承包商时，风险会加大。而对发包人来说，出现工程量列表以外的漏项，可就此再报价，减小了风险。

单价合同的特点是单价优先，业主在招标文件中给出的工程量表中的工程量是参考数字，而实际合同价款按实际完成的工程量和承包商所报的单价计算。在单价合同中应明确编制工程量清单的方法和工程计量方法。单价合同又分为固定单价合同和可调单价合同等形式。

3）成本加酬金合同

成本加酬金合同是由业主向承包人支付工程项目的实际成本，并按照事先约定的某一种方式支付酬金的合同类型。这是与固定总价合同截然相反的合同类型。工程最终合同价格按承包商的实际成本加一定比率的酬金（间接费）计算。在合同签订时不能确定一个具体的合同价格，只能确定酬金的比率。由于合同价格按承包商的实际成本结算，所以在这类合同中，承包商不承担任何风险，而业主承担了全部工作量和价格风险，所以承包商在工程中没有成本控制的积极性，常常不仅不愿意压缩成本，相反期望提高成本以提高他自己的工程经济效益。所以这类合同的使用应受到严格限制，通常应用于如下情况：

①投标阶段依据不准,工程的范围无法界定,无法准确估价,缺少工程的详细说明。

②工程特别复杂,工程技术、结构方案不能预先确定。它们可能按工程中出现的新情况确定。例如,在国外这一类合同经常被用于一些带研究、开发性质的工程中。

③时间特别紧急,要求尽快开工。如抢救、抢险工程,双方无法详细地计划和商谈。

为了克服成本加酬金合同的缺点,扩大它的使用范围,人们对该类合同又作了许多改进,以调动承包商成本控制的积极性。例如:事先确定目标成本,实际成本在目标成本范围内按比例支付酬金,如果超过目标成本,酬金不再增加;如果实际成本低于目标成本,除支付合同规定的酬金外,另给承包商一定比例的奖励;成本加固定额度的酬金,即酬金是定值,不随实际成本数量的变化而变化等。

在这种合同中,合同条款应十分严格。业主应加强对工程的控制,参与工程方案(如施工方案、采购、分包等)的选择和决策,否则容易造成损失。同时,合同中应明确规定成本的开支和间接费范围,规定业主有权对成本开支作决策、监督和审查。

上述合同计价方式的比较详见表8.2。

表8.2 合同计价方法比较

合同类型		总价合同	单价合同	成本加酬金合同
风险承担		风险由承包人承担	风险由承发包双方分担	风险由业主承担
选择标准	项目规模和工期长短	规模小,工期短	规模和工期适中	规模大,工期长
	项目的竞争情况	激烈	正常	不激烈
	项目的复杂程度	低	中	高
	单项工程的明确程度	类别和工程量都很清楚	类别清楚,工程量有出入	分类与工程量都不太清楚
	项目准备时间的长短	长	中	短
	项目的外部环境因素	良好	一般	恶劣

8.4 建设工程施工合同管理

▶ 8.4.1 合同交底工作

合同交底就是合同管理人员向项目部全体成员介绍合同意图、合同关系、合同基本内容、业务工作的合同约定和要求等内容。它包括合同分析、合同交底、交底的对象提出问题、再分析、再交底的过程。

1)合同交底的必要性

①合同交底是项目部技术和管理人员了解合同、统一理解合同的需要。合同是当事人正

确履行义务、保护自身合法利益的依据。由于项目部成员知识结构和水平的差异，加之合同条款繁多，条款之间的关系复杂，合同语言难以理解，因此难以保证每个成员都能领会整个合同内容和合同关系，这样势必影响其在遇到实际问题时处理办法的有效性和正确性，影响合同的全面顺利实施。因此，在合同签订后，合同管理人员对项目部全体成员进行合同交底是必要的。

②合同交底是规范项目部全体成员工作的需要。通过合同交底，可以让内部成员进一步了解自己权利的界限和义务的范围、工作的程序和法律后果，摆正自己在合同中的地位，有效防止由于权利义务的界限不清引起的内部职责争议和外部合同责任争议的发生，提高合同管理的效率。

③合同交底有利于发现合同问题，并有利于合同风险的事前控制。合同交底有利于项目部成员领会意图，集思广益，思考并发现合同中的问题，如合同中可能隐藏着的各类风险、合同中的矛盾条款、用词含糊及界限不清条款等。合同交底可以避免因在工作过程中才发现问题带来的措手不及和失控，同时也有利于调动全体项目部成员完善合同风险防范措施，提高合同风险防范意识。

④合同交底有利于提高项目部全体成员的合同意识，使合同管理的程序、制度及保证体系落到实处。合同管理工作包括建立合同管理组织、保证体系、管理工作程序、工作制度等内容，其中比较重要的是建立诸如合同文档管理、合同跟踪管理、合同变更管理、合同争议处理等工作制度，其执行过程是一个随实施情况变化的动态过程，也是全体项目部成员有序参与实施的过程。每个人的工作都与合同能否按计划执行密切相关，因此项目部管理人员都必须有较强的合同意识，在工作中自觉地执行合同管理的程序和制度，并采取积极的措施防止和减少工作失误和偏差。为达到这一目标，在合同实施前进行详细的合同交底是必要的。

2）合同交底的程序

合同交底是合同管理的一个重要环节，需要各级管理和技术人员在合同交底前，认真阅读合同，进行合同分析，发现合同问题，提出合理建议。合同交底通常按一定程序进行：

①公司合同管理人员向项目负责人及项目合同管理人员进行合同交底，全面陈述合同的背景、工作范围、目标、执行要点及特殊情况处理，并解答项目负责人及项目合同管理人员提出的问题，最后形成书面合同交底记录。

②项目负责人或由其委派的合同管理人员向项目部职能部门负责人进行合同交底，陈述合同基本情况、合同执行计划、各职能部门的执行要点、合同风险防范措施等，并解答各职能部门提出的问题，最后形成书面交底记录。

③各职能部门负责人向其所属执行人员进行合同交底，陈述合同基本情况、本部门的合同责任及执行要点、合同风险防范措施等，并解答所属人员提出的问题，最后形成书面交底记录。

④各部门将交底情况反馈给项目合同管理人员，由其对合同执行计划、合同管理程序、合同管理措施及风险防范措施进行进一步修改完善，最后形成合同管理文件，下发各执行人员，指导其活动。

3）合同交底的内容

合同交底是以合同分析为基础、以合同内容为核心的交底工作，因此涉及合同的全部内容,特别是关系到合同能否顺利实施的核心条款。合同交底的目的是将合同目标和责任具体落实到各级人员的工程活动中,并指导管理及技术人员以合同作为行为准则。合同交底一般包括以下主要内容:

①工程概况及合同工作范围。

②合同关系及合同涉及各方之间的权利、义务与责任。

③合同工期控制总目标及阶段控制目标,目标控制的网络表示及关键线路说明。

④合同质量控制目标及合同规定执行的规范、标准和验收程序。

⑤合同对本工程的材料、设备采购、验收的规定。

⑥投资及成本控制目标,特别是合同价款的支付及调整的条件、方式和程序。

⑦合同双方争议问题的处理方式、程序和要求。

⑧合同双方的违约责任。

⑨索赔的机会和处理策略。

⑩合同风险的内容及防范措施。

⑪合同进展文档管理的要求。

▶ 8.4.2 合同控制

1)合同控制的概念

合同控制指承包商的合同管理组织为保证合同所约定的各项义务的全面完成及各项权利的实现,以合同分析的成果为基准,对整个合同实施过程进行全面监督、检查、对比和纠正的管理活动。

(1)工程实施监督

工程实施监督是工程管理的日常事务性工作,首先应表现在对工程活动的监督上,即保证按照预先确定的各种计划、设计、施工方案实施工程。工程实施状况反映在原始的工程资料(数据)上,如质量检查报告、分项工程进度报告、记工单、用料单、成本核算凭证等。

(2)跟踪

跟踪即将收集到的工程资料和实际数据进行整理,得到能够反映工程实施状况的各种信息,如各种质量报告、各种实际进度报表、各种成本和费用收支报表及它们的分析报告。将这些信息与工程目标(如合同文件、合同分析文件、计划、设计等)进行对比分析,就可以发现两者的差异。差异的大小,即为工程实施偏离目标的程度。如果没有差异,或差异较小,则可以按原计划继续实施工程。

(3)诊断

诊断即分析差异的原因,采取调整措施。差异表示工程实施偏离目标的程度,必须详细分析差异产生的原因和它的影响,并对症下药,采取措施进行调整,否则这种差异会逐渐积累,最终导致工程实施远离目标,甚至可能导致整个工程的失败。所以,在工程实施过程中要不断进行调整,使工程实施一直围绕合同目标进行。

2)合同控制的方法

合同控制方法适用一般的项目控制方法。项目控制方法可分为多种类型:按项目的发展过程分类,可分为事前控制、事中控制、事后控制;按照控制信息的来源分类,可分为前馈控制、反馈控制;按是否形成闭合回路分类,可分为开环控制、闭环控制。归纳起来,合同控制可分为两大类,即被动控制和主动控制。

(1)被动控制

被动控制是控制者从计划的实际输出中发现偏差,对偏差采取措施及时纠正的控制方式。因此要求管理人员对计划的实施进行跟踪,把它输出的工程信息进行加工、整理,再传递给控制部门,使控制人员从中发现问题,找出偏差,寻求并确定解决问题和纠正偏离。被动控制实际上是在项目实施过程中,事后检查过程中发现问题及时处理的一种控制,因此仍为一种积极的,并且是十分重要的控制方式。合同被动控制流程如图 8.2 所示。

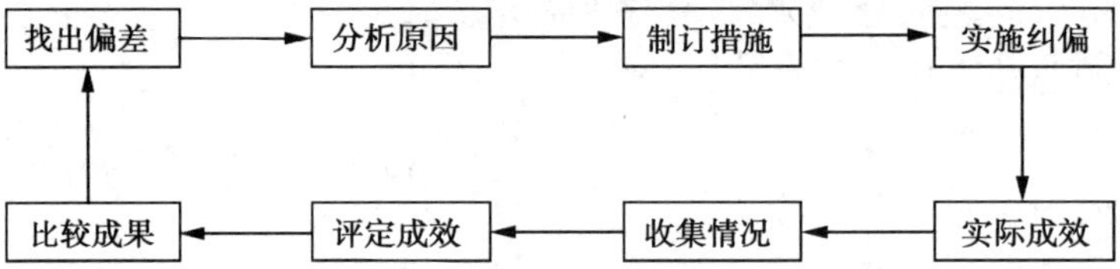

图 8.2　合同被动控制流程

被动控制的措施如下:

①应用现代化方法、手段,一起跟踪、测试、检查项目实施过程的数据,发现异常情况及时采取措施。

②建立项目实施过程中人员控制组织,明确控制责任,检查中发现情况及时处理。

③建立有效的信息反馈系统,及时将偏离计划目标值进行反馈,以便及时采取措施。

(2)主动控制

主动控制就是预先分析目标偏离的可能性,并拟订和采取各项预防性措施,以保证计划目标得以实现。主动是一种对未来的控制,它可以最大可能改变即将成为事实的被动局面,从而使控制更有效。当它根据已掌握的可靠信息分析预测得出系统将要输出偏离计划的目标时,就制订纠正措施并向系统输入,以使系统因此而不发生目标的偏离。它是在事情发生之前就采取了措施的控制。

主动控制措施一般如下:

①详细调查并分析外部环境条件,以确定那些影响目标实现和计划运行的各种有利和不利因素,并将它们考虑到计划和其他管理职能当中。

②识别风险,努力将各种影响目标实现和计划执行的潜在因素揭示出来,为风险分析和管理提供依据,并在计划实施过程中做好风险管理工作。

③用科学的方法制订计划,作好计划可行性分析,消除那些造成资源不可行、技术不可行、经济不可行和财务不可行的各种错误和缺陷,保障工程的实施能够有足够的时间、空间、人力、物力和财力,并在此基础上力求计划优化。

④高质量地做好组织工作,使组织与目标和计划高度一致,把目标控制的任务与管理职能落实到适当的机构和人员,做到职权与职责明确,使全体成员能够通力协作,为共同实现目标而努力。

⑤制订必要的应急备用方案，以对付可能出现的影响目标或计划实现的情况。一旦发生这些情况，则有应急措施作保障，从而减少偏离量，或避免发生偏离。

⑥计划应留有余地，这样可避免那些经常发生又不可避免的干扰对计划的不断影响，减少“例外”情况产生的数量，使管理人员处于主动地位。

⑦沟通信息流通渠道，加强信息收集、整理和研究工作，为预测工程未来发展提供全面、及时、可靠的信息。

被动控制与主动控制对承包商进行项目管理而言缺一不可，它们都是实现项目目标所必须采用的控制方式。有效的控制是将被动控制和主动控制紧密地结合起来，力求加大主动控制在控制过程中的比例，同时进行定期、连续的被动控制。只有如此，方能完成项目目标控制的根本任务。

3）合同控制的日常工作

①参与落实计划。合同管理人员与项目的其他职能人员一起落实合同实施计划，为各工程小组、分包商的工作提供必要的保证，如施工现场的安排，人工、材料、机械等计划的落实，工序间的搭接关系和安排及其他一些必要的准备工作。

②协调各方关系。在合同范围内协调业主、工程师、项目管理各职能人员、所属的各工程小组和分包商之间的工作关系，解决相互之间出现的问题。

③指导合同工作。对各工程小组和分包商进行工作指导，作经常性的合同解释，使各工程小组都有全局观念，对工程中发现的问题提出意见、建议或警告，使工程进展更为顺利。

④参与其他项目控制工作。合同项目管理的有关职能人员每天检查、监督各工程小组和分包商的合同实施情况，对照合同要求的数量、质量、技术标准和工程进度，发现问题并及时采取对策措施。

⑤合同实施情况的追踪、偏差分析及参与处理。

⑥负责工程变更管理。

⑦负责工程索赔管理。

⑧负责工程文档管理。对向分包商发出的任何指令，向业主发出的任何文字答复、请示，业主方发出的任何指令，都必须经合同管理人员审查，记录在案。

⑨争议处理。承包商与业主、与总（分）包商的任何争议的协商和解决都必须有合同管理人员的参与，对解决结果进行合同和法律方面的审查、分析和评价。这样不仅保证工程施工一直处于严格的合同控制中，而且使承包商的各项工作更有预见性，更能及早地预测合同行为的法律后果。

▶ 8.4.3 合同后评价

按照合同生命期管理的要求，合同执行后必须进行合同后评价，将合同签订和执行工作中的利弊得失、经验教训总结出来，提出分析报告，作为以后工程合同管理的借鉴。合同评价包括以下4项内容：

1）合同签订情况评价

预期的合同策划是否正确？是否已经顺利实现？招标文件分析和合同风险分析的准确

程度；该合同环境调查、实施方案、工程预算以及报价方面的问题及经验教训；合同谈判中的问题及经验教训，以后签订同类合同的注意点；各个相关合同之间的协调问题等。

2）合同执行情况评价

本合同执行战略是否正确？是否符合实际？是否达到了预想结果？在本合同执行中出现了哪些特殊情况？应采取什么措施防止、避免或减少损失？合同风险控制的利弊得失；各个相关合同在执行中的协调问题等。

3）合同管理工作评价

这是对合同管理本身，如工作职能、程序、工作成果的评价。内容包括合同管理工作对工程项目的总体贡献或影响；合同分析的准确程度；在投标报价和工程实施中，合同管理子系统与其他职能的协调问题，需要改进的地方；索赔处理和纠纷处理的经验教训等。

4）合同条款分析

合同条款分析主要对本合同的具体条款，特别对本工程有重大影响的合同条款的表达和执行，分析利弊得失；本合同签订和执行过程中所遇到的特殊问题的分析结果；对具体的合同条款如何表达更为有利等。

8.5 建设工程索赔

8.5.1 概述

1）索赔的概念

建设工程索赔通常是指在工程合同履行过程中，合同当事人一方因对方不履行或未能正确履行合同或者由于其他非自身因素而受到经济损失或权利损害，通过合同规定的程序向对方提出经济或时间补偿要求的行为。

索赔是合同当事人的权利，是保护和捍卫自己正当利益的手段。索赔是十分必要的，如果索赔运用得法，可以变不利为有利，变被动为主动。索赔是以合同为基础和依据的，是双向的，即当事人双方索赔的权利是平等的，建设单位和施工单位都可能提出索赔要求。通常情况下，索赔主要是指承包商（施工单位）在合同实施过程中，对非自身原因造成的工程延期、费用增加而要求业主给予补偿损失的一种权利要求。而业主（建设单位）对于属于施工单位应承担责任造成的且实际发生的损失，向施工单位要求赔偿，称为反索赔。索赔与反索赔相对应，被索赔方亦可提出合理论证和齐全的数据、资料，以抵御对方的索赔。

2）索赔的分类

①按照干扰事件可以分为：工期拖延索赔、不可预见的外部障碍或条件索赔、工程变更索赔、工程中止索赔、其他索赔（如货币贬值、物价上涨、法令变化、建设单位推迟支付工程款引起索赔）等。

②按合同类型可以分为：总承包合同索赔、分包合同索赔、合伙合同索赔、劳务合同索赔、

其他合同索赔等。

③按索赔要求可以分为:工期索赔、费用索赔等。

④按索赔起因可以分为:建设单位违约索赔、合同错误索赔、合同变更索赔、工程环境变化索赔、不可抗力因素索赔等。

⑤按索赔的处理方式可以分为:单元项索赔、总索赔等。

▶ 8.5.2 施工索赔的处理过程

按照合同规定及国际惯例,工程索赔需要遵循一定的程序。在合同实施阶段中所出现的每一个施工索赔事项,都应按照国际工程施工索赔的惯例和工程项目合同条件的具体规定,抓紧协商解决,并与工程进度款的月结算制度同时进行支付,争取做到按月清理。

1)施工索赔的处理程序

施工索赔的处理程序,一般按照以下步骤进行:

(1)提出索赔要求

按照国际通用合同条件的规定,凡是由于业主或工程师方面的原因,出现因工程范围或工程量变化而导致工程延期或成本增加的情况时,承包商有权提出索赔。出现索赔事项时,承包商在保证继续施工,不影响工程正常进展的同时,可以用书面信件正式发出索赔通知书,声明索赔权力。索赔通知书的发出应该符合合同条件中的具体规定,如 FIDIC 合同条件中规定的是须在索赔事项发生后的 28 天内,否则视为承包商自动放弃索赔权力。

(2)报送索赔资料

在正式提交索赔要求以后,承包商应抓紧准备索赔资料,计算索赔款额或工期延长天数,编写索赔报告书,并在下一个 28 天以内正式报出。如果索赔事项的影响还在发展,则每隔 28 天向工程师报送 1 次补充资料,说明事态发展情况。最后,当索赔事项影响结束后,在 28 天内报送此项索赔的最终报告,附上最终账单和全部证据材料,提出具体的索赔款额或工期延长天数,要求工程师和业主审定。

(3)会议协商解决

如果某项施工索赔要求不能在每月的结算付款过程中得到解决,则需要举行正式会议面对面的讨论决定。会议一般由工程师主持,双方交换意见,就论据及有关材料进行讨论,以争取达到一致的见解,解决索赔问题。

(4)邀请"中间人"调解

在双方谈判未取得一致意见时,为争取通过友好协商解决索赔争端,可以首先邀请工程师予以调解。工程师因其特殊的地位及作用,可是说它应该是工程争端的第一调解人;如若工程师的调解仍不能达成一致,则双方可提交申请 DAB(争端裁决委员会)/DRB(争议评审委员会)予以判决。DAB/DRB 是合同双方聘请的裁决人,其职责仅限于争端发生时的争议处理,并且他们所做出的裁决属于调解性质,该裁决没有最终的法律约束力。但是引入裁决人,使之按照裁决程序解决工程实施过程中出现的纠纷或争端,必将有利于工程的良好管理和顺利进行。

(5)提交仲裁和诉讼

如果合同的争端经过上述途径仍然不能得以解决,最终的途径只有通过国际仲裁或法院诉讼。国际仲裁或法院诉讼,具有法律权威性,对争议双方都有最终约束力。

2)索赔的计算方法

通常施工索赔主要分为两部分:费用索赔及工期索赔。

由于外界因素的干扰,而非承包商自身责任造成的工程成本增加,使承包商增加了额外费用,蒙受了一定的经济损失,承包商可以根据合同规定提出的索赔,称之为费用索赔。由于非承包人的原因导致施工进程延误,要求批准延展合同工期的索赔,称之为工期索赔。

(1)费用索赔

费用索赔是以补偿实际损失为原则,实际损失包括直接损失和间接损失两个方面。其中要注意的一点是索赔对建设单位不具有任何惩罚性质。因此,所有干扰事件引起的损失以及这些损失的计算,都应有详细的具体证明,并在索赔报告中出具这些证据。没有证据,索赔要求不能成立。

①索赔费用的组成。费用索赔主要包括:

a. 人工费。对于索赔费用中的人工费部分包括:完成合同之外的额外工作所花费的人工费用;由于非施工单位责任导致的工效降低所增加的人工费用;法定的人工费增长以及非施工单位责任工程延误导致的人员窝工费和工资上涨费等。

b. 材料费。对于索赔费用中的材料费部分包括:由于索赔事项的材料实际用量超过计划用量而增加的材料费;由于客观原因材料价格大幅度上涨;由于非施工单位责任工程延误导致的材料价格上涨和材料超期储存费用。

c. 施工机械费。机械费索赔包括增加台班数量、机械闲置或工作效率降低、台班费率上涨等费用。

d. 分包费用。分包费用索赔指的是分包人的索赔费。分包人的索赔应如数列入总承包人的索赔款总额以内。

e. 工地管理费。工地管理费指施工单位完成额外工程、索赔事项工作以及工期延长期间的工地管理费,但如果对部分工人窝工损失索赔时,因其他工程仍然进行,可能不予计算工地管理费索赔。

f. 利息。对于索赔费用中的利息部分包括:拖期付款利息、由于工程变更的工程延误增加投资的利息、索赔款的利息、错误扣款的利息。这些利息的具体利率,有这样几种规定:按当时的银行贷款利率、按当时的银行透支利率、按合同双方协议的利率。

g. 总部管理费。总部管理费是承包商的上级部门提取的管理费,如公司总部办公楼折旧、总部职员工资、交通差旅费、通信、广告费等。

h. 利润。一般来说由于工程范围的变更和施工条件变化引起的索赔,施工单位可列入利润。索赔利润的款额计算通常是与原报价单中的利润百分率保持一致,即在直接费用的基础上增加原报价单中的利润率,作为该项索赔的利润。

②索赔费用的计算原则和计算方法。在确定赔偿金额时,应遵循下述两个原则:一是,所有赔偿金额,都应该是施工单位为履行合同所必须支出的费用;二是,按此金额赔偿后,应使

施工单位恢复到未发生事件前的财务状况。即施工单位不致因索赔事件而遭受任何损失,但也不得因索赔事件而获得额外收益。根据上述原则可以看出,索赔金额是用于赔偿施工单位因索赔事件而受到的实际损失(包括支出的额外成本的失掉的可得利润),而不考虑利润。所以索赔金额计算的基础是成本,用索赔事件影响所发生的成本减去事件影响时所应有的成本,其差值即为赔偿金额。

索赔金额的计算方法很多,各个工程项目都可能因具体情况不同而采用不同的方法,主要有3种:

a. 总费用法。计算出索赔工程的总费用,减去原合同报价,即得索赔金额。这种计算方法简单但不尽合理,因为实际完成工程的总费用中,可能包括由于施工单位的原因(如管理不善、材料浪费、效率太低等)所增加的费用,而这些费用是属于不该索赔的;另一方面,原合同价也可能因工程变更或单价合同中的工程量变化等原因而不能代表真正的工程成本。凡此种种原因,使得采用此法往往会引起争议,遇到障碍,故一般不常用。但是在某些特定条件下,当需要具体计算索赔金额很困难,甚至不可能时,则也有采用此法的这种情况下应具体核实已开支的实际费用,取消其不合理部分,以求接近实际情况。

b. 修正的总费用法。该方法原则上与总费用法相同,计算对某些方面作出相应的修正,以使结果更趋合理。修正的内容主要有:一是计算索赔金额的时期仅限于受事件影响的时段,而不是整个工期。二是只计算在该时期内受影响项目的费用,而不是全部工作项目的费用。三是不直接采用原合同报价,而是采用在该时期内如未受事件影响而完成该项目的合理费用。根据上述修正,可比较合理地计算出索赔事件影响而实际增加的费用。

c. 实际费用法。实际费用法即根据索赔事件所造成的损失或成本增加,按费用项目逐项进行分析、计算索赔金额的方法。这种方法比较复杂,但能客观地反映施工单位的实际损失,比较合理,易于被当事人接受,在国际工程中被广泛采用。实际上费用法是按每个索赔事件所引起损失的费用项目分别分析计算索赔值的一种方法,通常分三步;第一步分析每个或每类索赔事件所影响的费用项目,不得有遗漏。这些费用项目通常应与合同报价中的费用项目一致。第二步计算每个费用项目受索赔事件影响的数值,通过与合同价中的费用价值进行比较即可得到该项费用的索赔值。第三步将各费用项目的索赔值汇总,得到总费用索赔值。

(2)工期索赔

工期索赔的计算主要有网络图分析和比例计算法两种。

网络图分析法是利用进度计划的网络图,分析其关键线路。如果延误的工作为关键工作,则延误的时间为索赔的工期;如果延误的工作为非关键工作,当该工作由于延误超过时限而成为关键时,可以索赔延误时间与时差的差值;若该工作延误后仍为非关键工作,则不存在工期索赔问题。

可以看出,网络图分析要求承包商使用网络技术进行进度控制,才能依据网络图计划提出工期索赔。按照网络图分析得出的工期索赔值是科学合理的,容易得到认可。

比例计算法的公式为:

对于已知部分工程的延期的时间:

$$\text{工期索赔值}=\frac{\text{受干扰部分工程的合同价}}{\text{原合同总价}}\times\text{该受干扰部分工期拖延时间}$$

对于已知额外增加工程量的价格：

$$\text{工期索赔值} = \frac{\text{额外增加的工程量的价格}}{\text{原合同总价}} \times \text{原合同总工期}$$

比例计算法简单方便，但有时不符合实际情况。比例计算法不适用于变更施工顺序、加速施工、删减工程量等事件的索赔。

8.5.3 索赔成功的关键

工程索赔是一门涉及面广，融技术、经济、法律为一体的边缘学科。它不仅是一门科学，又是一门艺术。要想获得好的索赔成果，必须要有强有力的、稳定的索赔班子；正确的索赔战略和机动灵活的索赔技巧，也是取得索赔成功的关键。

1）组建强有力的、稳定的索赔班子

索赔是一项复杂细致而艰巨的工作，组建一个知识全面、有丰富索赔经验的稳定的索赔小组从事索赔工作，是索赔成功的首要条件。索赔小组应由项目经理、合同法律专家、估算师、会计师、施工工程师组成，有专职人员搜集和整理由各职能部门和科室提供的有关信息资料。索赔人员要有良好的素质，要懂得索赔的战略和策略，头脑清晰，思路敏捷，并且懂得搞好各方的公共关系。

2）确定正确的索赔战略和策略

索赔战略和策略是承包商经营战略和策略的一部分，应当体现承包商的目前利益和长远利益、全局利益和局部利益的统一，应由公司经理亲自把握和制定，索赔小组应提供决策的依据和建议。索赔的战略和策略研究，对不同的情况包含着不同的内容，有不同的重心，一般应包含如下几个方面：

（1）确定索赔目标

承包商的索赔目标是指承包商对索赔的基本要求，可对要达到的目标进行分解，按难易程度进行排队，并大致分析它们实现的可能性，从而确定最低、最高目标。

（2）对被索赔方的分析

分析对方的兴趣和利益所在，要让索赔在友好和谐的气氛中进行。处理好单项索赔和一揽子索赔的关系，对于理由充分而重要的单项索赔应力争尽早解决；对于业主坚持拖后解决的索赔，要按业主意见认真积累有关资料，为一揽子解决准备充分的材料。

（3）承包商的经营战略分析

承包商的经营战略直接制约着索赔的策略和计划。在分析业主情况和工程所在地的情况以后，承包商应考虑有无可能与业主继续进行新的合作，是否在当地继续扩展业务，承包商与业主之间的关系对当地开展业务有何影响等。这些问题决定着承包商的整个索赔要求和解决的方法。

（4）相关关系分析

利用监理工程师、设计单位、业主的上级主管部门对业主施加影响，往往比同业主直接谈判有效，承包商要同这些单位搞好关系，展开“公关”，取得他们的同情和支持，并与业主沟通，这就要求承包商对这些单位的关键人物进行分析，利用他们同业主的微妙关系从中斡旋、调停,能使索赔达到十分理想的效果。

(5)谈判过程分析

索赔谈判是双方面对面的较量,是索赔能否取得成功的关键。因此,在谈判之前要作好充分准备,对谈判的可能过程要做好分析。谈判过程中要讲事实、重证据,既要据理力争,坚持原则,又要适当让步,机动灵活。所谓索赔的"艺术",往往在谈判桌上能得到充分的体现。所以,选择和组织好精明强干、有丰富的索赔知识和经验的谈判班子就显得极为重要。

3)索赔的技巧

索赔的技巧是为索赔的战略和策略目标服务的,因此,在确定了索赔战略和策略目标之后,索赔技巧就显得格外重要,它是索赔策略的具体体现。索赔技巧应因人、因客观环境条件而异,现提出以下各项供参考:

①要及时发现索赔机会。一个有经验的承包商,在投标报价时就应考虑将来可能要发生索赔的问题,要仔细研究招标文件中的合同条款和规范,仔细查勘施工现场,探索可能索赔的机会,在报价时要考虑索赔的需要。

②商签好合同协议。在商签合同过程中,承包商应对明显把重大风险转嫁给承包商的合同条件提出修改的要求,对其达成修改的协议应以"谈判纪要"的形式写出,作为该合同文件的有效组成部分。要对业主开脱责任的条款特别注意,如:合同中不列索赔条款;拖期付款无时限,无利息;没有调价公式;业主认为对某部分工程不够满意,即有权决定扣减工程款;业主对不可预见的工程施工条件不承担责任,等等。如果这些问题在签订合同协议时不谈判清楚,承包商就很难有索赔机会。

③对口头变更指令要得到确认。监理工程师常常乐于用口头指令变更,如果承包商不对监理工程师的口头指令予以书面确认,就进行变更工程的施工,此后,有的监理工程师矢口否认,拒绝承包商的索赔要求,使承包商有苦难言。

④及时发出"索赔通知书"。一般合同规定,索赔事件发生后的一定时间内,承包商必须送出"索赔通知书",过期无效。

⑤索赔事件论证要充足。承包合同通常规定,承包商在发出"索赔通知书"后,每隔一定时间(28 天)应报送一次证据资料,在索赔事件结束后的 28 天内报送总结性的索赔计算及索赔论证,提交索赔报告。索赔报告一定要令人信服,经得起推敲。

⑥索赔计价方法和款额要适当。索赔计算时采用"附加成本法"容易被对方接受,因为这种方法只计算索赔事件引起的计划外的附加开支,计价项目具体,使经济索赔能较快得到解决。另外索赔计价不能过高,要价过高容易让对方发生反感,使索赔报告束之高阁,长期得不到解决。另外还有可能让业主准备周密的反索赔计划,以高额的反索赔对付高额的索赔,使索赔工作更加复杂化。

⑦力争单项索赔,避免一揽子索赔。单项索赔事件简单,容易解决,而且能及时得到支付;一揽子索赔,问题复杂,金额大,不易解决,往往到工程结束后还得不到付款。

⑧坚持采用"清理账目法"。承包商往往只注意接受业主按对某项索赔的当月结算索赔款,而忽略了该项索赔款的余额部分。没有以文字形式保留自己今后获得余额部分的权利,等于同意并承认了业主对该项索赔的付款,以后对余额再无权追索。因为在索赔支付过程

中，承包商和监理工程师对确定新单价和工程量经常存在不同意见。按合同规定，工程师有决定单价的权力，如果承包商认为工程师的决定不尽合理，而坚持自己的要求时，可同意接受工程师决定的"临时单价"或"临时价格"付款，先拿到一部分索赔款，对其余不足部分，则书面通知工程师和业主，作为索赔款的余额，保留自己的索赔权利，否则，将失去将来要求付款的权利。

⑨力争友好解决，防止对立情绪。索赔争端是难免的，如果遇到争端不能理智协商讨论问题，使一些本来可以解决的问题悬而未决。承包商尤其要头脑冷静，防止对立情绪，力争友好解决索赔争端。

⑩注意同监理工程师搞好关系。监理工程师是处理解决索赔问题的公正的第三方，注意同他们搞好关系，争取他们的公正裁决，竭力避免仲裁或诉讼。

8.6 国际建设工程承包合同

8.6.1 国际咨询工程师联合会简介

FIDIC 是国际咨询工程师联合会法文名称首字母的缩写。FIDIC 于 1913 年由欧洲 3 个国家的咨询工程师协会在比利时根特成立，在每个国家只吸收一个独立的咨询工程师协会作为团体会员。经过 90 多年发展，该联合会已拥有 80 多个代表不同国家和地区的咨询工程师专业团体会员，分属于 4 个地区性组织，即亚洲及太平洋地区成员协会（ASPAC）、欧洲共同体成员协会（CEDIC）、非洲成员协会集团（CAMA）、北欧成员协会集团（RINORD）。可以说"FIDIC"代表了世界上大多数咨询工程师，是国际上最有权威的咨询工程师组织，也是被世界银行认可的国际咨询服务机构。

FIDIC 总部现设在瑞士洛桑，主要职能机构有：执行委员会（TEC）、土木工程合同委员会（CECC）、业主与咨询工程师关系委员会（CCRC）、职业责任委员会（PLC）和秘书处。作为一个国际性的非官方组织，FIDIC 的宗旨是要将各个国家独立的咨询工程师行业组织联合成一个国际性的行业组织；促进还没有建立起这个行业组织的国家也能够建立起这样的组织；鼓励制订咨询工程师应遵守的职业行为准则，以提高为业主和社会服务的质量；研究和增进会员的利益，促进会员之间的关系，增强本行业的活力；提供和交流会员感兴趣和有益的信息，增强行业凝聚力。

FIDIC 成立 90 多年来，对国际上实施工程建设项目以及促进国际经济技术合作的发展起到了重要作用。由该会编制的 FIDIC 合同条件已形成"彩虹系列"，由《土木工程施工合同条件》（红皮书）、《机电工程合同条件》（黄皮书）、《设计、施工及交钥匙合同条件》（橙皮书）和《业主与咨询工程师服务协议模式》（白皮书）以及《设计、采购及施工合同条件》（银皮书）、《FIDIC 合同条件的简短合同格式》（绿皮书）6 种示范合同组成。在"彩虹系列"中，红皮书是基本合同条件，其他 5 种示范合同是根据工程类型不同在红皮书的基础上演变而来的。

FIDIC出版物被世界银行、亚洲开发银行等国际和区域发展援助金融机构作为实施项目的合同和协议范本。这些合同和协议文本,条款内容严密,对履约各方和实施人员的职责义务作了明确规定;对实施项目过程中可能出现的问题也都有较合理的规定,以利于遵循解决。这些协议性文件为实施项目进行科学管理提供了可靠依据,有利于保证工程质量、工期和控制成本,使业主、承包人以及咨询工程师等有关人员的合法权益得到尊重。此外,FIDIC还编辑出版了一些供业主和咨询工程师使用的业务参考书籍和工作指南,以帮助业主更好地选择咨询工程师,使咨询工程师更全面地了解业务工作范围和根据指南进行工作。该会制订的承包商标准资格预审表、招标程序、咨询项目分包协议等都有很实用参考价值,在国际上受到普遍欢迎,得到了广泛承认和应用,FIDIC的名声也显著提高。

《FIDIC土木工程施工合同条件》是国际土木工程施工的通则,一般的国际项目,尤其是大型项目以及世界银行贷款项目的合同均可以把该合同条件作为依据。因为,该合同条件规则详细,适用性强;使用者可将有关法律、法规附于专用条款部分。但《FIDIC土木工程施工合同条件》本身并不具法律约束力,仅具有合同效力。

▶ 8.6.2 《土木工程施工合同条件》内容简介

FIDIC编制的《土木工程施工合同条件》由通用条件(标准条款)和专用条件(需要专门起草,以适应特定的需要)两部分组成。

1)通用条件

所谓“通用”的含义,是指只要工程建设项目是属于土木工程类的施工,不论是工业与民用建设,还是水电工程、公路工程、铁路工程均可适用。通用条件共分20大项247款,其中20大项分别是:一般规定;雇主;工程师;承包商;指定的分包商;职员和劳工;设备、材料和工艺;开工、误期与停工;竣工检验;雇主的接收;缺陷责任;计量与计价;变更与调整;合同价格预付款;雇主提出终止;承包商提出停工与终止;风险与责任;保险;不可抗力;索赔、争端与仲裁。

由于通用条件可以适用于所有建设安装工程施工,条款也非常具体、明确,因此,当我们脱离具体工程从宏观角度讲FIDIC《土木工程施工合同条件》的内容时,仅指FIDIC通用条件。

2)专用条件

基于不同地区、不同行业的土建类施工共性条件而编写的通用条件已成为分门别类、内容详尽的合同文件范本。但这些仍是不够的,具体到某一工程项目,有些条款需要进一步明确,有些条款还需要考虑工程的具体特点和所在地区情况予以必要的变更。FIDIC专用条件就是为了实现这一目的而设立的。通用条件与专用条件共同决定了一个具体工程项目各方的权利和义务。

第二部分专用条件的编制原则是根据具体工程的特点,针对通用条件中的不同条款进行选择、补充或修正,使由这两部分相同序号组成的条款内容更为完备。因此第二部分专用条件并不像第一部分通用条件那样,条款序号依次排列,以及每一序号下都有具体的条款内容,而是视第一部分条款内容是否需要修改、取代或补充,而决定相应序号的专用条件是否需要修改、取代或补充,从而决定相应序号的专用条款是否存在。

复习思考题

8.1 简述建设工程招标的程序,并说明资格预审的重点是什么。

8.2 简述建设工程施工合同的类型及选择理由。

8.3 简述建设工程合同计价方式及各自特点。

8.4 举例说明合同交底工作的必要性及交底的内容。

8.5 索赔的计算方法有哪些?承包商索赔成功的关键是什么?

8.6 国际建设工程承包合同的主要类型有哪些?

8.7 案例分析

某建筑公司(乙方)于某年4月20日与某厂(甲方)签订了修建建筑面积为3 000 m^2 工业厂房(带地下室)的施工合同。乙方编制的施工方案和进度计划已获监理工程师批准。该工程的基坑开挖土方量为4 500 m^3,假设直接费单价为10元/m^3,综合费率为直接费的20%。该基坑施工方案规定:土方工程采用租赁一台斗容量为1 m^3 的反铲挖掘机施工(租赁费450元/台班)。甲、乙双方合同约定5月11日开工,5月20日完工。在实际施工中发生了如下几项事件:

①因租赁的挖掘机大修,晚开工2天,造成人员窝工10个工日;

②施工过程中,因遇软土层,接到监理工程师5月15日停工的指令,进行地质复查,配合用工15个工日;

③5月19日接到监理工程师于5月20日复工命令,同时提出基坑开挖深度加深1 m的设计变更通知单,由此增加土方开挖量450 m^3;

④5月20日—5月22日,因下大雨迫使基坑开挖暂停,造成人员窝工10个工日;

⑤5月23日用30个工日修复冲坏的永久道路,5月24日恢复挖掘工作,最终基坑于5月30日挖掘完毕。

问题:

(1)建筑公司对上述哪些事件可以向甲方要求索赔,哪些事件不可以要求索赔?简单说明原因。

(2)每项事件工期索赔各是多少天?总计工期索赔是多少天?(给出简单理由)

(3)假设人工费单价为50元/工日,因增加用工所需的管理费为增加人工费的30%,则合理的费用索赔总额是多少?

8.8 案例分析

某酒店对客房进行改造装修,装修面积4 000 m^2。某施工单位根据领取的招标文件和全套施工图,利用低价投标策略并中标。该施工单位(承包商)于2014年11月18日与业主(发包方)签订了固定总价施工合同,总价包干,合同工期为90天(日历天)。合同造价为248万元,其中已包含风险费。主要装修材料由业主提供,并运至施工现场。合同规定工程发生设计变更、现场条件变化和工程量增减都不得调整合同价格。施工单位于2014年11月25日按照业主的开工指令进场施工,开工后 10 天,业主对客房的装修设计进行较大变更,并增加了客房衣柜与窗套施工,并以设计变更形式发给施工单位。该施工单位收到设计变更后,对设计变更引起的工程造价进行预算,增加工程造价约 30 万元。该施工单位及时向业主提出 30 万元的索赔要求。工程进行了 1 个月后,业主因资金不到位,不能按期支付工程进度款,口头要求承包商暂停施工 20 天,承包商也口头答应。恢复施工后不久,2015 年元月 14 日至 21 日,因罕见的暴风雪导致交通受阻,定购的几种主要装修材料滞留在运输途中,不能按时进场,导致停工 7 天。施工单位春节期间按有关规定放假 7 天,没有施工。施工单位向业主提出顺延工期 34 天。

问题:

(1)该工程采用固定总价合同是否合适?为什么?

(2)该合同的变更形式是否妥当?为什么?

(3)因设计变更引起造价增加,承包商提出的索赔要求是否合理?说明原因。

(4)承包商可以提出的工期索赔应为多少天?说明理由。

8.9　某房地产开发公司投资建造一座高档写字楼,钢筋混凝土结构,设计项目已明确,功能布局及工程范围都已确定,业主为减少建设周期,尽快获得投资收益,施工图设计未完成时就进行了招标,确定了某建筑工程公司为总承包单位。业主与承包方签订施工合同时,由于设计未完成,工程性质已明确但工程量还难以确定,双方通过多次协商,拟采用总价合同形式签订施工合同,以减少双方的风险。

合同条款中有下列规定:

①工程合同额为 1 200 万元,总工期为 10 个月。

②本工程采用固定价格合同,乙方在报价时已考虑了工程施工需要的各种措施费用与各种材料涨价等因素。

③甲方向乙方提供现场的工程地质与地下主要管网资料,供乙方参考使用。

④乙方不能将工程转包,为加快工程进度允许分包,也允许分包单位将分包的工程再次分包给其他单位。

在工程实施过程中,出现下列问题:

①钢材价格从报价时的 2 800 元/t 上涨到 3 500 元/t,承包方向业主要求追加因钢材涨价增加的工程款。

②工程遭到百年罕见的暴风雨袭击,工程被迫暂停施工,部分已完工程受损,施工场地与临时设施遭到破坏,工期延长了 2 个月。业主要求承包商承担拖延工期所造成的经济损失。

问题:

(1)工程施工合同按承包工程计价方式不同分为哪几类?

(2)在总承包合同中,业主与施工单位选择总价合同是否妥当?为什么?

(3)你认为可以选择何种计价形式的合同。为什么?

(4)合同条款中有哪些不妥之处?应如何修改?

(5)本工程合同执行过程中出现的问题应如何处理?

9 建设工程项目信息管理

随着世界范围信息技术的高速发展,信息技术在各个领域得到了广泛的应用。特别是建设工程项目日趋大型化、复杂化和国际化,信息的交流与传递日趋频繁,建设工程项目管理信息化已引起国家、企业的高度重视,大多数企业在工作中使用了各类专业软件,例如专业设计软件、招投标报价软件、进度计划管理软件、合同管理软件、材料管理软件等。部分企业已经成功建立了基于互联网的信息处理平台以及项目管理信息门户,开发了企业管理信息系统等,将企业的管理工作搬到计算机系统平台上来进行。

虽然信息技术在我国建筑行业应用已经取得了一些的成效,但与发达国家相比,信息管理依然是我国建设工程项目管理的薄弱环节。因此,如何应用信息技术进一步提高建筑业生产效率、提升建筑业行业管理和项目管理的水平,仍是未来我国建筑业发展的重要课题。同时,现代化的建设工程项目管理需要学生熟练掌握建设工程项目信息化管理的相关知识和技能。

9.1 建设工程项目信息管理概述

9.1.1 建设工程项目信息管理

信息指的是用口头、书面或电子的方式传输(传达、传递)的知识、新闻,或可靠的或不可靠的情报。声音、文字、数字和图像等都是信息表达的形式。建设工程项目的实施需要人力资源和物质资源,同时,信息也是项目实施的重要资源之一。

1)项目信息管理的内涵

信息管理指的是信息传输的合理的组织和控制。施工方在投标、承包合同洽谈、施工准备、施工、验收等过程中,以及在保修期工作中形成大量的各种信息。这些信息不但在施工方内部各部门间流转,其中许多信息还必须提供给政府建设主管部门、业主方、设计方、相关的施工方和供货方等,还有许多有价值的信息应有序地保存,可供其他项目施工借鉴。上述过程包含了信息传输的过程,由谁(哪个工作岗位或工作部门等)、在何时、向谁(哪个项目主管和参与单位的工作岗位或工作部门等)、以什么方式、提供什么信息等属于信息传输的组织和控制,这就是信息管理的内涵。

信息管理不能简单理解为仅对产生的信息进行归档和一般的信息领域的行政事务管理。为充分发挥信息资源的作用和提高信息管理的水平,施工单位和其项目管理部门都应设置专门的工作部门(或专门的人员)负责信息管理。

2)项目信息管理的意义

(1)有利于提高工作效率

利用信息网络作为项目信息交流的载体,从而使信息交流速度大大加快,减轻了项目参与人日常管理工作的负担,加快了项目管理系统中的信息反馈速度和系统的反应速度,人们能够及时查询工程进展情况的信息,进而能及时地发现问题,及时作出决策,提高了工作效率。它为各项目参与人提供完整、准确的历史信息,方便浏览并支持这些信息在计算机上的粘贴和复制,使部门不同而内容上基本一致的项目管理工作的效率得到了极大提高,减少了传统管理模式下大量的重复抄录工作。

(2)有利于保证信息传递的快捷、及时和通畅,提高管理水平

利用公共的信息管理平台,方便了各参建方进行信息共享和协同工作。这一方面有助于提高工作效率,另一方面可以提高管理水平。建设工程项目管理信息化使项目的透明度增加,人们能够了解企业和项目的全貌。总目标容易贯彻,项目经理和上层领导容易发现问题。下层管理员和执行人员也更容易了解和领会上层领导的意图,使得各方面协调更为容易。它在信息共享的环境下通过自动完成某些常规的信息通知,减少了项目参与人之间需要人为信息交流的次数,并保证了信息的传递变得快捷、及时和通畅。

(3)有利于保证信息不失真

它适应建筑工程项目管理对信息量急剧增长的需要,允许将每天的各种项目管理活动信息数据进行实时采集,并提供对各管理环节进行及时便利的督促与检查,实行规范化管理,从而促进了各项目管理工作质量的提高。建设工程项目管理信息化使信息容量增加,信息的可靠性增强。例如,项目管理职能人员可以从互联网上直接查询最新的工程招标信息、原材料市场行情。人们可以直接查询和使用其他部门的信息,这样不仅可以减少信息的加工和处理工作,而且可保证在传输过程中信息不失真。

(4)可以有效地利用有限的资源,获取项目最大的社会经济效益

建筑工程项目的全部信息以系统化、结构化的方式存储起来,甚至对已积累的既往项目信息高效地进行分析,便于施工后的分析和数据复用,从而可以为项目管理提供定量的分析

数据，进而支持项目的科学决策。因此，建筑施工项目管理信息化，可以有效地利用有限的资源，用尽可能少的费用、尽可能快的速度来保证优良的工程质量，获取项目最大的社会经济效益。

(5)提高建设工程项目管理信息化使项目风险管理的能力和水平

由于现代市场经济的特点，工程建设项目的风险越来越大。现代信息技术使人能够对风险进行有效的、迅速的预测、分析、防范和控制。因为风险管理需要大量的信息，而且要迅速获得这些信息，需要十分复杂的信息处理过程。现代信息技术给风险管理提供了很好的方法、手段和工具。

(6)推进国民经济和社会信息化是国家发展战略的重要内容

建设工程项目管理信息化能够更科学、更方便地进行多种类型的项目管理。如：大型的、特大型的、特别复杂的项目；多项目的管理，即一个企业同时管理许多项目；远程项目，如国际投资项目、国际工程等。建筑业信息化是国民经济信息化的基础之一，改造和提升建筑业技术手段和生产组织方式，提高建筑企业经营管理水平和核心竞争能力，提高建筑业主管部门的管理、决策和服务水平，是推进建筑业信息化的重要手段。

3)项目信息管理的任务

业主方和项目参与各方都应设置专门的工作部门(或专门的人员)，负责编制各自的信息管理手册，以规范信息管理工作。项目信息管理部门的主要工作任务是：

①负责主持编制信息管理手册，在项目实施过程中进行信息管理手册的必要的修改和补充，并检查和督促其执行；

②负责协调和组织项目管理班子中各个工作部门的信息处理工作；

③负责信息处理工作平台的建立和运行维护；

④与其他工作部门协同组织收集信息、处理信息和形成各种反映项目进展和项目目标控制的报表和报告；

⑤负责工程档案管理等。

4)项目信息管理的主要环节

建设项目信息管理的过程主要包括信息的收集、加工整理、存储、检索和传递。

(1)建设项目信息的收集

建设项目信息的收集，就是收集项目决策和实施过程中的原始数据，这是很重要的基础工作。信息管理工作的质量好坏，很大程度上取决于原始资料的全面性和可靠性。因此，建立一套完善的信息采集制度是十分有必要的。

①建设项目建设前期的信息收集。建设项目在正式开工之前，需要收集设计任务书及有关资料、设计文件及有关资料、招标投标合同文件及其有关资料等。

②建设项目施工期的信息收集。建设项目在整个工程施工阶段，需要及时收集和处理建设单位提供的信息、承建商提供的信息、工程监理的记录、工地会议信息等。

③工程竣工阶段的信息收集。工程竣工并按要求进行竣工验收时，需要收集对竣工验收有关的各种资料信息，如施工质量监督检查验收记录、隐蔽工程验收记录等。

(2)建设项目信息的加工整理和存储

建设项目的信息管理除应注意各种原始资料的收集外,更重要的要对收集来的资料进行加工整理,并对工程决策和实施过程中出现的各种问题进行处理。按照工程信息加工整理的深浅可分为如下几个类别:第一类为对资料和数据进行简单整理和过滤;第二类是对信息进行分析,概括综合后产生辅助建设项目管理决策的信息;第三类是通过应用数学模型统计推断可以产生决策的信息。

(3)建设项目信息的检索和传递

无论是存入档案库还是存入计算机存储器的信息、资料,为了查找方便,在入库前都要拟订一套科学的查找方法和手段,做好编目分类工作。健全的检索系统可以使报表、文件、资料、人事和技术档案既保存完好,又查找方便;否则会使资料杂乱无章,无法利用。

信息的传递是指借助于一定的载体(如纸张、软盘、磁带等),在建设项目信息管理工作的各部门、各单位之间的传递。通过传递,形成各种信息流。畅通的信息流,将利用报表、图表、文字、记录、电讯、各种收发文、会议、审批及计算机等传递手段,不断地将建设项目信息输送到项目建设各方手中,成为他们工作的依据。

▶ 9.1.2 建设工程项目信息分类

建设工程项目信息可以按照不同标准从多个角度进行分类:

①按照工程项目目标分:投资控制信息、质量控制信息、进度控制信息、合同管理信息。

②按照工程项目信息来源分:项目内部信息、项目外部信息。

③按照工程项目信息稳定程度分:固定信息、流动信息。

④按照工程项目信息层次分:战略性信息、管理型信息、业务性信息。

⑤按照工程项目信息性质分:组织类信息、管理类信息、经济类信息、技术类信息。

例如,按信息性质对建设工程项目信息的分类如图9.1所示。

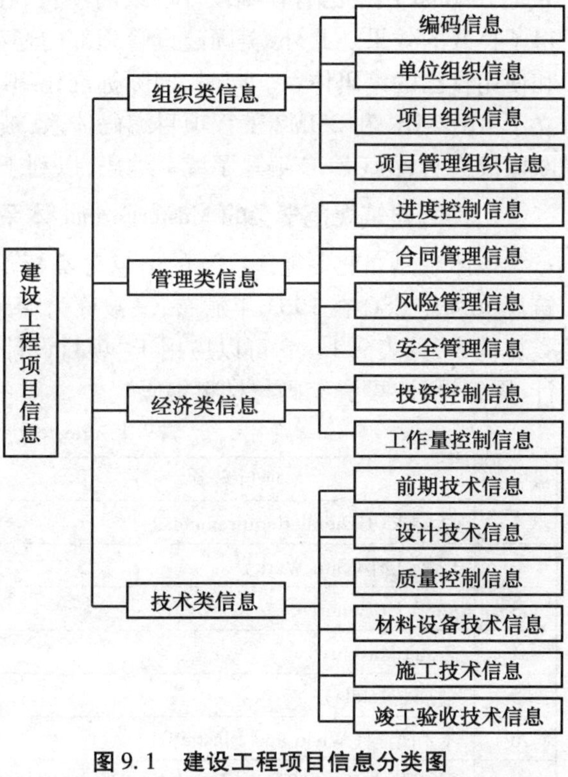

图9.1 建设工程项目信息分类图

9.2 建设工程项目信息编码

在工程项目管理工作中,随时都可能产生大量的信息(如报表、数字、文字、声像等),用文字来描述其特征已不能满足现代化管理的要求。建立编码体系的目的在于对建设项目全过程进行科学有效的管理,规范工程参与者的行为。具体而言,它有利于项目建设单位对项目各个阶段工作内容的控制,如有助于对工程总造价进行管理控制,实行价值工程研究,为项目各成员提供信息交流工具,尤其是为建设单位、设计单位、施工单位之间信息沟通提供一种共同语言,在有效传达信息的同时消除误解;另外,工程编码为工程项目数据收集和整理提供了标准化手段,为未来项目使用准确的、有价值的信息提供保证。

目前,世界上很多发达国家(如美国、英国、加拿大、新加坡等)都建立了本国建筑业需要的统一的建设工程项目编码体系,编码在工程管理中的应用,对建筑业发展起到了极大的促进作用。

▶ 9.2.1 建设工程项目管理中常用的信息代码分类标准

在使用编码实践方面,美国走在其他国家的前列,它建立了 UniFormat Ⅱ 和 MasterFormat 等一些比较完善的工程项目编码体系。UniFormat Ⅱ 应用于建筑工程总前期策划、图纸设计、建筑施工到建筑物拆除等建设工程的全过程,它的编码结构已经发展到 4 个层次;MasterFormat 用于已有详细设计图纸的项目,在工程造价控制等方面,它与前者交叉使用,取得了良好的效果。此外,美国建设管理部门还鼓励建筑行业不同的专业领域机构或公司建立和使用自己的编码体系。同时,国际标准化组织(ISO)提出项目信息编码的 ISO 体系;英国建立了 RICK-UK 和 SMM7 工程项目编码体系,被英联邦体制下的上百个国家广泛接受和使用;欧盟成立后,由 CEEC 编写了统一编码,以利于其内部国家建筑业的交流和合作等。

1)美国建筑规范学会的 MasterFormat 体系

该体系是在北美地区广泛的信息分类标准。它由美国建筑规范学会 CSI 和加拿大的建筑规范学会 CSC 在 1963 年颁布,又被称为 MasterFormat 体系。它信息分类的第一层由 16 个类目构成,见表 9.1。它可以应用于"项目设计、招投标和施工过程中项目管理的组织机构设计、图纸设计、投资编码与材料编码"。

表 9.1 MasterFormat 信息分类体系

编 码	项目名称	编 码	项目名称
1	总要求(General Requirements)	9	装饰工程(Decorations)
2	现场工作(Site Work)	10	专业工程(Specialties)
3	混凝土(Concrete)	11	设备(Equipment)
4	砖石(Masonry)	12	非建筑设施(Furnishings)
5	金属(Metals)	13	特殊施工(Special Construction)
6	木和塑料(Wood and Plastics)	14	运输系统(Conveying System)
7	保温隔湿工程(Thermal and Moisture Portection)	15	机械(Mechanical)
8	门窗(Door and Windows)	16	电气(Electrical)

2)美国 UniFormat 体系

该体系最早是由美国国防部指定的,用于项目实施全过程的信息分类标准。它按项目构成和部位对项目信息进行分解和编码,见表9.2。该分解体系的第一层由两类构成。目前,在国际上许多针对工程项目进行的信息分类标准,往往是在设计的前期(包括方案设计和扩初设计阶段)应用 UniFormat 标准作为建立信息分类体系的标准。

表9.2　UniFormat 信息分解体系表

编　码	项目名称	编　码	项目名称
1	基础(Foundations)	7	运输工程(Conveying system)
2	地下结构(Substruction)	8	机械(Mechanical)
3	上部结构(Superstruction)	9	电气(Electrical)
4	外墙(Exterior Closure)	10	通用状况(General Condition OH and P)
5	屋面工程(Roofing)	11	建筑设备(Equipment)
6	装饰工程(Interior Construction)	12	现场工作(Site Work)

3)**ISO 体系**

它是国际标准化组织(ISO)在其技术报告"Classification of Information in the Construction Industry"(ISO/TR 14177—1994)中提出的信息分类标准,为整个建筑业中建设项目的参与方在项目实施和运营维护阶段建立的统一信息划分标准。它的主要目的是为项目参与各方不同的信息系统间进行信息交流提供一种共同语言,比较多地用于集成系统的信息模型的构建。表9.3是ISO报告中建议采用的信息编码体系架构。

表9.3　ISO 信息编码框架表

ISO 信息编码架构					
设施(Facility)	空间(Space)	分部工程(Element)	工作段(Work Section)	构配件和材料(Construction Production)	建筑辅助(Construction Aid)

中国目前尚无建设工程统一的编码标准,只有个别地方有地方规程,具体可参照国际标准或部分地方规程,根据建设工程实际情况选用合适的信息代码编码标准。因此,严格意义上说,我国目前还没有一套独立存在的适合建筑工程各方面使用的统一编码体系,虽然某些建筑企业因为成本管理信息化的发展,建立了企业内部统一的成本科目,但整个建筑行业缺乏统一的工程编码。由于没有统一的工程编码,建筑项目各阶段的投资和费用划分及管控、数据积累等处于混乱状态,给有关各参与方在理解和沟通上形成了很大障碍。

▶ 9.2.2　建设工程项目信息编码方法

1)**顺序编码法**

顺序编码法是一种按对象出现的数学进行编码的方法,就是001(或0001,00001等)开始以此排下去,直至最后。如目前各定额站编制的定额大多采用这种方法。该法简单,代码较短。但这种代码缺乏逻辑基础,本身不说明任何特征。此外,新数据只能追加到最后,删除数据又会产生空码。所以此法一般只用来作为其他分类编码后进行细分的一种手段。

2)**分组编码法**

这种方法也是从头开始,以此为数据编号。但在每批同类型数据之后留有一定余量,以备添加新的数据。这种方法是在顺序编码基础上的改动,也存在逻辑意义不清的问题。

3)**多面编码法**

一个事物可能具有多个属性,如果在编码的结构中能为这些数学各规定一个位置,就形成了多面码。该法的优点是逻辑性能好,便于扩充。但这种代码位数较长,会有较多的空码。

4)**十进制编码法**

该方法是把编码对象分成若干大类,编以若干位十进制代码,然后将每一大类再分成若干小类,编以若干位十进制代码,依次下去,直至不再分类为止。例如,图9.2所示的建筑材料编码体系所采用的就是这种方法。

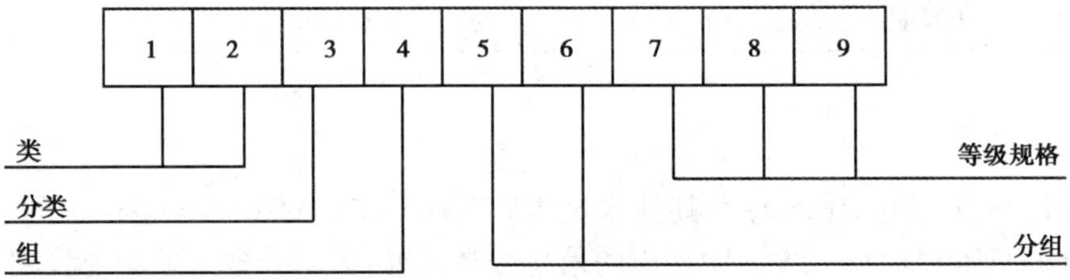

图9.2 十进制编码法

5)**文字编码法**

这种方法是用文字表明对象的属性,而文字一般用英文编写或用汉语拼音的字头。这种编码的直观性较好,记忆使用也都方便。但当数据过多时,单靠字头很容易使含义模糊,造成错误理解。

上述编码方法,各有优缺点,在实际工作中可以针对具体情况选用适当的方法,有时甚至可以将它们组合起来使用。

▶ 9.2.3 建设工程项目信息编码举例

我们以民用建筑投资为例,进一步说明工程项目信息编码的方法。如果把一个民用建筑项目的总投资作为一个整体的话,要进行投资控制,首先就要对这个整体进行切换。本例先将其切成8块,即:A建筑基地费、B建筑基地外围(红线内)开拓费、C建筑物造价、D设备费、E建筑物外围(红线内)设施费、F附加设施费、G业主管理费、H业主专项预留金。这8块可称为投资的子系统。然后对子系统的每一块再进行切片。以建筑物造价为例,切成5片:C1建筑工程造价、C2设备安装工程造价、C3预留费、C4建筑设施费、C5特殊施工费。这5片称为投资子系统的组成项,如图9.3所示。

对子系统组成项还可继续分解。如建筑工程造价可分解为如下8条:C11土方工程、C12基础工程、C13±0.00以下外墙工程、C14外墙工程、C15内墙与柱、C16楼板与楼梯工程、C17屋面工程、C18大型临时设施费。又如设备安装工程造价分解为如下9条:C21排水工程、C22上水工程、C23供暖工程、C24煤气工程、C25供电工程、C26通信工程、C27通风工程、C28运输工程、C29其他工程。这8条、9条可称为投资的大类项,如图9.4所示。

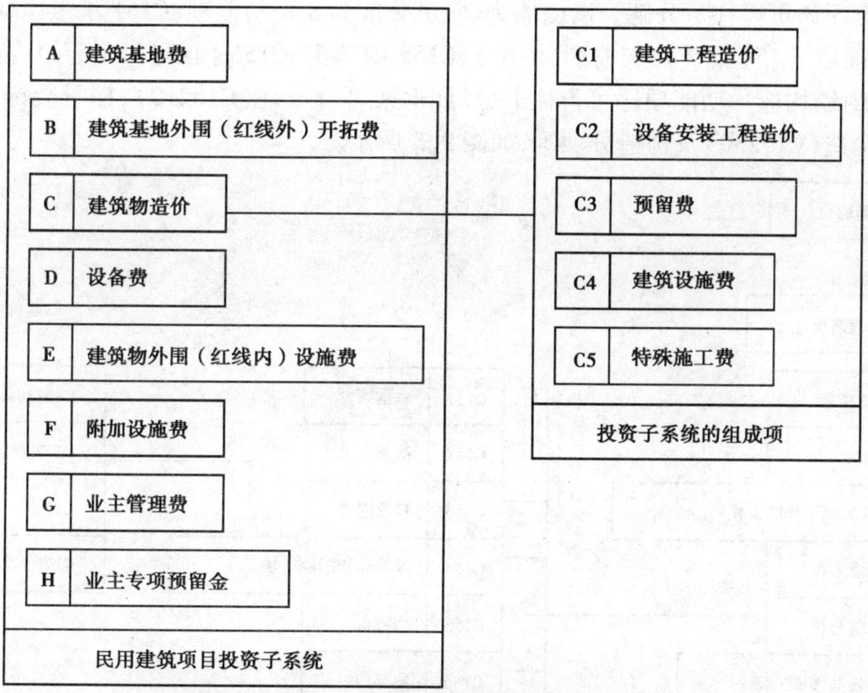

图 9.3 民用建筑项目投资分解

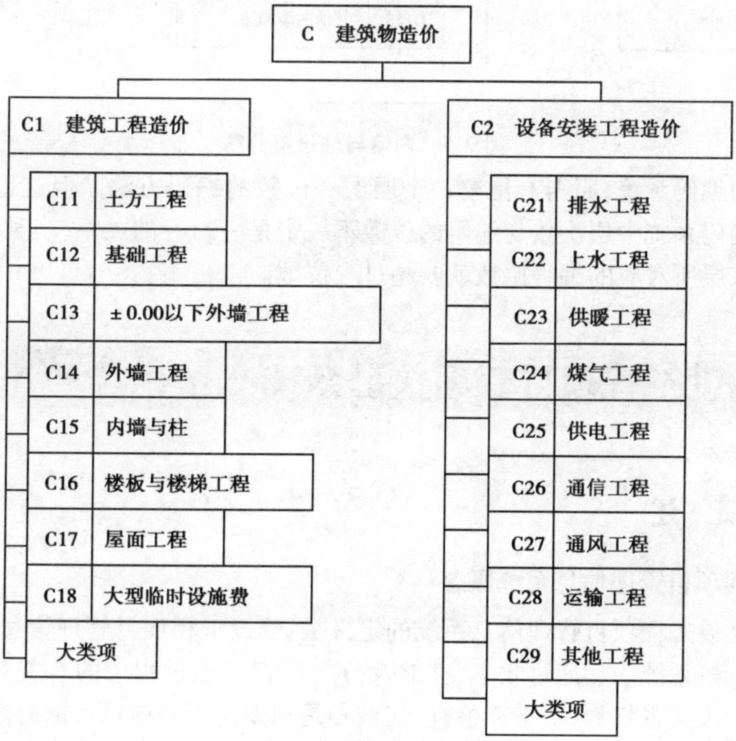

图 9.4 建筑工程和设备安装工程造价投资分解

对大类项还可再往下分解。以内墙为例,可分解为8个功能项:C151承重墙、C152框架、C153轻质隔墙、C154墙体抹灰粉刷(墙纸)、C155内部窗、C156内部门、C157内墙防护设施、C158其他内墙构造。功能项还可再往下分,如框架可分成柱(C15210)、柱子装饰(C15220)、柱子悬挂构造(C15230)及构造分项等,如图9.5所示。

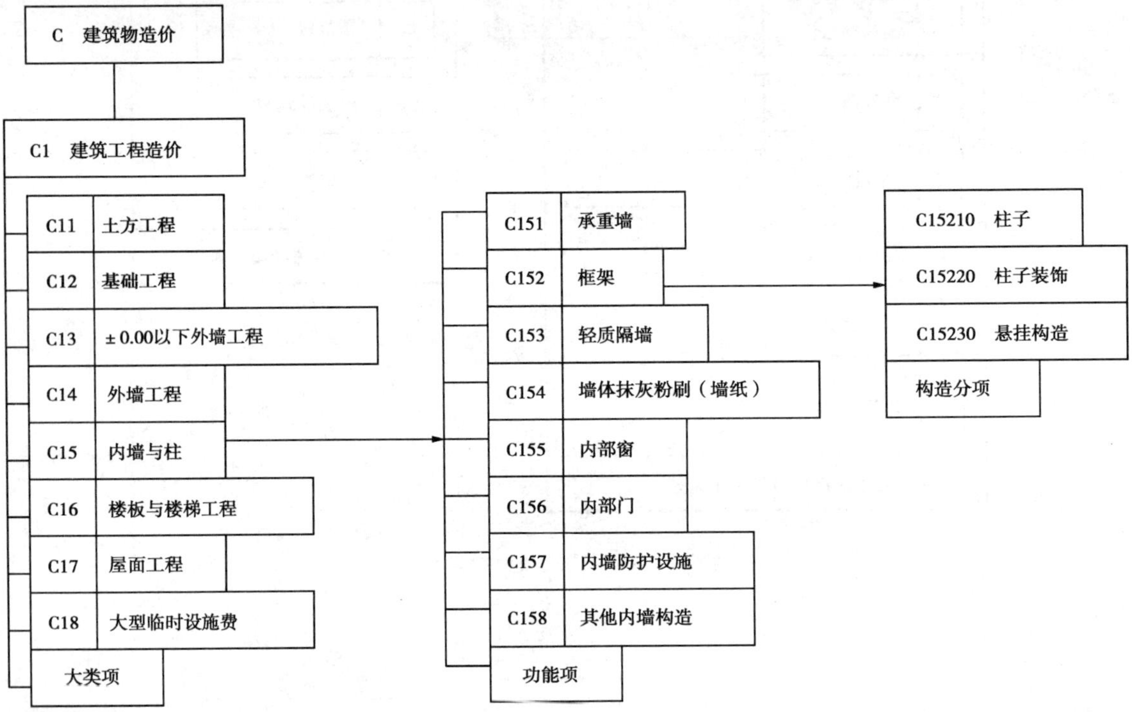

图9.5 内墙与柱投资分解

投资结构的编码系统,原则上是按一个层次一位数的编码方法。但这也不是绝对的,也就是说在这个编码系统中层次数与编码的位数不一定是一对一的关系,当某一层所包含的项数超过10时,该层所对应的编码位数就要超过一位数。

9.3 建设工程项目管理信息系统

▶ 9.3.1 概 述

1)建设工程项目管理信息系统概念

国际上对建设工程项目管理信息系统的定义是:建设工程项目管理信息系统是处理工程项目信息的人—机系统。它通过收集、存储及分析工程实施过程中的有关数据,辅助工程项目的管理人员和决策者规划、决策和检查,其核心是辅助对工程项目目标的控制。

建设工程项目管理信息系统的具体概念如图9.6所示。

项目管理信息系统能够帮助进行费用估算,并收集相关信息来计算挣得值和绘制S曲线,能够进行复杂的时间和资源调度,还能够帮助进行风险分析和形成适宜的不可预见费用计划等。例如,项目计划图表(PERT 图、甘特图)的绘制,项目关键路径的计算、项目成本的核算、项目计划的调整、资源平衡计划的制订与调整以及动态控制等都可以借助于项目管理信息系统。

2)建设工程项目管理信息系统的功能

项目管理信息系统中采用的方法即项目管理的方法,主要是运用动态控制原理,对项目管理的投资、进度和质量方面的实际值与计划值相比较,找出偏差,分析原因,采取措施,从而达到控制效果。因此,项目管理信息系统主要包括项目投资控制、进度控制、质量控制、合同管理和系统维护等功能模块。

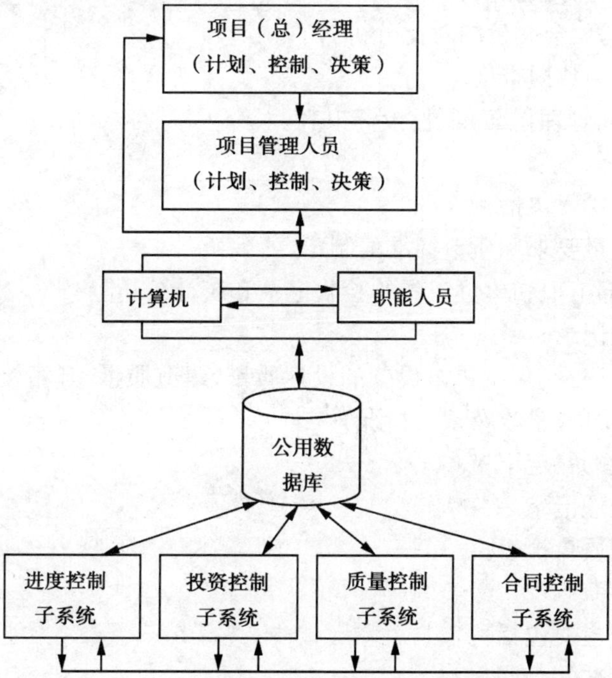

图 9.6　建设工程项目管理信息系统概念示意图

(1)进度控制子系统

进度控制子系统主要包括:

①编制双代号网络计划(CPM)和单代号搭接网络计划。

②编制多平面群体网络计划(MSM)。

③工程实际进度的统计分析。

④工程进度变化趋势预测。

⑤计划进度的定期调整。

⑥工程进度各类数据的查询。

⑦提供多种(不同管理平面)工程进度报表。

⑧绘制网络图。

⑨绘制横道图。

(2)投资控制子系统

投资控制子系统主要包括:

①投资分配分析。

②编制项目概算和预算。

③投资分配与项目概算的对比分析。

④项目概算与预算的对比分析。

⑤合同价与投资分配、概算、预算的对比分析。

⑥实际投资与投资分配、概算、预算的对比分析。

⑦项目投资变化趋势预测。

⑧项目结算与预算、合同价的对比分析。

⑨项目投资的各类数据查询。

⑩提供多种(不同管理平面)项目投资报表。

(3)质量控制子系统

质量控制子系统主要包括:

①项目建设的质量要求和质量标准的制定。

②分项工程、分部工程和单位工程的验收记录和统计分析。

③工程材料验收记录。

④机电设备检验记录(包括机电设备的设计质量、建造质量、开箱检验质量、资料质量、安装调试质量、试运行质量、验收及索赔情况)。

⑤工程设计质量的鉴定记录。

⑥安全事故的处理记录。

⑦提供多种工程质量报表。

(4)合同管理子系统

合同管理子系统主要包括:

①提供和选择标准的合同文本。

②合同文件、资料的管理。

③合同执行情况的跟踪和处理过程的管理。

④涉外合同的外汇折算。

⑤经济法规库(国内外经济法规)的查询。

⑥提供多种合同管理报表。

3)项目管理信息系统的结构

项目管理信息系统的机构是指管理信息系统各组成部分所构成的框架,由于不同组成部分的不同理解,就构成了不同的结构方式。但最终可以归结为一个最基本的结构模型,如图9.7所示。

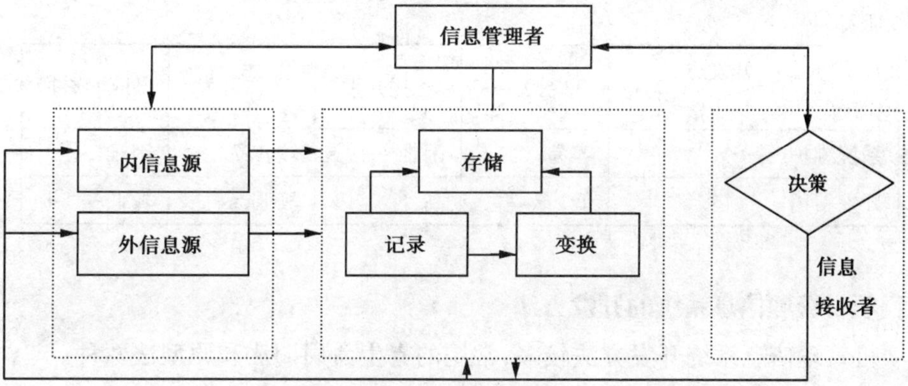

图9.7 项目管理信息系统基本结构图

▶ 9.3.2 建设工程项目管理信息系统开发

所谓信息系统开发，就是在对现行旧系统进行详细调查研究的基础上，通过系统设计提出对新系统的展望及其模型，最终建立一个具有先进水平的、能够满足用户需求，而且运行效率高、经济效益好的新系统。

项目管理信息系统的开发是一项复杂的系统工程，必须采用工程的概念、原理、技术和方法，才有可能以较低的成本开发出真正符合企业需求的、高质量的项目管理信息系统。

1)项目管理信息系统开发的原则

①面向用户原则。满足用户的需求是开发工作的出发点和归宿，用户是否满意是衡量系统开发质量的首要标准。

②整体性原则。项目管理信息系统的整体性，主要体现在功能目标的一致性和系统结构的整体性。

③相关性原则。系统、子系统均有自身的目标、界限、输入、输出和处理内容，但不应该把它们孤立看待和处理。

④创新性原则。

⑤工程化、标准化原则。

⑥动态适应性原则。

2)项目管理信息系统开发方式

项目管理信息系统的开发方式有多种，如自行开发、委托开发、合作开发、外购软件等。各种开发方式的特点如表9.4所示。

表9.4 工程项目管理信息系统的开发方式

开发方式 特点	自行开发	委托开发	合作开发	外购软件
系统分析和设计力量	非常需要	不太需要	逐步培养	少量需要
编程力量	非常需要	不需要	需要	少量需要

续表

特点 \ 开发方式	自行开发	委托开发	合作开发	外购软件
系统维护	容易	困难	较容易	困难
开发费用	低	高	较低	较低

3)工程项目管理信息系统的开发方法

工程项目管理信息系统开发方法较多,常用的有生命周期法和原型法两种。

(1)生命周期法

生命周期法是系统工程思想和工程化方法在系统开发领域的运用。它是先将整个信息系统开发过程划分出若干个相对独立的阶段,如系统规划、系统分析、系统设计、系统实施等,再严格规定每一阶段的任务和工作步骤,同时提供便于理解和交流的开发工具和方法。生命周期法的开发过程如图 9.8 所示。

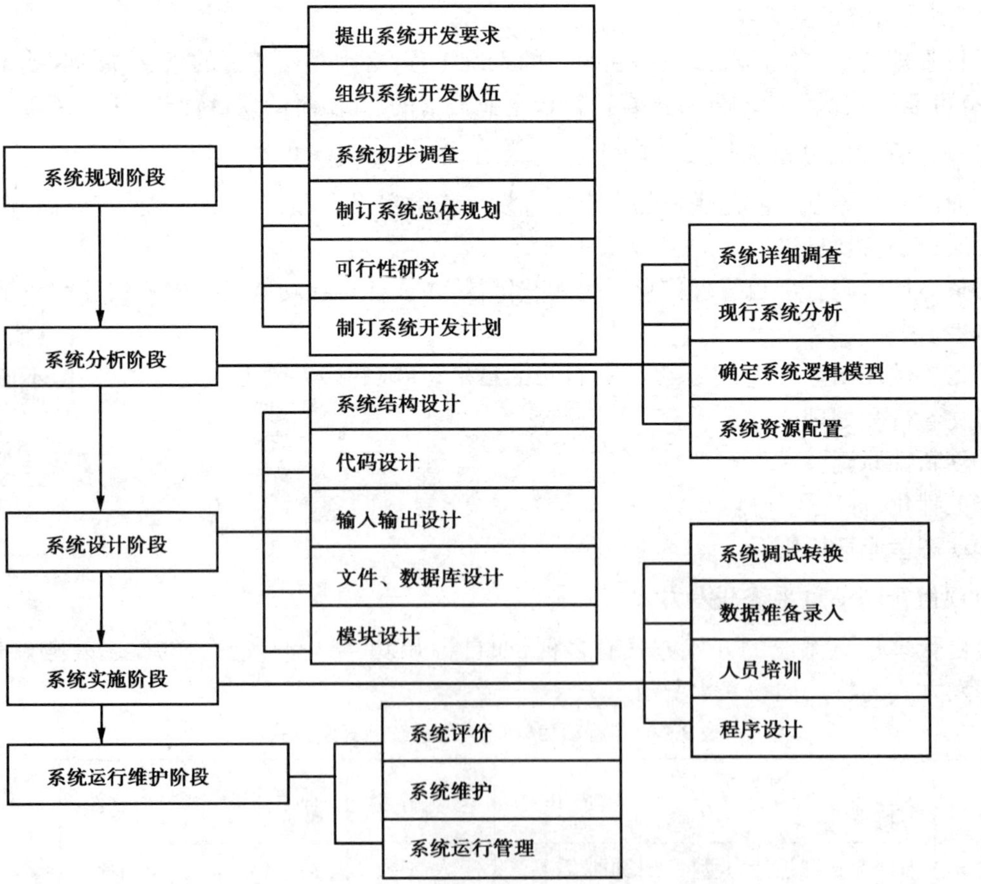

图 9.8 生命周期法的开发过程

(2)原型法

原型法是20世纪80年代随着计算机软件技术的发展,特别是在关系数据库系统、第4代程序设计语言和各种功能强大的辅助系统开发工具产生的基础之上,提出的一种具有全新的设计思想和开发工具的系统开发方法。其过程如图9.9所示。

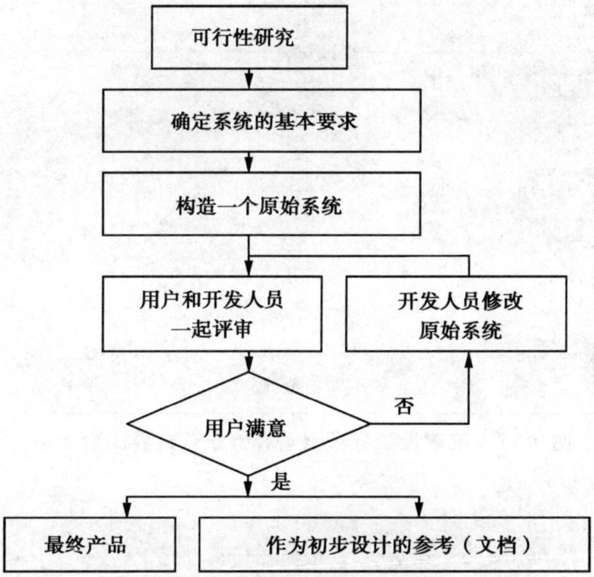

图9.9 原型法的开发过程

▶ 9.3.3 建筑企业管理信息系统开发实例

例如,某企业根据自身情况开发的,其管理信息系统总体功能结构如图9.10所示。各子系统信息流程图略。

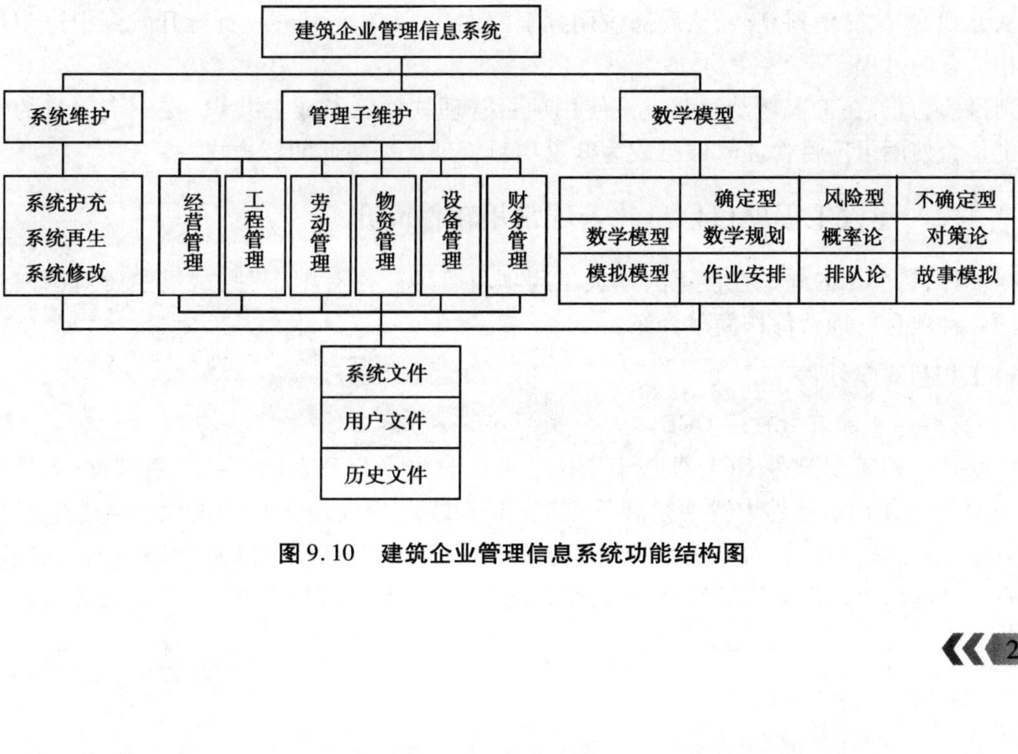

图9.10 建筑企业管理信息系统功能结构图

再比如，某建设工程项目管理信息系统界面设计如图 9.11 所示。

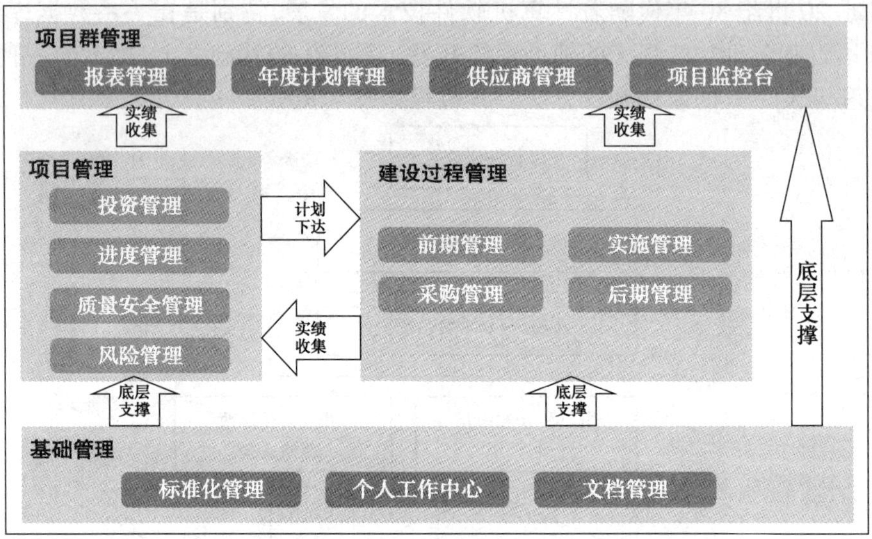

图 9.11　某建设工程项目管理信息系统界面设计图

9.4　建设工程项目信息化管理常用软件

9.4.1　项目管理软件概述

项目管理软件是指在项目管理过程中使用的各类软件，这些软件主要用于收集、综合和分发项目管理过程中输入和输出的信息。工程项目管理软件在我国工程建设领域的应用经历了从无到有、从简单到复杂、从局部应用到全国推广、从单纯引进或自行开发到引进与自主开发相结合的过程。

到目前为止，在工程建设领域应该使用项目管理软件已经成为共识，在一个项目的管理过程中是否使用了项目管理软件已成为衡量项目管理水平高低的标志之一。

9.4.2　建设工程项目信息化管理常用软件简介

据统计，目前国内外正在使用的建设工程项目管理软件有上千种，这里主要对国内外较流行的几种项目管理软件作简单介绍。

1）工程量算量软件

（1）广联达土建算量软件 GCL

广联达土建算量软件 GCL 是基于广联达公司自主平台开发的一款算量软件，无须安装 CAD 软件即可使用。软件内置现行清单、定额计算规则，确保用户及时使用。软件采用 CAD 导图算量、绘图输入算量、表格输入算量等多种算量模式，三维状态随意绘图、编辑，高效、直观、简单。此外，该软件运用三维计算技术、轻松处理跨层构件计算，提量简单，无须套做法即可出量,报表功能强大,提供了做法及构件报表量,因此,很大程度上满足了招标方、投标方各种报表需求。

此外,GCL 主要解决了工程造价人员在招标投标过程中的算量、过程提量、结算阶段构件工程计算的业务问题,可以帮助使用者从繁杂的手工算量工作中解放出来,还在很大程度上提高了算量工作效率和精度。

(2)三维算量软件 3DA2014

三维算量软件 3DA2014 是基于 AutoCAD 平台研发的土建工程算量软件,主要应用于工程招投标、施工、竣工阶段的工程量计算业务。斯维尔三维算量是目前实现土建预算与钢筋抽样同步出量的主流算量软件,在同一软件内实现了基础土方算量、结构算量、建筑算量、装饰算量、钢筋算量、审核对量、进度管理及正版 CAD 平台八大功能,避免重复翻看图纸、重复定义构件以及设计变更时漏改,达到一图多算、一图多用、一图多对,全面提高了算量效率。

(3)鲁班图形算量软件

"鲁班土建"也是基于 AutoCAD 图形平台开发的工程量自动计算软件,它利用 AutoCAD 强大的图形功能,充分考虑了我国工程造价模式的特点及模式的发展变化。软件内置了全国各地定额的计算规则。由于软件采用了三维立体建模的方式,使得整个计算过程三维可视,较真实地模拟了现实施工情况。同时,软件的智能检查系统和强大的表报功能,可智能检查用户建模过程中的错误,输出各种形式的工程量数据,满足不同的需求。

此外,还有"神机妙算"软件、"易表"图形算量软件等多种工程算量软件。

2)工程计价类软件

(1)广联达计价软件 GBQ4.0

广联达计价软件 GBQ 是广联达建设工程造价管理整体解决方案中的核心产品,主要通过招标管理、投标管理、清单计价三大模块来实现电子招投标过程的计价业务。GBQ4.0 支持清单计价和定额计价两种模式,产品覆盖全国各省市。软件采用统一管理平台,追求造价专业分析精细化,实现批量处理工作模式,帮助工程造价人员在招投标阶段快速、准确完成招标控制价和投标报价工作。

(2)清单计价 BQ2013

斯维尔清单计价软件 BQ2013 是《建设工程工程量清单计价规范》(GB 50500—2013)的配套软件。软件涵盖 30 多个省市的定额,支持全国各地市、各专业定额,提供清单计价、定额计价、综合计价等多种计价方法,适用于编制工程概算、预算、结算,以及招投标报价。且软件提供二次开发功能,可自定义计费程序和报表,支持撤销、重做操作。此外,软件专业版还可提供造价审计审核、指标分析、计量支付等功能。

此外,工程中使用的还有"易达"清单大师、"大盛"清单计价等多种工程计价软件。

3)工程数据统计管理软件——STAT

STAT(Statistica)是数据分析和数据管理软件包,有很强的数据处理能力,是一套完整的统计资料分析、图表分析、资料管理、应用程序扩展系统,具有描述统计、频率表、Pearson/Spearman/Kendall 相关、t 检验、非参数检验、单向和多向方差分析、协方差分析、回归分析、曲线拟合、二阶段最小二乘法、主成分分析、因子分析、极大似然法、自助抽样和估计等功能及制图程序软件。

此外,用于工程数据统计管理的软件还包括 PC-GIVE 软件。PC-GIVE 主要用于动态经济计量分析,它是根据 Hendry 学派的理论方法于 1984 年推出的,主要用于经济数据分析、计量经济模型的评估、动态计量经济模型的建立等。它所提供的多种综合检验统计量可以帮助用户选择模型最适合的动态形式。PC-GIVE 是人机交互系统,可在菜单提示下进行方便的操作。

4)项目进度管理软件

(1)“梦龙”智能项目管理系统

网络计划技术为现代管理提供了科学的方法,这一技术主要用于制订规划、计划和实时控制,在缩短建设周期、提高工效、降低造价以及提高企业管理水平方面都取得过显著的效果。“梦龙”智能项目管理系统软件是运用系统工程和网络计划技术原理,采用高、新技术手段开发的一套适用于项目建设管理的智能型软件。

(2)PKPM 系列之 PKPT 项目管理软件

施工项目管理软件是施工管理的核心模块,该软件具有很高的集成性,行业上可以和设计系统集成,施工企业内部可以同施工预算、进度、成本等模块数据共享。该软件是以《建设工程施工项目管理规范》为依据进行开发的。该软件采用网络计划技术实现施工进度计划及成本计划的编制。软件提供了多种划分施工工序的方法,既可以自动读取建筑工程的预算数据,结合施工企业定额库,生成带工程量和资源的施工工序;也可通过施工工艺模板库生成施工工序,该模板库可由用户修改维护,若有预算数据,生成的工序自动带工程量和资源;还可通过其他类似工程导入生成施工工序。

(3)清华思维尔项目管理软件

该软件将网络计划及优化技术应用于建设项目的实际管理中,以国内建筑行业普遍采用的横道图双代号时标网络图作为项目进度管理与控制的主要工具。通过挂接各类工程定额实现对项目资源、成本的精确分析与计算。该软件不仅能够从宏观上控制工期、成本,还能从微观上协调人力、设备、材料的具体使用。

5)合同管理与费用控制管理软件

(1)Primavera Expedition 合同管理软件

Primavera Expedition 10.1 是国际规范的施工管理和合同管理软件,其以合同管理为中心有机地管理合同履行过程。软件五大功能模块为:

①合同信息。在合同信息中,可以记录项目有关合同、购单、发票等,上述文件中的费用均可分摊到费用计算表中。通过费用计算表,可以对项目的预算费用,合同费用和实际费用进行跟踪管理。各种变更费用也可反映到对应的费用类别中。

②通信。在通信中,可以对通讯录、信函、收发文记录、会议纪要、电话记录等内容进行登录、归类、事件关联、制报等。

③记事。在记事中,可以对送审件、材料到货、问题、日报进行登录、归类、事件关联、检

索、制报等。

④请示与变更。在请示与变更中,可以对整个变更过程中的反反复复的往来函件进行自动关联与跟踪。

⑤项目概况。在项目概况中,反映出项目的各方,执行状态及项目的简要说明。

(2)“金石”工程项目成本管理软件

“金石”工程项目管理软件是一款根据众多施工企业的需求研发的施工管理软件,该软件以建筑企业工程成本管理和控制为核心,全面核算成本。对工程项目的预算管理、计划进度、文档管理、合同管理(购销、承包及分包)、材料管理、劳务管理、自有设备管理(自有设备使用可实现自动计算租赁费)、租赁管理、材料供应商、员工考勤、工资管理、财务管理、车费管理、库存管理、施工日志、签证管理、事务管理等进行全方位管理。

除了上述工程项目管理软件外,还有很多其他软件,例如成本核算专项功能软件 Pro Trak Plus、大型通用项目管理软件 Primavera Project Planner、中小型通用项目管理软件 Sure Trak Project Manager、项目进度软件 Project Scheduler 等,这里不再一一详述。

▶ 9.4.3 建设工程项目信息化管理发展趋势

1)P3 **技术**

P3 技术的主要功能是进度、费用和资源管理。其主要特点是软件中融合了先进的项目管理思维和方法,可以将进度、资源、资源限量和资源平衡很好地结合起来,对项目工期进度、费用和资源投入情况等进行整体性的动态管理,将工程的现行进度与目标管理有机地联系到一起。

(1)辅助进度管理

①利用 P3 软件编制工程施工计划。

a. 在对工程图纸以及合同文件分析的基础上,根据工程施工技术措施,得出完成工程各个目标所要进行的各项作业(任务、工序)以及这些作业间的逻辑关系。

b. 根据作业内容及投放的机具和人力,估算出完成各项作业所需的时间。

c. 在 P3 中输入工程的开工日期、工序、每道工序的工期和逻辑关系,通过 P3 的自动更新或进度计算便可得到一系列时间参数,包括每道工序的最早开工日期、最早完工日期、最迟开工日期、最迟完工日期、工序的浮动时间、工程最早可以完工的日期等,还可对一些重要控制点、不同标段的工作面移交日期等通过加载限制条件进行限制。

d. 按照 P3 的这种思维和方法,在业主一级网络计划的基础上,编制二级网络计划,经监理审核批准后,根据二级网络计划编制三级网络计划,作为子计划予以实施。

②利用 P3 软件对施工进度进行辅助动态控制。由于工程实际的复杂性以及原施工计划编制时的局限性,项目的实施过程不可能与原计划完全一致,因而作好对工程进度的动态跟踪与控制显得尤为重要。

动态控制的主要内容包括:

a. 将现行进度与目标计划进行分析比较,通过比较确定当前实际进展与目标计划的差异。

b. 分析影响进度的原因。

c. 逐步纠偏，为下一步计划调整及工程重新回到目标计划框架下运行提供管理决策依据，使工程管理人员对工程未来可能的进展做到防患于未然，使工程始终围绕目标计划开展。

(2)辅助质量与安全文明施工管理

通过设置质量标准分类码、安全级别分类码的形式，对那些有质量要求、有安全要求的工序，在编制计划时赋予相应的质量标准分类码和安全级别分类码。在工程跟踪过程中，提前过滤出有考核质量要求的作业，以便施工承包商提前作好质量施工的技术准备和人力物力上的安排；施工监理提前做好现场监理和验收的准备工作；提前过滤出易发生或容易忽视的有安全隐患的作业，提前给予特别的提示和预警，引起有关各方的重视。

(3)辅助资源配置管理

根据施工承包商的资源限量情况，让 P3 软件自动地调整进度计划中某些工序的工期和完工时间，从而制订出与施工承包商的资源限量情况相适应的、切实可行的施工进度计划。资源平衡的条件是需要资源平衡的作业要有足够的浮动时间。当浮动时间不满足要求时，且后续作业又不能后推时，只能通过增加人、材、机械资源投入，或者改变施工工艺和施工方法来满足后续工序的进度要求。利用 P3 软件资源定义功能定义人、材、机械资源时输入资源的单价，定义该项作业的成本费用。

(4)辅助规范化管理

P3 软件提供了甘特图、网络图、各种代码、作业分类码、资源条目以及记事条目等渠道，在计划编制后，加载大量信息到计划中每一个对应的项目上，在计划执行时，各级管理人员和技术人员可以在 P3 计划中打开与作业有关的几乎所有信息界面进行查询，为组织的决策提供信息支持。

2)BIM 技术

BIM 技术是当前建筑行业的热门技术，国内正逐步在各种规模的项目中推广应用。因此我们把 BIM 技术的应用单列为一章进行介绍，详见第 13 章“BIM 在工程项目管理中的应用”。

3)网络办公及远程技术

(1)项目计算机局域网

施工现场建立覆盖整个项目施工管理机构的计算机网络系统，构建一个基于计算机局域网的项目管理信息交流平台，覆盖总承包商、业主、各指定分包商、工程监理和联合设计单位，达到信息的快速传递和共享，对外联通国际互联网，并与联合体各公司总部相连。

在整个网络体系中，各工作站对互联网的访问采用代理方式，每一个工作站都可以通过代理服务器访问互联网，实现电子邮件收发、文件传递和网站的访问。现场安装的视频监控系统通过中心交换机实现与局域网和互联网的互联互通。为了保证网络安全，安装网络防火墙，用以防范来自互联网的网络攻击，在内部通过中心交换机划分虚拟网段，将总承包商网络和指定分包商网络从逻辑上进行隔离，确保各自的内部资料的安全。总承包商申请专用的互联网域名，建立项目电子邮件系统，为每位管理人员设立独立的电子邮件信箱，并且建立项目的对外宣传网站。

(2)项目对外网站及办公自动化平台

采用办公自动化系统为项目的信息沟通和共享提供统一的平台,实现总承包商信息发布、文件管理、内部邮件、手机短信提醒、办公事务的自动流转等功能,提高办公效率。在此基础上,应用网络桌面视频会议系统,在总承包项目经理部和联合体各公司总部之间搭建视频会议交流平台。这套办公自动化系统内置工作流系统,可以实现各项业务流程的管理、文件流转及审批,同时通过系统访问控制、系统安全设置、系统资源管理,可以确保系统稳定、安全运行。

(3)工程质量远程验收系统

采用工程质量远程验收系统可以节约验收时间、降低验收成本、提高验收效率。其作用包括以下几点:

①对整个工程施工监视。对于远程的经过授权的用户可以通过互联网用 IE 浏览器察看现场情况,并按授权级别操作设备。

②可通过系统对工程进行拍照、实时录像、定时录像等。

③完成对主体结构施工质量的验收,特别是钢结构质量的验收。

④对人员不能到达处的工程质量,可利用本系统借助其他工具进行质量验收。

⑤利用系统,在质量验收的过程中可与现场人员进行文字、图像及声音互通和交流。

⑥利用系统的检查记录自动生成电子文档,且便于检索。生成电子文档中包含有文字(表格)、现场实物照片、图纸详图及编号、参加验收人员签名等。

⑦文件记录电子化,通过信息共享提高生产效率。

⑧可兼作安保系统。

(4)远程视频监控系统

视频监控系统在工程项目施工现场的监控管理与应用方面主要表现在能直观地加强对项目的现场施工管理,它的应用使领导和管理部门能随时、随地直观地视察现场的施工生产状况,促进并加强工程项目施工现场质量、安全与文明施工和环境卫生的管理,通过对工程项目施工现场重点环节和关键部位进行监控,特别是对施工现场操作状况与施工操作过程中的施工质量、安全与现场文明施工和环境卫生管理等方面起到了施工过程中应有的监督及威慑作用。

远程视频监控系统可以增强建筑企业领导和各有关部门对项目施工现场工程质量、安全方面的监管力度,能减少、防止工程质量安全事故的发生。为掌握工程施工形象进度,监督施工过程,在施工现场安装远程视频监控系统,这也成为许多地区地方政府主管部门的管理手段之一,如图 9.12 所示。

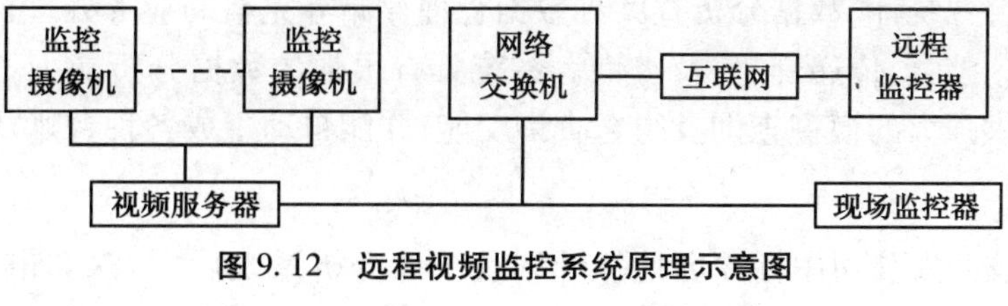

图 9.12　远程视频监控系统原理示意图

(5)其他

在建设工程项目实践中,信息技术还在多个方面得到有效应用,例如GPS定位导航及测量控制,建筑施工模板设计,大体积混凝土测温系统,施工电梯楼层呼叫系统,管线设备安装的三维效果设计,施工档案管理系统,信息技术辅助处理钢筋的加工、安装绑扎、工程算量等活动的计算与审批,以及采用同步提升技术进行大型构件和设备的整体安装、整体爬升脚手架的提升、构筑物沉降观测等。

▶ 9.4.4 深圳地铁项目信息化建设案例

1)项目背景

深圳地铁一期工程是深圳市建市以来投资最大的国家重点工程,也是备受社会各界关注的民心工程,该工程由深圳市地铁有限公司承建。地铁一期工程由1号线东段和4号线南段组成,线路全长21.8公里,共设20个车站,总投资115.53亿元。

城市轨道建设项目是长期的、一次性的、大量资金运作的、涉及许多专业领域的超大型投资项目,其管理工作具有很强的专业性、长期性和复杂性。这就需要建设企业采用各种管理手段提高自身的项目管理能力,尤其是项目投资分析和成本的控制能力更显至关重要。

为了满足地铁工程项目建设过程中,对于项目投资控制、招投标管理、合同管理、进度计划及统计、运营分析的需求,深圳地铁有限公司决定成立专门的信息化小组,组织并构建深圳地铁计划及统计分析系统,采用信息系统进行全面管理。系统建设分两期完成,第一期主要完成地铁建设期的计划及统计分析系统,第二期主要完成地铁运营计划及统计分析系统。

2)解决方案

根据深圳地铁项目需求,A科技开发公司结合自身多年积累的丰富软件开发经验,对深圳地铁工程建设计划及统计分析系统从管理流程、系统功能、报表分类、报表流程、数据结构等方面进行了总体规划,提出了综合解决方案。

该系统采用分期建设的方式,第一期主要开发实施包括土建、装修、设备安装3个部分的计划及统计分析系统。系统建设目标是:方便、快速、准确地实现地铁的项目投资、概算、合同、招投标、施工进度、计量支付、设备采购、财务资金、固定资产等各方面信息数据的计划、统计、传输、查询与分析。第二期主要开发实施地铁运营管理计划及统计分析系统。系统建设目标是:实现地铁运营指标、安全指标、技术与消耗指标、劳动工资指标、财务指标、客户服务指标、设备运用情况指标的及时、准备、方便的统计、查询、分析。

系统建立完整的数据编码体系,并形成从计划体系建立、基层数据录入、台账生成、报表上报审核、数据合并统计、数据分析查阅到数据管理存储等完整的业务处理流程,实现数据的填报、检验、计算、整合、传递、同步及查询。系统具有很强的数据分析能力,能够自由设计各类报表,系统提供强大的模糊查询及组合查询功能,并能自动生成各种台账及报表。

3)项目实施

最终,A科技开发公司中标深圳地铁计划及统计分析系统后,与深圳市地铁有限公司联合成立了专门的项目小组。经过双方论证,该系统实施的难点主要在两个方面:一个是如何有效处理积累的大量历史数据；另一个是如何让领导能多角度、方便、灵活地获取数据。A 科技开发公司首先对深圳地铁的项目管理流程和所有相关管理制度进行了全面的研究，同时对 A 科技开发公司自身多年积淀的建设领域管理经验进行了梳理和提升，结合这两方面的思想为深圳地铁提供了全面的项目开发和实施计划。

在项目进程中，A 科技开发公司项目开发小组不仅重视系统功能的开发，还开发出多种数据处理工具，能在比较短的时间内将累积的历史数据结构化，并导入系统中。另外，还专门针对各级领导的使用习惯，专门开发了领导查询系统，使各级领导能及时、准确地了解地铁建设与运营的情况。

系统的上线实施工作期，A 科技开发公司咨询顾问针对深圳地铁不同部门进行了多次操作培训和管理培训，共同进行数据初始化工作，并在系统试运行阶段全程跟踪配合，保证了系统的实施效果。经过一个月的试运行后，系统正式切换并接管了深圳地铁日常项目管理与运营管理工作。

4）应用效果

通过相应工程项目管理软件的应用，大大提高了深圳地铁的工作效率、降低了管理成本，而且管理制度和控制流程得到了真正有效的落实，使得管理更加规范。

通过系统完整的计划体系，深圳地铁各项管理工作得以有条不紊地进行。系统严谨的业务操作流程使得各级业务人员在规范、高效率的工作环境下轻松完成以往手工情况下复杂无比的工作。

系统为领导进行生产、工作安排提供了及时、准确的信息。深圳市地铁公司的各级领导，特别是运营分公司的各级领导每天上午 9:30 就可以全面了解前一天各种综合指标。

系统极大地提高了地铁统计人员的工作效率。系统上线实施以后，地铁统计人员彻底摆脱了人工数据统计工作，只需进行数据的审核，各种基础数据将通过各基层单位录入，同时也取代了基层单位的手工填报纸质报告。

通过有组织的信息流通，使有关人员及时、准确地获取有用的信息资源。深圳地铁的统计人员可以轻松地在 2 分钟内为领导提供准确全面的统计数据。

此外，该系统彻底改变传统手工的信息采集、人工的分析统计、零散的数据分析的状况，全面提高了数据采集、管理、统计与分析的能力和效率，为科学调度与高效率的决策提供了坚实基础。

复习思考题

9.1 建设工程项目信息管理的意义有哪些？

9.2 简述工程项目管理信息系统开发的生命周期法和原型法。

9.3 举例说明建设工程项目信息编码的方法。

9.4 简述项目管理信息系统的功能及构成。

9.5 举例说明 P3 技术在工程中的应用。

9.6　简述 BIM 技术的概念及其特点。

9.7　浅谈建设工程项目信息化管理的主要趋势。

9.8　单项选择题:

(1)工程管理信息化指的是(　　)的开发和利用,以及信息技术在工程管理中的开发和应用。

A. 互联网　　B. 信息技术

C. 工程项目环境　　D. 工程管理信息资源

(2)下列项目信息中,属于组织类信息的是(　　)。

A. 工作量控制信息　　B. 编码信息

C. 前期技术信息　　D. 合同管理信息

(3)业主方和项目参与方都有自己的信息管理任务,各方都应编制各自的(　　)以规范信息管理工作。

A. 信息编码表　　B. 信息管理手册

C. 信息数据库　　D. 信息档案资料

(4)项目管理信息系统的功能不包括(　　)。

A. 投资控制和成本控制　　B. 进度控制

C. 合同管理和质量控制　　D. 信息自动化控制

9.9　多项选择题:

(1)按照信息性质分,建设工程项目的信息资源包括(　　)。

A. 组织类工程信息　　B. 管理类工程信息

C. 经济类工程信息　　D. 技术类工程信息

E. 风险类工程信息

(2)项目管理信息系统开发的原则包括(　　)。

A. 面向用户原则　　B. 整体性原则

C. 静态性原则　　D. 分散性原则

E. 相关性原则

(3)建设项目网络办公及远程技术包括(　　)。

A. 工程质量远程验收系统　　B. 远程视频监控系统

C. 项目计算机局域网技术　　D. 工程软件算量技术

E. 项目对外网站及办公自动化平台

(4)工程项目管理信息系统中,进度控制的功能有(　　)。

A. 编制资源需求量计划　　B. 根据工程进展进行施工成本预测

C. 进度计划执行情况的比较分析　　D. 项目估算的数据计算

E. 确定关键工作和关键路线

10 建设工程项目健康-安全-环境(HSE)管理

工程的建设和运行过程需要消耗大量的自然资源、产生大量的废弃物,会对职业健康、自然环境和人们的安全产生很大的影响。在我国大规模的工程建设背景下,建设工程属于事故多发领域,经常出现大规模的安全、职业健康和环境危害事件,对国家和人民生命财产带来严重损害,造成很大影响。通过 HSE 管理,促进在工程建设和运行中保护环境,推动"以人为本"理念的贯彻落实,努力建设环境友好型、资源节约型和人性化工程。

同时,推行 HSE 管理能够促进工程技术、施工管理、环境保护技术、材料供给以及资源和能源的合理利用等方面的创新,这将会推动工程科学技术的进步和产业的合理调整,进一步完善建筑业的法律法规,并规范整个建筑市场的秩序。

因此,强化"健康-安全-环境"(HSE)管理体现了工程项目的社会责任和历史责任,能够促进企业(或工程建设和运行过程)与经济、环境的协调和可持续发展。

10.1 工程项目的 HSE 管理体系

HSE 管理虽然各自有着丰富的内容,有着相应的管理对象,但是它们具有高度的相关性。它们的管理过程是相同的,管理方法是相似的。HSE 管理有相关的国际标准:ISO 14000(国际标准——环境管理体系)和 OHASA 18000(职业健康和安全管理体系)。在现代工程项目中,人们常常把它们综合起来,形成统一的系统化、结构化和程序化的 HSE 管理体系。按照 HSE 管理体系进行项目管理,已经成为工程承包商(包括供应商)的基本责任。

1）HSE 管理体系的基本内容和流程

它是一个不断变化和发展的动态体系，遵循 PDCA（Plan-Do-Check-Act）管理方法，它的基本内容和流程如图 10.1 所示。

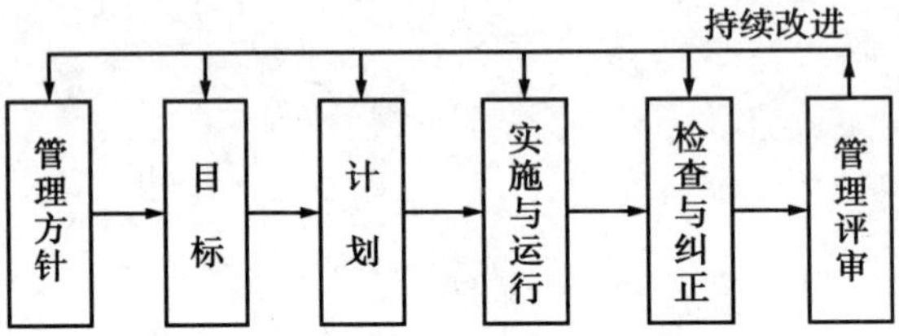

图 10.1　HSE 管理的内容和流程

2）HSE 管理体系关键要素

HSE 管理体系有七大关键要素。各要素既有一定的相对独立性，又密切相关，任何一个要素的改变必须考虑到对其他要素的影响，以保证体系的一致性。各要素都有深刻的内涵，大部分有多个二级要素，详见表 10.1。

3）HSE 管理体系文件

HSE 管理方针、目标和实施计划等通常用管理体系文件表示。这些文件应符合法律要求，有系统性、可操作性和多样性，以利于建立良好的控制系统，避免过于冗长烦琐。HSE 管理体系文件包括：

（1）管理手册

它是阐述企业 HSE 管理方针和描述其 HSE 管理体系整体信息的文件，是体系的主要文件，也是企业体系运行中应长期遵守的纲领性文件。它对内是实施 HSE 管理的基本法规和共同遵守的行为准则；对外是向相关方表明其 HSE 管理准则和管理能力达到规定要求的证明，为审核 HSE 管理体系提供文件根据。

表 10.1　HSE 管理体系关键要素

一级要素	二级要素	含　义
领导和承诺	—	HSE 管理体系的核心；承诺是 HSE 管理的基本要求和动力，自上而下的承诺和企业 HSE 文化的培育是体系成功实施的基础
HSE 管理方针	—	对 HSE 管理的意向和原则的公开声明，体现了组织对 HSE 的共同意图、行动原则和追求
策划	对危害因素识别、风险评价和风险控制的策划	对 HSE 关键活动、过程和设施的风险确定和评价及风险控制措施的制订；根据法律及其他要求等确定的目标体系及实现目标的管理方案
	法律、法规和其他要求	
	目标和指标	
	HSE 管理体系	

续表

一级要素	二级要素	含 义
组织结构、资源和文件	组织结构和职责	良好的 HSE 表现所需的人员组织、资源和文件是体系实施和不断改进的支持条件,通常具有相对的稳定性,是做好 HSE 工作必不可少的重要条件
	管理者代表	
	资源	
	培训、意识和能力	
	协商和沟通	
	文件和资料控制	
实施和运行	设施的完整性	工作活动的具体 HSE 实施计划,包括对相关活动及计划变更进行控制,制订和更新应急反应措施
	承包方和供应方	
	顾客和产品	
	社区和公共关系	
	运行控制	
	变更管理	
	应急准备和响应	
检查和纠正措施	绩效测量和监测	对 HSE 责任和活动的实施进行监测及必要时所采取的纠正措施;通常贯穿于循环过程的各要素中
	不符合、纠正和预防措施	
	事故处理报告调查和处理	
	记录和记录管理	
	审核	
管理评审	—	对体系、过程、程序的表现、效果及适应性的定期评价

(2)程序文件

它是管理手册的支持性文件,上接管理手册,是管理手册规定的具体展开;下接作业文件,为有效控制危害环境的因素创造条件。它是企业内部进行 HSE 活动的依据,具有法规性,各部门、岗位必须严格执行。

程序文件规定了企业内部 HSE 活动的目的、职责和权限、工作流程和活动结果。每个程序文件可包含一个要素,或要素中的一部分,或各要素要求的一组活动,必须具备可操作性和可检查性。通过对程序文件的审核,可以证明企业的 HSE 管理与体系标准的符合程度。

(3)作业文件

它是程序文件的支持性文件,描述具体的工作岗位和工作现场如何完成工作任务的具体做法,是详细的工作文件,包括管理性作业文件(管理制度)、岗位作业文件和项目 HSE 计划书等。

作业文件的核心部分是管理内容或作业步骤,应明确各项活动由谁做、什么时间做、什么地点做、做什么、怎么做、如何控制及达到什么要求,需要形成哪些记录,出现意外或紧急情况如何处理等，必要时有管理或作业流程图。作业文件主要供基层单位、个人使用。

10.2 建设工程项目职业健康管理

在工程的建设过程中，人们会因工作或其他原因造成伤害，或因从事接触有毒有害物质或不良环境的工作而引起急慢性疾病，如水泥搬运、投料、拌和和浇捣作业人员有患上水泥尘肺的可能，油漆作业人员有患上苯中毒、甲苯中毒，甚至白血病的可能。

为了有效控制工作场所内的员工、临时工作人员因受劳动条件及职业活动中存在的各种有害化学、物理、生物因素和在职业工作中产生的其他职业有害因素的影响而引发的职业健康问题，必须对职业健康工作实施管理。职业健康管理工作包括以下内容。

①设立职业健康卫生管理机构。

②配备和完善与职业健康有关的防护设施和用品。

③使劳动者的生理、心理健康得到保护。

④建立健全重要岗位的健康卫生管理制度和操作规程，制订职业病防治措施计划，定期对职业健康危害因素进行评价。

⑤定期组织对特种岗位作业人员、女职工及炊事人员进行体检等。

10.3 建设工程项目安全管理

▶ 10.3.1 建设工程项目安全管理概述

1）建设工程施工安全管理的概念

建设工程项目施工安全管理是施工项目管理的重要组成部分，它是指在项目施工的全过程中，运用科学管理的理论和方法，通过法规、技术、组织等手段所进行的规范劳动者行为，控制劳动对象、劳动手段和施工环境条件，消除或减少不安全因素，使人、物、环境构成的施工生产体系达到最佳安全状态，实现项目安全目标等一系列活动的总称。

2）建设工程施工安全管理的过程

建设工程项目施工安全管理是一个由对投入的资源和条件的安全管理，进而对施工生产全过程及各环节安全生产进行系统管理的过程。

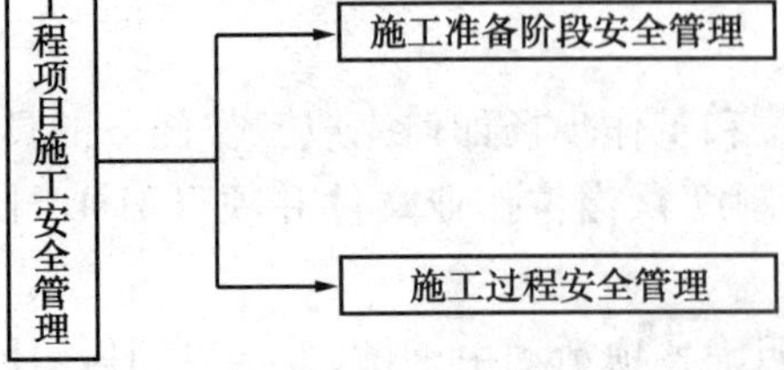

图 10.2 建设工程施工安全管理系统过程

（1）按工程项目形成过程时间阶段划分的系统管理过程

施工阶段安全管理可以分为以下两个环节，如图 10.2 所示。

①施工准备阶段安全管理。这是指在各工程对

象正式施工活动开始前,对各项准备工作及影响施工生产的各因素进行管理,是确保建设工程安全施工的先决条件。

②施工过程安全管理。这是指在施工过程中对实际投入的生产要素及作业、管理活动的实施状态和结果所进行的管理和控制,包括作业者发挥技术能力过程的自身管理和来自有关管理者的监管行为,以及施工现场文明施工管理、劳动保护管理、职业卫生管理、现场消防安全管理和季节性施工安全管理等。

(2)按工程项目施工层次划分的系统管理过程

一个大中型建设工程一般可划分为若干层次。根据国家标准,建筑工程可以划分为单位工程、分部工程、分项工程等;道路工程、水利水电工程、港口工程等可以划分为单项工程、单位工程、分部工程、分项工程等,其各组成部分之间有一定的施工先后顺序,具有逻辑关系。施工工序、作业技术活动的安全生产管理是最基本的安全管理,决定了分项工程、分部工程、单位工程等施工安全,最终决定了整个建设工程施工安全。各层次间的施工安全管理系统过程如图 10.3 所示。

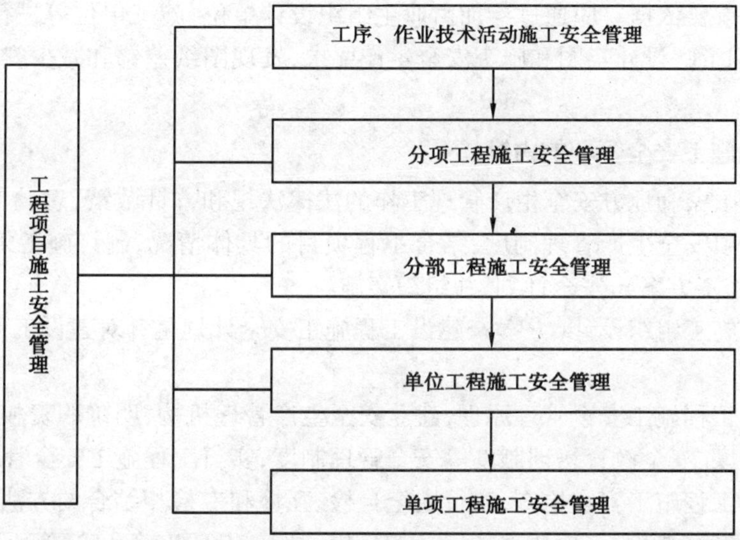

图 10.3　按建设工程施工层次划分的施工安全管理系统过程

3)建设工程施工安全管理的依据

(1)建设工程安全生产的相关法律法规

国家和国务院建设行政主管部门所颁发的有关安全生产、建设工程安全生产管理方面的法规性文件,如《建筑法》《安全生产法》《建设工程安全生产管理条例》《安全生产许可证条例》《建筑施工企业安全生产许可证管理规定》《建筑安全生产监督管理规定》《建设工程施工现场管理规定》《建筑施工企业安全生产管理机构设置及等职安全生产管理人员配备办法》《危险性较大工程安全专项施工方案编制及专家论证审查办法》等,是建设行业安全生产管理方面所应遵循的基本法规文件。此外,其他各行业,如交通、铁路、水利等的政府主管部门和省、市、自治区的有关主管部门，也均根据本行业及地方的特点，制定和颁发了有关的法规性文件。

(2)建设工程安全生产的专门技术法规

建设工程安全生产专门技术法规一般是针对不同行业、不同施工对象而制订的技术法规性文件，包括各种有关的标准、规范、规程或规定。技术标准有国际标准、国家标准、行业标准、地方标准和企业标准之分。它们是建立和维护正常的生产和工作秩序应遵守的准则，也是衡量材料、安全防护用品、施工机械、设备等质量、安全性的尺度。对外承包工程和外资工程，可能还会涉及国际标准和国外标准或规范，当需要采用这些标准或规范进行安全管理时，还需要熟悉它们。技术规程或规范，一般是为了执行技术标准，保证施工有序地进行，而为有关人员制订的行动准则，通常也与施工安全密切相关，均应严格遵守。

(3)建设工程合同文件

建设工程施工承包合同文件规定了建设单位、施工单位等在工程安全管理方面的权利和义务，有关各方必须履行在合同中的承诺，进行施工安全管理。

(4)设计文件交底及图纸会审。经过批准的设计图纸和技术说明书等设计文件，无疑是施工安全管理的重要依据。应通过参加由业主组织设计单位、施工单位等进行的设计交底及图纸会审，以达到了解设计意图和施工安全生产要求，发现图纸差错和减少安全隐患、安全事故的目的。

4)建设工程施工安全管理的内容

①认真贯彻国家和地方安全生产管理工作的法律法规和方针政策，建设工程施工安全技术标准规范及各项安全生产管理制度；结合工程项目的具体情况，制订施工组织设计的安全技术措施(专项施工方案)、安全计划，并组织实施。

②建设工程施工组织设计(方案)、建设工程施工安全计划是针对建设工程实施安全管理的文件。

③运用建设工程施工安全管理原理，建立安全生产管理机构，明确职责权限，建立和落实安全生产责任制度、安全教育培训制度等安全管理制度，实行工程施工安全管理和控制。

④认真进行工程施工安全检查，实行安全自检、互检和专检相结合的方法，组织班组进行自检、互检活动，做好自检、互检数据的记录和分析工作。专职安全生产管理人员应加强施工过程中的安全检查工作，做好安全验收工作。

⑤对安全检查中发现的安全隐患，应及时进行处理，保证不留安全隐患。

⑥做好施工现场的文明施工管理、职业卫生管理、劳动保护管理、现场消防安全管理以及季节性施工安全管理工作。

⑦做好建设工程安全事故的调查与处理工作等。

▶ 10.3.2 建筑安全生产管理责任制

安全问题贯穿于生产的全过程，凡是与生产全过程有关的部门和人员，都对保证生产安全负有与其参与情况和工作要求相应的责任。建筑安全生产责任是根据“管生产必须管安全”“安全生产，人人有责”的原则，明确规定各级领导、各职能部门和各类人员在生产活动中应负有的安全责任。

建筑企业应根据国家有关法律和规章制度的要求,结合本单位情况,制定安全生产责任制度,设立企业层次和项目层次安全生产管理机构,配备专职安全生产管理人员,使企业的安全生产工作岗位明确、职责清楚,真正把安全生产工作落到实处。

1)施工组织机构安全管理

企业应设立独立安全生产管理机构,负责企业的安全生产管理工作。根据企业生产能力或施工规模,设置专职安全生产管理人员。企业专职安全生产管理人员人数至少为:

①集团公司:1 人每百万 m^2・年(生产能力)或每 10 亿元施工总产值・年,且不少于 4 人。

②工程公司(分公司、区域公司):1 人每 10 万 m^2・年(生产能力)或每 1 亿元施工总产值・年,且不少于 3 人。

③专业公司:1 人每 10 万 m^2・年(生产能力)或每 1 亿元施工总产值・年,且不少于 3 人。

④劳务公司:1 人,50 名施工人员,且不少于 2 人。

2)施工现场安全生产管理机构

建设工程施工现场管理机构应依据工程特点,建立以项目经理为首的安全生产管理小组,配备规定数量的专职和兼职安全管理员,督促检查各类人员贯彻执行安全管理,协助项目经理推动安全管理工作,保证施工管理顺利进行。施工现场安全生产组织管理体系如图 10.4 所示。

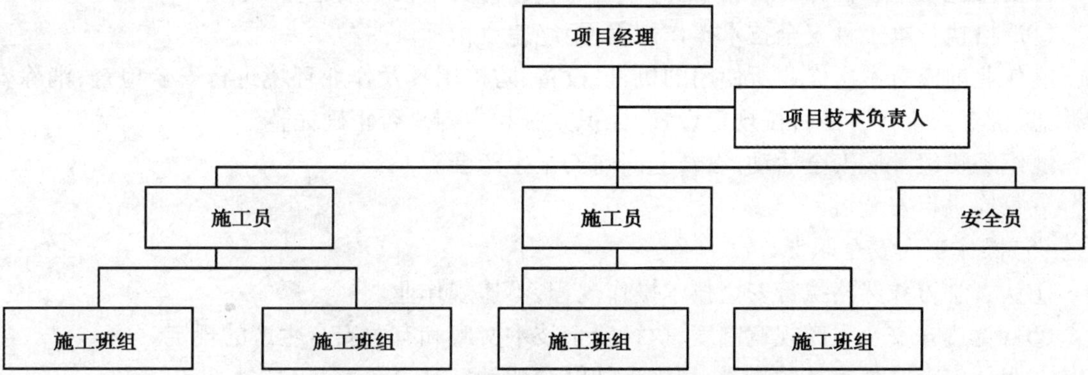

图 10.4　施工现场安全生产组织管理体系

施工项目现场管理机构专职安全生产管理人员的配备要求为:

①建筑工程、装修工程按照建筑面积:1 万 m^2 及以下的工程至少 1 人;1 万~5 万 m^2 的工程至少 2 人;5 万 m^2 以上的工程至少 3 人,应当设置安全主管,按土建、机电设备等专业设置专职安全生产管理人员。

②土木工程、线路管道、设备按照安装总造价:5 000 万元以下的工程至少 1 人;5 000 万~1 亿元的工程至少 2 人;1 亿元以上的工程至少 3 人,应当设置安全主管,按土建、机电设备等专业设置专职安全生产管理人员。

3)施工现场组织机构职责

(1)项目经理安全职责

①认真贯彻安全生产方针、政策、法规和各项规章制度,制订和执行安全生产管理办法,

严格执行安全考核指标和安全生产奖惩办法，严格执行安全技术措施审批和安全技术措施交底制度。

②定期组织安全生产检查和分析，针对可能产生的安全隐患，制定相应的预防措施。

③当施工过程中发生安全事故时，项目经理必须按安全事故处理的有关规定和程序及时上报和处置，并制订防止同类事故再次发生的措施。

(2)安全员安全职责

①施工现场安全生产巡视督查，并作好记录。

②落实安全设施的设置。

③对施工过程的安全进行监督，纠正违章作业，配合有关部门排除安全隐患，组织安全教育和全员安全活动，监督劳保用品质量和正确使用。

(3)作业队长安全职责

①向作业人员进行安全技术措施交底，组织实施安全技术措施。

②对施工现场安全防护装置和设施进行验收。

③对作业人员进行安全操作规程培训，提高作业人员的安全意识，避免产生安全隐患。

④当发生重大或恶性工伤事故时，应保护现场，立即上报并参与事故调查处理。

(4)班组长安全职责

①安排施工生产任务时，向本工种作业人员进行安全技术措施交底。

②严格执行本工种安全技术操作规程，拒绝违章指挥。

③作业前应对本次作业所使用的机具、设备、防护用具及作业环境进行安全检查，消除安全隐患，检查安全标牌是否按规定设置，标识方法和内容是否正确完整。

④组织班组开展安全活动，召开上岗前安全生产会。

⑤每周进行安全讲评。

(5)操作工人安全职责

①认真学习并严格执行安全技术操作规程，不违规作业。

②自觉遵守安全生产规章制度，执行安全技术交底和有关安全生产的规定。

③服从安全监督人员的指导，积极参加安全活动。

④爱护安全设施，正确使用防护用具。

⑤对不安全作业提出意见，拒绝违章指挥。

▶ 10.3.3 安全教育与培训

人是安全管理、安全技术中的关键因素，提高人的素质和技能是安全生产的重要保障。对不同管理层次和岗位的职工，企业应进行不同的安全教育内容和方式。安全教育的主要内容包括安全知识、安全技能、设备性能、操作规程、安全法规等。企业要建立经常性的安全教育考核制度，并将考核成绩记入员工档案。

1)建筑企业安全教育的对象、内容和目标

建筑企业安全教育的对象、内容和目标见表10.2。

表 10.2　安全教育的对象、内容和目标

安全教育对象	安全教育主要内容	安全教育主要目标
企业主要负责人	(1)安全生产法规、规章和制度 (2)安全管理能力 (3)安全思想 (4)安全道德	在思想意识上树立以下安全生产观: (1)"安全第一"的哲学观 (2)尊重人的情感观 (3)安全就是效益的经济观 (4)预防为主的科学观
企业管理层	(1)安全生产法规、规章和制度 (2)安全技术知识 (3)安全系统理论、现代安全管理、安全决策技术 (4)班组长的安全教育主要是安全技术技能和安全操作技能	(1)树立"安全第一,预防为主"的概念 (2)树立安全责任感 (3)有适应安全工作所需要的组织协调、调查研究能力、分析判断能力、说服教育能力
专职安全管理人员	(1)安全生产法规、规章和制度 (2)安全基础科学 (3)安全技术科学 (4)安全工程技术 (5)专业安全知识	(1)熟知安全法规、规章和制度 (2)掌握安全相关学科技术 (3)应用现代安全管理理论、技术处理解答有关安全问题
普通员工	(1)安全生产法规、规章和制度 (2)一般安全生产技术知识,包括: ①场地内危险源及安全防护基本知识; ②电气设备、起重机械的基本安全知识; ③消防知识; ④发生事故时紧急救护和自救技术措施、方法; ⑤个人防护用品的正确使用 (3)专业安全生产技术知识 (4)安全生产技能	(1)较高的个人安全需求 (2)熟知较多的安全技术知识和安全操作规程 (3)较熟练的安全操作技能 (4)自觉遵守有关的安全生产法规制度和劳动纪律 (5)应急能力和果断的应急措施

2)建筑企业职工安全培训的基本要求

建筑企业职工每年必须接受一次专门的安全培训。培训时间不得少于有关规定:

①企业法定代表人、项目经理每年接受安全培训的时间,不得少于30学时。

②企业专职安全管理人员在取得岗位合格证书并持证上岗后,每年还必须接受安全专业技术业务培训,时间不得少于40学时。

③企业其他管理人员和技术人员每年接受安全培训的时间,不得少于20学时。

④企业特殊工种(包括电工、焊工、架子工、司炉工、爆破工、机械操作工、起重工、塔吊司机及指挥人员、人货两用电梯司机等)在通过专业技术培训并取得岗位操作证后,每年仍须接受有针对性的安全培训,时间不得少于20学时。

⑤企业其他职工每年接受安全培训的时间,不得少于15学时。

⑥企业待岗、转岗、换岗的职工,在重新上岗前,必须接受一次安全培训,时间不得少于20学时。

⑦建筑企业新进场的工人,必须接受公司、项目(或工区、工程处、施工队)、班组的三级安全培训教育,经考核合格后,方能上岗。

公司安全培训教育的主要内容:国家和地方有关安全生产的方针、政策、法规、标准、规范、规程和企业的安全规章制度等。培训教育的时间不得少于15学时。

项目安全培训教育的主要内容:工地安全制度、施工现场环境、工程施工特点及可能存在的不安全因素等。培训教育的时间不得少于15学时。

班组安全培训教育的主要内容:本工种的安全操作规程、事故案例分析、劳动纪律和岗位讲评等。培训教育的时间不得少于20学时。

► 10.3.4 安全检查

安全检查是发现并消除施工过程中存在的不安全因素,宣传落实安全法律法规与规章制度,纠正违章指挥和违章作业,提高各级负责人与从业人员安全生产自觉性与责任感,掌握安全生产状态和寻找改进的重要手段。

项目经理部应配备必要的设备或器具,确定检查负责人和检查人员,并明确检查内容及要求。安全检查人员应对检查结果进行分析,找出安全隐患部位,确定危险程度。

1)安全检查的基本要求

项目经理应组织人员定期对安全控制计划的执行情况进行检查考核和评价,对施工中存在的不安全行为和隐患,分析原因并制定相应整改防范措施。

2)安全检查的内容

项目经理应根据施工过程的特点和安全目标的要求,确定安全检查内容,其内容主要包括:安全生产责任制、安全生产保证计划、安全组织机构、安全保证措施、安全技术交底、安全教育、安全持证上岗、安全设施、安全标识、操作行为、违规管理、安全记录等。

3)安全检查的方法

安全检查的方法应采取随机抽样、现场观察、实地检测相结合的方式,并记录检测结果。

4)安全检查的类型

①日常安全检查,如班组的班前、班后岗位安全检查,各级安全员及安全值日人员巡回安全检查,各级管理人员检查生产的同时检查安全。

②定期安全检查,如企业每季组织一次以上的安全检查,企业的分支机构每月组织一次以上安全检查,项目经理每周组织一次以上安全检查。

③专业性安全检查,如施工机械、临时用电、脚手架、安全防护措施、消防等专业安全问题检查,安全教育培训、安全技术措施等施工中存在的普遍性安全问题检查。

④季节性安全检查,如针对冬季、高温期间、雨季、台风季节等气候特点的安全检查。

⑤节假日后安全检查,如元旦、春节、劳动节、国庆节等节假日前后的安全检查。

10.4 建设工程项目环境管理

▶ 10.4.1 建设工程环境保护的基本要求

1)建设工程环境保护的意义

建设工程环境保护的目的是通过管理和控制施工现场的各种粉尘、废水、废气、固体废弃物、噪声、振动等对环境的污染和危害,考虑能源节约和避免资源浪费,从而保护生态环境;改善作业环境,消除外部干扰,使施工生产顺利进行。

2)环境保护的措施

施工单位应实行环境保护目标责任制,将环保指标层层分解落实到有关部门和个人,建立环保监控体系,加强对施工现场粉尘、噪声、废气的检查、检测和控制工作。项目经理是施工现场环境保护自我监控体系的领导者和责任者。

在编制施工组织设计时,必须有环境保护的技术措施,在施工现场平面布置和组织施工过程中严格执行国家、地区、行业和企业有关防治空气污染、水源污染、噪声污染等环境保护的法律、法规和规章制度。

(1)施工现场环境保护的一般规定

①施工现场的施工区域应与办公、生活区划分清晰,并应采取相应的隔离措施。

②施工现场必须采用封闭围挡,高度不得小于1.8 m。

③施工现场应根据周边情况规划现场围墙围护、现场大门、大门标识、工程标牌以及现场内"一图五板"等规范化管理形象,并经常维护,保持整洁。

④施工现场临时用房应选址合理,并应符合安全、消防要求和国家有关规定。

⑤工程的施工组织设计中应有防治扬尘、噪声、固体废物和废水等污染环境的有效措施,并在施工作业中认真组织实施。

⑥施工现场应尽量选用高性能、低噪声、少污染的设备,采用机械化程度高的施工方式,减少使用污染排放高的各类设备。

⑦施工现场应合理使用水、电等能源,采用节能灯具、低压安全装置;大型照明灯具须采用俯视角,严禁直射居民区,影响居民正常生活。

(2)施工现场噪声控制措施

①土石方施工阶段噪声控制:

a. 所选用的施工机械必须符合环保标准,操作人员应经过环保教育,且有一定的相关经验。

b. 在施工过程中,必须严格控制推土机的一次推土量、装载机的装载量,并保证施工机械的正常运转,严禁超负荷运转。

c. 加强各种施工机械的维修保养,缩短维修保养周期,尽可能降低施工机械噪声的排放。

d. 在进行土方施工前,必须先在所划定的施工场界周围按要求砌筑围墙,同时将临建设施全部建好。

②桩基施工阶段噪声控制：

a. 无论任何原因，禁止在夜间使用打桩机施工。

b. 采用混凝土灌注桩时，其控制措施同结构施工期间的混凝土浇筑的噪声控制。

③结构施工阶段噪声控制：

a. 尽可能选用环保型振动棒，振动棒使用完后，及时清理干净并保养好。

b. 振捣混凝土时，禁止振钢筋或钢模板，并做到快插慢拔。

c. 振捣混凝土时，配备相应人员控制电源线及电源开关，防止振捣棒空转。

d. 必要时，可在作业面周围设置隔声屏，减少噪声对外的扩散，隔声屏应高于作业面3 m。

e. 对于施工场地比较狭小的，混凝土泵、混凝土罐车必须设在场界外的，必须搭简易棚将混凝土泵、混凝土罐车围护起来。

f. 在合同中要求分包单位应加强对混凝土泵的维修保养，及时进行监测（根据日常经验），对超过噪声限值的混凝土泵及时进行更换。

g. 加强对混凝土泵、混凝土罐车操作人员的培训及责任心教育，保证混凝土泵、混凝土罐车平稳运行、协调一致，禁止高速运行。

h. 模板、脚手架支设、拆除、搬运时，必须轻拿轻放，上下、左右有人传递，不得抛扔。

i. 修理钢模板、钢管时，禁止用大锤敲打，修理工作应在工具房或封闭的工棚内进行。

j. 使用电锯时，及时在锯片上刷油，且模板、锯片送速不能过快。

④装修施工阶段噪声控制：

a. 装修施工阶段尽量做到先封闭周围，然后装修内部，将施工噪声控制在施工场界内。

b. 设立石材加工间，其应有防尘降噪设施，操作人员应采取必要的职业安全健康措施。

c. 必须使用合格的电锤，并及时在各零部件间加油，使用电锤开洞、凿眼时，及时在钻头上注油或水。

（3）水污染控制措施

①雨水管理：

a. 开工前，施工单位协助业主与市政管理部门进行联系，得到批准后，再将现场的雨水管网与市政管网相连。

b. 确保排入市政管网的雨水未被化学品和油品污染，且无固体废弃物，严禁将非雨水种类的其他水体排进雨水管网。

②污水管理：

a. 业主有要求时，施工单位可协助业主与工程所在地市政管理部门联系，提出污水排放申请，得到认可后，将现场临时污水管网与市政污水管网相连。

b. 施工现场污水的最后出口处及搅拌机前台、运输车辆清洗处应设立沉淀池，经过沉淀后的污水可直接向污水管网排出；沉淀池内的泥沙定期清理干净，并妥善处理。

③生活废水管理：

a. 提倡节约用水，减少生活废水和水资源浪费。

b. 食堂严禁将食物加工废料、食物残渣及剩饭等倒入下水道，尽量使用无磷洗涤剂清洗餐具；按规定设立隔油池，指派专人或委托有资格的单位每半月清理一次。

c. 现场浴室应统一管理，控制含磷洗涤品的使用。

d. 生活废水应由专用管线引送,经市政管理部门批准后与市政污水管网连接;严禁在生活废水管线中倾倒或处置化学品、油品和其他污染物。

④其他水体污染源管理:

a. 油库的地面和墙面(由地面向上 25 cm 范围)要作防渗处理,防止油料跑、冒、滴、漏,污染水体。

b. 禁止将有毒有害废弃物用作土方回填,以免污染地下水和环境。

c. 项目在制订施工方案时,应采用合理的技术手段或其他经济可行的方法,降低用水量及减少化学品、油品的使用,以确保减少污水量。

(4)大气污染控制措施

①拆迁引起的扬尘控制:

a. 拆迁现场应设置不低于 1.8 m 的围挡。

b. 拆迁现场应当设立垃圾渣土存放场地,并及时清运,垃圾渣土运出房屋拆迁现场时,应当按照批准的路线和时间,并向指定的处理场所倾倒。

c. 拆迁现场的垃圾渣土应当有专人负责管理,配置洒水设备,定期洒水、清扫。

d. 拆迁现场内的施工道路应当用炉渣、细石或者混凝土等材料进行硬化处理。

e. 拆迁施工作业完成后,应对裸露的地面进行绿化。

f. 拆迁现场的施工运输车辆出口处内侧,应当铺设长度不少于 25 m、宽度不小于出口处宽度的混凝土路面,并在出口处铺设尼龙地毯或设置车轮冲洗设备及相应的排水和泥浆沉淀设施。

g. 运输垃圾渣土的施工运输车辆驶出施工现场时,装载的垃圾渣土高度不得超过车辆槽帮上沿,并应当将车辆槽帮和车轮清扫干净。

②土方施工产生的扬尘控制:

a. 对于土方工程施工产生的扬尘控制主要是采取淋水降尘的措施,即对土方铲、运、卸等环节布置专人,视现场具体情况进行淋水降尘,保证满足相应要求。

b. 为避免运土车发生遗洒,在现场搭设拍土架,指定专人负责将运土车上的土拍实,并盖上苫布,防止遗洒,并在出口处铺垫地毯、地垫等,防止泥土被带出。

c. 原则上讲,施工现场不存放土方,土方回填作业时安排外运土方进场;如果施工现场具备土方临时堆放场地,且从成本节约考虑进行现场堆放的,可采取植草、覆盖、表面临时固化或定期淋水等措施控制扬尘。

③现场搅拌站产生的扬尘控制:

a. 为防止地面起尘,搅拌站区域内的路面应进行硬化处理。

b. 散装水泥应在密闭的水泥罐中储存,散装水泥在注入水泥罐过程中,应有防尘措施。

c. 现场使用袋装水泥时,应设置封闭的水泥仓库。

d. 砂、石料堆放场地应设围挡。

④建筑垃圾的存放、运输产生的扬尘控制:

a. 对于多层及高层建筑,应采取周边封闭措施,坚持完工后清扫场地,及时将施工中产生的废弃物清理至垃圾堆放场,包括定期清理外脚手架上的建筑垃圾。

b. 施工现场设垃圾堆放处,周边须封闭良好;现场垃圾清运设专人负责管理,制定现场垃圾清运计划,严格按照计划进行现场垃圾的及时清运。

(5)固体废弃物的处理措施

①废弃物应分类存放,并在存放处用标牌或其他方式注明废弃物的种类、负责人;收集、储存、运输、处置危险废物(指列入《国家危险废物目录》中的废物)的设施、场所,必须设置危险废物识别标志。

②废弃物临时存放点应指定专人管理,由指定人员负责将废弃物运输到场内废弃物指定存放场地,并分类放置;在运输中需确保不遗洒、不混放。

③废弃物外运必须由有准运证的单位进行,外运前必须将废弃物覆盖严实,不得出现遗洒;同时,废弃物清运单位必须向相关单位提供废弃物的收购、接纳单位资质证明和经营许可证。

④对于危险、有毒有害废弃物的运输,必须执行国家有关规定,用密闭容器装存,采用专用运输工具,防止污染环境。

⑤项目部负责规划施工现场的废弃物储存场地,根据废弃物的种类划分不同储存区域,废弃物存放场地应设有防雨、防流失、防渗漏、防扬洒等设施,并配备消防等应急安全防范设施(如空机油桶、柴油桶、废弃易燃化学材料等有毒有害类废弃物存放处)且有醒目的标识。

⑥对可回收利用的废弃物应回收再利用,应采取有效措施尽量减少废弃物产生量,特别是危险废弃物的产生量。

▶ 10.4.2 环境管理体系的结构、模式和内容

环境管理体系是项目组织整个管理体系的一个组成部分,包括为制订、实施、实现、评审和保持环境方针所需的组织机构、规划活动、机构职责、惯例、程序、过程和资源。

1)环境管理体系的结构

环境管理体系包括5个一级要素,17个二级要素。5个一级要素和17个二级要素的对应关系见表10.3。

表10.3 环境管理体系要素对应关系

	一级要素	二级要素
要素名称	(一)环境方针	1.环境方针
	(二)规划(策划)	2.环境因素 3.法律和其他要求 4.目标和指标 5.环境管理方案
	(三)实施和运行	6.组织结构和职责 7.培训、意识和能力 8.信息交流 9.环境管理体系文件 10.文件控制 11.运行控制 12.应急准备和响应
	(四)检查和纠正措施	13.监测和测量 14.不符合、纠正和预防措施 15.记录 16.环境管理体系审核
	(五)管理评审	17.管理评审

2)环境管理体系的模式

环境管理体系遵循了 PDCA 管理模式:规划(Plan)——实施(Do)——检查(Check)——改进(Action),即规划出管理活动要达到的目的和遵循的原则;在实施阶段实现目标并在实施过程中体现以上原则;检查和发现问题,及时采取纠正措施,保证实施与实现过程不会偏离原有目标与原则,实现过程与结果的改进提高。环境管理体系模式如图10.5所示。

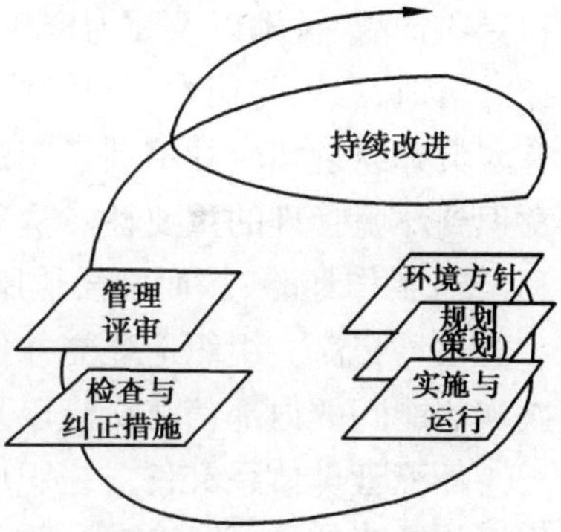

图10.5　环境管理体系模式

3)环境管理体系的内容

环境管理体系围绕环境方针的要求展开环境管理,其内容包括制订环境方针、根据环境方针制订符合本组织的目标指标、实施并实现环境方针及目标指标的相关内容、对实施情况和实现程度予以评审和保持等。

(1)制订环境方针

环境方针是组织对其全部环境表现(行为)的意图与原则的声明,它为组织的行为及环境目标和指标的建立提供了一个框架。环境方针的内容应包括"三个承诺和一个框架":承诺持续改进、承诺污染预防、承诺遵守有关法律法规和其他要求;提供建立和评审目标、指标的框架。"三个承诺和一个框架"是组织进行环境管理的基本原则,必须在环境方针中承诺污染预防和持续改进及遵守有关法律法规的要求。污染预防是建立环境管理体系的核心,管理体系的实施始终贯彻了预防为主的思想;持续改进是实施环境管理体系的目的,使组织在其从事的活动、产品或服务过程中,充分体现出经济效益、社会效益、环境效益协调发展,逐步改善人类的生活环境和生态环境,走可持续发展的道路;遵循法律法规及其他要求,是对组织的基本要求,也是其他各种环境管理手段的依据。

(2)规划

规划(策划)阶段是环境管理体系的启动阶段,是组织建立环境管理体系的基础。这阶段主要内容是评审初始环境、现有组织管理制度以及制订环境目标和指标。

①初始环境评审。初始环境评审主要内容包括识别组织在活动、产品或服务过程中的环境因素、评价重要环境因素以及收集用于组织的环境法律、法规及其他要求。环境因素的识别与重要环境因素的评价是建立环境管理体系的基础,同时,确定组织在活动、产品或服务中的环境因素体现了预防为主的管理思想,它的实施也是组织污染预防承诺的保证。

②现有组织管理制度的评审。对组织原有环境管理现状进行调查,评价出组织在环境管理工作中存在的问题并提出改进措施。

③制订环境目标和指标。依据组织环境方针所确定的环境目标、指标的框架,制订环境目标和指标,并根据组织的人力、物力和财力制订实现环境目标指标的环境管理方案。

(3)实施与运行

①组织机构和职责。为便于环境管理工作的有效开展,应建立环境管理机构并规定其作用、职责和权限。管理者应为环境管理体系的实施与控制提供必要的资源,其中包括人力资

源和专项技能、技术以及财力资源。

②培训、意识与能力。组织应确定培训的需求,要求其工作可能对环境产生重大影响的所有人员都经过相应的培训。应建立并保持一套程序,使处于每一个有关职能与层次的人员都意识到环境管理的重要性。从事可能产生重大环境影响工作的人员应具备适当的教育、培训和(或)工作经验,从而胜任他所担负的工作。

③信息交流。组织应建立并保持一套程序,用于其环境因素和环境管理体系:组织内各层次和职能间的内部信息交流以及与外部相关方联络的接收、文件形成和答复。

④环境管理体系文件。组织应以书面或电子形式建立并保存管理体系核心要素及其相互作用的描述信息,便于查询相关文件的途径。

⑤运行控制。组织应根据其方针、目标和指标,确定与所标识的重要环境因素有关的运行与活动。应针对这些活动(包括维护工作)制订计划,确保它们在程序规定的条件下进行。程序的建立应符合以下要求:对于缺乏程序指导可能导致偏离环境方针、目标和指标的运行,应建立并保持一套以文件支持的程序;在程序中对运行标准予以规定;对于组织所使用的产品和服务中可标识的重要环境因素,应建立并保持一套管理程序,并将有关的程序与要求通报供方和承包方。

⑥应急准备和响应。组织应建立并保持一套程序,以确定潜在的事故或紧急情况,并作出响应,并预防或减少可能伴随的环境影响。必要时,特别是在事故或紧急情况发生后,组织应对应急准备和响应程序予以评审和修订。

(4)检查和纠正措施

①监测和测量。组织应建立并保持一套以文件支持的程序,对可能具有重大环境影响的运行与活动的关键特性进行例行监测和测量。其中应包括对环境表现、有关的运行控制、组织环境目标和指标符合情况的跟踪信息进行记录。

②纠正与预防措施。组织应建立并保持一套程序,用来规定有关的职责和权限,对不符合之处进行处理与调查,采取措施减少由此产生的影响,采取纠正与预防措施并予以完成。任何旨在消除已存在和潜在不符合等原因的纠正或预防措施,应与该问题的严重性和伴随的环境影响相适应。对于纠正与预防措施所引起对程序文件的任何更改,组织均应遵照实施并予以记录。

③记录。组织应建立并保持一套程序,用来标志、保存与处置有关环境管理的记录。这些记录中还应包括培训记录和审核与评审结果。环境记录应字迹清楚、标识明确,具备对相关活动、产品或服务的可追溯性。

④环境管理体系审核。为了判定环境管理体系是否符合对环境管理工作的预定安排和相关标准的要求,以及是否得到正确的实施和保持,组织应制订并保持用于定期开展环境管理体系审核的方案和程序,并向管理者报送审核结果。组织的审核方案(包括时间表)的制订,应立足于所涉及活动的环境重要性和以前审核的结果。审核程序中应包括审核的范围、频次和方法,以及实施审核和报告结果的职责与要求。

(5)管理评审

组织的最高管理者应按其规定的时间间隔,对环境管理体系进行评审,以确保体系的持续适用性、充分性和有效性。管理评审过程应确保收集必要的信息,以供管理者进行评价工作。评审工作应形成文件。管理评审应根据环境管理体系审核的结果、不断变化的客观环境和持续改进的承诺,指出对方针、目标以及环境管理体系的其他要素加以修正的可能的需要。

▶ 10.4.3 文明施工的组织与管理

文明施工是按照有关部门法规的要求,使施工现场和临时占地范围内秩序井然、文明安全,保持施工现场良好的作业环境、卫生环境和工作秩序。文明施工有利于提高工程质量和工作质量,提高企业信誉。

1)文明施工的内容

①规范施工现场的场容,保持作业环境的整洁卫生。

②科学组织施工,使生产有序进行。

③减少施工对周围居民和环境的影响。

④保证职工的安全和身体健康。

2)文明施工的组织与管理

①施工现场成立以项目经理为第一责任人的文明施工管理组织,在企业范围内建立以项目管理班子为核心的文明施工组织管理体系。

②系统把关,即各管理业务系统对现场的管理进行分口负责,每月组织检查,发现问题及时整改。

③普遍检查,加强和落实现场文明施工的检查,包括生产区、生活区、场容场貌、周边环境及制度落实等,逐项检查,填写检查报告,评定现场管理先进单位。

④建章建制,即建立施工现场管理规章制度和实施办法,包括个人岗位责任制、经济责任制、安全检查制度、持证上岗制度、奖罚制度等,依法办事,不得违背。

⑤责任到人,即管理责任不但明确到部门,而且各部门要明确到人,以便落实管理工作。

⑥落实整改,即对各种漏洞,一旦发现,必须采取措施纠正,避免再度发生。

⑦严明奖惩。如果成绩突出,便应按奖惩办法予以奖励;如果有问题,要按规定给予必要的处罚。

⑧建立收集文明施工的资料及其保存的措施。

⑨加强文明施工的宣传和教育。

3)现场文明施工的基本要求

①施工现场必须设置明显的标牌,标明工程项目名称、建设单位、设计单位、施工单位、项目经理和施工现场总代表人的姓名、开工和竣工日期、施工许可证批准文号等。施工单位负责现场标牌的保护工作。

②施工现场的管理人员在施工现场应当佩戴证明其身份的证卡。

③应当按照施工总平面布置图设置各项临时设施,现场堆放的大宗材料、成品、半成品和机具设备不得侵占场内道路及安全防护等设施。

④施工现场的用电线路、用电设施的安装和使用必须符合安装规范和安全操作规程,并

按照施工组织设计进行架设，严禁任意拉线接电；施工现场必须设有保证施工安全要求的夜间照明；危险潮湿场所的照明以及手持照明灯具，必须采用符合安全要求的电压。

⑤施工机械应当按照施工总平面布置图规定的位置和线路设置，不得任意侵占场内道路；施工机械进场必须经过安全检查，经检查合格的方能使用。施工机械操作人员必须按有关规定持证上岗，禁止无证人员操作。

⑥应保证施工现场道路畅通，排水系统处于良好的使用状态；保持场容场貌的整洁，随时清理建筑垃圾；在车辆、行人通行的地方施工，应当设置施工标志，并对沟、井、坎、穴进行覆盖。

⑦施工现场的各种安全设施和劳动保护器具必须定期检查和维护，及时消除隐患，保证其安全有效。

⑧施工现场应当设置各类必要的职工生活设施，并符合卫生、通风、照明等要求；职工的膳食、饮水供应等应符合卫生要求。

⑨应当做好施工现场安全保卫工作，采取必要的防盗措施，在现场周边设立围护设施。

⑩应当严格依照《中华人民共和国消防条例》的规定，在施工现场建立和执行防火管理制度，设置符合消防要求的消防设施，并保持完好的备用状态。在容易发生火灾的地区施工，或者储存、使用易燃易爆器材时，应当采取特殊的消防安全措施。

10.5　建设工程项目安全管理和环境保护案例

某学校图书馆扩建工程施工现场安全管理和环境保护

（一）项目概况

（略）

（二）安全和环境管理目标

安全目标：确保本工程施工期间无重大安全责任事故发生，杜绝死亡事故，杜绝传染病的发生，轻伤事故频率控制在1‰以内。

文明施工目标：创“某市建筑工程安全文明工地”。

环境管理目标：实施绿色施工，坚持污染预防，使用环保建材，建花园式工地，采取有效措施杜绝扰民事件的发生，室内环境检测一次达标。

（三）安全保证体系

1. 建立健全的安全施工组织机构

切实加强安全施工的管理，确保全体施工人员在安全的前提下，圆满完成各项施工任务。现场成立安全施工领导小组，由工程项目经理任组长，设专职安全员，如图10.6所示。

2. 安全措施

（1）有针对性地抓好安全教育，不断增强施工人员自我安全保护意识，逐步提高遵守劳动纪律、安全操作规程及规章制度的自觉性、积极性，牢固树立“安全第一，预防为主”的思想，安

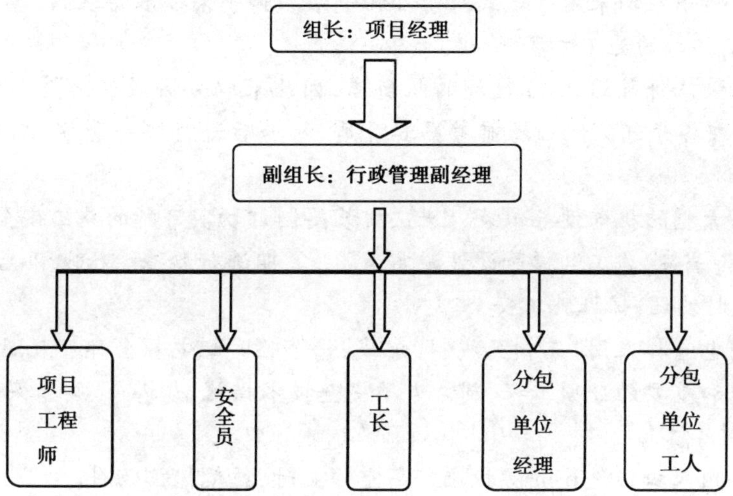

图 10.6　工地安全施工管理小组

全完成所分管的施工任务。

(2)新工人入场后，由现场管理经理、专职负责人组织安全施工基本常识和现场安全管理规定，经培训考试合格后，方可上岗。

(3)项目部定期组织全体施工人员进行一次安全教育，重点学习安全施工技术和安全操作规程。

(4)高处作业时，进行防坠落事故教育；夏季进行防淹亡事故、防食物中毒和防传染病教育；冬季进行防滑、防冻和防火教育；每季度进行防火灾事故教育。通过教育，使大家明确责任，坚守岗位，自觉抓好安全工作。

(5)施工现场设立安全宣传栏和安全规定，建筑楼层前悬挂醒目的安全标语和口号，楼层洞口、临边和出入通道设安全标志和警示牌，安全员佩戴袖标。

(6)在现场醒目的位置设置安全活动、消防等宣传标牌，讲解消防设施、器材的使用方法。消防设施、器材放置位置有明显标志，夜间设红色警示灯，道路通畅。根据中华人民共和国政府及有关部门为保障飞机或公众安全的需要，我公司在日间悬挂规定的警号旗、标志和发出信号，并在晚间悬挂上述规定的灯号。

(7)布置任务时进行详细的安全技术交底，并做好记录。施工中严格执行安全操作规程，对安全设施经常进行检查。

(8)搞好“三防、四口、五临边”的防护工作。坚持开好班前安全会，并做好书面记录。

(9)易燃、易爆、有毒材料设专库存放，由专人保管。施工现场禁止吸烟；进入现场戴好安全帽，系好帽带；高空作业系好安全带，安全带要高挂低用。

(10)距基坑边搭设 1.20 m 高防护栏，在 0.6 m 高处设一道水平栏杆。护栏刷红白相间警示色，夜间设红色警示灯。

(11)在模板支设过程中要充分考虑模板自身的稳定性和安全性，而且还要考虑下层板梁的安全性。施工过程中要经常检查，及早消除隐患。

(12)本工程脚手架均采用落地式双排外脚手架。脚手架技术要求高,各种架子搭设前进行设计计算,编制详细的施工方案。

(13)在进入装修阶段后,由于进场的队伍多,因此采取分区设安全员、分区挂牌标识、分区管理的制度。在各分包队伍入场前考察其资质,入场后进行统一管理,绝不留一点死角和不安全的隐患。

(14)对各种大型的机电设备吊装、搬运、安装要制订切实可行的施工安全方案。

(15)塔吊、脚手架、施工电梯等设置避雷装置,定期进行检查、观测,雨后及时加强检查,发现异常情况及时处理,保证施工安全。

(16)临时用电一律采用"三相五线制"配线,每个临时配电箱全部安装漏电保护器。

(17)对特殊和重要的分项工程,制订专项安全技术措施,如塔吊、脚手架、室外电梯、地下室防水、室内装饰等。

(18)建筑物出入口搭设6 m防护棚。高空作业时,严禁抛掷物料。

(19)电梯口处设1.5 m高的金属防护门,楼梯踏步至平台处设牢固的防护栏杆。

3. 安全管理制度

(1)安全技术交底制:根据安全措施要求和现场实际情况,各级管理人员需亲自逐级进行书面交底。

(2)班前检查制:各专业施工前必须进行班前安全检查。

(3)外脚手架、机械设备安装实行验收制,凡不经验收的一律不得投入使用。

(4)周一安全活动制:经理部每周一组织全体工人进行安全教育,对上一周安全方面存在的问题进行总结,对本周的安全重点和注意事项作详细交底,加强工人施工安全的意识。

(5)定期检查与隐患整改制:经理部每周组织一次安全生产检查,对查出的安全隐患制订措施,定时间、人员整改,并作好安全隐患整改消项记录。

(6)管理人员和特殊作业人员实行年审制,加强施工管理人员的安全考核,增强安全意识,避免违章指挥。

(7)实行安全生产奖罚制度与事故报告制。

(8)危急情况停工制:一旦出现危害职工生命安全的险情,立即停工,及时采取措施排除险情。

(9)持证上岗制:特殊工种持有上岗操作证,严禁无证上岗。

4. 交叉作业安全防护

(略)

5. 施工人员个人安全防护措施

(略)

(四)现场文明施工措施

(略)

(五)环境保护措施

本工程严格按照某市文明安全工地标准施工,以最严格的管理来实现最高的要求,争取花园式的施工现场,执行ISO 14001环境管理体系,给工人和周围居民及机关单位创造一个良好的生活工作环境。

1. 成立工地环境管理小组

(略)

2. 制订可行目标

(1)贯彻 ISO 14001 标准,创造绿色生态环境、建设人文施工现场,营造以绿地、清水、蓝天、白云为背景的绿色建筑。

(2)噪声控制:噪声排放达到《中华人民共和国建筑施工场界噪声限值》(GB 12523—90)的要求。

(3)现场扬尘排放达标:现场施工扬尘排放达到 ×× 市环保机构的粉尘排放标准要求。

(4)运输遗撒达标:确保运输无遗撒。

(5)生活及生产污水达标排放:生活污水中的 COD 达标(COD=300 mg/L)。

(6)施工现场夜间无光污染:施工现场夜间照明不影响周围环境。

(7)杜绝施工现场火灾、爆炸的发生。

(8)固体废弃物实行分捡制,在内部回收利用。

(9)合理运用资源,降低能耗。

3. 降低噪声专项措施

(1)防止施工噪声污染。现场遵守《中华人民共和国建筑施工场界噪声限值》(GB 12523—90)规定,并制订降噪措施和管理制度,且严格控制。我们在施工机械方面不仅考虑技术上的要求,而且选择噪声小的施工机械,减少噪声源,搬运物体及安拆机械设备等时轻拿轻放。对施工中产生较大噪声的施工项目,安排在白天施工,把绑扎钢筋等项目安排在夜晚施工,并根据施工部位对周边的影响程度,搭设临时降噪网。

(2)混凝土浇筑采用低噪声振捣设备,加强设备的维修、保养,及时加油润滑。

(3)塔吊指挥配套使用对讲机,不用哨子。

(4)高噪声设备实行封闭式隔音处理。

(5)车辆进入现场时速不得超过 15 km,不得鸣笛。

(6)主动与当地政府联系,积极和政府部门配合,处理好噪声污染问题,加强对职工及施工人员的教育,严禁大声喧哗。

(7)从声源上降低噪声:尽量选用低噪声设备和工艺代替高噪声设备与加工工艺。施工阶段作业噪声限值见表 10.4。

表 10.4　施工阶段作业噪声限值

施工阶段	主噪声源	噪声限值/dB	
		白　天	夜　间
土方	装载机、打夯机等	75	55
结构	振捣棒、电锯等	70	55
装修	吊车、升降机等	65	55

4. 降尘措施

工地现场环境保护遵从业主、街道、城管等部门的要求，并在施工前经工程所在地区的环保部门审批后，方可施工，并主动要求环保部门定期监督指导，把工地建成一个工程优质与现场文明的全优示范单位。

(1) 减少扬尘。防止施工现场泥土污染场外的道路。施工现场全部采用硬化处理，并配备洒水、冲洗设备进行洒水及对进出车辆的冲洗，降低现场的扬尘。

(2) 办公室保持整洁，生活区保持卫生，设污水井，生活垃圾集中堆放并定期清理。

(3) 现场设立封闭式的垃圾站，主体施工时的垃圾用垃圾袋装好下运，禁止从高处向下抛撒垃圾，施工垃圾及时进行清运。施工生产区域内的垃圾采用容器装运，生活区内设专职保洁员进行清扫。

(4) 环保人员定期对工地进行环保检查，对不符合环保要求的采取三定原则（定人、定时、定措施），予以整改，落实后做好复查工作并填写记录。

(5) 针对本工程的装修用材料多的特点，施工期间，从材料的进场保管及使用过程中进行严格控制，防止产生扬尘。

5. 材料运输及运输遗撒的控制

(1) 由于工程靠在四环路，因此提前作好材料运输计划，合理确定材料运输车辆的行走路线及时间，避免阻塞交通。

(2) 清运垃圾的车辆，用苫布对所载的垃圾进行覆盖，避免途中遗撒和运输过程中造成扬尘。

(3) 运送大型构件时及时与交通管理部门取得联系，以防影响交通。

(4) 车辆装土均匀，不超载。门口处设置排水通道与洗车水池，实现车辆冲洗方式自动化，保证车辆清洁后方可放行。

(5) 组织办理好市容、环卫、渣土消纳、交通各部门的有效证件、手续，保证车辆机械的正常运行，派专人全天对工地附近的运土道路及行人道路进行清扫，清除遗撒以保证路面整洁。

6. 污水排放控制

(1) 现场内的厕所所产生的污水经过分解沉淀后，通过施工现场内的管线向西排入市政管线，清洁车定点定时对化粪池进行清理。

(2) 混凝土运输车清洗处设沉淀池，废水经沉淀池做技术处理后回收使用，使用不完的方可排入市政污水管线或回收用于洒水除尘。

(3) 现场存放的油料，对库房进行防渗漏处理，储存和使用都采取措施，防止跑、冒、滴、漏污染水源。

(4) 由于本工程地理位置的重要性，现场内的雨水排放入市政管线之前也进行隔油除污处理（避免现场内可能产生的油污进入地下或市政管线）。

(5) 建立有效的排污系统。对现场废水（含土方施工阶段降水井废水）、废物排放制作排放平面布置图，经处理、沉淀后排入市政管道，并及时到环保部门进行排污申报登记。定期对现场的废水排放、废物处理进行监测，填写 ISO 14001 运行控制检查记录表。

7. 固体废弃物排放的控制

(1)各施工作业层产生的固体废弃物在各层设垃圾点,由专人负责收集处理,严禁随意进行凌空抛撒。

(2)在现场内设置垃圾分捡站以对固体废物进行分捡再利用。

8. 光污染的控制

(1)夜晚现场的探照灯避免射向周围社区,尽量将探照灯灯光向施工中心区投射,在关键部位采取加高围墙防护网栏以遮光,防止对周围居民产生影响。

(2)在外部焊接期间,在作业面外围作全封闭隔离罩,防止电焊等产生的弧光对周围居民产生影响。

9. 采取措施防止大气污染

施工现场垃圾渣土及时清理出现场,清理施工垃圾时采用容器吊运,严禁随意凌空抛撒,减少对周围环境污染。禁止在施工现场焚烧油毡、橡胶、塑料、皮革、树叶、枯草、各种包装皮等以及其他会产生有毒、有害烟尘和恶臭气体的物质。

复习思考题

10.1　职业健康管理工作包括哪些内容?

10.2　HSE 管理体系关键要素有哪些?

10.3　安全检查的类型有哪些?

10.4　环境管理体系中包括哪些一级要素?哪些二级要素?

10.5　案例分析:

某项目经理部在承包的房屋建筑工程编制施工项目管理实施规划中,绘制了安全标志布置平面图。在报项目负责人审批时,项目负责人为了考核编制者和实施安全标志设置,向编制人提出了下列问题:

①安全警示牌由什么构成?

②安全色有哪几种,分别代表什么意思?

③安全警示标志怎样构成?

④设置安全警示标志的“口”有哪几个?

同时指出了该图存在的两个重要问题:第一,编制人员只编制了一次性的图;第二,该图与施工平面图有矛盾。

问题:

(1)请回答项目负责人提出的各项问题。

(2)为什么只编制一次性的安全标志布置平面图存在问题?

(3)项目负责人提出的该安全标志布置平面图与施工平面图有矛盾,说明编制人忽略了什么环节?

10.6　案例分析:

某装饰工程公司承接某市区内一栋20层的办公楼装饰工程，现安排某安全员负责该工地的消防安全管理，并做了如下工作：

①施工现场设置了消防车道；

②设置了消防竖管和消防栓，配备了足够的消防器材；

③电焊工从事电气设备安装和气焊作业时均要求按有关规定进行操作；

④因施工需要搭设了临时建筑，为了降低成本，就地取材，用木板搭设工人宿舍；

⑤施工材料的存放、保管符合防火安全要求；

⑥现场有明显的防火宣传标志，施工现场严禁吸烟；

⑦使用明火按规定执行，专人看管，人走火灭；

⑧该工程的消防安全管理工作比较到位，在施工全过程中仅发生一起火灾。

问题：

(1)施工场地是否要设消防车道？设置消防车道有什么具体要求？

(2)简述该工地消防进水平管、竖管的直径要求及消火栓口楼层分布要求。

(3)电、气焊切割作业前，需办理什么证件？现场需做哪些消防准备工作？

(4)该施工现场搭设临时建筑时，对材料有什么要求？对搭建木板房有什么要求？

(5)对于装饰装修工程，施工现场对易燃易爆材料有哪些安全管理要求？

10.7　案例分析：

某建设项目，工程总建筑面积150 000 m^2，由A，B，C，D共4幢户型相同独立的住宅楼组成。地下1层，地上28层，建筑高度84 m，剪力墙结构。合同质量要求是当地省部级优质结构工程。

技术方案评议时，项目经理认为该项目的主要施工技术方案应采用：

①钢筋工程：直径12 mm以上受力钢筋，采用剥助滚压直螺纹连接。

②模板工程：剪力墙采用30系列组合小钢模板，顶板采用50 mm厚木板。

③脚手架工程：外脚手架方案采用敞开式双排钢管脚手架搭设从地到顶。

④垂直运输：3台吊篮。

问题：

(1)该钢筋方案的选择是否合理？为什么？

(2)该模板方案是否合理？为什么？

(3)该脚手架方案是否合理？为什么？

(4)该垂直运输方案是否合理？为什么？

10.8　案例分析：

某工程地下室1层，地下建筑面积4 000 m^2，场地面积14 000 m^2。基坑采用土钉墙支护，于5月份完成了土方作业，制订了雨期施工方案。

计划雨期主要施工部位：基础SBS改性沥青卷材防水工程、基础底板钢筋混凝土工程、地下室1层至地上3层结构、地下室土方回填。

施工单位认为防水施工一次面积太大，分两块两次施工。在第一块施工完成时，一场雨淋湿了第二块垫层，SBS改性沥青卷材防水采用热溶法施工需要基层干燥。未等到第二块垫层晒干,又下雨了。施工单位采取排水措施如下:让场地内所有雨水流入基坑,在基坑内设一台1寸水泵向场外市政污水管排水。由于水量太大,使已经完工的防水卷材全部被泡,经过太阳晒后有多处大面积鼓包。由于雨水冲刷,西面临近道路一侧土钉墙支护的土方局部发生塌方。事后,施工单位被业主解除了施工合同。

问题:

(1)本项目雨期施工方案中的防水卷材施工安排是否合理?为什么?

(2)本项目雨期施工方案中的排水安排是否合理?为什么?

(3)本项目比较合理的基坑度汛和雨期防水施工方案是什么?

10.9　案例分析:

某高层住宅楼工程,地下2层,基础底板尺寸为:90 m × 40 m × 1 m,中间设一条浇带。工程地处市内居民区,拟建项目南侧距居民楼最近处20 m,北侧场地较宽。混凝土采用商品混凝土。在底板大体积混凝土施工时,施工单位制订了夜间施工方案:为了减少混凝土运输车在场内夜间运输距离,混凝土泵布置在场地南侧;适当增加灯光照明亮度,增加人员值班。

夜里12点,部分居民围住工地大门,因为施工单位夜间施工噪声太大,要求施工单位出示夜间施工许可证,否则停工。

项目经理对居民说,底板大体积混凝土必须连续浇筑混凝土,否则地下室会因为施工缝而漏水,不能停止施工,请求大家谅解,并保证以后特殊情况下进行夜间施工作业时,都提前公告附近居民。

问题:

(1)居民的要求是否合理?为什么?

(2)项目经理关于夜间施工提前公告的说法是否合理?为什么?

---

* 1寸≈3.33 cm

11

建设工程项目风险管理

11.1 建设工程项目风险管理概述

工程项目承发包是一项重要的企业活动。无论是业主还是工程承包商都难免面临各自的风险。业主要为工程付出大笔投资,其投资效益如何?能否获得预期收益?会不会因投资失败而破产?承包商能否按照其向业主做出的承诺、签订的合同,完成合同规定的任务?其预期的利润是否有实现的可能?工程实施期间能否一帆风顺?会不会因为一些意想不到的事故而破产倒闭?所有这些都具有风险。

随着社会的不断发展,行业间相互依赖日益紧密,但彼此间的商业关系却因竞争激烈而变化无常,损失的风险无时不在,因此,成功地管理风险,是企业求得迅速发展的至关重要的环节。

▶ 11.1.1 概述

1)风险的概念

风险的存在,是因为人们对任何未来的结果不可能完全预料。实际结果与主观预料之间的差异就构成了风险。因此,风险可定义为:在给定的情况下和特定的时间内,那些可能发生的结果间的差异。若两种可能各占50%,则风险最大。

风险是客观存在的,不以人的意志为转移。企业的生命力取决于经营的好坏,而经营的每个环节都存在或潜伏着风险。企业要发展，就必须迎着风险前进。

风险与利润并存，只有不求利润才有可能回避风险。通常只有风险大的项目才能有较高的盈利机会，所以风险又是对管理者的挑战。风险控制能获得非常高的经济效果，同时它有助于竞争能力的提高，素质和管理水平的提高。

2）风险分类

风险范围很广，内容很多，但由于研究风险的角度不同，大致有以下几种分类方法：

（1）根据造成的后果分类

根据其造成的不同后果，可分为纯风险和投机风险。纯风险系指只会造成损失而不会带来收益的风险。例如自然灾害，一旦发生，将会造成重大损失，甚至人员伤亡。如果不发生，只是不造成损失而已，也不会带来额外收益。这种只有损失机会而没有意外收益可能的风险称为纯风险。投机风险则不同，它可能造成损失，但也可能创造额外收益。一项重大投资活动可能因决策错误或因碰上不测事件而使投资者蒙受灾难性的损失。但如果决策正确，经营有方或赶上大好机遇，则有可能给投资人带来巨额利润。例如房地产经营，有些人因善于利用机遇，决策果断，因而成为暴发户；而另一些人则走投无路，只好破产倒闭。投机风险具有极大的诱惑力，人们常常注重其有利可图的一面，却忽视其带来厄运的可能。在相同的条件下，纯风险一般可重复出现，因而人们更能成功地预测其发生的概率，从而相对容易采取防范措施。投机风险则不然，其重复出现的概率小，因而预测的准确性相对较差。所谓铤而走险的"险"，通常指的就是投机风险，这种风险主要出现在政治领域或商场上。纯风险和投机风险两者常常同时存在。例如，房产所有人就同时面临纯风险（如财产损坏）和投机风险（如一般经济条件变化所引起的房产价值的升降）。

（2）根据产生的根源分类

根据其产生的根源，分为政治风险、经济风险、金融风险、管理风险、自然风险和社会风险等。政治风险系指因政治方面的各种事件和原因而导致企业蒙受意外损失；经济风险则指在经济领域潜在或出现的各种可导致企业的经营遭受厄运的风险；金融风险系指在财政金融方面内在的或因主客观因素而导致的各种风险；管理风险通常指人们在经营过程中，因不能适应客观形势的变化或因主观判断失误或对已发生的事件处理欠妥而构成的风险；自然风险系指因自然环境，如气候、地理位置等，构成的障碍或不利条件；社会风险包括企业所处的社会背景、秩序、宗教信仰、风俗习惯及人际关系等形成的影响企业经营的各种束缚或不便。

（3）根据分布情况分类

按分布情况，可分为国别风险和行业风险。国别风险系指在不同的国家从事经营或兴办企业可能遭受的风险。而行业风险则是因行业的特殊性可能面临的具有行业特征的风险，例如建筑业会出现房屋倒塌，采矿业会发生瓦斯爆炸，农业难免旱涝灾害等。

（4）根据风险控制情况分类

从风险控制的角度，可分为不可避免又无法弥补损失的风险（例如天灾人祸）、可避免或可转移的风险（Transferable Risks）和有利可图的投机风险。

3）工程项目的风险

工程项目的立项，各种分析、研究、设计和计划都是基于对将来情况（政治、经济社会、自然等各方面)预测基础上的,基于正常的、理想的技术、管理和组织之上的。而在实际实施以及项目的运行过程中,这些因素都有可能会产生变化。这些变化会使得原定的计划、方案受到干扰,使原定的目标不能实现。这些工程项目中事先不能确定的内部和外部的干扰因素,人们称之为工程项目风险。风险是项目系统中的不可靠因素。

风险在任何工程项目中都存在。工程项目作为集合经济、技术、管理、组织各方面的综合性社会活动,它在各个方面都存在着不确定性。这些风险造成工程项目实施的失控现象,如工期延长、成本增加、计划修改等,最终导致工程经济效益降低,甚至项目失败。而且现代工程项目的特点是规模大、技术新颖、持续时间长、参加单位多、与环境接口复杂,可以说在项目实施过程中危机四伏。许多领域,例如国际工程承包、国际投资和合作,由于它的项目风险大,危害性大,所以被人们称为风险型事业。

在我国的许多项目中,由风险造成的损失是触目惊心的,许多工程案例说明了这个问题。特别在国际工程承包领域,人们将风险作为项目失败的主要原因之一。

4)风险管理的概念

所谓风险管理,就是人们对潜在的意外损失进行辨识、评估,并根据具体情况采取相应的措施进行处理,即在主观上尽可能有备无患或在无法避免时亦能寻求切实可行的补偿措施,从而减少意外损失或进而使风险为我所用。

近十几年来,人们在项目管理系统中提出了全面风险管理的概念。它首先是在软件开发项目管理中应用的。全面风险管理是用系统的、动态的方法进行风险控制,以减少项目过程中的不确定性。它不仅使各层次的项目管理者建立风险意识,重视风险问题,防患于未然,而且在各阶段、各个方面实施有效的风险控制,形成一个前后连贯的管理过程。

(1)项目全过程的风险管理

全面风险管理首先体现在对项目全过程的风险管理上。

①在项目目标设计阶段,就应对影响项目目标的重大风险进行预测,寻找目标实现的风险和可能的困难。风险管理强调事前的识别、评价和预防措施。

②在可行性研究中,对风险的分析必须细化,进一步预测风险发生的可能性和规律性,同时必须研究各风险状况对项目目标的影响程度,这即为项目的敏感性分析。

③随着技术设计的深入,实施方案也逐步细化,项目的结构分析也逐渐清晰。这时风险分析不仅要针对风险的种类,而且必须细化(落实)到各项目结构单元直到最低层次的工作包上。在设计和计划中,要考虑对风险的防范措施,例如风险准备金的计划、备选技术方案,在招标文件(合同文件)中应明确规定工程实施中的风险的分担。

④在工程实施中加强风险的控制。这包括:

a.建立风险监控系统,能及早地发现风险,及早作出反应。

b.及早采取预定的措施,控制风险的影响范围和影响量,以减少项目的损失。

c.在风险状态下,采取有效措施保证工程正常实施,保证施工秩序,及时修改方案、调整计划,以恢复正常的施工状态,减少损失。

d.在阶段性计划调整过程中,需加强对近期风险的预测,并纳入近期计划中,同时要考虑到计划的调整和修改会带来新的问题和风险。

⑤项目结束,应对整个项目的风险管理进行评价,以作为以后进行同类项目的经验和教训。

(2)对全部风险的管理

在每一阶段进行风险管理都要罗列各种可能发生的风险,并将它们作为管理对象,不能有遗漏和疏忽。

(3)全方位的管理

①对风险要分析它对各方面的影响,例如对整个项目、项目的各个方面,如工期、成本、施工过程、合同、技术、计划的影响。

②采用的对策也必须考虑综合手段,从合同、经济、组织、技术、管理等各个方面确定解决方法。

③风险管理包括风险分析、风险辨别、风险文档管理、风险评价、风险控制等全过程。

(4)全面的组织措施

在组织上全面落实风险控制责任,建立风险控制体系,将风险管理作为项目各层次管理人员的任务之一。让大家都有风险意识,都做风险的监控工作。

▶ 11.1.2 工程项目风险因素分析

风险因素分析是确定一个项目的风险范围,即有哪些风险存在,将这些风险因素逐一列出,以作为全面风险管理的对象。在不同的阶段,由于目标设计、项目的技术设计和计划、环境调查的深度不同,人们对风险的认识程度也不相同,经历一个由浅入深逐步细化的过程。但不管哪个阶段,首先都是将对项目的目标系统(总目标、子目标及操作目标)有影响的各种风险因素罗列出来,做项目风险目录表,再采用系统方法进行分析。

风险因素分析是基于人们对项目系统风险的基本认识上的,通常首先罗列对整个工程建设有影响的风险,然后再注意对自己有重大影响的风险。当然,人们对风险的认识是与其所处的角度以及分析时所处的项目阶段有关。

罗列风险因素通常需要从多角度、多方面进行,形成对项目系统风险的多方位的透视。风险因素分析可以采用结构化分析方法,即由总体到细节、由宏观到微观,层层分解。通常可以从以下几个角度进行分析:

1)按风险的来源分析

工程项目所处各环境要素可能存在的不确定性和变化常常是其他风险的原因,从这个角度出发来进行风险因素的分析。

(1)政治风险

政治风险是一种完全主观的不确定事件,包括宏观和微观两个方面。宏观政治风险系指在一个国家内对所有经营都存在的风险。一旦发生这类风险,方方面面都可能受到影响,比如全局性政治事件。而微观风险则仅是局部受影响,一部分人受益而另一部分人受害,或仅有一部分行业受害而其他行业不受影响的风险。

政治风险通常的表现为政局的不稳定性,战争状态、动乱、政变的可能性,国家的对外关系,政府信用和政府廉洁程度,政策及政策的稳定性,经济的开放程度或排外性,国有化的可能性，国内的民族矛盾、保护主义倾向等。

(2)经济风险

经济风险系指承包市场所处的经济形势和项目发包国的经济实力及解决经济问题的能力等方面潜在的不确定因素构成经济领域的可能后果。

经济风险主要构成因素为：国家经济政策的变化，产业结构的调整，银根紧缩；项目产品的市场变化；项目的工程承包市场、材料供应市场、劳动力市场的变动，工资的提高，物价上涨，通货膨胀速度加快，原材料进口风险，金融风险，外汇汇率的变化等。

(3)法律风险

如法律不健全，有法不依、执法不严，相关法律内容的变化，法律对项目的干预等都可能带来法律风险；可能对相关法律未能全面、正确理解，工程中可能有触犯法律的行为等。

(4)自然条件

自然条件的风险如地震、风暴、特殊的未预测到的地质条件，如泥石流、河塘、垃圾场、流砂、泉眼等，反常的恶劣的雨、雪、冰冻天气，恶劣的现场条件，周边存在对项目的干扰源等。工程项目的建设可能造成对自然环境的破坏，不良的运输条件可能造成供应的中断。

(5)社会风险

社会风险包括宗教信仰的影响和冲击、社会治安的稳定性、社会的禁忌、劳动者的文化素质，社会风气等。

2)按风险的直接行为主体分析

从项目组织角度出发进行风险因素的分析。

(1)业主和投资者

例如：业主的支付能力差，企业的经营状况恶化，资信不好，企业倒闭，撤走资金，或改变投资方向，改变项目目标；业主违约、苛求、刁难，随便改变主意，但又不赔偿，错误的行为和指令，非程序地干预工程；业主不能完成他的合同责任，如不及时供应其负责的设备、材料，不及时交付场地，不及时支付工程款。

(2)承包商(分包商、供应商)

例如：技术能力和管理能力不足、没有适合的技术专家和项目经理、不能积极地履行合同、由于管理和技术方面的失误等原因造成工程中断；没有得力的措施来保证进度、安全和质量要求；财务状况恶化，无力采购和支付工资，企业处于破产境地；工作人员罢工、抗议或软抵抗；错误理解业主意图和招标文件，方案错误，报价失误，计划失误；承包商设计错误，工程技术系统之间不协调，设计文件不完备，不能及时交付图纸，或无力完成设计工作。

(3)项目管理者(如监理工程师)

例如：项目管理者的管理能力、组织能力、工作热情和积极性、职业道德、公正性差；管理风格、文化偏见，可能会导致项目管理者不正确地执行合同，在工程中苛刻要求；起草错误的招标文件、合同条件，下达错误的指令。

(4)其他方面

例如中介人的资信、可靠性差；政府机关工作人员、城市公共供应部门(如水、电等部门)的干预、苛求和个人需求；项目周边或涉及居民或单位的干预、抗议或苛刻的要求等。

3)按风险对目标的影响分析

它是按照项目的目标系统结构进行分析的,是风险作用的结果。

①工期风险:即造成局部的(工程活动、分析工程)或整个工程的工期延长,不能及时投产。

②费用风险:包括财务风险、成本超支、投资追加、报价风险、收入减少、投资回收期延长或无法收回、回报率降低。

③质量风险:包括材料、工艺、工程不能通过验收,工程试生产不合格,经过评价工程质量未达标准。

④生产能力风险:项目建成后达不到设计生产能力,可能是由于设计、设备问题,或生产用原材料、能源、水、电供应问题。

⑤市场风险:工程建成后产品未达到预期的市场份额,销售不足,没有销路,没有竞争力。

⑥信誉风险:即造成对企业形象、企业信誉的损害。

⑦人身伤亡,工程或设备的损坏。

⑧法律责任:即可能被起诉或承担相应法律的或合同的处罚。

4)按工程项目管理的过程分析

在工程项目的各个阶段都存在着风险,从时间的过程性角度出发来分析。

①高层战略风险,如指导方针、战略思想可能有错误而造成项目目标设计错误。

②环境调查和预测的风险。

③决策风险,如错误的选择、投标决策、报价等。

④项目策划风险。

⑤技术设计风险。

⑥计划风险,包括对目标(任务书,合同招标文件)理解错误,合同条款不准确、不严密、错误、二义性,过于苛刻的单方面约束性的、不完备的条款,方案错误、报价(预算)错误、施工组织措施错误。

⑦实施控制中的风险:

a. 合同风险。合同未履行,合同伙伴争执,责任不明,产生索赔要求。

b. 供应风险。如供应拖延、供应尚不履行合同、运输中的损坏以及在工地上的损失。

c. 新技术新工艺风险。

d. 由于分包层次太多,造成计划执行和调整实施控制的困难。

e. 工程管理失误。

⑧运营管理风险,如准备不足,无法正常营运,销售渠道不畅,宣传不力等。

▶ 11.1.3 建设工程项目风险管理的意义与作用

在生活实践中,常常有些事故本可通过人们的主观努力阻止或避免其发生或加剧,但因缺乏对风险管理的认识,结果酿成灾难。例如:大面积的毁林造田造成水土流失,从而破坏生态平衡;片面地追求经济的高速发展,从而引起剧烈的通货膨胀;极端地强调民族独立而拒绝借鉴外国经验,从而使国民陷入经济贫困;为了满足霸权的欲望,不惜对邻国大动干戈,从而招来国际制裁;为了一些看得见摸不着的利益而不惜血本,结果坠入陷阱。

然而,风险并不等于厄运。因主观上重视风险管理,客观上采取适当措施,从而化险为夷,甚至获得巨大效益的实例亦不在少数。例如,一家外国公司以预期利润为负数的投标价承包我国一项大型工程。该公司从项目的准备直至全面竣工长达4年的时间内,自始至终狠抓风险管理,充分利用履约期间发生的不可抗力事件,积极创造索赔机会,扩大索赔收益,最后反以获取巨额利润而圆满履约,既树立了良好的信誉,又获得了出人意料的经济效益。

风险管理无论从宏观还是微观上,无论从国家利益还是从企业利润,甚至个人利益方面讲都是百利而无一害的,其重要性主要表现为:

①风险管理事关企业的存亡。不少企业家特别是投资商,因忽视风险管理或对风险估计不足或判断错误,从而在经营或在投资活动中遭受巨额亏损,甚至导致企业破产倒闭。

②风险管理直接影响企业的经济效益。做好风险管理工作,可避免许多不必要的损失,从而降低成本,增加企业利润。通过转移风险,可将潜在的重大损失转移给他人。例如,当承包商不得不考虑其工程材料可能涨价,就势必要囤积足够的材料,从而占用大量资金。如果同业主签署的合同中,写有对通货膨胀的补救措施,如对材料按实结算或根据价格调值公式对材料差价给予补偿,则该承包商就不必为此而担忧,可以将大笔资金用到更需要的地方。

③做好风险管理有助于提高重大决策的质量。当投资者或承包商作出投机冒险的决策时,如果能妥善地处理好采取这种决策时可能出现的一般风险,那么他就能更有效地处理该冒险举动中的特殊风险。例如,一个企业有充分把握防止或应付进入某一承包市场可能遇到的风险,他就可能更积极地扩大业务面,大胆地承揽大型工程。

④风险管理能减弱企业的年利润和现金流量的波动。如果企业管理人员能把这种波动控制在一定幅度内,其制订的计划将会更加周密完善、实用可行。如果企业事前已有高度的风险意识,即使企业遭到一定的损失,也会临危不乱,采取有效的补救措施。

⑤做好风险管理,有助于确立企业的良好信誉,从而为企业的广泛开拓业务打下良好基础。

⑥风险管理有助于加强企业的社会地位。

⑦风险管理有助于企业履行社会责任。

⑧风险管理有助于企业发展与其他合作者的友好协作关系。

11.2 建设工程项目风险识别

11.2.1 建设工程项目风险识别过程

1)识别项目风险的途径

识别项目风险可以通过以下两种途径:

①借助项目组织外部力量、风险信息和资料识别风险。通常一个项目团队没有足够的风

险损失资料和风险管理力量,所以较好地识别项目所面临的潜在风险,需要获得同类或相似项目具有普遍性的风险损失资料。这些资料可由保险公司及相关的咨询组织、学术团体提供。

②依靠项目自身力量识别风险。由项目风险管理小组收集信息,运用一定的方法发现潜在风险。信息来源有很多,如计划书、预算表、数据库、项目手册、资源表、技术文件等。

2)识别项目风险的内容

识别项目风险时,应先识别涉及整体的风险,然后针对各个具体方面,针对一个具体的项目,要对其作出具体的估计,主要包括以下内容:

①参照项目计划书、预算表、进度表分析项目的目标、项目客户的目的与项目执行人员的目标,比较本项目与其他项目的关系及竞争形势。

②分析总的形势,包括外部客观因素(政治因素、法律因素、经济因素、自然条件、社会风险)和项目内部因素(设施、人员、资金),是否有足够的资源,人员素质是否达到项目所需的要求等。

③可能阻碍项目进行的因素分析。列出能阻碍项目顺利进行的各种因素,以及影响这些因素发生的可能事件。

▶ 11.2.2 建设工程项目风险识别技术与工具

1)识别项目风险的方法

识别项目风险的方法有很多,包括利用核对表、编制安全检查表、绘制流程图、调查访问、事故树分析法等,这里分别介绍如下。

(1)核对表

核对表是基于以前类比项目信息及其他相关信息编制的风险识别核对图表。核对表一般按照风险的来源排列。利用核对表进行风险识别的主要优点是快而简单,缺点是受到项目可比性的限制。风险识别实际是关于将来风险事件的设想,是一种预测。如果把人们经历过的风险事件及其来源罗列出来,写成一张核对表,那么,项目管理人员就容易开阔思路,容易想到本项目会有哪些潜在的风险。核对表可以包含多种内容,例如以前项目成功或失败的原因、项目其他方面规划的结果(范围、成本、质量、进度、采购和合同、人力资源等)、项目产品或服务说明书等。还可以到保险公司去索取资料,认真研究。这些材料能够提醒风险管理人员还有哪些风险尚未列入风险核对表中。

(2)编制安全检查表

安全检查表是按照系统工程的分析方法,在对一个系统进行科学分析的基础上,找出各种可能存在的风险因素,然后以提问的方式将这些风险因素列成表格。安全检查表可以按团队、设备、时期等,由风险管理专业人员、生产技术人员和工人共同参与编制。

(3)绘制流程图

流程图是将项目的全部过程,按其内在的逻辑联系绘制成作业流程图,针对流程中的关键环节及薄弱环节调查和分析风险。流程图分析法是项目用于风险分析的常用方法之一。项目的规模越大,工艺越复杂,流程图分析法越能体现其优越性。

(4)调查访问

项目风险管理者很难了解整个项目各个方面的具体情况,所以在管理的过程中有必要深入一线进行调查访问。访问的内容有:哪些环节容易出现事故或其他问题?潜在的风险会导致什么后果?风险对项目的其他部分有何影响?风险发生的频率或幅度能有多大?应该采取什么措施及这种措施所需的成本如何?风险什么时候最可能发生?

(5)事故树分析法

在可靠性工程中常常利用事故树进行系统的风险分析。该方法不仅能识别出导致事故发生的风险因素,还能计算出风险事故发生的概率。事故树由节点和连接节点的线组成。节点表示事件,而连线则表示事件之间的关系。事故树分析是从结果出发,通过演绎推理查找原因的一种过程。在风险识别中,事故树分析不但能够查明项目的风险因素,求出风险事故发生的概率,还能提出各种控制风险因素的方案。既可作定性分析,也可作定量分析。事故树分析一般用于技术性强、较为复杂的项目。

2)风险识别的成果

风险识别之后要把结果整理出来,写成书面文件,为风险评估和风险管理作准备。风险识别的成果应包含下列内容:

(1)风险来源表

表中应列出所有的风险,不管风险事件发生的频率和可能性、收益或损失、损害或伤害有多大,都要一一列出。对于每一种风险来源,都要说明风险事件的可能后果、预期发生时间的估计、风险事件预期发生次数的估计。

(2)风险的分类或分组

风险识别之后,应该将风险进行分组或分类,分类结果应便于风险评估和风险管理。例如,对于常见的建设项目,可将风险按项目建议书、可行性研究、融资、设计、设备订购和施工分组。

(3)风险症状

风险症状就是风险事件的各种外在表现,如苗头等。项目管理班子成员不及时交换彼此间的不同看法,就是项目进度出现拖延的一种症状。施工现场混乱,材料、工具随便乱丢,无人及时回收整理,就是安全事故和项目质量、成本超支风险的症状。

(4)对项目管理其他方面的要求

在风险识别的过程中可能会发现项目管理其他方面的问题,需要完善和改进。例如,利用项目工作分解结构识别风险时,可能会发现工作分解结构做得不够详细,进而要求负责工作分解结构的成员进一步完善。

11.3 建设工程项目风险评价

▶ 11.3.1 建设工程项目风险评价过程

风险评估是项目风险管理的第二步,包括项目风险估计和风险评价两个方面的内容。

风险估计的对象是项目的各单个风险,非项目整体风险。风险估计有如下几方面的目的:加深对项目自身和环境的理解;进一步寻找实现项目目标的可行方案;充分、系统而又有条理地考虑项目所有的不确定性和风险,明确不确定性对项目其他各个方面的影响;估计和比较项目各种方案或行动路线的风险大小,从中选择出威胁最少、机会最多的方案或行动线路。

1)风险评价的目的

风险评价把注意力集中在项目所在阶段的整体风险、各风险之间的相互影响和相互作用及对项目的总体影响、项目主体对风险的承受能力上。风险评价有如下 4 个目的:

①对项目主风险进行比较和评价,确定它们的先后顺序。

②表面上看起来不相干的多个风险事件常常是由一个共同的风险来源所造成的。例如,若遇未曾预料到的技术难题,则会造成项目费用超支、进度拖延、产品质量不合格等多种后果。风险评价就是要从项目整体出发,弄清各风险事件之间确切的因果关系,制订出系统的风险管理计划。

③考虑不同风险之间相互转化的条件,研究如何才能化威胁为机会。还要注意,原来的机会在何种条件下会转化为威胁。

④进一步量化已识别风险发生的概率和后果,减少风险发生概率和后果估计中的不确定性。必要时,根据项目形势的变化重新分析风险发生的概率和可能的后果。

2)风险评价的步骤

风险评价可分为如下 3 步:

①确定风险评价基准。风险评价基准就是项目主体针对每一种风险后果确定的可接受水平。单个风险和整体风险都要确定评价基准,可分别称为单个评价基准和整体评价基准。风险的可接受水平可以是绝对的,也可以是相对的。

②确定项目整体风险水平。项目整体风险水平是综合了所有的个别风险之后确定的。

③将单个风险与单个评价基准、项目整体风险水平与整体评价基准对比,确定项目风险是否在可以接受的范围之内,进而确定该项目停止或继续进行。

▶ 11.3.2 建设工程项目风险评价方法

评价工程项目风险的方法主要有自我评价法和标杆评价法两种。

1)自我评价法

工程项目风险自我评价法是将工程项目实际风险与项目目标风险进行比较后,来评价工程项目的风险水平。该方法计算出工程项目风险的水平值,数值越高说明工程项目风险水平越高,具体分为算术平均法和加权平均法。自我评价法适用于行业中领先者的工程项目。

2)标杆评价法

工程项目风险标杆评价法是将工程项目实际风险与同行业中处于领先地位的工程项目的风险进行比较,来评价工程项目相对的风险水平。由于工程项目风险自我评价的主观随意性较大,所以对工程项目风险进行相对评价更有意义。在与同行业中处于领先地位的工程项目的风险进行比较,能客观地反映工程项目风险水平和工程项目在市场中所处的竞争地位。因此,工程项目风险的标杆评价方法适用于行业中处于挑战者、追随者地位的工程项目。

11.4 建设工程项目风险应对

11.4.1 建设工程项目风险应对过程

不管采取什么措施,都应遵循以下预防事故的一般过程及原则:

①加强员工培训。人是引起事故的主要原因,加强员工培训提高人员素质,是减少项目风险和风险因素的主要途径。员工风险培训的内容包括文化、技术、职业道德、工作态度、工作责任心等。

②通过规章制度、安全监督检查和合适的安全管理人员来预防事故。

③采取适当的技术措施。技术措施是指从工程技术上确保各种机器设备处于良好的安全状态。

11.4.2 建设工程项目风险应对策略

一般来说,处理风险的措施有避免风险、应急计划编制、转移风险、自留风险。在实践中,具体情况应具体分析,选择最合适的应对措施。

1)避免风险

避免风险是指在考虑到某项活动存在风险损失的可能性较大时,采取主动放弃或改变这次活动的方式,以避免与该项活动相联系的风险的一种方式。这是一种最彻底的控制风险技术,这种技术把风险因素消除在风险发生之前,相比之下,其他技术只能减少损失发生的概率和损失的严重程度。所以在当项目风险潜在威胁的可能性极大,并会带来严重后果,损失无法转移又不能承受时,可通过改变项目来规避风险。具体来说,通过修改项目目标、项目范围、项目结构等方式来规避风险的威胁。避免风险的具体方法有两种:一是放弃或终止某项活动的实施,在尚未承担风险的情况下,拒绝承担风险。二是改变某项活动的性质。在已承担风险的情况下,通过改变工作地点、工艺流程等途径避免未来生产活动中承担的风险。

避免风险的优点就是彻底消除某种特定风险造成的损失和可能产生的恐惧心理。避免风险的缺点或限制如下:

①对某具体风险来说,有些风险是不可避免的,如自然灾害、人的疾病和自然死亡等。

②任何经济活动都有一定的风险,这是风险的客观性和普遍性。而一般来说,高收益伴随着高风险,若避免该风险也就同时放弃了该项高收益的机会。

③避免一种风险则同时很可能产生另一种新的风险,譬如用新材料代替传统原材料,可能带来新材料的隐患。

④如果主体不了解风险,就不能有效地避开风险。这种方法只在损失概率和损失幅度都相当高或应用其他风险管理技术的成本超过该项活动产生的效益时才采用。另外,这种方法最好在某一活动尚未进行以前实施,否则要放弃或改变正在进行的经济活动或正在兴建(甚至已经建成)的某项工程,代价十分高。所以,对一些投资大的项目,必须进行风险分析和评价。

2)应急计划编制

应急计划编制就是确定在已识别的风险事件确实发生时应采取的行动步骤,包括施救方案和应该采取的措施、实施步骤以及各级人员的职责等。一般说来,应急计划分两部分,一是事故发生时的施救方案;二是如何克服事故后经济活动中断所造成的影响。很明显,第一部分的目的是为了挽救直接的经济损失,第二部分则是为了挽救间接的经济损失。当事故发生时,项目组织中若有一些训练有素、能应付紧急情况的人员,有数量足够、维修状态良好的施救设备,更利于施救工作的展开。而这些都可以通过应急计划编制事先考虑到。所以,应急计划要求尽量详细,必须考虑到每一个细节。应急计划对于损失概率大、损失幅度大的风险单位来说,能十分有效地减轻事故损失。如果缺乏应急措施计划,当风险事故发生时,可能使管理者不能及时作出决策来补救。而紧张的状况可能引起对项目内的混乱和危机的错误处理。

风险事故发生后,往往造成项目中断。这样,将会影响项目按期完成,不能实现进度目标。若为了尽快恢复中断了的项目,可以考虑采取一些措施,在项目的关键环节实行双套制,对易损的材料多预备一些。

3)转移风险

(1)非保险转移方法

非保险转移方法借助合同或协议,将损失的法律责任转移给非保险业的个人或群体,主要是通过购买和分包的形式进行。购买是指从直接的项目之外获取产品或服务,如使用某种特定技术开发的风险,可以通过与一个已掌握该技术的组织签订技术合同来降低。这种方式会造成新的风险出现,例如,将所有技术风险转嫁给卖方可能导致无法接受的高成本建议书;又如,采用固定价格合同而降低的成本风险可能会由于卖方无法执行合同而产生进度方面的风险。项目人通过分包合同,将其认为风险较大的子项目转移给非保险业的其他人。例如,对于一般的建筑施工队来说,高空作业风险较大,因此他们可将风险大的高空作业转移给专业高空作业的工程队。对专业工程队来说,他们在经验、设备、技术等各方面都较强,风险相对较小。无论是与合作伙伴的协同实施还是项目的外包,都能在人力资源、成本费用、项目进度等方面分散风险,开脱责任。但转移风险的同时也必然带来利润的一部分流失。

(2)保险转移方法

保险是指合同双方当事人约定,一方交付保费,他方承诺于特定事故发生后,承担经济补偿责任的一种合同。项目担保前应选择信誉良好的保险公司,以确保投保后的利益。一般而言,信誉良好的保险公司是指有足够的财务实力,保证赔偿能在规定的期限内兑现;能提供良好的风险管理服务和理赔服务;重合同,守信用,承保时能合理收取保费,受损后实事求是地如期支付赔款。保险的作用主要有以下3个方面:

①经济补偿的作用。当项目中发生保险事故时,保险人按保险合同为被保险人提供经济补偿,保障被保险人迅速恢复项目活动。

②减少不确定性。项目中的某些风险投保之后,因获得保险保障而消除或减少了风险带来的种种不确定性。

③保险公司提供风险管理服务。保险公司向保户提供的风险管理服务包括向保户提供风险分析、风险管理技术。

值得注意的是,保险是处理风险的一种方式,但并非所有风险保险公司都承保。其承保的风险必须具备以下几个特点:

①必须是纯粹风险。

②风险的损失幅度不能大于保险公司本身的财务实力。

③必须有大量的风险独立单位投保,且仅有少数单位受损。

④风险所致损失的时间、地点、原因和数额都能确定;否则,损失出现后会使赔偿的计算很困难。

⑤风险所致损失是可预测的。

⑥从被保险人的角度看,风险应该是意外的,即损失的发生不是由被保险人故意造成的。

4)自留风险

自留风险是当风险事故发生并造成一定损失后,项目通过内部资金的融通,以弥补所遭受的损失,这是自己承担风险的一种风险处理方式。自留风险是一种残余技术,因为任何一种风险管理方式都有一定局限性,有一定的适用范围,当对项目中某一风险,其他风险管理技术无法实施或可能实施效果不好而且成本较高时,只有选择风险自留的方式。它与其他风险管理技术是一种互补关系。

自留风险的类别可以从风险管理者的主观意愿和自留的结果两个方面来划分。

①从风险管理者的主观方面,把自留风险分为主动自留风险和被动自留风险。主动自留风险是风险管理者识别了风险的存在并对损失后果作了详细评估,比较了各种风险管理技术的优缺点之后,考虑到在财务上作适当的安排有可能承受风险事故所造成的损失,从而决定将风险损失的全部或部分由项目人所承担。风险管理者在决定采用全部自留风险时应该非常谨慎,否则,可能遭受严重的损失甚至不堪设想的后果。被动自留风险是由于认识的限制,没有识别到某些风险的存在,或对损失后果估计不足,而将风险自留,也可能出于疏忽、侥幸或缺乏能力去分析风险而自留下来。被动风险自留可能严重影响项目的实施。

②从自留的结果方面,把自留风险分为全部自留风险和部分自留风险。全部自留风险适合于对那些损失频率高而损失幅度小的风险。采用这种技术时,必须对损失概率、损失严重

程度作尽量准确的估测，确信发生最大损失时项目也能承担。部分自留风险用其他风险管理技术时，项目自留一定数量的风险，依靠自身的财力消化这些风险。

复习思考题

11.1　工程项目风险因素分析哪些？

11.2　简述建设工程项目风险管理的意义与作用。

11.3　建设工程项目风险识别技术与工具都有哪些？

11.4　建设工程项目风险的应对策略主要有哪些？

11.5　案例分析：

某项目在开发建设过程中，资金为银行贷款，需要使用大量新工艺、新技术和新材料，承包商资质等级一般，专业工程部分分包，市场需求情况不够稳定，气候、地质勘测资料不全，建设单位委托一专业咨询公司进行工程监理，工人多为农民工。

试分析该项目在开发建设过程中可能会有哪些风险？如何防范？

12

建设工程项目后评价

12.1 建设工程项目后评价概述

12.1.1 建设工程项目后评价概念

建设工程项目后评价是指建设工程项目竣工投产、生产运营一段时间后，对项目的立项决策、设计施工、竣工投产、生产运营等全过程进行系统评价的一种技术经济活动。它是固定资产投资管理的一项重要内容，也是固定资产投资管理的最后一个环节。

首先，建设工程项目后评价是一个学习过程。后评价是在项目接见完成以后，通过对项目目的、执行过程、效益、作用和影响所进行的全面系统地分析，总结正反两方面的经验教训，使项目的决策者、管理者和建设者学习到更加科学合理的方法和策略，提高决策、管理和建设水平。其次，建设工程项目后评价又是增强投资活动工作者责任心的重要手段。由于后评价的透明性和公开性特点，通过对投资活动成绩和失误主客观原因分析，可以比较公正客观地确定投资决策者、管理者和建设者工作中实际存在的问题，从而进一步提高他们的责任心和工作水平。再次，建设工程项目后评价主要是为投资决策服务的。虽然后评价对完善已建项目、改进在建项目和指导待建项目有重要意义，但更重要的是为提高决策水平服务的，即通过后评价建议的反馈，完善和调整相关方针、政策和管理程序，提高决策者的能力和水平，进而达到提高和改善投资效益的目的。总之，建设工程项目后评价要从投资开发项目实践中吸取经验教训，再运用到未来的开发实践中去。

建设项目后评价是一项比较新的事业,一些西方发达国家和世界银行等国际金融组织开始建设项目后评价工作也仅有三四十年的历史。我国从 1988 年以后才正式开始建设项目后评价试点工作。

▶ 12.1.2 建设工程项目后评价的作用

通过建设项目后评价,可以达到肯定成绩,总结经验,研究问题,吸取教训,提出建议,改进工作,不断提高项目决策水平和投资效果的目的。建设项目后评价的作用体现在以下几个方面:

1)有利于提高项目决策水平

一个建设项目的成功与否,主要取决于立项决策是否正确。在我国的建设项目中,大部分项目的立项决策是正确的,但也不乏立项决策明显失误的项目。例如,有的工厂建设时,不认真进行市场预测,建设规模过大。建成投产后,原料靠国外,产品成本高,产品销路不畅,长期亏损,甚至被迫停产或部分停产。后评价将教训提供给项目决策者,这对于控制和调整同类建设项目具有重要作用。

2)有利于提高设计施工水平

通过项目后评价,可以总结建设项目设计施工过程中的经验教训,从而有利于不断提高工程设计水平。例如,有一个煤矿建成投产后,运输大巷地鼓变形严重,虽经多方抢修仍不能使用。在后评价过程中,聘请了高层次专家进行"会诊",一致认为,运输巷道放在三灰岩上面的泥岩中是一个失误,施工中虽已发现该问题,但仍按原设计进行锚喷支护,待地鼓变形后再用 U 形钢支护抢修,已收不到预期效果。设计单位和施工承包单位从中吸取了教训,这无疑会对提高设计、施工水平起到积极的促进作用。

3)有利于提高生产能力和经验效益

建设项目投产后,经济效益好坏,何时能达到生产能力(或产生效益)等问题是后评价十分关心的问题。如果有的项目到了达产期不能达产,或虽已达产但效益很差,后评价时就要认真分析原因,提出措施,促其尽快达产,努力提高经济效益,使建成后的项目充分发挥作用。

4)有利于提高引进技术的装备的成功率

在一般情况下,国家可以选择若干同类型的引进项目。通过后评价,总结引进技术和装备过程中成功的经验和失误的教训,提高引进技术和装备的成功率。

5)有利于控制工程造价

大中型建设项目的投资额,少则几亿元,多则上千亿元,造价稍加控制就可能节约一笔可观的投资。目前,在建设项目前期决策阶段的咨询评估;建设过程中的招投标等都是控制工程造价行之有效的方法,通过后评价总结这方面的经验教训,对控制工程造价将会起到积极作用。

▶ 12.1.3 建设工程项目后评价的方法

1)建设项目后评价的范围和内容

建设项目后评价是固定资产投资管理的一项重要内容,后评价的范围既包括基本建设项目,又包括更新改造项目;既包括大中型基本建设项目和限额以上更新改造项目,又包括小型基本建设项目和限额以下更新改造项目。也就是说,所有固定资产投资项目都包括在项目后评价范围之内。建设项目后评价的内容包括立项决策评价、设计施工评价、生产运营评价和建设效益评价。在实际工作中,可以根据建设项目的特点和工作需要而有所侧重。

2)建设项目后评价的方法

项目后评价方法有统计预测法、对比法、因素分析法等方法,在具体项目后评价中要综合运用这几种方法,做到定量分析方法与定性分析方法相结合。定量分析是通过一系列的定量计算方法和指标对所考察的对象进行分析评价;定性分析是指对无法定量的考察对象用定性描述的方法进行分析评价。在项目后评价中,应尽可能用定量数据来说明问题,采用定量的分析方法,以便进行前后或有无的对比。但对比无法取得定量数据的评价对象或对项目的总体评价,应结合使用定性分析的方法。

(1)统计预测法

项目后评价包括对项目已经发生事实的总结和对项目未来发展的预测。后评价时点前的统计数据是评价对比的基础,后评价时点的数据是评价对比的对象,后评价时点后的数据是预测分析的依据。

①统计调查。统计调查是根据研究的目的和要求,采用科学的调查方法,有策划有组织地收集被研究对象的原始资料的工作过程。统计调查是统计工作的基础,是统计整理和统计分析的前提。统计调查是一项复杂、严肃和技术性较强的工作。每一项统计调查都应事先制订一个指导调查全过程的调查方案,包括:确定调查目的,确定调查对象和调查单位,确定调查项目,拟定调查表格,确定调查时间,制订调查的组织实施计划等。统计调查的常用方法有直接观察法、报告法、采访法和被调查者自填法等。

②统计资料整理。统计资料整理是根据研究的任务,对统计调查所获得的大量原始资料进行加工总汇,使其系统化、条理化、科学化,以得出反映事物总体综合特征的工作过程。统计资料整理,分为分组、汇总和编制统计表3个步骤。分组是资料整理的前提,汇总是资料整理的中心,编制科学的统计表是资料整理的结果。

③统计分析。统计分析是根据研究的目的和要求,采用各种分析方法,对研究的对象进行解剖、对比、分析和综合研究,以揭示事物内在联系和发展变化的规律性。统计分析的方法有分组法、综合指标法、动态数列法、指数法、抽样和回归分析法、投入生产法等。

④预测。预测是对尚未发生或目前还不明确的事物进行预先估计和推测,是对事物将要发生的结果进行探索和研究。项目后评价中的预测主要有两种用途:一是对无项目条件下可能产生的效果进行假定的估测,以便进行有无对比;二是对今后效益的预测。

(2)对比法

①前后对比法。前后对比法是指将项目实施前与项目实施后的情况加以对比,以确定项目效益的一种方法。在项目后评价中,它是一种纵向的对比,即将项目前期的可行性研究和项目评价的预测结论与项目的实际运行结果比较,以发现差异,分析原因。这种对比用于揭示计划、决策和实施的质量,是项目过程评估应遵循的原则。

②有无对比法。有无对比法是指将项目实际发生的情况与若无项目可能发生的情况进行对比,以度量项目的真实效应、影响和作用。这种对比是一种横向对比,主要用于项目的效益评价和影响评价。有无对比的目的是要分清项目作用的影响与项目以外作用的影响。

(3)因素分析法

项目投资效果的各种指标,往往都是由多种因素决定的。只有把综合性指标分解成原始因素,才能确定指标完成好坏的具体原因和症结所在。这种把综合指标分解成各个因素的方法,称为因素分析法。运用因素分析法,首先要确定分析指标的因素组成,其次是确定各个因素与指标的关系,最后确定各个因素对指标影响的份额。

▶ 12.1.4 建设工程项目后评价指标体系设置的原则

科学的建设工程项目后评价指标体系是反映项目效果好坏的计量器,也是体现后评价质量的重要因素。因此,后评价指标体系的建立显得尤为重要。设立后评价指标体系一定要遵循下列原则:

(1)系统性原则

指标的设置要从各个侧面完整地反映建设工程项目的各个主要影响因素。

(2)可比性原则

同一指标所有的评价对象应具有相同的基准尺度,便于指标间相互比较和分析。

(3)适用性原则

应根据建设工程项目的不同投资方式、不同的项目类型及投资管理要求,分别设置不同的指标。

(4)简捷性原则

指标和描述要简捷准确,指标的含义要明确具体,避免指标之间内容相互交叉和重复。同时,在不影响指标系统性的原则下,尽量减少指标的数量。

(5)可操作性原则

建立建设工程项目后评价指标体系的目的,是为了实际应用提高质量管理水平,指导工程规划、建设与管理,所以后评价指标的设计力求简便易行,便于理解和运用,同时又要具有可操作性。

(6)定性和定量相结合原则

既要考虑设计定量指标,反映建设工程项目的绩效水平,又要设计定性指标,反映建设工程项目的管理水平。

12.2 建设工程项目综合效益评价

建设工程项目综合效益评价是工程项目后评价的有机组成部分和重要内容,它以项目投产后实际取得的经济效益和社会效益为基础,重新测算项目计算期内各主要投资效益指标与项目前期决策效益指标或基准参数进行对比,在比较中发现问题,找出原因和改进措施,总结经验教训,为提高项目的投资效益、管理水平和投资决策服务。

建设工程项目后评价有别于可行性研究中的效益评价。它不是以预期效益目标为基础的预测分析,而是建立在对已投产项目取得的实际效益进行统计分析的基础上所做的一种重新测算分析。建设工程项目效益后评价也不同于企业日常经营活动的盈亏平衡分析,它是对工程项目整个计算期进行的长期分析,是从工程项目总的投放和产出角度考察项目的盈利能力和贷款偿还能力。

建设工程项目建成投产后,对当时的社会、经济、政治、技术、环境等方面必然产生不同程度的影响。凡是有利的影响,都可视为项目产生的一种效益。

▶ 12.2.1 建设工程项目经济效益后评价

建设工程项目经济效益后评价包括财务效益后评价和国民经济效益后评价。

1)财务效益后评价

工程项目财务效益后评价是从企业角度出发,根据项目投产后的实际财务数据,如产品价格、生产成本、销售收入、销售利润等重新预测的财务效益指标进行对比,分析两者偏离的原因,以对财务评价重新做出评价,吸取经验教训,提高今后项目财务预测水平和项目微观决策科学化水平。具体内容如下:

①在对工程项目投产后的产品市场、成本、价格和利税进行统计分析的基础上,以后评价时点为起始点,预测项目计算期内未来时间要发生的投入和产出,重新测算财务后评价的主要指标和变化率,据以考察整个项目的财务盈利能力、清偿能力及外汇效益等财务状况。

②编制基本财务报表,将后评价时点前的统计数据和后评价时点的预测数据填入表中,据以计算工程项目效益后评价的各项财务后评价指标。

③通过后评价计算出的各项财务评价指标与可行性研究报告预测值或行业基准参数进行对比分析,着重从项目固定资产投资、流动资金、工程工期、达产年限、达产率、产品销售量、销售价格、产品成本、汇率利率等方面,分析变化的原因和产生的影响,抓住主要影响因素和深层次诱因,是进一步改进和提高项目财务效益的主要对策和措施。

④通过《财务后评价外汇流量》与可行性研究时所编制的外汇流量表对比,分析变化原因,对外汇平衡、节汇创汇和外贷偿还的现状、前景及改善措施进行评价。

⑤总结如何提高项目财务分析、经营管理和投资决策水平的规律和经验。

2)项目国民经济效益后评价

①编制国民经济后评价基本报表,计算整个项目的国民经济后评价指标。从国民经济整

体角度考察项目的效益和费用，在计算时要采用不同时期的影子价格、影子工资、影子汇率和社会折旧率等国家参数，对后评价时点前的各年项目实际发生的和计算期未来时间各年预测的财务费用、效益进行调整。

②国民经济后评价确定投入产出物的影子价格时，外贸货物、非外贸货物、特殊投入物的划分原则和影子价格的计算方法，依据国家投资主管部门颁发的《建设项目经济评价方法与参数》规定执行。

③通过国民经济的评价指标与可行性研究预测的相关指标对比，对项目进行评价。例如，将国民经济后评价内部收益率分别与国家最新发布的社会折现率和可行性研究确定的经济内部收益率进行比较，分析差异及其原因。

④从国家整体角度评价项目经济效益决策的正确性，并在改善项目投资环境、优化产业产品结构、制定倾斜政策、合理调整价格、深化体制改革等方面，提出以提高经济效益为重点的政策性建议或具体措施。

▶ 12.2.2 建设工程项目社会效益后评价

①评价项目建成投产后在就业、居民生活条件改善，收入和生活水平提高，文教卫生、体育、商业等公用设施增加和质量提高等方面带来的影响。

②评价项目建成后为本地区经济发展、社会繁荣和城市建设、交通便利等方面产生的实际影响，以及对改善生态平衡、环境保护、促进水矿产资源综合利用、开发自然风光、名胜古迹等旅游事业方面所产生的影响。

③评价在产业增量或存量调整和改善生产力布局、资源优化配置等方面产生的作用和影响。

④将项目投产后所产生的效果与可行性研究预期达到的社会效益目标进行对比，分析项目投产后是否产生了负面效果或公害，提出具体的解决措施、办法和期限。

▶ 12.2.3 建设工程项目环境效益后评价

建设工程项目环境效益评价是指，对照项目前评估时批准的《环境影响报告书》，重新审查项目环境影响的实际结果，审查项目环境管理的决策、规定、规范、参数的可靠性和实际效果。实施环境效益后评价应遵照国家环保法的规定，根据国家和地方环境质量标准和污染物排放标准以及相关产业部门的环保规定，在审核已实施的环评报告和评价环境影响现状的同时，要对未来进行预测，对有可能产生突发性事故的项目要有环境影响的风险分析。如果项目生产和使用对人类和生态危害极大的剧毒物品，或项目位于环境高度敏感的地区，或项目已发生严重的污染事件，那么，还需要提供一份单独的项目环境影响后评价报告。

建设工程项目环境效益后评价一般包括以下5个部分内容：

(1)污染控制

检查和评价项目的废气、废水、废渣和噪声是否在总量和浓度上达到了国家和地方政府颁布的标准；项目选用的设备和装置在经济和环保效益方面是否合理；项目的环保治理装置是否做到了“三同时”并运转正常；项目环保的管理和检测是否有效等。

(2)对地区环境质量的影响

分析对当地环境影响较大的若干种污染物,分析这些物质与环境背景值的关系,以及与项目三废排放的关系。

(3)自然资源的保护与利用

这主要包括水、海洋、森林、草原、矿产、渔业、野生动物等自然界中对人类有用的一切物质和能量的合理开发、综合利用、保护和再生增殖。重点是节约能源、节约水资源、土地利用和资源的综合利用等。

(4)对生态平衡的影响

这主要是指人类活动对自然环境的影响。内容包括人类对植物和动物种群,特别是珍稀濒危的野生动植物、重要水源涵养区、具有重要科教文化价值的地质构造,著名的溶洞和化石、冰川、火山、温泉等自然遗迹和景观及人文遗迹,气候,可能引起或加剧的自然灾害和危害,如土壤退化、植被破坏、洪水和地震等。

(5)环境管理

对项目环境管理的评价是环境效益后评价的一项重要内容,包括环境监测管理"三同时"和其他环保法令和条例的执行;环保资金、设备及仪器仪表的管理;环保制度和机构、政策和规定的评价;环保的技术管理和人员培训等。

建设工程项目环境效益后评价应在遵照上述原则的同时,侧重分析随着项目的进程和时间的推进所发生的变化。环境影响的一个重要特点在于,项目所在地区的环境背景差别很大,工程废弃物各不相同,因此,评价者要分析特定项目的这些特点,找出影响因素中的污染因子,选择合适的权重系数,全面地进行综合,得出环境效益后评价的结论。

▶ 12.2.4 建设工程项目综合效益后评价

建设工程项目的综合效益后评价是指在建设工程项目投入运行之后,对项目的既定目标是否能近期实现,项目是否可以持续保持产生较好的效益,接受投资的项目业主是否愿意并可以依靠自己的能力继续实现既定目标,项目是否具有可重复性,及是否可在未来以同样的方式建设等方面作出评价。

建设工程项目综合效益的影响因素一般包括:本国政府政策因素,管理、组织与参与因素,经济财务因素,技术因素,社会文化因素,环境和生态因素等。建设工程项目综合效益评价的要点包括:

①确立项目目标、产出和投入与相关"综合效益因素"之间的真实关系(即因果关系)。

②区别在无控制条件下可能产生影响的因素,即行为因素与需要执行者调整的结构因素。其中重要的一点是,一个因素对某些执行者来说是结构方面的问题,而对其他人则可能是行为因素(中央政府可能影响宏观经济政策;投资者和行业部门可能影响产业政策;项目所在地方政府和项目执行单位则对项目的计划和投资影响很小,但在项目实施方面是举足轻重的)。

③区分在项目立项、计划和投资(决策)、项目运作和维持中各种因素的区别。对于项目各方面的了解是很重要的,因为对同一发展项目的看法可能是不一致的,包括对问题的不同

理解、采取不同的措施和不同的目的等。

复习思考题

12.1 简述建设工程项目后评价的作用。
12.2 简述建设工程项目后评价的方法。
12.3 试述项目后评价与前评估的区别。
12.4 项目后评价的评价指标有哪些?

13

BIM 在工程项目管理中的应用

13.1　BIM 技术简介

BIM 是 Building Information Modeling——建筑信息模型的简称。这是一种以三维数字技术为基础,将建筑工程生命全周期内的各种相关信息加以整合并进行有效的管理的一种全新模式。

建筑信息模型(BIM)利用数字建模软件,提高项目设计、建造和管理的效率,并给企业带来极大的新增价值。同时,通过促进项目周期各个阶段的知识共享,开展更密切的合作,将建造、施工和运营专业知识融入整个设计,实现对计划和预算的控制和整个建筑生命周期的管理,并提高了所有参与人员的生产效率。图 13.1 所示为 BIM 基本功能图。

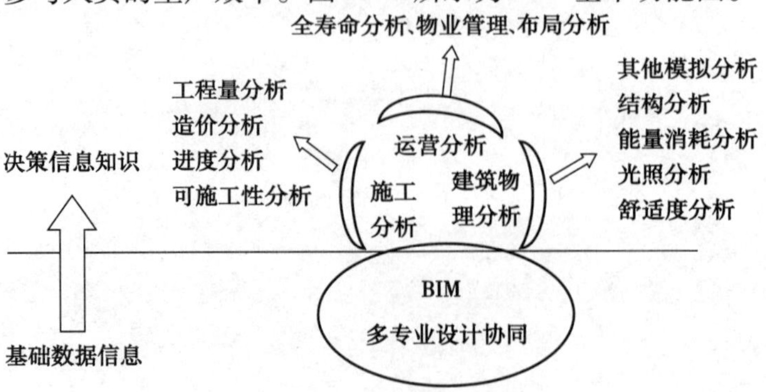

图 13.1　BIM 基本功能图

BIM 的理论基础主要源于制造行业集 CAD、CAM 于一体的计算机集成制造系统 CIMS(Computer Integrated Manufacturing System)理念和基于产品数据管理 PDM 与 STEP 标准的产品信息模型。BIM 是近十年在原有 CAD 技术基础上发展起来的一种多维(三维空间、四维时间、五维成本、n 维更多应用)模型信息集成技术,可以使建设项目的所有参与方(包括政府主管部门、业主、设计、施工、监理、造价、运营管理、项目用户等)在项目从概念产生到完全拆除的整个生命周期内都能够在模型中操作信息和在信息中操作模型,从而从根本上改变了从业人员依靠符号文字、形式图纸进行项目建设和运营管理的工作方式,实现了在建设项目全生命周期内提高工作效率和质量以及减少错误和降低风险的目标。

BIM 从二维设计转向三维设计,从线条绘图转向构件布置,从单纯几何表现转向全信息模型集成,从各工种单独完成项目转向各工种协同完成项目,从离散的分步设计转向基于同一模型的全过程整体设计,从单一设计交付转向建筑全生命周期支持。BIM 给建筑工程带来的转变如图 13.2 所示。

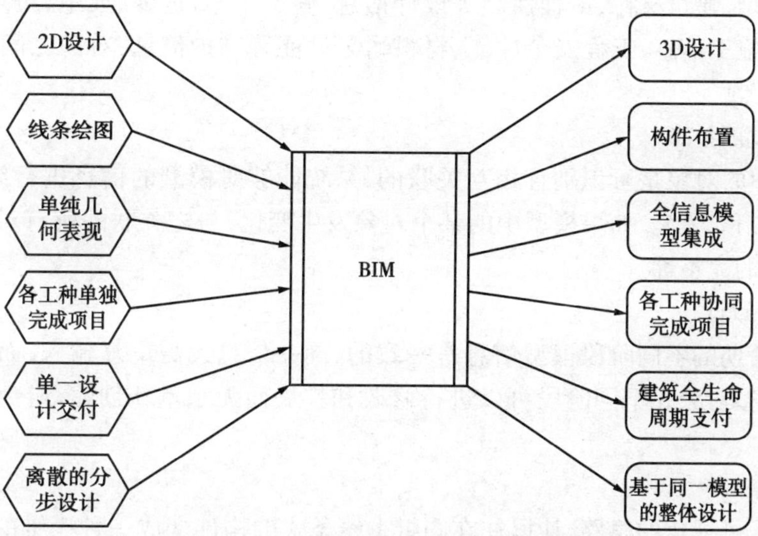

图 13.2　BIM 给建筑工程带来的转变

由此可见,BIM 带来的不仅是激动人心的技术冲击,而更加值得注意的是,BIM 技术与协同设计技术将成为互相依赖、密不可分的整体。协同是 BIM 的核心概念,同一构件元素,只需输入一次,各工种即可共享该元素数据,并于不同的专业角度操作该构件元素。从这个意义上说,协同已经不再是简单的文件参照。可以说 BIM 技术将为未来协同设计提供底层支撑,大幅提升协同设计的技术含量。它带来的不仅是技术,也将是新的工作流及新的行业惯例。

▶ 13.1.1　BIM 的特点

国际标准组织设施信息委员会将 BIM 定义为:"BIM 是利用开放的行业标准,对设施的物理和功能特性及其相关的项目生命周期信息进行数字化形式的表现,从而为项目决策提供支持,有利于更好地实现项目的价值。" BIM 将所有的相关方面集成在一个连贯有序的数据组织中,相关的应用软件在被许可的情况下可以获取、修改或增加数据。

1)BIM 的具体含义

①BIM 是以三维数字技术为基础,集成了建筑工程项目各种相关信息的工程数据模型,是对工程项目设施实体与功能特性的数字化表达。

②BIM 是一个完善的信息模型,能够连接建筑项目生命期不同阶段的数据、过程和资源,是对工程对象的完整描述,提供可自动计算、查询、组合拆分的实时工程数据,可被建设项目各参与方普遍使用。

③BIM 具有单一工程数据源,可解决分布式、异构工程数据之间的一致性和全局共享问题,支持建设项目生命期中动态的工程信息创建、管理和共享,是项目实时的共享数据平台。

2)BIM 的具体特征

(1)信息完备性

除了对工程对象进行 3D 几何信息和拓扑关系的描述,还包括完整的工程信息描述,如对象名称、结构类型、建筑材料、工程性能等设计信息,施工工序、进度、成本、质量以及人力、机械、材料资源等施工信息,工程安全性能、材料耐久性能等维护信息,对象之间的工程逻辑关系等。

(2)信息关联性

信息模型中的对象是可识别且相互关联的,系统能够对模型的信息进行统计和分析,并生成相应的图形和文档。如果模型中的某个对象发生变化,与之关联的所有对象都会随之更新,以保持模型的完整性。

(3)信息一致性

在建筑生命期的不同阶段模型信息是一致的,同一信息无需重复输入,而且信息模型能够自动演化,模型对象在不同阶段可以进行修改和扩展而无须重新创建,避免了信息不一致的错误。

(4)可视化

BIM 提供了可视化的思路,让以往在图纸上线条式的构件变成一种三维的立体实物图形展示出来。BIM 的可视化是一种能够将构件之间形成互动性的可视,可以用来展示效果图及生成报表。更具应用价值的是,在项目设计、建造、运营过程中,各过程的沟通、讨论、决策都能在可视化的状态下进行。

(5)协调性

在设计时,由于各专业设计师之间的沟通不到位,往往会出现施工中各种专业之间的碰撞问题,例如结构设计的梁等构件在施工中妨碍暖通等专业中的管道布置等。BIM 建筑信息模型可在建筑物建造前期将各专业模型汇集在一个整体中,进行碰撞检查,并生成碰撞检测报告及协调数据。

(6)模拟性

BIM 不仅可以模拟设计出的建筑物模型,还可以模拟难以在真实世界中进行操作的事物,具体表现如下:

①在设计阶段,可以对设计上所需数据进行模拟试验,例如节能模拟、日照模拟、热能传

导模拟等。

②在招投标及施工阶段,可以进行4D模拟(3D模型中加入项目的发展时间),根据施工的组织设计来模拟实际施工,从而确定合理的施工方案;还可以进行5D模拟(4D模型中加入造价控制),从而实现成本控制。

③后期运营阶段,可以对突发紧急情况的处理方式进行模拟,例如模拟地震中人员逃生及火灾现场人员疏散等。

(7)优化性

整个设计、施工、运营的过程,其实就是一个不断优化的过程,没有准确的信息是做不出合理优化结果的。BIM模型提供了建筑物存在的实际信息,包括几何信息、物理信息、规则信息,还提供了建筑物变化以后的实际存在。BIM及与其配套的各种优化工具提供了对复杂项目进行优化的可能:把项目设计和投资回报分析结合起来,计算出设计变化对投资回报的影响,使得业主明确哪种项目设计方案更有利于自身的需求;对设计施工方案进行优化,可以显著地缩短工期和降低造价。

(8)可出图性

BIM可以自动生成常用的建筑设计图纸及构件加工图纸。通过对建筑物进行可视化展示、协调、模拟及优化,可以帮助业主生成消除了碰撞点、优化后的综合管线图,生成综合结构预留洞图、碰撞检查侦错报告及改进方案等。

除此之外,BIM技术还可以给项目参与各方带来巨大的益处,具体见表13.1。

表13.1　BIM技术提供给建设各方的益处

应用方	BIM技术的好处
业主	实现规划方案预演、场地分析、建筑性能预测和成本估算
设计单位	实现可视化设计、协同设计、性能化设计、工程量统计和管线综合
施工单位	实现施工进度模拟、数字化建造、物料跟踪、可视化管理和施工配合
运营维护单位	实现虚拟现实和漫游,资产、空间等管理,建筑系统分析和灾害应急模拟
软件商	软件的用户数量和销售价格迅速增长
	为满足项目各方提出的各种需求,不断开发、完善软件的功能
	能从软件后续升级和技术支持中获得收益

▶ 13.1.2　BIM在我国的应用

BIM应用的推广得到了各行业协会与专家、各地方政府、设计单位、施工企业等的重视。

在行业协会方面,2010年和2011年,中国房地产业协会商业地产专业委员会、中国建筑业协会工程建设质量管理分会、中国建筑学会工程管理研究分会、中国土木工程学会计算机应用分会组织并发布了《中国商业地产BIM应用研究报告2010》和《中国工程建设BIM应用研究报告2011》,一定程度上反映了BIM在我国工程建设行业的发展现状。根据两届的报告,BIM的被认知程度从2010年的60%提升至2011年的87%。2011年,共有39%的单位表示已经使用了 BIM 相关软件，而其中以设计单位居多。使用情况调查结果如图 13.3 所示。

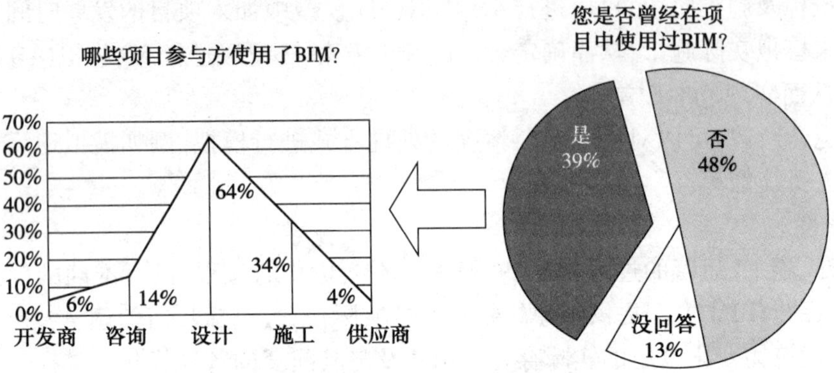

图 13.3 关于 BIM 在项目中使用情况调查

在实际工程领域中，最近几年建设单位对 BIM 的认知度也在不断提升，国内大、中、小型设计院在 BIM 技术的应用也日臻成熟，国内大型工业与民用建筑企业也开始争相发展企业内部的 BIM 技术应用。同时，越来越多的建筑施工企业对 BIM 技术有了一定的认识并积极开展实践，特别是 BIM 技术在一些大型复杂的超高层项目中得到了成功应用，涌现出一大批 BIM 技术应用的标杆项目。

从政府的角度，我国住房和城乡建设部（以下简称“住建部”）及各省市相关部门出台了一系列政策来推广 BIM 技术。

2011 年 5 月，住建部发布的《2011—2015 年建筑业信息化发展纲要》（建质〔2011〕67 号）中明确指出：在施工阶段开展 BIM 技术的研究与应用，推进 BIM 技术从设计阶段向施工阶段的应用延伸，降低信息传递过程中的衰减；研究基于 BIM 技术的 4D 项目管理信息系统在大型复杂工程施工过程中的应用，实现对建筑工程有效的可视化管理等。文件中对 BIM 提出 7 点要求：一是推动基于 BIM 技术的协同设计系统建设与应用；二是加快推广 BIM 在勘察设计、施工和工程项目管理中的应用，改进传统的生产与管理模式，提升企业的生产效率和管理水平；三是推进 BIM 技术、基于网络的协同工作技术应用，提升和完善企业综合管理平台，实现企业信息管理与工程项目信息管理的集成，促进企业设计水平和管理水平的提高；四是研究发展基于 BIM 技术的集成设计系统，逐步实现建筑、结构、水暖电等专业的信息共享及协同；五是探索研究基于 BIM 技术的三维设计技术，提高参数化、可视化和性能化设计能力，并为设计施工一体化提供技术支撑；六是在施工阶段开展 BIM 技术的研究与应用，推进 BIM 技术从设计阶段向施工阶段的应用延伸，降低信息传递过程中的衰减；七是研究基于 BIM 技术的 4D 项目管理信息系统在大型复杂工程施工过程中的应用，实现对建筑工程有效的可视化管理。同时，要求发挥行业协会的 4 个方面服务作用：一是组织编制行业信息化标准，规范信息资源，促进信息共享与集成；二是组织行业信息化经验和技术交流，开展企业信息化水平评价活动，促进企业信息化建设；三是开展行业信息化培训，推动信息技术的普及应用；四是开展行业应用软件的评价和推荐活动，保障企业信息化的投资效益。

2014 年 7 月 1 日，住建部发布的《关于推进建筑业发展和改革的若干意见》（建市〔2014〕92 号）中要求，提升建筑业技术能力，推进建筑信息模型（BIM）等信息技术在工程设计、施工和运行维护全过程的应用,提高综合效益。2014 年 9 月 12 日,住建部信息中心发布《中国建筑施工行业信息化发展报告(2014)BIM 应用与发展》。该报告突出了 BIM 技术时效性、实用性、代表性、前瞻性的特点,全面、客观、系统地分析了施工行业 BIM 技术应用的现状,归纳总结了在项目全过程中如何应用 BIM 技术提高生产效率,带来管理效益,收集和整理了行业内的 BIM 技术最佳实践案例,为 BIM 技术在施工行业的应用和推广提供了有利的支撑。

除住建部以外,各地方政府也相继出台政策鼓励 BIM 应用的推广。2014 年 10 月 29 日,上海市政府转发上海市建设管理委员会《关于在上海推进建筑信息模型技术应用的指导意见》(沪府办〔2014〕58 号),首次从政府行政层面大力推进 BIM 技术的发展,并明确规定:2017 年起,上海市投资额 1 亿元以上或单体建筑面积 2 万 m^2 以上的政府投资工程、大型公共建筑、市重大工程,申报绿色建筑、市级和国家级优秀勘察设计、施工等奖项的工程,实现设计、施工阶段 BIM 技术应用;大重点功能区域内的此类工程,全面应用 BIM 技术。

2016 年 2 月 29 日,中国建筑股份有限公司和中国建筑科学研究院联合发布了《建筑工程施工信息模型应用标准》征求意见稿,预示着建筑信息模型(BIM)标准化进入实质性进展阶段。

13.2 建设工程项目 BIM 项目管理及应用

▶ 13.2.1 业主方 BIM 项目管理与应用

业主方应首先明确 BIM 技术应用目的,才能更好地应用 BIM 技术辅助项目管理。业主往往希望通过 BIM 带来:

• 可视化的投资方案——能反映项目的功能,满足业主的需求,实现投资目标;

• 可视化的项目管理——支持设计、施工阶段的动态管理,及时消除差错,控制建设周期及项目投资;

• 可视化的物业管理——通过 BIM 与施工过程记录信息的关联,不仅为后续的物业管理带来便利,并且可以在未来进行的翻新、改造、扩建过程中为业主及项目团队提供有效的历史信息。

业主方应用 BIM 技术能实现的具体问题如下:

(1)招标管理

BIM 辅助业主进行招标管理主要体现在以下 6 个方面:

①数据共享。BIM 模型的可视化能够让投标方深入了解招标方所提出的条件,避免信息孤岛的产生,保证数据的共通共享及可追溯性。

②经济指标的控制。控制经济指标的精确性与准确性,避免建筑面积与限高的造假。

③无纸化招标。实现无纸化招投标,从而节约大量纸张和装订费用,真正做到绿色低碳环保。

④削减招标成本。可实现招投标的跨区域、低成本、高效率、更透明、现代化,大幅度削减

招标投入人力成本。

⑤整合招标文件。整合所有招标文件，量化各项指标，对比论证各投标人的总价、综合单价及单价构成的合理性。

⑥评标管理。记录评标过程并生成数据库，对操作员的操作进行实时监督，评标过程可事后查询，最大限度地减少暗箱操作、虚拟招标、权钱交易，有利于规范市场秩序、防止权力寻租与腐败，有效推动招标投标工作的公开化、法制化。

(2)设计管理

BIM 辅助业主进行设计管理主要体现在以下 4 个方面：

①协同工作。基于 BIM 的协同设计平台，能够让业主与各专业工程参与者实时更新观测数据，最短时间内实现图纸、模型合一。

②周边环境模拟。对工程周边环境进行模拟，对拟建造工程进行性能分析，如舒适度、空气流动性、噪声云图等指标，对于城市规划及项目规划意义重大。

③复杂建筑曲面的建立。在面对复杂建筑时，在项目方案设计阶段应用 BIM 软件也可以达到建筑曲面的离散。

④图纸检查。BIM 团队的专业工程师能够协助业主检查项目图纸的错漏碰缺，达到更新和修改的最低化。

(3)工程量统计

工程量的计算是工程造价中最繁琐的部分。利用 BIM 技术辅助工程计算，能大大减轻预算的工作强度。目前，市场上主流的工程量计算软件大多是基于自主开发图形平台的工程量计算软件和基于 CAD 平台的工程量计算软件。不论是哪一个平台，它们都存在两个明显的缺点：图形不够逼真和需要重新输入工程图纸。

自主开发的图形平台多数是简易的二维图形平台，图形可视性差。用户在使用图形法的工程量自动计算软件时，需要将施工蓝图通过数据形式重新输入计算机，相当于人工在计算机上重新绘制一遍工程图纸，导致了预算人员无法将其主要精力投入到套用定额等造价方面的工作上。这种做法不仅增加了前期工作量，且没有共享设计过程中的产品设计信息。

利用 BIM 技术提供的参数更改技术能够将针对建筑设计或文档任何部分所作的更改自动反映到其他位置，从而帮助工程师们提高协同效率以及工作质量。BIM 技术具有强大的信息集成能力和三维可视化图形展示能力，利用 BIM 技术建立起的三维模型可以全面地加入工程建设的所有信息。根据模型能够自动生成符合国家工程量清单计价规范标准的工程量清单及报表，快速统计和查询各专业工程量，对材料计划、使用作精细化控制，避免材料浪费，如利用 BIM 信息化特征可以准确提取整个项目中防火门数量的准确数字、防火门的不同样式、材料的安装日期、出厂型号、尺寸大小等，甚至可以统计到防火门的把手等细节。

(4)施工管理

作为项目管理部门，对于甲方管理可分为两个层面：一是对项目，二是对工程管理人员。项目实施的优劣直接反映管理人员项目管理水平，同时，业主方建设管理行为对工程的进度、质量、投资、廉政等方面有着直接影响。

在这一阶段，业主对项目管理的核心任务是现场施工产品的保证、资金使用的计划与审核以及竣工验收。对于业主方,对现场目标的控制、承包商的管理、设计者的管理、合同管理手续办理、项目内部及周边协调等问题也是管理的重中之重,急需一个专业的平台来提供各个方面庞大的信息和实施各个方面人员的管理。而 BIM 技术正是解决此类工程问题的不二之选。

BIM 辅助业主进行施工管理的优势主要体现在:

①验证总包施工计划的合理性,优化施工顺序。

②使用 3D 和 4D 模型明确分包商的工作范围,管理协调交叉,施工过程监控,可视化报进度。

③对项目中所需的土建、机电、幕墙和精装修所需要的材料进行监控,保证项目中成本的控制。

④在工程验收阶段,利用 3D 扫描仪扫描工程完成面的信息,与模型参照对比来检验工程质量。

(5)物业管理

在建筑物使用寿命期间,建筑物结构设施(如墙、楼板、屋顶等)和设备设施(如设备、管道等)都需要不断得到维护。一个成功的维护方案将提高建筑物性能,降低能耗和修理费用,进而降低总体维护成本。BIM 模型结合运营维护管理系统可以充分发挥空间定位和数据记录的优势,合理制订维护计划,分配专人专项维护工作,以降低建筑物在使用过程中出现突发状况的概率。BIM 辅助业主进行物业管理主要体现在:

①设备信息的三维标注。可在设备管道上直接标注名称规格、型号,且三维标注能够跟随模型移动、旋转。

②属性查询。在设备上单击鼠标右键,可以显示设备的具体规格、参数,生产厂家等。

③外部链接。在设备上点击,可调出有关设备的其他格式文件,如维修状况,仪表数值等。

④隐蔽工程。工程结束后,各种管道可视性降低,给设备维护、工程维修或二次装饰工程带来一定难度,BIM 清晰记录各种隐蔽工,避免施工错误。

⑤模拟监控。物业对一些净空高度、结构有特殊要求,BIM 提前解决各种要求,并能生成 VR 文件,可以与客户互动阅览。

(6)空间管理

空间管理是业主为节省空间成本、有效利用空间、为最终用户提供良好工作生活环境而对建筑空间所作的管理。BIM 可以帮助管理团队记录空间的使用情况,处理最终用户要求空间变更的请求,分析现有空间的使用情况,合理分配建筑物空间,确保空间资源的最大利用率。

(7)推广销售

利用 BIM 技术和虚拟现实技术还可以将 BIM 模型转化为具有很强交互性的虚拟现实模型。将虚拟现实模型联合场地环境和相关信息,可以组成虚拟现实场景。在虚拟现实场景中,用户可以定义第一视角的人物,并实现在虚拟场景中的三维可视化的浏览。将 BIM 三维模型赋予照片级的视觉效果,以第一人称视角浏览建筑内部,能直观地将住宅的空间感觉展示给住户。

提交的整体三维模型，能极大地方便住户了解户型，更重要的是能避免装修时对建筑机电管道线路的破坏，减少装修成本，避免经济损失。利用已建立好的 BIM 模型，可以轻松导出建筑和房间的渲染效果图。利用 BIM 前期建立的模型，可以直接获得如真实照片般的渲染效果，省去了二次建模的时间和成本，同时还能达到展示户型的效果，对住房的推广销售起到极大的促进作用。

BIM 辅助业主进行推广销售主要体现在：

①面积监控。BIM 体量模型可自动生成建筑及房间面积，并加入面积计算规则，添加所有建筑楼层房间使用性质等相关信息作为未来楼盘推广销售的数据基础。

②虚拟现实。为采购者提供三维可视化模型，并提供在三维模型中的漫游，体会身临其境的感觉。

▶ 13.2.2 设计方 BIM 项目管理与应用

设计方是项目的主要创造者，是最先了解业主需求的参建方，设计方往往希望通过 BIM 带来：

• 突出设计效果——通过创建模型，更好地表达设计意图，满足业主需求；

• 便捷地使用并减少设计错误——利用模型进行专业协同设计，通过碰撞检查，把类似空间障碍等问题消灭在出图之前；

• 可视化的设计会审和专业协同——基于三维模型的设计信息传递和交换将更加直观、有效，有利于各方沟通和理解。

设计方应用 BIM 技术能实现的具体问题如下：

(1)三维设计

当前，二维图纸是我国建筑设计行业最终交付的设计成果，生产流程的组织与管理也均围绕着二维图纸的形成来进行。二维设计通过投影线条、制图规则及技术符号表达设计成果，图纸需要人工阅读方能解释其含义。随着日益复杂的建筑功能要求和人类对于美感的追求，设计师们更加渴望驾驭复杂多变、更富美感的自由曲面。

另外，二维设计最常用的是使用浮动和相对定位，目的是想尽办法让各种各样的模块挤在一个平面内，为了照顾兼容和应付各种错漏问题，往往结构和表现都处理得非常复杂，效率方面大打折扣。三维设计使用绝对定位。绝对定位容易给人造成一种布局固定的误解，其实不然，绝对定位一定程度上可以代替浮动做到相对屏幕，而且兼容性更好。

当前 BIM 技术的发展，更加发展和完善了三维设计领域：BIM 技术引入的参数化设计理念，极大地简化了设计本身的工作量，将设计带入一个全新的领域。通过信息的集成，也使得三维设计的设计成品（即三维模型）具备更多的可供读取的信息，对于后期的生产提供更大的支持。

BIM 由三维立体模型表述，从初始就是可视化的、协调的。其直观形象地表现出建筑建成后的样子，然后根据需要从模型中提取信息，将复杂的问题简单化。基于 BIM 的二、三维设计能够精确表达建筑的几何特征。相对于二维绘图，三维设计不存在几何表达障碍，对任意复杂的建筑造型均能准确表现。通过进一步将非几何信息集成到三维构件中,如材料特征、物理特征、力学参数、设计属性、价格参数、厂商信息等,使得建筑构件成为智能实体,三维模型升级为 BIM 模型。BIM 模型可以通过图形运算并考虑专业出图规则自动获得二维图纸,并可以提取出其他的文档,如工程量统计表等,还可以将模型用于建筑能耗分析、日照分析、结构分析、照明分析、声学分析、客流物流分析等诸多方面。北京地铁 10 号线二期石榴庄车站土建三维模型如图 13.4 所示。

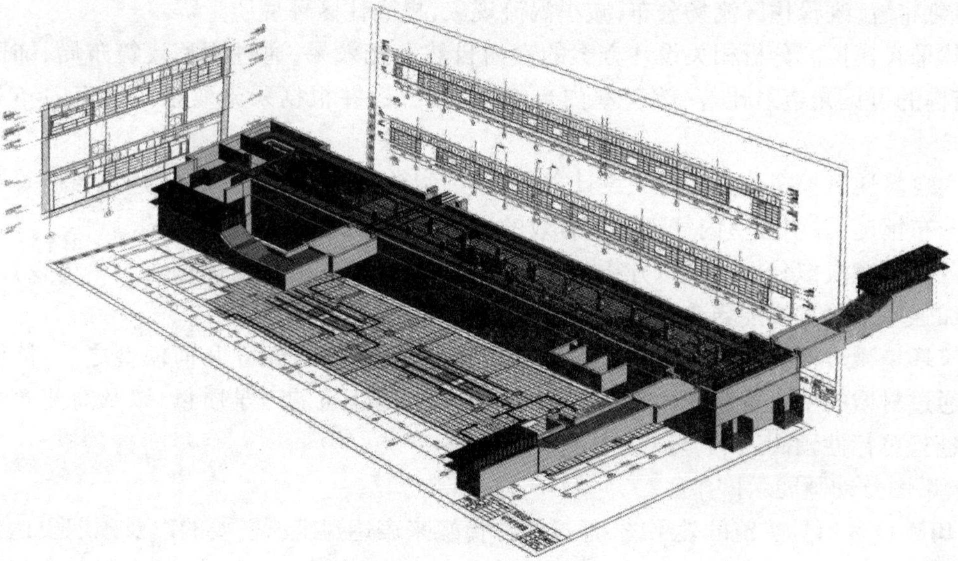

图 13.4　北京地铁 10 号线二期石榴庄车站土建模型图

(2)协同设计

协同设计是当下设计行业技术更新的一个重要方向,也是设计技术发展的必然趋势。协同设计有两个技术分支:一个主要适合于大型公共建筑,复杂结构的三维 BIM 协同;另一个主要适合普通建筑及住宅的二维 CAD 协同。通过协同设计建立统一的设计标准,包括图层、颜色、线型、打印样式等。在此基础上,所有设计专业及人员在统一的平台上进行设计,从而减少现行各专业之间(以及专业内部)由于沟通不畅或沟通不及时导致的错、漏、碰、缺,真正实现所有图纸信息元的统一性,实现一处修改其他自动修改,提升设计效率和设计质量。同时,协同设计也对设计项目的规范化管理起到重要作用,包括进度管理、设计文件统一管理、人员负荷管理、审批流程管理、自动批量打印、分类归档等。

目前我们所说的协同设计,很大程度上是指基于网络的一种设计沟通交流手段,以及设计流程的组织管理形式。内容包括:通过 CAD 文件之间的外部参照,使得工种之间的数据得到可视化共享;通过网络消息、视频会议等手段,使设计团队成员之间可以跨越部门、地域甚至国界进行成果交流、开展方案评审或讨论设计变更;通过建立网络资源库,使设计者能够获得统一的设计标准;通过网络管理软件的辅助,使项目组成员以特定角色登录,可以保证成果的实时性及唯一性,并实现正确的设计流程管理;针对设计行业的特殊性,甚至开发出了基于 CAD 平台的协同工作软件等。

(3)建筑节能设计

建设项目的景观可视度、日照、风环境、热环境、声环境等性能指标在开发前期就已经基本确定,但是由于缺少合适的技术手段,一般项目很难有时间和费用对上述各种性能指标进行多方案分析模拟,BIM 技术为建筑性能分析的普及应用提供了可能性。基于 BIM 的建筑性能化分析包含以下内容:

①室外风环境模拟。改善住区建筑周边人行区域的舒适性,通过调整规划方案建筑布局、景观绿化布置,改善住区流场分布,减小涡流现象,提高住区环境质量等。

②自然采光模拟。分析相关设计方案的室内自然采光效果,通过调整建筑布局、饰面材料、围护结构的可见光透射比等,改善室内自然采光效果,并根据采光效果调整室内布局布置等。

③室内自然通风模拟。分析相关设计方案,通过调整通风口位置、尺寸、建筑布局等改善室内流场分布情况,并引导室内气流组织有效的通风换气,改善室内舒适情况。

④小区热环境模拟分析。模拟分析住宅区的热岛效应,采用合理优化建筑单体设计、群体布局和加强绿化等方式削弱热岛效应。

⑤建筑环境噪声模拟分析。计算机声环境模拟的优势在于,建立几何模型之后,能够在短时间内通过材质的变化及房间内部装修的变化,来预测建筑的声学质量,以及对建筑声学改造方案进行可行性预测。

(4)效果图及动画展示

利用 BIM 技术出具建筑的效果图,通过图片传媒来表达建筑所需要的以及预期要达到的效果;通过 BIM 技术和虚拟现实技术可以来模拟真实环境和建筑。效果图的主要功能是将平面的图纸三维化、仿真化,通过高仿真的制作来检查设计方案的细微瑕疵或进行项目方案修改的推敲。在建筑行业,效果图被大量应用于大型公共建筑,超高层建筑,中型、大型住宅小区的建设。

动画展示就更加形象具体。在科技发达的现代,建筑的形式也向着更加高大、更加美观、更加复杂的方向发展,对于许多复杂的建筑形式和具体工法的展示自然变得更加重要。利用 BIM 技术提供的三维模型,可以轻松地将其转化为动画的形式,这样就使设计者的设计意图能够更加直观、真实、详尽地展现出来,既能为建筑投资方提供直观的感受,也能为后面的施工提供很好的依据。

BIM 系列软件具有强大的建模、渲染和动画功能,通过 BIM 可以将专业、抽象的二维建筑描述通俗化、三维直观化,使得业主等非专业人员对项目功能性的判断更为明确和高效。另外,如果设计意图或者使用功能发生改变,基于已有 BIM 模型,可以在短时间内修改完毕,效果图和动画也能及时更新。并且,效果图和动画的制作功能是 BIM 技术的一个附加功能,其成本较专门的动画设计或效果图的制作大大降低,从而使得企业在较少的投入下能获得更多的回报。如对于规划方案,基于 BIM 能够进行预演,方便业主和设计方进行场地分析、建筑性能预测和成本估算,对不合理或不健全的方案进行及时的更新和补充。

(5)碰撞检测

二维图纸不能用于空间表达,使得图纸中存在许多意想不到的碰撞盲区。并且,目前的设计方式多为“隔断式”设计，各专业分工作业，依赖人工协调项目内容和分段，这也导致设计往往存在专业间碰撞。同时，在机电设备和管道线路的安装方面也存在软件碰撞的问题（即实际设备、管线间不存在实际的碰撞，但在安装方面会造成安装人员、机具不能到达安装位置的问题）。BIM 的可视化技术，在建造之前就可以对项目的土建、管线、工艺设备等进行管线综合及碰撞检查，不但能够彻底消除硬碰撞、软碰撞，优化工程设计，减少在建筑施工阶段可能存在的错误损失和返工的可能性，而且优化净空和管线排布方案。具体碰撞检查细节如图 13.5 所示。

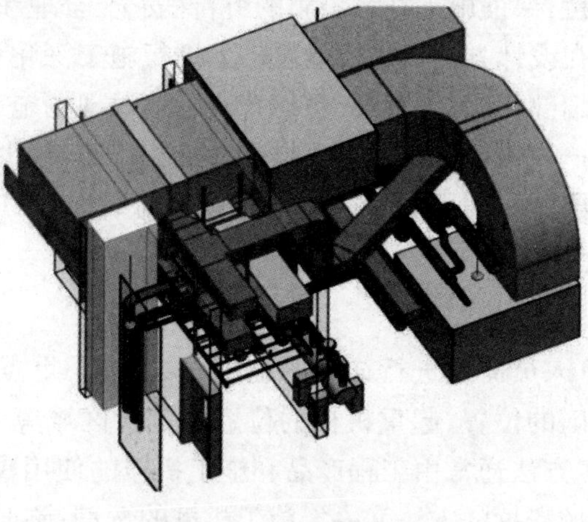

图 13.5　BIM 碰撞检测图

（6）设计变更

设计变更是指设计单位依据建设单位要求调整，或对原设计内容进行修改、完善、优化。设计变更应以图纸或设计变更通知单的形式发出。在建设单位组织的由设计单位和施工企业参加的设计交底会上，经施工企业和建设单位提出，各方研究同意而改变施工图的做法，都属于设计变更，为此而增加新的图纸或设计变更说明都由设计单位或建设单位负责。而引入 BIM 技术后，利用 BIM 技术的参数化功能，可以直接修改原始模型，并可时实查看变更是否合理，减少变更后的再次变更，提高变更的质量。

施工企业在施工过程中，遇到一些原设计未预料到的具体情况，需要进行处理，因而发生设计变更。如工程的管道安装过程中遇到原设计未考虑到的设备和管墩、在原设计标高处无安装位置等，需改变原设计管道的走向或标高，经设计单位和建设单位同意，办理设计变更或设计变更联络单。这类设计变更应注明工程项目、位置、变更的原因、做法、规格和数量，以及变更后的施工图，经各方签字确认后即为设计变更。采用传统的变更方法，需要对统一节点的各个视图依次进行修改，在 BIM 技术的支持下，只需对节点的在一个视图上进行变更调整，其他视图的相应节点都进行了修改，这样将大幅度地压缩图纸修改的时间，极大地提高效率。

工程开工后，由于某些方面的需要，建设单位提出要求改变某些施工方法，增减某些具体工程项目或施工企业在施工过程中，由于施工方面、资源市场的原因，如材料供应或者施工条件不成熟，认为需改用其他材料代替，或者需要改变某些工程项目的具体设计等引起的设计变更，也会因利用 BIM 技术而简洁、准确、实用、高效地完成项目的变更。

13.2.3 施工方 BIM 项目管理与应用

施工方是项目的最终实现者,是竣工模型的创建者。施工企业的关注点是现场实施,关心 BIM 如何与项目结合,如何提高效率和降低成本。因此,施工方更希望 BIM 带来的是:

• 理解设计意图——可视化的设计图纸会审能帮助施工人员更快更好地解读工程信息,并尽早发现设计错误,及时进行设计联络;

• 低施工风险——利用模型进行直观的“预施工”,预知施工难点,更大程度地消除施工中的不确定性和不可预见性,保证施工技术措施的可行、安全、合理和优化;

• 把握施工细节——在设计方提供的模型基础上进行施工深化设计,解决设计信息中没有体现的细节问题和施工细部做法,更直观、更切合实际地对现场施工下人进行技术交底;

• 更多的工厂预制——为构件加工提供最详细的加工详图,减少现场作业、保证质量;

• 提供便捷的管理手段——利用模型进行施工过程荷载验算、进度物料控制、施工质量检查等。

1)施工模型建立

施工前,施工方案制订人员需要进行详细的施工现场查勘,重点研究解决施工现场整体规划、现场进场位置、卸货区的位置、起重机械的位置及危险区域等,确保建筑构件在起重机械安全有效范围作业;施工方法通常由工程产品和施工机械的使用决定,现场的整体规划、现场空间、机械生产能力、机械安拆的方法又决定施工机械的选型;临时设施是为工程施工服务的,它的布置将影响到工程施工的安全、质量和生产效率。

鉴于以上原因,施工前根据设计方提供的 BIM 设计模型,建立包括建筑构件、施工现场、施工机械、临时设施等在内的施工模型。基于该施工模型,可以完成以下内容:

①基于施工构件模型,将构件的尺寸、体积、质量、材料类型、型号等记录下来,然后针对主要构件选择施工设备、机具,确定施工方法;

②基于施工现场模型,模拟施工过程、构件吊装路径、危险区域、车辆进出现场状况、装货卸货情况等,直观、便利地协助管理者分析现场的限制,找出潜在的问题,制订可行的施工方法;

③基于临时设施模型,能够实现临时设施的布置及运用,帮助施工单位事先准确地估算所需要的资源,以及评估临时设施的安全性,是否便于施工,以及发现可能存在的设计错误。

整个施工模型的建立,能够提高效率,减少传统施工现场布置方法中存在漏洞,及早发现施工图设计和施工方案的问题,提高施工现场的生产率和安全性。

2)施工质量管理

在工程质量管理中,既希望对施工总体质量概况有所了解,又要求能够关注某个局部或分项的质量情况。BIM 模型作为一个直观有效的载体,无论是整体还是局部质量情况,都能够以特定的方式呈现在模型之上。将工程现场的质量信息记录在 BIM 模型之内,可以有效提高质量管理的效率。基于 BIM 的施工质量管理可分为材料设备质量管理与施工过程质量管理两方面。

(1)材料设备质量管理

材料质量是工程质量的源头。在基于 BIM 的质量管理中,可以由施工单位将材料管理的全过程信息进行记录,包括各项材料的合格证、质保书、原厂检测报告等信息进行录入,并与构件部位进行关联。监理单位同样可以通过 BIM 开展材料信息的审核工作,并将所抽样送检的材料部位在模型中进行标注,使材料管理信息更准确、有追溯性。

(2)施工过程质量管理

将 BIM 模型与现场实际施工情况相对比,将相关检查信息关联到构件,有助于明确记录内容,便于统计与日后复查。隐蔽工程、分部分项工程和单位工程质量报验,审核过程中的相关数据均为可结构化的 BIM 数据。引入 BIM 技术,报验申请方将相关数据输入系统后可自动生成报验申请表,应用平台上可设置相应责任者审核、签认实时短信提醒,审核后及时签认。该模式下,标准化、流程化信息录入与流转,提高报验审核信息流转效率。某工程施工过程质量管理信息收集情况,如图 13.6 所示。

图 13.6　基于 BIM 的施工现场质量管理

3)施工进度管理

(1)可视化的工程进度安排

建设工程进度控制的核心技术,是网络计划技术。目前,该技术在我国利用效果并不理想。究其原因,可能与平面网络计划不够直观有关。在这一方面 BIM 有优势,通过与网络计划技术的集成,BIM 可以按月、周、天直观地显示工程进度计划。一方面便于工程管理人员进行不同施工方案的比较,选择符合进度要求的施工方案;另一方面也便于工程管理人员发现工程计划进度和实际进度的偏差,及时进行调整。

(2)对工程建设过程的模拟

工程建设是一个多工序搭接、多单位参与的过程。工程进度计划是由各个子计划搭接而成的。传统的进度控制技术中,各子计划间的逻辑顺序需要技术人员来确定,难免出现逻辑错误，造成进度拖延；而通过 BIM 技术，用计算机模拟工程建设过程，项目管理人员更容易发现在二维网络计划技术中难以发现的工序间逻辑错误，优化进度计划。某工程进度模拟如图 13.7 所示。

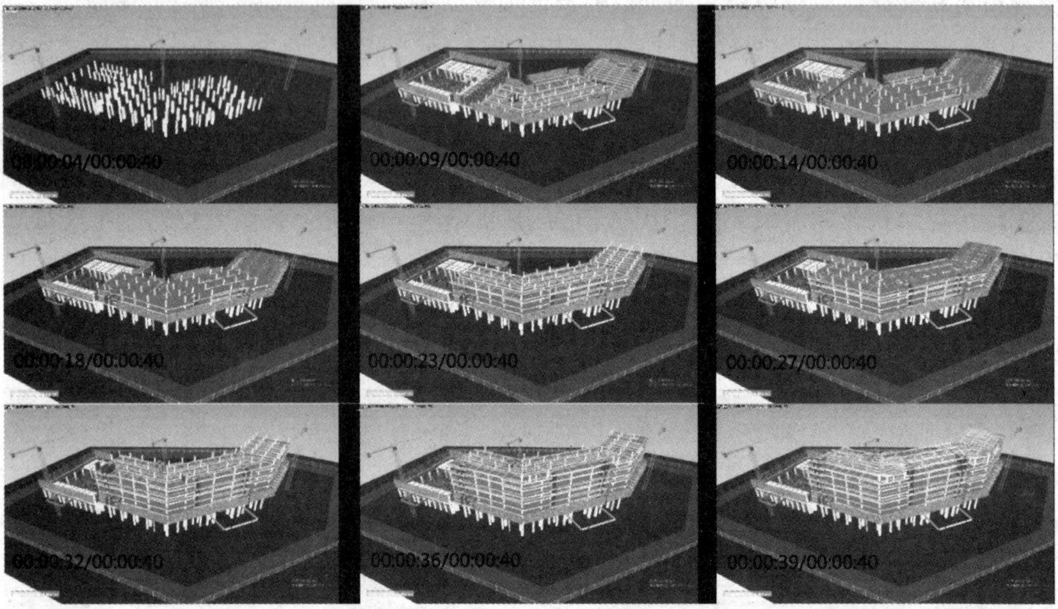

图 13.7　某项目施工进度模拟图

(3)对工程材料和设备供应过程的优化

当前，项目建设过程越来越复杂，参与单位越来越多，其中大部分参建单位都是同工程建设利益关系不十分紧密的设备、材料供应商。如何安排设备、材料供应计划，在保证工程建设进度需要的前提下，节约运输和仓储成本，正是“精益建设”的重要问题。BIM 为“精益建设”思想提供了技术手段。通过计算机的资源计算、资源优化和信息共享功能，可以达到节约采购成本，提高供应效率和保证工程进度的目的。

4)施工成本管理

BIM 比较成熟的应用领域是投资(成本)管理，也被称为 5I 技术。其实，在 CAD 平台上，我国的一些建设管理软件公司已对这一技术进行了深入的研发，而在 BIM 平台上，这一技术可以得到更大的发展。BIM 在施工成本管理中的优势主要表现在：

(1)BIM 使工程量计算变得更加容易

基于 CAD 技术绘制的设计图纸，在用计算机自动统计和计算工程量时必须履行这样一个程序：由预算人员与计算机人机互动，来确定计算机存储的线条的属性，如为梁、板或柱，这种“三维算量技术”是半自动化的。而在 BIM 平台上，设计图纸的元素不再是单纯的几何线条，而是带有属性的构件。这就节省预算人员与计算机人机互动的时间，实现了“三维算量技术”的全自动化。

(2)BIM 使投资(成本)控制更易于落实

对业主而言，投资控制的重点在设计阶段。传统的工程设计在设计阶段技术经济指标的计算通常不够准确,业主投资控制工作的好坏更多取决于运气。运用 BIM 技术,业主可以便捷准确地得到不同建设方案的投资估算或概算,比较不同方案的技术经济指标。而且,项目投资估算、概算也比较准确,能够降低业主不可预见费比率,提高资金使用效率。同样,BIM 的出现可以让相关管理部门快速准确地获得广程基础数据,为企业制订精确的"人材机"计划提供有效支撑,大大减少了资源、物流和存储环节的浪费,为实现限额领料、消耗控制提供了技术支撑。

(3)BIM 有利于加快工程结算进程

传统的工程建设,工程实施期间进度款支付拖延,工程完工数年后没有经费结算的例子屡见不鲜。如果排除业主的资金及人为因素,造成这些问题的一个重要原因在于工程变更多、结算数据存在争议等。BIM 技术有助于解决这些问题:一方面,BIM 有助于提高设计图纸质量,减少施工阶段的工程变更;另一方面,如果业主和承包商达成协议,基于同一 BIM 进行工程结算,结算数据的争议会大幅度减少。

(4)多算对比,有效管控

管理的支撑是数据,项目管理的基础就是工程基础数据的管理,及时、准确地获取相关工程数据就是项目管理的核心竞争力。BIM 数据库可以实现任一时点上工程基础信息的快速获取,通过对消耗量、分项单价、分项合价等数据的"三量"(合同量、计划量、实际施工量)对比,可以有效了解项目运营盈亏情况、消耗量有无超标、进货分包单价有无失控等问题,实现对项目成本风险的有效管控。

5)施工安全管理

BIM 具有信息完备性和可视化的特点,BIM 在施工安全管理方面的应用主要体现在:

(1)BIM 作为数字化安全培训的数据库,可以达到更好的效果

对施工现场不熟悉的新工人,BIM 能帮助他们更快和更好地了解现场的工作环境。不同于传统的安全培训,利用 BIM 的可视化和与实际现场相似度很高的特点,可以让工人更直观和准确地了解到现场的状况:他们将从事哪些工作、哪些地方容易出现危险等,从而制订相应的安全工作策略。这对于一些复杂的现场施工效果尤为显著。此外,如果机械设备操作不当很容易发生事故,特别是对于一些本身危险系数较高的建设项目(例如地下工程),通过在虚拟环境中查看即将被建造的要素及相应的设备操作,工人能够更好地识别危险并且采取控制措施,这使得任务能够被更快和更安全地完成。

(2)BIM 还可以提供可视化的施工空间

BIM 的可视化是动态的。施工空间随着工程的进展会不断变化,它将影响工人的工作效率和施工安全。通过可视化模拟工作人员的施工状况,可以形象地看到施工工作面、施工机械位置的情形,并评估施工进展中这些工作空间的可用性、安全性。

(3)仿真分析及健康监测

对于复杂工程,其施工中将不利因素对施工的影响进行实时识别和调整,准确地模拟施工中各个阶段结构系统的时变过程,合理安排施工进度,控制施工中结构的应力应变状态处于允许范围内,都是目前建筑领域所迫切需要研究的内容与技术。仿真分析技术能够模拟建筑构件在施工不同时段的力学性能和变形状态,通常采用大型有限元软件来实现结构的仿真

分析，但对于复杂建筑物的分析需要进行二次开发。对施工过程进行实时监测，特别是重要构件和关键工序，可以及时了解施工过程中构件的受力和运行状态。施工监测技术的先进合理与否，对施工控制起着至关重要的作用，这也是施工过程信息化的一个重要内容。

复习思考题

13.1　BIM 的特点有哪些？

13.2　业主方应用 BIM 可以解决哪些问题？

13.3　设计方应用 BIM 可以解决哪些问题？

13.4　施工方应用 BIM 可以解决哪些问题？

参考文献

[1] 成虎. 工程项目管理[M]. 4 版. 北京:高等教育出版社,2015.
[2] 田元福. 建设工程项目管理[M]. 2 版. 北京:清华大学出版社,2012.
[3] 丁士昭. 工程项目管理[M]. 2 版. 北京:中国建筑工业出版社,2014.
[4] 刘伊生. 建设工程招投标与合同管理[M]. 2 版. 北京:北京交通大学出版社,2014.
[5] 中国对外承包工程商会. 国际承包工程企业管理与信息化应用分析[M]. 北京:中国建筑工业出版社,2014.
[6] 乐云. 建筑工程项目管理[M]. 北京:科学出版社,2013.
[7] 丛培经. 工程项目管理[M]. 2 版. 北京:中国建筑工业出版社,2012.
[8] 严小丽,吴清. 施工企业信息化绩效评价[M]. 北京:中国建筑工业出版社,2013.
[9] 刘希俭. 企业信息化管理实务[M]. 北京:石油工业出版社,2013.
[10] 葛清. BIM 第一维度:项目不同阶段的 BIM 应用[M]. 北京:中国建筑工业出版社,2013.
[11] 刘占省,赵雪锋. BIM 技术与施工项目管理[M]. 北京:中国电力出版社,2015.
[12] 乐云. 工程项目前期策划[M]. 北京:建筑工业出版社,2011.
[13] 胡杰武. 工程项目风险管理[M]. 北京:清华大学出版社,2015.
[14] 何继坤. 工程项目管理模式的差异性对工程造价影响研究[D]. 成都:西华大学硕士学位论文,2014.
[15] 中国建设监理协会. 2015 年全国监理工程师资格考试辅导资料[M]. 北京:中国城市出版社,2015.
[16] 全国一级建造师执业资格考试用书编写委员会. 建设工程项目管理[M]. 北京:中国建筑工业出版社,2011.
[17] 任宏,张巍. 工程项目管理[M]. 北京:高等教育出版社,2007.
[18] 危道军. 建筑施工组织[M]. 3 版. 北京:中国建筑工业出版社,2014.

[19] 范红岩,宋岩丽. 建筑工程项目管理[M]. 北京:北京大学出版社,2008.
[20] 陈群. 建设工程项目管理[M]. 北京:中国电力出版社,2010.
[21] 武佩牛. 建设工程项目管理[M]. 北京:机械工业出版社,2008.
[22] 建筑业与房地产企业工商管理培训教材编审委员会. 工程项目管理[M]. 北京:中国建筑工业社,1998.
[23] 陆宁. 建设项目评价[M]. 北京:化学工业出版社,2009.
[24] 仲景冰,王红兵. 工程项目管理[M]. 2 版. 北京:北京大学出版社,2012.
[25] 宣卫红,张本业. 工程项目管理[M]. 北京:中国水利出版社,知识产权出版社,2006.
[26] 王旭,马广懦. 建设工程项目管理[M]. 北京:水利水电出版社,2010.
[27] 梁世连,惠恩才. 工程项目管理学[M]. 大连:东北财经大学出版社,2008.
[28] 刘小平. 建筑工程项目管理[M]. 北京:高等教育出版社,2005.
[29] 马纯杰. 建筑工程项目管理[M]. 杭州:浙江大学出版社,2000.
[30] 李绪梅,陈烈. 公路工程项目管理[M]. 2 版. 北京:人民交通出版社,2012.
[31] 吴涛,丛培经. 建设工程项目管理规范实施手册[M]. 2 版. 北京:中国建筑工业出版社,2006.
[32] 中国建筑业协会,清华大学,中国建筑总公司. 房屋建筑工程项目管理[M]. 北京:中国建筑工业出版社,2004.
[33] 曹吉鸣. 网络计划技术与施工组织设计[M]. 上海:同济大学出版社,2001.
[34] 胡文发. 工程项目管理[M]. 北京:化学工业出版社,2007.
[35] 荀伯让. 建设工程合同管理与索赔[M]. 北京:机械工业出版社,2003.
[36] 中国建设监理协会. 建设工程监理概论[M]. 北京:知识产权出版社,2006.
[37] 秦兰仪. 施工项目成本管理[M]. 北京:中国建筑工业出版社,2000.
[38] 王储. 企业的成本管理[M]. 上海:财会出版社,2002.
[39] 龚卫民,张国君. 如何降低工程成本[J]. 中国公路,2002,(4).
[40] 黄莉,赵胜. 论施工项目成本管理的问题与对策[J]. 水利水电快报,2005(5).
[41] 陈利广. 完善在建工程项目成本管理之浅见[J]. 葛洲坝集团科技,2006(1).
[42] 丁士昭. 建设工程信息化导论[M]. 北京:中国建筑工业出版社,2006.
[43] 黄梯云. 管理信息系统[M]. 4 版. 北京:高等教育出版社,2011.
[44] 石礼文. 建设工程质量知识读本[M]. 上海:上海财经大学出版社,2001.
[45] 仁建琳,施裕生. 工程建设进度控制[M]. 北京:水利电力出版社,1993.
[46] 刘伊生. 建设项目管理[M]. 北京:北京交通大学出版社,2004.
[47] 张立群,崔宏环. 施工项目管理[M]. 北京:中国建材工业出版社,2009.
[48] 蔺石柱,闫文周. 工程项目管理[M]. 北京:机械工业出版社,2006.
[49] 胡文亮,霍卫视. 建设工程项目管理模式的比较与选择[J]. 西部探矿工程,2007(8).
[50] 张尚. 建筑工程项目管理模式 CM 模式和 MC 模式的比较和研究[J]. 建筑经济,2005.